Kurze Vokale – doppelte Konsonanten

Nach einem kurzen Vokal folgen fast immer zwei Konsonanten, z. B.: *die Suppe, rennen.*

▶ S. 225, 337

Lange Vokale (a, e, i, o, u)

Lange Vokale werden meist nicht gekennzeichnet z. B.: *die Hose, lesen.*

Manchmal folgt auf den langen Vokal ein *h*, z. B.: *das Mehl, lahm.*

▶ S. 260–262, 327

Groß- oder Kleinschreibung?

Substantive und substantivierte Wörter schreibst du groß.

▶ S. 254–258, 328–329

Verben, Adjektive, Pronomen, schreibst du klein.

▶ S. 257, 329

Vokal schreib…
z. B.: *essen, Wasser.*

Nach einem langen Vokal oder Diphthong schreibst du *ß*, z. B.: *der Kloß, heiß.*

▶ S. 263–264, 328

Satzglieder erkennen

Satzglieder sind Bausteine in einem Satz, z. B.:

- Prädikat ▶ S. 230–231, 321
- Subjekt ▶ S. 230–231, 321
- Objekte ▶ S. 230–231, 233–236, 321–322
- adverbiale Bestimmungen (Adverbiale) ▶ S. 232, 322
- Attribut (Teil eines Satzglieds) ▶ S. 237–242, 323

Wortarten bestimmen

- Substantiv (Hauptwort, Nomen) ▶ S. 206, 313
- Pronomen (Fürwort) ▶ S. 213–215, 314
- Adjektiv (Eigenschaftswort) ▶ S. 206–207, 315
- Präposition (Verhältniswort) ▶ S. 206–207, 315
- Verb (Tätigkeitswort) ▶ S. 208–212, 316–318
- Adverb (Umstandswort) ▶ S. 216, 318
- Konjunktion (Bindewort) ▶ S. 217, 315

Satzreihe und Satzgefüge

Satzreihe:
Hauptsatz + Hauptsatz

▶ S. 243, 324

Satzgefüge:
Hauptsatz + Nebensatz

▶ S. 244–250, 324–325

Zeichensetzung

Das Komma zwischen Sätzen

▶ S. 244–250, 274–275, 325

Das Komma bei Aufzählungen

▶ S. 272, 325

Zeichensetzung bei der wörtlichen Rede

▶ S. 270–271, 325

Das Komma bei Anrede und Ausrufen

▶ S. 273

Das Komma bei Appositionen

▶ S. 273

Gymnasium Baden-Württemberg

Deutschbuch

Sprach- und Lesebuch

2

Herausgegeben von
Claudia Mutter und Bernd Schurf

Erarbeitet von
Markus Beck, Stuttgart
Georg Eger, Singen am Hohentwiel
Christoph Fischer, Ludwigsburg
Cornelia Gerstung-Mitsch, Ulm
Peter Imhof, Stuttgart
Marion König, Remseck am Neckar
Anja Loew, Staufen
Dirk Milchraum, Tübingen
Christina Peter-Brutscher, Weinheim
Birgit Ruppert, Stuttgart
Monika Schittenhelm, Esslingen
Greda Sieber, Ludwigsburg
Jens Sippel, Tübingen
Judith Ulmer, Heidelberg
Anke Weber, Stuttgart
Manuela Wölfel, Remseck am Neckar

9783060626380 Deutschb.GY BW 2 neu

Euer Deutschbuch auf einen Blick

Das Buch ist in **vier Kompetenzbereiche** aufgeteilt.
Ihr erkennt sie an den Farben:

Sprechen und Schreiben
Lesen – Umgang mit Texten und Medien
Sprachbewusstsein entwickeln
Arbeitstechniken und Methoden

Jedes **Kapitel** besteht aus **drei Teilen:**

1 Üben der Hauptkompetenz
Hier wird die Fähigkeit trainiert, um die es in dem Kapitel hauptsächlich geht, z. B. in Kapitel 1 „Erzählen".

1.1 Erzählen

2 Verknüpfung mit einem zweiten Kompetenzbereich
Die Hauptkompetenz wird mit einem anderen Kompetenzbereich verbunden und vertiefend geübt, z. B.:

1.2 Freundschaftsgeschichten lesen und gestalten

3 Fit in ... oder Projekt
Hier überprüft ihr das Gelernte anhand einer Übungsklassenarbeit und einer Checkliste oder ihr erhaltet Anregungen für ein Projekt, z. B.:

1.3 Fit in ... – Einen Erzählkern ausgestalten

Das **Merkwissen** findet ihr in den blauen Kästen mit der Bezeichnung **Information** oder **Methode**.

Auf den blauen Seiten am Ende des Buches (▸ S. 299–335) könnt ihr das Merkwissen aus allen Kapiteln noch einmal nachschlagen.

Folgende **Kennzeichnungen** werdet ihr im Buch entdecken:

●○○ Fordern und fördern: einfaches Differenzierungsniveau
●●○ Fordern und fördern: mittleres Differenzierungsniveau
●●● Fordern und fördern: oberes Differenzierungsniveau
4 Zusatzaufgabe
Partnerarbeit
Gruppenarbeit
▸ S. 322 Auf der angegebenen Seite könnt ihr weitere Informationen nachschlagen.

Inhaltsverzeichnis

Sprechen – Schreiben

3 Was ist passiert? – Berichten 51

Sprechen – Schreiben

4 In Bewegung – Beschreiben 71

Kompetenzschwerpunkt

8 Naturbilder – Gedichte verstehen und gestalten 139

▸ **Umgang mit literarischen Texten**
Grundbegriffe der Textbeschreibung verwenden (Bilder, Strophe, Vers, Reimform, Versmaß, Rhythmus); Zusammenhänge zwischen Inhalt und Gestaltung eines Textes benennen

▸ **Wortbedeutung**
Formen bildlicher Ausdrucksweise erkennen und erklären

Lesen – Umgang mit Texten und Medien

Kompetenzschwerpunkt

9 Konrad oder ... – Wir spielen Theater 155

Lesen – Umgang mit Texten und Medien

10 Das is(s)t die Welt – Sachtexte erschließen 171

11

Lesen – Umgang mit Texten und Medien

Kompetenzschwerpunkt

Werbung spricht uns an – Werbung untersuchen und gestalten 189

12

Sprachbewusstsein entwickeln

Grammatiktraining – Wortarten und Wortbildung 205

Kompetenzschwerpunkt

Sprachbewusstsein entwickeln

13 Grammatiktraining – Satzglieder und Sätze 229

14 Rechtschreibung – Spielend leicht 253

Sprachbewusstsein entwickeln

Kompetenzschwerpunkt

▶ **Rechtschreibung**
die Grundregeln der Rechtschreibung anwenden (Dehnung und Schärfung, Schreibung der s-Laute, Großschreibung); Rechtschreibprogramme zur Verbesserung der Rechtschreibfähigkeit nutzen

▶ **Wortarten**
Substantivierungen erkennen

▶ **Zeichensetzung**
wichtige Regeln der Zeichensetzung anwenden (Zeichensetzung bei wörtlicher Rede, Aufzählung, Anrede, Ausruf, Apposition, Satzreihe und Satzgefüge)

▶ **Rechtschreibung und Zeichensetzung**
die eigene Rechtschreibung selbstständig überprüfen (Fehlerarten/Fehlervermeidungstechniken)

15

Arbeitstechniken und Methoden

Kompetenzschwerpunkt

Lernen lernen – Leicht gemacht 287

1 Freundschaften – Erzählen

1 a Beschreibt, was ihr auf dem Foto seht.
b Passt das Foto zum Thema Freundschaft? Begründet eure Meinung.

2 a Überlegt gemeinsam, wie eine Freundin oder ein Freund sein sollte.
b Welche Situationen und Erlebnisse fallen euch ein, wenn ihr an Freundschaft denkt? Erzählt ein Erlebnis.

3 Kennt ihr Geschichten, in denen Freundschaft eine Rolle spielt? Erzählt davon.

In diesem Kapitel ...

- erzählt ihr lebendig und anschaulich von Erlebnissen mit Freunden,
- schreibt ihr spannende Geschichten von mutigen Freunden,
- lest und untersucht ihr Freundschaftsgeschichten.

1.1 Mit Freunden Spannendes erleben – Erzählen

Zusammenhalten – Ein Erlebnis mündlich erzählen

1 Die Fotos zeigen Freunde, die zusammen etwas Spannendes erleben.
Was könnten die Kinder in den dargestellten Situationen gerade denken und fühlen?

2 Erinnert euch an ein spannendes Erlebnis mit Freunden. Schreibt in Stichpunkten alles auf, woran ihr euch erinnert, z. B.: Wer war dabei? Wo und wann fand das Erlebnis statt? Was habt ihr gesehen, gehört? Wie habt ihr euch gefühlt?

Nachtwanderung mit Fabian und Eva

- in der Eifel
- verlaufen
- ein Abend im September
- dunkel
- …
- lautes Knacken
- …
- Taschenlampe kaputt

3 Eine gute Erzählung braucht einen roten Faden, der die Leser durch die Geschichte leitet. Erzählt in der Klasse von eurem Erlebnis. Geht so vor:

a Ordnet eure Ideen aus Aufgabe 2 so, dass eure Geschichte einen roten Faden hat. Notiert Stichworte für die Einleitung, den Hauptteil und den Schluss, z. B. auf einzelnen Karteikarten.

Einleitung
Wer? *Fabian, Eva und ich*
Wo? *Eifel, Wald hinter der Jugendherberge*
Wann? *im letzten September (Klassenfahrt)*

Hauptteil (1. Schritt)
Vorbereitungen für die Nachtwanderung: Regenjacken, ...

Hauptteil (2. Schritt)
Beginn der Wanderung: langer Waldweg, dunkel, Mond, lautes Knacken

...

Hauptteil (Höhepunkt)

Schluss

b Schreibt drei bis vier Formulierungen auf, mit denen ihr eure Zuhörerinnen und Zuhörer fesseln könnt, z. B.: *Sekunden später* *den Atem anhalten* *schemenhaft* ...

4 Übt das Erzählen eurer Geschichte in Partnerarbeit. Die Hinweise unten helfen euch dabei. Gebt euch eine Rückmeldung: Was ist gut gelungen, was könnt ihr noch verbessern?

5 Erzählt eure Geschichte in der Klasse. Die anderen hören aufmerksam zu.

Methode **Eine Geschichte mündlich erzählen**

- **Notiert Stichpunkte** für die Einleitung, den Hauptteil und den Schluss, z. B. auf Karteikarten. Nutzt eure Stichpunkte beim Erzählen, um den roten Faden zu behalten.
- Tragt keine auswendig gelernten Sätze vor, sondern **erzählt frei.** Beim mündlichen Erzählen können die Sätze einfach sein.
- Gebt auch eure **Gedanken und Gefühle** wieder.
- Tragt **mit lebhafter Stimme** vor (laut – leise, schnell – langsam) und macht Pausen.
- Ihr könnt für das mündliche Erzählen das Perfekt verwenden, z. B.: *Plötzlich habe ich eine schemenhafte Gestalt gesehen. Ich bin sofort zu den anderen gerannt und ...*

Helfer in der Not – Den Aufbau einer Erzählung untersuchen

Luca und Sebastian hatten in den Sommerferien ein spannendes Erlebnis, das Luca aufgeschrieben hat:

„Super Wetter, nichts wie los!", rief ich, als ich mit quietschenden Reifen bei meinem Freund Sebastian anhielt. Wir wollten mit den Fahrrädern zum Waldsee fahren und hatten alles für einen Badetag eingepackt. Schnell beluden wir unsere Räder und radelten los. Die Sonne brannte, wir hatten Ferien und ein gemütlicher Tag am See lag vor uns. Doch dann kam alles ganz anders. Nach einer Stunde sahen wir endlich den See, der glitzernd vor uns in der Sonne lag. Sofort machten wir uns auf die Suche nach einem geeigneten Badeplatz. Auf einmal rief Sebastian: „Komm mal her! Ich habe hier etwas entdeckt!" Neugierig lief ich in seine Richtung. Da sah ich es auch: Einige Meter vom Seeufer entfernt befand sich der Eingang zu einer Höhle. „Wir müssen uns das unbedingt genauer anschauen", sagte Sebastian. Aber mir war die feuchte, dunkle Höhle zu unheimlich. Wir hatten ja auch keine Taschenlampen dabei. „Dann gehe ich halt alleine los", erklärte Sebastian, „aber wenn ich in zehn Minuten nicht zurück bin, kommst du nach und suchst mich, versprochen?" „Klar", entgegnete ich und Sebastian verschwand in der Dunkelheit. Die Zeit verging. Fünf Minuten, zehn Minuten, eine Viertelstunde. Von Sebastian keine Spur. Ich schaute noch einmal in das finstere Loch. Sicher gab es in der Höhle auch Fledermäuse! Ob ich ihn jetzt tatsächlich suchen sollte? Was sollte ich bloß machen, wenn ich mich in der Höhle verlief? Aber ich hatte keine Wahl – schließlich musste ich meinem besten Freund helfen. Langsam und vorsichtig machte ich mich auf den Weg in die Dunkelheit. Man sah tatsächlich die Hand vor Augen nicht. Schritt für Schritt tastete ich mich ängstlich vorwärts. Ich konnte mich kaum orientieren und stieß immer wieder an der Höhlenwand an. Mein Puls ging immer schneller und ich begann zu schwitzen. Am liebsten wäre ich umgekehrt. Plötzlich hörte ich ein lautes Knacken. Mir blieb vor Schreck fast das Herz stehen. „Hallo?", flüsterte ich. „Ich bin hier!", rief Sebastian laut. Wie erleichtert war ich, seine Stimme zu hören! So schnell ich konnte, bewegte ich mich weiter nach vorn und kam gefährlich ins Stolpern. Da lag Sebastian. Er war im Dunkeln hingefallen und hatte sich den Fuß verstaucht. Seine Schmerzen waren so groß, dass er sich alleine kaum fortbewegen konnte. Gemeinsam machten wir uns auf den beschwerlichen Rückweg. Ich stützte Sebastian auf dem Weg aus der Höhle heraus und holte dann mit dem Fahrrad schnell Hilfe. Am nächsten Tag besuchte ich ihn im Krankenhaus und Sebastian sagte: „Du bist echt ein guter Freund. Auf dich kann man sich verlassen!"

1 Erklärt, worum es in Lucas Geschichte geht.

2 Wo liegt der Höhepunkt von Lucas Erzählung? Begründet eure Meinung.

3 Luca hat seine Geschichte zwar Schritt für Schritt erzählt, aber er hat die einzelnen Abschnitte nicht durch Absätze gekennzeichnet.
Untersucht, an welchen Stellen Absätze sinnvoll wären. Teilt dazu die Geschichte in Erzählschritte ein und notiert Stichpunkte zum Inhalt. Übertragt dafür die folgende Tabelle in euer Heft.

Erzählschritt	Zeilen	Inhalt in Stichpunkten
Einleitung:	*Z. 1–...*	*– Luca und ...* *– ...*
Hauptteil: *1. Erzählschritt* *2. ...* ...		 – ... – ... – ...
Schluss:	...	...

4 Untersucht die Erzählung genauer. Nehmt hierzu den unten stehenden Merkkasten zu Hilfe.

a Formuliert die W-Fragen, die in der Einleitung beantwortet werden. Beschreibt dann, wodurch die Einleitung auf die Geschichte neugierig macht.

b Stellt zusammen, durch welche Wörter, Wendungen und Sätze im Hauptteil die Spannung gesteigert wird.

5 Wählt eine der folgenden Überschriften für die Geschichte aus oder schlagt eine eigene vor. Begründet eure Auswahl.

Durch dick und dünn • Das war knapp! • Der Ausflug zum Waldsee

Information **Der Aufbau einer Erzählung**

- **Einleitung:** Mit der Einleitung informiert man den Leser in der Regel über Ort (Wo?) und Zeit (Wann?) des Geschehens und stellt mindestens eine Hauptfigur (Wer?) vor. Um die Leser neugierig zu machen, kann man z. B.
  – von einer harmlosen Situation erzählen, die auf einmal bedrohlich erscheint, z. B.: *Es war ein sonniger Frühlingstag und ich saß draußen im Garten. Ich war vollkommen vertieft in ein spannendes Buch und bemerkte nicht ...*
  – ein unerwartetes Ereignis ankündigen, das alles verändert, z. B.: *Als wir ankamen, ahnten wir nicht, dass uns an diesem Tag noch ein richtiges Abenteuer bevorstehen würde.*
- **Hauptteil:** Der Hauptteil ist der Kern der Geschichte. Hier wird die Spannung schrittweise bis zum Höhepunkt der Geschichte gesteigert. Die Leser sollen mitfiebern, was nun passieren wird.
- **Schluss:** Der Schluss rundet die Geschichte ab. Man kann erzählen, wie die Handlung ausgeht, absichtlich den Ausgang offenlassen oder einen abschließenden Gedanken äußern.

Eine Geschichte wird in der Regel im **Präteritum** erzählt.

Spannend! – Nach Bildern schriftlich erzählen

1 a Tauscht euch darüber aus, was in der Bildergeschichte passiert.
b Überlegt, wie die Geschichte ausgehen könnte. Notiert dazu Stichworte in eurem Heft.

2 Legt in eurem Heft einen Schreibplan nach dem unten stehenden Muster an.
a Haltet in der linken Spalte die wichtigsten Handlungsschritte in Stichworten fest. Gebt den Figuren Namen. Unterstreicht in euren Notizen den Höhepunkt der Geschichte.
b Überlegt, was die Figuren sagen könnten. Haltet die wichtigsten Sätze in der rechten Spalte fest.

Was passiert? (Erzählschritte)	Was wird gesagt? (wörtliche Rede)
– *Lisa und ich spielten Fußball.*	– …
– …	– *„O nein! Jetzt ist der Ball weg!“*

3 Besonders anschaulich wird eine Geschichte, wenn ihr die Gefühle der Figuren beschreibt.

a Legt für die Gefühle „Angst/Aufregung“, „Erleichterung“ und „Schreck“ jeweils ein Blatt mit einem Wortspeicher an. Arbeitet zu zweit und nutzt die Formulierungen unten.

Angst/Aufregung
...

Schreck
...

Erleichterung
Adjektive
froh, überglücklich, ...
Verben
aufatmen, sich freuen, ...
bildhafte Wendungen und Vergleiche
wieder zum Leben erweckt sein,
...

b Vergleicht eure Ergebnisse.

Herz bleibt stehen • sich hilflos wie eine Maus in der Falle fühlen • weiche Knie bekommen • überglücklich • froh • aufatmen • sich freuen • lächeln • zusammenzucken • scherzen • vor Schreck wie gelähmt sein • unruhig auf und ab tigern • Herz schlägt bis zum Hals • panisch • schockiert • schauerlich • sich gruseln • zittern • Luft bleibt weg • grinsen • hilflos • zittern wie Espenlaub • nervös • schmunzeln • stöhnen • ungeduldig • Mund ist ganz trocken • freudig • Puls rast • erschrecken • heiter • wie auf glühenden Kohlen sitzen • hektisch • sich aus der Erstarrung lösen • wieder zum Leben erweckt sein • ein kalter Schauer läuft den Rücken herunter

4 Überarbeitet den folgenden Ausschnitt aus der Bildergeschichte, sodass er anschaulich und spannend wird. Nutzt dazu passende Ausdrücke aus eurem Wortspeicher (▶ Aufgabe 3). Fügt neue Sätze ein und verändert die vorliegenden.

Ich sah, wie Lisa über den Zaun kletterte. Dann verschwand sie hinter den Bäumen. Ich war sehr aufgeregt und wartete am Zaun.

5 Gestaltet den folgenden Erzählabschnitt in Zeitlupe aus, indem ihr ganz genau auf Gedanken, Gefühle und Wahrnehmungen eingeht. Der Wortspeicher unten hilft euch dabei.

Was sollte ich tun? Lisa hing mit einem Fuß in einem Loch fest. Ich bekam große Angst.

hörte das Keuchen • schrie • mein Herz schlug mir bis zum Hals • panisch • gewaltige lila Zunge • schoss mir durch den Kopf

Beim Erzählen könnt ihr, wie im Film, das Geschehen in **Zeitlupe** oder im **Zeitraffer** ablaufen lassen.
Wählt ihr den Zeitraffer, fasst ihr einen Zeitabschnitt knapp zusammen.
Bei der Zeitlupe erzählt ihr einen kurzen Moment in allen Einzelheiten.

6 Schreibt eine spannende und anschauliche Erzählung zu den Bildern. Versetzt euch in eine der Hauptfiguren hinein und erzählt in der Ich-Form. Orientiert euch an eurem Schreibplan von Seite 18 und erzählt im Präteritum.

Einleitung	→	**Hauptteil**	→	**Höhepunkt**	→	**Schluss**
Wer? Wo? Wann? Neugierde wecken		Spannung steigern		besonders ausführlich Zeitlupe		...

Information **Spannend und anschaulich erzählen**

1 Versetzt euch in die Figuren hinein:
- Was hören, sehen, fühlen und riechen sie? Zum Beispiel: *Von ferne hörte ich Hundebellen.*
- Was denken und sprechen sie? Zum Beispiel: *Was sollte ich tun?*

2 Beschreibt die Situation (Ort, Figuren, Handlung) genau, anschaulich und interessant. Hierzu könnt ihr
- **Gedanken und Gefühle** der Figuren mitteilen, z. B.: *Mir wurde auf einmal richtig schlecht.*
- **wörtliche Rede** benutzen, z. B.: *„Halt!", schrie ich.*
- **treffende Verben** verwenden, z. B.: *flüstern, wimmern, stolpern, schleichen.*
- **anschauliche Adjektive** finden, z. B.: *panisch, heiß, düster, rasch, hastig, schmal, winzig.*
- **bildhafte Wendungen und Vergleiche** gebrauchen, z. B.: *mein Herz schlug bis zum Hals; die Zeit zog sich wie Kaugummi.*
- **Spannungsmelder** (Überraschung) einbauen, z. B.: *Plötzlich ...; Völlig unerwartet ...*

3 Der **Höhepunkt** einer Geschichte ist die spannendste Stelle. Erzählt diese Stelle besonders ausführlich und lasst das Geschehen sozusagen in **Zeitlupe** ablaufen. Durch diese Verzögerung (Zeitdehnung) erhöht sich die Spannung.

Für Fairness kämpfen – Einen Erzählkern ausgestalten

Klaus aus der 6b wird seit mehreren Wochen von einer Gruppe von Mitschülern schikaniert. Zunächst machten sie sich über ihn lustig, wenn er im Unterricht etwas Falsches sagte. Einige Tage später fand Klaus nach der Schule seine Jacke nicht mehr an der Garderobe. Auf seine verzweifelten Nachfragen, wer seine Jacke gesehen habe, benahmen sich alle, als hätten sie mit der Sache nichts zu tun. Am nächsten Tag sperrten ihn ein paar Schüler nach dem Unterricht im Klassenraum ein.
Klaus klopfte verzweifelt an die Tür und bat, wieder rausgelassen zu werden. Da hatte Ruben, den das Verhalten seiner Mitschüler schon länger störte, eine Idee ...

1 **a** Beschreibt, woran deutlich wird, dass Klaus in seiner Klasse anscheinend von allen Freunden verlassen ist.
b Überlegt gemeinsam, wie Ruben Klaus beistehen und der Geschichte zu einem guten Ende verhelfen könnte. Notiert eure Ideen in Stichworten.

2 Versetzt euch in die Lage von Ruben: Er merkt, dass Klaus eingeschlossen wurde, und beschließt einzugreifen. Schreibt in Partnerarbeit auf, was er in diesem Moment fühlt und welche Gedanken ihm durch den Kopf schießen. Ihr könnt die Satzanfänge oben zu Hilfe nehmen.

Information **Äußere und innere Handlung**

In einer Geschichte wird nicht nur die äußere Handlung (das, was geschieht; das, was man von außen sehen kann) dargestellt, sondern es wird vor allem erzählt, **was die Figuren in einer Situation denken und fühlen (innere Handlung).** So können sich die Leser besser in die Figuren hineinversetzen und erhalten einen Einblick, was in einer Figur vorgeht, z. B. Angst, Wut, Freude, Verzweiflung.

- Beispiel für äußere Handlung: *Während die halbe Klasse auf dem Gang versammelt war, schrie Klaus aus dem Klassenraum um Hilfe.*
- Beispiel für innere Handlung: *Als ich Klaus' Hilfeschrei hörte, drehte sich mir der Magen um. Wie sollte ich ihm bloß helfen?*

3 Entwerft einen längeren Dialog, in dem Ruben seine Mitschüler dazu bringt, Klaus aus dem Klassenraum herauszulassen und ihn künftig nicht mehr zu ärgern. Bearbeitet dazu die Aufgaben a und b.

Verben für „sagen" oder „fragen"
spotten • stammeln • brüllen • jammern • behaupten • abstreiten • berichten • sich erkundigen • antworten • ansprechen • nachfragen • zugeben • flüstern • erklären • schreien • stottern • widersprechen • rufen • nachhaken

a Sammelt Sätze, die die Beteiligten in dieser Situation sagen könnten.
b Schreibt einen Dialog zwischen Ruben und seinen Mitschülern. Berücksichtigt die Verben im Kasten oben und die Hinweise zur wörtlichen Rede im Merkkasten unten.

4 Schreibt eine lebendige und anschauliche Erzählung aus Rubens Sicht. Geht so vor:
a Notiert, welche Vorgaben euch der Erzählkern macht, z. B.: Wer war beteiligt? Was genau passierte?
b Entwerft einen Schreibplan für eure Geschichte, in dem ihr die wichtigsten Erzählschritte notiert.
c Schreibt eine Erzählung, in der ihr die Gedanken und Gefühle von Ruben (innere Handlung) anschaulich wiedergebt und wörtliche Rede verwendet.

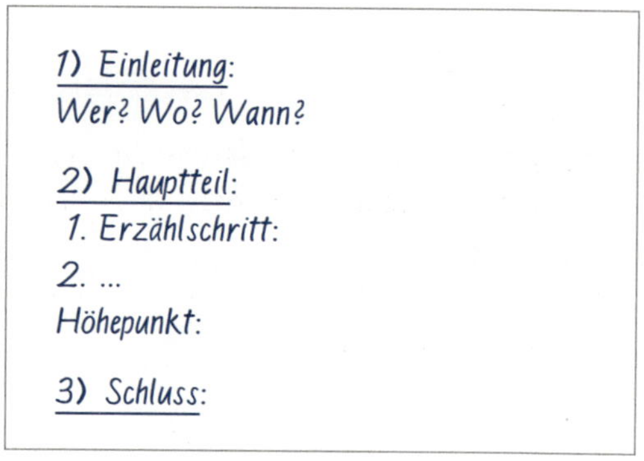

5 Lest eure Geschichten vor und vergleicht, wie Ruben Klaus jeweils hilft. Welche Ideen sind besonders gelungen?

Information **Zeichensetzung bei der wörtlichen Rede**

Die wörtliche Rede wird in **Anführungszeichen** eingeschlossen, z. B.: *„Lasst mich hier raus!"*
Die Satzzeichen ändern sich je nach Stellung des Redebegleitsatzes wie folgt:

1 **Redebegleitsatz vor der wörtlichen Rede** (einleitender Redebegleitsatz):
Nach dem einleitenden Redebegleitsatz steht ein Doppelpunkt, z. B.: *Klaus rief: „Lasst mich hier raus!"*

2 **Redebegleitsatz nach der wörtlichen Rede** (nachgestellter Redebegleitsatz):
Der nachgestellte Redebegleitsatz wird durch ein Komma von der wörtlichen Rede abgetrennt. Der Schlusspunkt in der wörtlichen Rede entfällt dann, Ausrufezeichen und Fragezeichen bleiben aber erhalten, z. B.: *„Lasst mich hier raus!", schrie er. „Ich will nach Hause", jammerte er. „Wieso sollten wir das tun?", entgegneten sie.*

3 **Redebegleitsatz inmitten der wörtlichen Rede** (eingeschobener Redebegleitsatz):
Der eingeschobene Redebegleitsatz wird durch Kommas von der wörtlichen Rede abgetrennt, z. B.: *„Mensch", rief Ruben erregt, „wieso lasst ihr Klaus nicht in Ruhe?"*

Teste dich!

Erzählen

1 Im folgenden Dialog fehlt die Zeichensetzung bei der wörtlichen Rede und der Text wirkt durch die ständige Verwendung des Verbs „sagen“ sehr eintönig.

a Überarbeite den Dialog und schreibe eine verbesserte Fassung in dein Heft.

VORSICHT FEHLER!

Schaut mal! Dort hinten ist ein kleines Häuschen sagte Emre.
Das sieht ja aus wie ein Hexenhaus, sagte ich.
Dominik sagte Lasst uns mal nachschauen, was wir darin entdecken können.
Jch weiß nicht sagte Sina sicher spukt es dort drin.
Jetzt stellt euch nicht so an. Es gibt doch keine Gespenster! sagte Emre und ging langsam auf das Häuschen zu. Die anderen folgten ihm vorsichtig bis zur Eingangstür.
Hast du ... Hast du das gesehen? sagte Sina da drinnen hat sich ein Schatten bewegt.
So ein Quatsch! Das war bestimmt nur eine Ratte sagte Dominik.
Eine Ratte? sagten Sina und ich wie aus einem Mund dort bringt uns niemand hinein.

b Kontrolliere deine Ergebnisse in Partnerarbeit. Nimm zur Prüfung der Zeichensetzung bei der wörtlichen Rede den Merkkasten (▸ S. 22) zu Hilfe. Vergleiche auch die Auswahl der Verben.

2 Gelingt es Emre und Dominik, Sina und die Ich-Erzählerin/den Ich-Erzähler zu überreden, in das unheimliche Haus zu gehen?

a Schreibe eine kurze Fortsetzung der Geschichte, in der du die Gedanken und Gefühle der Ich-Erzählerin/des Ich-Erzählers anschaulich wiedergibst und wörtliche Rede verwendest.

b Vergleicht eure Fortsetzungen in Partnerarbeit:
- Habt ihr beschrieben, was die Ich-Erzählerin/der Ich-Erzähler denkt und fühlt?
- Habt ihr wörtliche Rede verwendet und die Regeln für die Zeichensetzung beachtet?

1.2 Mut beweisen – Freundschaftsgeschichten lesen und gestalten

Wolfgang Rudelius

Auch eine Liebesgeschichte

Britta steht auf dem Hof. Sie steht alleine, und sie sieht mies aus. Seit Tagen ist es immer dasselbe: Mit dem Pausengong erhebt sie sich, durchquert die Klasse, geht auf den Hof und bleibt dort, fast regungslos, am immer gleichen Platz stehen. Wenn einer kommt, sie anquatscht oder sich bloß einfach neben sie stellt, dann reagiert sie entweder gar nicht oder sie sagt: „Lass mich in Ruhe!“ Immer nur: „Lass mich in Ruhe!“

Bert hat es auch schon ein paar Mal probiert. Ist zu ihr hingelaufen, hat so was wie „Lass uns doch reden!“ gesagt.

„Lass mich in Ruhe!“

Also gut, hat er gedacht, dann lassen wir sie halt, die Gnädigste! Die anderen haben alles beobachtet. Sie versuchen zwar, sich nichts anmerken zu lassen, aber Bert spürt es genau. Es ist wie zwischen den Zeilen lesen.

„Wer nicht will, der hat!“, sagt er. Er spürt, dass sie denken, er sei an allem schuld. Sie sagen nichts. Sie tun, als wäre nichts. Sie verhalten sich scheinbar so völlig normal. Aber nur scheinbar!

In Wirklichkeit verständigen sie sich untereinander: mit den Augen, mit irgendeinem bedeutungsvollen Grinsen. Manchmal, wenn sie meinen, er kriege nichts mit, dann sieht er, wie die Zeichen hin und her fliegen.

Bert steht bei den anderen, und er fühlt sich allein. Obwohl er versucht, an etwas anderes zu denken, muss er immer wieder zu Britta rüberschauen. Wahrscheinlich haben das alle längst bemerkt, wahrscheinlich feixen sie jetzt wieder hinter seinem Rücken. Sie beobachten ihn wahrscheinlich aus den Augenwinkeln. Sie werden denken, dass er einen Stich hat.

Plötzlich läuft er einfach los. Sein Gang hat etwas Roboterhaftes. Unbeholfen und eckig sind die ersten Schritte, und er spürt hunderttausend Blicke in seinem Rücken. Sie werden ihn jetzt nicht aus den Augen lassen! Es ist ihm egal. Er geht über den Hof, direkt in Brittas Richtung.

Sie hat nur einmal kurz hochgeschaut. Als sie ihn hat kommen sehen, hat sie seinen Blick gemieden.

„Ich halte das nicht aus!" Eigentlich ist das gar nicht er, der da redet. Einer in ihm hat das gesagt. So würde er nie reden: „Ich halte das nicht aus!"

Sie sagt nichts. Steht da, starrt auf den Boden und sagt nichts. Sagt nichts, tut nichts, steht nur blöde rum! Ihm kommen schon wieder alle Zweifel der Welt. Hat er das denn eigentlich nötig? Vielleicht soll ich sie wirklich in Ruhe lassen, mir wird das ja auch langsam zu blöd.

Und dann fasst er sie plötzlich an. Mitten in seine Überlegungen hinein berühren seine Fingerspitzen ihren Arm. Dann legt er seine Hand flach auf ihre Schulter.

Das war wieder nicht er! So wie diese Stimme einfach anfängt zu reden, so fasst jetzt plötzlich einer nach ihrer Schulter. Mein Gott, ist das blöd! Sie wird gleich losbrüllen: „Lass deine Pfoten bei dir!"

Aber sie brüllt nicht. Sie reagiert überhaupt nicht. Vielleicht, denkt Bert, hat sie gar nicht bemerkt, dass ich hier bin. Es sieht fast so aus. Seine Gedanken gehen kreuz und quer. Da steht er nun, der großartige Bert Höppes, auf dem Hof der Ludwig-Landmann-Schule. Mit ausgestrecktem Arm in Richtung Britta Steiger. Das wird ein Bild sein! Wahrscheinlich versammeln sie sich jetzt überall in großen Lästerhaufen: „Guck doch mal da, ist das nicht rührend!"

Es ist ihm egal. Hauptsache, sie schreit nicht gleich los. Hauptsache, sie – ach, er weiß ja selber nicht, was. Für einen kleinen Moment verstärkt er den Druck auf ihre Schulter. Diesmal war's kein Fremder in ihm, diesmal war er's selber: Er drückt sie sanft und lässt sie wieder los. Sollen die anderen doch denken, was sie wollen. Hauptsache, sie – er will halt –, er rückt noch ein bisschen näher an sie ran.

In diesem Augenblick hebt Britta ihren Kopf ein ganz, ganz klein wenig. Also hat sie doch etwas gemerkt. Sie ist also doch nicht so ganz und gar abwesend, denkt Bert, und plötzlich lächelt sie ihn an. Es ist ein kaum wahrnehmbares Lächeln, eines von der Sorte, für die man ein Fernglas braucht. Es ist noch kaum zu sehen, aber es kommt ganz langsam immer näher.

1 a Lest die Geschichte aufmerksam durch. Haltet eure ersten Eindrücke schriftlich fest. Ihr könnt dabei die folgenden Sätze ergänzen:
Mir gefällt an der Geschichte (nicht), dass ...
Mich hat gewundert, dass ...
Ich wüsste gerne mehr darüber, ...
b Tauscht euch in der Klasse über eure Eindrücke aus.

2 a Besprecht mit einem Partner/einer Partnerin folgende Fragen:
- Was passiert in der Geschichte?
- Wie verhält sich Britta, wie Bert?
- Welche Gründe könnte es für ihr jeweiliges Verhalten geben?

b Diskutiert eure Ergebnisse in der Klasse.

3 Die Erzählung beginnt ohne Einleitung. Schreibt eine kurze Vorgeschichte, in der deutlich wird, was vorher passiert sein könnte.

4 a Überlegt, wen ihr als Hauptfigur der Geschichte betrachten möchtet: Bert oder Britta? Notiert dazu Argumente auf Karten und sammelt sie an der Tafel.

b Welche Argumente überzeugen euch am meisten? Diskutiert darüber.

5 a Charakterisiert Bert. Welche der folgenden Adjektive passen am besten zu ihm und seinem Verhalten? Begründet eure Meinung.

ängstlich • vorsichtig • ungeschickt • unsicher • forsch • klug • mutig • selbstbewusst • offen • sensibel • überempfindlich • rücksichtsvoll

b Erklärt, was eurer Vermutung nach für Bert die „Hauptsache" ist. Lest dazu nochmals den Abschnitt Z. 79–87 (► S. 25) und macht euch klar, was passiert ist.

c Versucht, auch Britta zu charakterisieren.

6 a In der Geschichte kommen nicht nur Britta und Bert vor, sondern auch „die anderen". Erklärt, wer mit den „anderen" gemeint ist, und untersucht, wie sich diese verhalten. Findet passende Textstellen, die eure Erläuterungen stützen.

b Was wäre, wenn es „die anderen" in der Geschichte nicht gäbe? Entwerft eine Szene, in der nur Bert und Britta vorkommen. Spielt den Dialog mit verteilten Rollen.

7 Ist die Erzählung eine Liebesgeschichte? Diskutiert in der Klasse.

Katja Reider

Ferienfreunde

Moritz aus Hamburg, der Ich-Erzähler, verbringt mit seinen Eltern die Sommerferien auf einem Campingplatz, der an einem See liegt. Schnell lernt er Leni, Jakob, Dennis und Leon kennen, die schon zum wiederholten Mal dort Ferien machen. Im See spielen sie gemeinsam Wasserball.

Als Papa mich aus dem Wasser pfeift, bin ich total außer Atem. Aber bestens gelaunt. Ich meine, wer hätte gedacht, dass ich hier schon am ersten Tag Freunde finden würde?!

„Kommst du nachher wieder runter?“, fragt Leni, während wir uns bibbernd in unsere Handtücher rollen. „Wir müssen dir doch noch unseren Geheimplatz zeigen!“

Geheimplatz?! Klingt ja spannend! Klar will ich den sehen! Also nicke ich eifrig. „Ich geh nur eben was essen. In einer halben Stunde wieder hier?“

„Okay, bis später!“ Leni winkt mir zu und verschwindet in Richtung Kiosk.

Meine Eltern staunen nicht schlecht, dass ich bereits den halben Campingplatz kennen gelernt habe, während sie hier oben im Liegestuhl gedöst haben.

„Wir treffen uns gleich wieder unten am See“, berichte ich, während ich mir hastig das letzte Stück Brot in den Mund schiebe.

„Willst du etwa jetzt gleich wieder ins Wasser?“ Papa sieht nicht begeistert aus.

„Nee.“ Ich schüttele den Kopf. „Die anderen wollen mir was zeigen, einen ...“ Ich zögere. Darf ich den „Geheimplatz“ überhaupt erwähnen? Lieber nicht. „... irgendeinen ... äh ... besonders schönen Platz“, beende ich meinen Satz vage.

Papa nickt. „Also gut, Moritz. Aber geh nicht zu weit von unserem Zelt weg, ja? Du kennst dich hier schließlich noch nicht aus!“

„Keine Sorge, die anderen sind ja dabei!“ Ich springe auf. „Tschüss, bis später!“ Und schon bin ich weg.

Aus den Augenwinkeln sehe ich gerade noch, dass Mama und Papa sich verblüfft angucken. Klar, sie haben bestimmt damit gerechnet, mich die ersten Tage hier von früh bis spät mit Federball, Mau-Mau und diversen Ladungen Grillwürstchen bei Laune halten zu müssen. Tja, Pustekuchen ...

Die anderen warten schon auf mich. Leon deutet auf einen schmalen Pfad am Ufer, der mir vorher gar nicht aufgefallen war.

„Da geht's lang!“ Schon stapft er los, und wir traben im Gänsemarsch hinterher. Leon hat wie selbstverständlich die Führung übernommen, gefolgt von Jakob und Dennis. Leni und ich bilden die Nachhut.

„Was ist das eigentlich für ein Geheimplatz?“, frage ich Leni von hinten.
Sie dreht sich kurz zu mir um und lächelt. „Abwarten! Wird dir gefallen!“
Der Pfad schlängelt sich jetzt aufwärts, kreuz und quer durchs Unterholz. Ich komme richtig ins Schwitzen. Ganz schön anstrengend, diese Kraxelei! Mann, wie weit ist das denn noch? Der See ist schon seit einer ganzen Weile nicht mehr zu sehen. Aber plötzlich, nach einer scharfen Rechtskurve, liegt er wieder vor uns.
„Na, was sagst du?“ Leni deutet stolz auf das schmale Felsplateau unter uns. Ich nicke anerkennend. Das ist hier wirklich ein richtig toller Geheimplatz! Der Felsvorsprung liegt in einer Art Bucht, umgeben von dicht bewachsenen Klippen. Deswegen ist die Stelle vom Campingplatz aus auch nicht zu sehen. Das gegenüberliegende Ufer scheint weit entfernt. Es ist, als ob der See uns ganz alleine gehören würde. Als befänden wir uns wie Robinson Crusoe irgendwo mitten in der Wildnis.
Leon nimmt einen Schluck aus der Wasserflasche, während Jakob und Dennis eine Decke ausbreiten. Leni verteilt eine Runde Gummibärchen. Dann lassen wir uns auf der Felsplatte nieder und schauen hinunter aufs Wasser. Eine Weile sagt keiner ein Wort. Stumm und zufrieden sitzen wir da und genießen den Ausblick.
Aber dann fragt mich Leon plötzlich: „Wie hoch schätzt du das hier?“
Ich zucke mit den Achseln. „Keine Ahnung! Zwei Meter? Höchstens drei.“
„Also nicht besonders hoch“, stellt Leon fest. Irgendetwas an seinem Ton lässt mich aufhorchen.
„Warum fragst du?“
Leon grinst. Ich ahne sein Grinsen mehr, als ich es sehe. Die Sonne blendet so stark, dass ich blinzeln muss. „Also nicht zu hoch, um runterzuspringen“, sagt Leon jetzt beiläufig.
Jakob hat sich aufgesetzt. „Lass das doch!“, sagt er hastig zu Leon. „Bitte!“
Leons Grinsen wird breiter. „Warum denn ...?“
Ich verstehe nicht. Was läuft denn hier? „Willst du etwa da runterspringen?“, frage ich Leon lachend.
Leon schüttelt den Kopf. „Nee, aber du.“
Ich höre abrupt auf zu lachen. Trotz der Nachmittagshitze fröstele ich plötzlich. „Spinnst du? Da unten im Wasser können jede Menge spitzer Felsen sein oder so. Kann man doch von hier aus gar nicht sehen und außerdem –“
„Da unten ist alles bestens“, unterbricht mich Leon. Er lässt mich nicht aus den Augen, visiert mich wie ein Insekt.
Mann, was will der denn von mir? „Und woher willst du das wissen?“
„Weil die anderen alle schon gesprungen sind, Schlaumeier!“, erklärt Leon.
Für einen Moment bin ich geplättet. „Wirklich?“, ächze ich. „Ihr seid alle da runtergesprungen?“ Ungläubig sehe ich Jakob, Dennis und Leni an. Aber keiner der drei antwortet mir. Dennis blickt aufs Wasser, als ginge ihn das alles nichts an. Jakob pult nervös an seinen Nägeln herum. Nur Leni reagiert mit einem stummen Nicken.
„Aber warum habt ihr das gemacht?“, frage ich.
„Warum wohl? Weil sie keine Memmen sind.“ Leon lacht. „Ist doch nur ein kleines Spielchen. Ist doch nichts dabei! Ein Spaß!“
„Aber es ist ... gefährlich!“
Ich merke, wie hoch meine Stimme ist. Hoch und ängstlich. Ich klinge wie ein Dreijähriger! „Man soll nicht in unbekannte Gewässer springen!“ Mist, jetzt höre ich mich an wie mein Papa!
„Quatsch!“, sagt Leon verächtlich. „Bisher ist noch keinem was passiert.“ Er sieht mich an. „Also, was ist? Springst du nun?“
Ich schaue auf das Wasser hinunter. Dunkelblau. Glitzernd. Undurchdringlich. Der Felsen bildet an dieser Stelle eine Art Bogen. Man muss weit hinausspringen, um ihn nicht zu streifen. Ich zögere. Aber, hey, was soll mir schon passieren? Es ist doch nur ein einziger Schritt nötig! Ein einziger mutiger Schritt! Die

anderen haben's doch auch geschafft! Und in Hamburg bin ich schließlich schon ein paar Mal vom Dreier gesprungen. Das war doch auch nicht weiter schlimm, oder? Aber da wusste ich, was unter mir ist.

„Und wenn ich's nicht tue?" Ich schaue Leon an, aber aus den Augenwinkeln beobachte ich Leni, die so konzentriert auf ihre nackten Füße blickt, als gäb's da irgendwas wahnsinnig Wichtiges zu entdecken.

Leni hält mich doch bestimmt für einen Waschlappen, wenn ich mich jetzt nicht traue. Wenn ich kneife. Wie sieht denn das aus? Das wäre eine volle Blamage! Dann kann ich wahrscheinlich den Rest der Ferien hier alleine rumhängen. Ich hole tief Luft. Ich mach das jetzt einfach. Wird schon gutgehen.

Schon will ich aufspringen, um Leon mein Okay zu signalisieren, als Leni plötzlich den Kopf hebt und mich unverwandt anschaut. Und ihr Blick sagt alles. Ihr Blick sagt ... „Nein!" War ich das, der da gesprochen hat? Muss wohl so sein, denn Leons Stimme klingt ungläubig, verdutzt.

„Nein? Was soll das heißen?"

Ich löse meine Augen von Leni und sehe Leon jetzt direkt an. „Nein heißt nein!", wiederhole ich fest. „Ich werde nicht springen! Weil es gefährlich und bescheuert ist. Wann ich meinen Mut testen will, entscheide ich. Und sonst keiner. Du jedenfalls ganz bestimmt nicht."

Ich stehe auf und wende mich zum Gehen. Hoffentlich finde ich den Weg zurück. Egal, bloß weg hier! Bevor ich solche dämlichen Mutproben mache, kraxele ich lieber den Rest der Ferien jeden Tag Wanderlieder trällernd mit Mama und Papa die Berge rauf und runter. Echt, alles ist besser als –

„Warte, Moritz!" Leni ist aufgestanden und schnappt sich ihre Gummibärchen-Tüte. „Ich komme mit!"

Sie lächelt mir zu, und ich lächele zurück. Siegerlächeln.

„Halt! Wir wollen auch mit!" Jetzt rappeln sich auch Jakob und Dennis hoch, ziehen dem verdutzten Leon die Decke unterm Hintern weg und rollen sie eilig zusammen.

„Hey, Leute, was soll das denn jetzt?!", ruft Leon hinter uns her. „Das könnt ihr doch nicht machen!"

Und ob wir das können! Ohne Leons leiser werdende Rufe zu beachten, laufen wir zurück Richtung Campingplatz. Dennis, Jakob, Leni und ich, hintereinander. Wir reden nicht viel. Ist auch nicht nötig. Der See glitzert im Nachmittagslicht. Etwas abseits der Badestelle lassen wir uns aufatmend in den Sand plumpsen.

„Gummibärchen?“, fragt Leni. Wir nicken und greifen zu. Einen Moment kauen wir schweigend.
„Das hätten wir schon viel früher machen sollen“, sagt Dennis. Und es ist klar, dass er nicht das Vertilgen der Gummibärchen meint.
Jakob nickt. „Manchmal braucht man eben ...“ „... jemand wie Moritz“, sagt Leni. Hey, sie wird ja sogar ein bisschen rot unter ihren tausend Sommersprossen! Und ich fühle mich wie der König der Welt.

1 a Sammelt eure ersten Eindrücke zu der Geschichte. Worum geht es eurer Meinung nach?
b Die Geschichte heißt „Ferienfreunde“. Begründet, ob ihr die Überschrift passend findet.

2 a Leon ist ein „Bestimmer“. Woran lässt sich das erkennen? Sucht entsprechende Textstellen.
b Als Moritz fragt, warum die anderen gesprungen seien, antwortet Leon: „Ist doch nur ein kleines Spielchen. Ist doch nichts dabei! Ein Spaß!“ (▶ S. 28, Z. 123–124). Wie beurteilt ihr diese Antwort?

3 a Als Leon wiederholt Moritz auffordert, vom Felsen zu springen, gerät Moritz in eine Konfliktsituation. Sucht den Textabschnitt, in dem dies deutlich wird, und lest ihn vor.
b Untersucht anhand des Textes, welche unterschiedlichen Gedanken und Gefühle Moritz in dieser Situation äußert. Erläutert auch, was diese bedeuten, z. B.:

Gedanken/Gefühle von Moritz (innere Handlung)	Bedeutung
Ich verstehe nicht. Was läuft denn hier? (Z. 97) *Trotz der Nachmittagshitze ... (Z. 101–102).*	*Moritz ist verwirrt/irritiert.* ...

4 a Benennt den Wendepunkt der Geschichte. Gebt die entsprechenden Zeilen an und begründet eure Entscheidung.
b Erklärt, warum sich die anderen nach und nach Moritz anschließen und Leon sitzen lassen.

5 Sammelt in der Klasse Meinungen darüber, was man als Leser aus dieser Geschichte lernen kann.

6 Stellt die Beziehung von Moritz, Dennis, Jakob, Leon und Leni in zwei Figurenskizzen dar: einmal zu Anfang und einmal am Schluss der Geschichte. Die Informationen im Merkkasten unten auf der Seite helfen euch.

7 Die Geschichte wird im Präsens erzählt. Beschreibt, wie das auf euch wirkt.

Methode **Eine Figurenskizze erstellen**

Die Beziehung zwischen Figuren (z. B. Abneigung, Freundschaft, Abhängigkeiten usw.) könnt ihr in einer Figurenskizze darstellen:
- Zeichnet für jede Figur/Figurengruppe einen Kasten. Schreibt in jeden Figurenkasten den Namen und evtl. auch die Eigenschaften der jeweiligen Figur.
- Bestimmt die Beziehungen der Figuren, indem ihr die Kästen durch Pfeile verbindet und diese mit einem aussagefähigen Wort beschriftet (z. B. *verliebt, fremd, gleichgültig, befreundet, verfeindet*).

Fordern und fördern – Gestaltend schreiben

●●● **1** Die Geschichte „Ferienfreunde" (▶ S. 27–30) wird aus der Sicht von Moritz erzählt. Versetzt euch in eines der anderen beteiligten Kinder und erzählt, wie es diesen Tag erlebt. Schreibt in der Ich-Form und stellt die Gedanken und Gefühle (innere Handlung) dieser Figur dar. Geht so vor:

a Lest noch einmal die Geschichte (▶ S. 27–30) und haltet die wichtigsten Ereignisse (Erzählschritte) in einem Schreibplan fest.

▷ Hilfen zu dieser Aufgabe findet ihr auf Seite 32.

> 1) Einleitung:
> (Wer? Wo? Wann?)
> 2) Hauptteil:
> 1. Erzählschritt
> ...
> 3) Schluss:

b Entscheidet, aus wessen Sicht ihr erzählen wollt (Dennis, Jakob, Leon oder Leni). Versetzt euch dann in eure Figur hinein und sammelt Ideen für eure Geschichte:

- Wie hat eure Figur diesen Tag erlebt?
- Was würde eure Figur über
  - den Beginn (das Kennenlernen von Moritz, den Weg zum Geheimplatz),
  - den Wendepunkt (Moritz überlegt lange, ob er springen soll) und
  - das Ende dieses Erlebnisses erzählen?
- Was fühlt und denkt eure Figur? Was könnte sie zu wem sagen?

▷ Wenn ihr zu dieser Aufgabe Hilfen braucht, schaut auf Seite 32 nach.

c Erzählt die Geschichte aus der Sicht eurer Figur. Nutzt eure Notizen und schreibt in der Ich-Form. Gebt die Gedanken und Gefühle eurer Figur anschaulich wieder und verwendet die wörtliche Rede. Schreibt im Präteritum.

▷ Hilfen zu dieser Aufgabe findet ihr auf Seite 32.

2 Vergleicht eure Geschichten mit dem Originaltext und notiert die wichtigsten Unterschiede: Inwiefern bekommt ihr in euren Geschichten einen anderen Eindruck von den Figuren?

Methode | **Aus der Sicht einer anderen Figur erzählen**

- Versetzt euch in die Figur hinein, aus deren Sicht ihr erzählen wollt:
  - Was denkt und fühlt sie? Was könnte sie sagen?
  - Was weiß sie, was weiß sie nicht?
- Euer Text muss zur Originalgeschichte passen und darf ihr nicht widersprechen. Einzelheiten dürft ihr hinzuerfinden, um die Sicht der Figur zu verdeutlichen.

●●○ Hilfe zu Aufgabe 1

a Ihr könnt euren Schreibplan so beginnen:

1) Einleitung	
(Wer? Wo? Wann?)	*Moritz, Dennis, Jakob, Leon, Leni* *Campingplatz am See* *erster Tag auf dem Campingplatz (Sommerferien)*
2) Hauptteil	
1. Erzählschritt:	*Dennis, Jakob, Leon und Leni lernen Moritz kennen, sie wollen ihm ihren Geheimplatz zeigen.*
2. Erzählschritt:	*Kurze Zeit später treffen sich die Kinder wieder und gehen zum Geheimplatz (Felsvorsprung).*
3. Erzählschritt:	*Leon fordert Moritz auf, vom Felsen ins Wasser zu springen.* *Er behauptet, alle anderen Kinder hätten dies schon getan.*
4. Erzählschritt:	*Moritz überlegt lange und lehnt dann diese Mutprobe ab.*
…	…
3) Schluss	…

b Folgende Fragen können euch helfen, Ideen für eure Geschichte zu finden:
- Wie lernt eure Figur Moritz kennen?
  Was hält sie anfangs von Moritz?
- Was denkt sie, als sie mit den anderen zum Geheimplatz geht?
  Was sagt sie?
- Wie fühlt sie sich und was denkt sie, als alle am Felsvorsprung versammelt sind und Moritz lange überlegt, ob er springen soll?
- Wie erlebt eure Figur das Neinsagen von Moritz?
  Was denkt sie auf dem Rückweg?

c Folgende Wörter und Wendungen helfen euch, eure Geschichte lebendig und anschaulich zu schreiben.

Ausdrucksstarke Verben
anblicken • anstarren • bemerken • beobachten • betrachten • erkennen • glotzen • mustern • zusehen • ansprechen • rufen • stottern • prahlen • einwenden • spotten

Treffende Adjektive
zornig • mutig • hilflos • ärgerlich • ängstlich • unerträglich • listig • zufrieden • seltsam

Gedanken und Gefühle
- Ich fragte mich, …
- Ich fühlte mich, …
- Mir ging durch den Kopf, …
- Am liebsten wäre ich …
- Was sollte ich tun?
- Ich dachte, …
- Ich sah, dass Moritz …
- Ich merkte, wie …
- Als ich das sah, …

1.3 Fit in ... – Einen Erzählkern ausgestalten

Die Aufgabenstellung richtig verstehen

Stellt euch vor, ihr bekommt in der nächsten Klassenarbeit folgende Aufgabenstellung:

Gestalte die folgende Zeitungsmeldung zu einer lebendigen und spannenden Geschichte aus. Erzähle aus der Sicht des zwölfjährigen Kindes in der Ich-Form.

Mutprobe endet im Krankenhaus

HEIDELBERG. Gestern Nachmittag wurde ein zwölfjähriges Kind mit einem gebrochenen Bein und mehreren Prellungen ins Krankenhaus eingeliefert. Es war vor einigen Wochen mit seinen Eltern nach Heidelberg gezogen und wollte in eine Clique aus der Nachbarschaft aufgenommen werden. Die Jungen und Mädchen hatten ihm erklärt, dass das Bestehen einer Mutprobe die Aufnahmebedingung sei: Es sollte auf einen hohen Baum klettern und für die Clique Äpfel pflücken. Dabei verlor das Kind den Halt und stürzte aus fast zwei Metern Höhe auf die Wiese.

1 Lest die Aufgabenstellung sorgfältig. Erklärt euch gegenseitig, was genau ihr machen sollt und worauf ihr bei der Bearbeitung der Aufgabe achten müsst.

Ideen sammeln und einen Schreibplan erstellen

2 **a** Arbeitet aus dem Zeitungsbericht alle Vorgaben für eure Geschichte heraus. Stellt W-Fragen (Wer? Wo? Wann? Was?) und notiert Ideen für die Einleitung und den Hauptteil.

Beachtet, dass ihr aus der Ich-Perspektive erzählt. Gebt den Kindern der Clique Namen.

1) Einleitung *(Wer? Wo? Wann?)*	*ich, Tim, Nina, ...* *Heidelberg (Wiese)*
2) Hauptteil	
1. Erzählschritt:	*Ich wollte in die Clique aufgenommen werden.*
2. ...	*Die anderen erklärten mir die Mutprobe.*
...	

b Markiert in eurem Schreibplan den Höhepunkt eurer Geschichte.

c Überlegt, wie eure Geschichte enden soll. Notiert dann in eurem Schreibplan Stichpunkte für den Schluss.

Spannend und anschaulich erzählen

3 Was denkt und fühlt das Kind? Was sieht, hört und spürt es? Schreibt den folgenden Text in euer Heft und füllt die Lücken. Ihr könnt hierzu den unten stehenden Wortspeicher zu Hilfe nehmen.

Als ich hörte, dass ich auf diesen ? Baum klettern sollte, ? . Aber das durfte ich nicht zeigen. ? ging ich auf den Baum zu und kletterte los. ? , dachte ich, während ich höher und höher stieg. ? tastete ich mich von Ast zu Ast. Von ferne hörte ich Tim: ?
? blickte ich nach unten. ? , dachte ich und hangelte mich an den ? Ästen nach oben.
Auf einmal hörte ich ein lautes Knacken. Dann überschlugen sich die Ereignisse.

riesengroß • uralt • klitzeklein • mutig • schnell • tapfer • riesig • langsam • vorsichtig • dünn • dick • morsch • ängstlich • unsicher • wütend • zögernd • zaghaft • zittrig • der Atem stockt • Hände werden feucht/schwitzig • Herz hämmert wie ... • Hoffentlich geht das gut, ... • Das schaff ich nie, ... • Euch werde ich es zeigen, ... • Wird schon gutgehen, ... • Mir wird schon nichts passieren, ... • „Das schafft die/der nie!" • „Na, mach schon!" • „Komm, das schaffst du!" • „Ich glaube ja nicht, dass wir heute noch Äpfel essen werden!"

4 a Schreibt mit Hilfe eures Schreibplans und eurer Ergebnisse aus Aufgabe 3 eine spannende und lebendige Geschichte. Erzählt in der Ich-Form.
b Findet eine treffende Überschrift für eure Geschichte.

Die Erzählung überarbeiten

5 Tauscht eure Geschichte mit der eurer Banknachbarin oder eures Banknachbarn aus. Gebt euch mit Hilfe der folgenden Checkliste Tipps, wie ihr eure Geschichten verbessern könnt.

Checkliste

Eine Erzählung schreiben

Aufbau:
– Ist die Geschichte in Einleitung, Hauptteil und Schluss gegliedert?
– Hat die Geschichte einen roten Faden und ist sie verständlich?

Spannung:
– Ist die **Überschrift** treffend und verrät nicht zu viel?
– Macht die **Einleitung** neugierig auf die Geschichte?
– Hat die Geschichte einen Höhepunkt? Steigern sich die Handlungsschritte?

Figuren:
– Wird deutlich, was die Figuren **sehen, hören, spüren oder riechen?**
– Erfährt man, was sie **denken und fühlen** (innere Handlung)?
– Habt ihr auch **wörtliche Rede** (Dialoge) eingebaut?

Sprache:
– Sind die **Verben abwechslungsreich,** wird z. B. nicht immer „sagen" oder „gehen" verwendet?
– Habt ihr **treffende Adjektive** gebraucht und interessante **Vergleiche** oder **bildhafte Wendungen,** um anschaulich und spannend zu erzählen?
– Sind **Rechtschreibung** und **Zeichensetzung** (z. B. bei der wörtlichen Rede) korrekt?

2 Probleme in der Diskussion – Argumentieren und überzeugen

1 Wenn ihr eine Party machen wollt, habt ihr sicher auch oft Meinungsverschiedenheiten mit euren Eltern. Berichtet, worüber ihr diskutiert.

2 Was könnte Paulines Mutter an Paulines Entwurf für eine Einladung und an der geplanten Party auszusetzen haben? Sammelt mögliche Einwände.

3 a Überlegt, wie man sich einigen kann, wenn bei einer Diskussion eine Lösung gefunden werden muss.
b Formuliert Tipps, wie eine Diskussion gelingen kann.

In diesem Kapitel ...

- trainiert ihr das Diskutieren,
- übt ihr, eure Meinung zu einem Thema durch Argumente und Beispiele überzeugend zu begründen,
- lernt ihr, einen Vorschlag schriftlich zu begründen.

2.1 Wie feiern wir? – Strittige Fragen diskutieren

Eine Party planen – Meinungen begründen

[...]

Pauline: Das ist meine Party, und die will ich so feiern, wie ich will.

Mutter: Okay, so wie du willst und wie wir es erlauben. Und so, wie du es dir vorstellst, erlauben wir die Feier sicherlich nicht.

Pauline: Was stört dich denn?

Mutter: Ich finde, bei einer Party sollte man genau planen, was man machen will. Denn wenn man den ganzen Nachmittag nur rumsitzt und Musik hört, wird einem schnell langweilig.

Pauline: Ich finde, bei einer Party sollte man spontan sein, weil man dann immer genau das machen kann, wozu man gerade Lust hat: reden, tanzen, essen ...

Peter: Ihr könntet ja auch in den Zoo gehen.

Pauline: O Mann, Peter. Komm nicht auch du noch mit schrägen Vorschlägen.

Mutter: Aber Pauline, das ist doch kein Argument! Ich finde Zoo gar keine schlechte Idee.

Vater: Mir gefällt die Idee auch, dass ihr etwas unternehmt. Denn bestimmt findet nicht jeder eine Party toll, auf der nur geredet und getanzt wird. Ihr könnt ja nach der Unternehmung hierherkommen, um weiterzufeiern. Als ich in deinem Alter war, sind wir an meinen Geburtstagen immer zuerst an den Neckar zum Schwimmen gegangen und haben dann in unserem Garten gegrillt.

Pauline: Erstens wohnen wir Kilometer vom Neckar entfernt, zweitens ist der heute so verseucht, dass es einem die Fingernägel wegätzt, wenn man dort schwimmt.

Mutter: Das mit dem Neckar war ja auch nur ein Beispiel.

Peter: Oder Klettergarten? Wenn ihr nur tanzt, komme ich nicht.

Pauline: Du bist ja auch gar nicht eingeladen.
Mutter: Natürlich ist Peter dabei. Soll er etwa aus eurem Zimmer ausziehen, wenn ihr eine Party macht?
Vater: Ich finde es auch nicht gut, wenn ihr die ganze Zeit Chips esst und nur Musik hört. Eine Party sollte etwas Besonderes haben, an das man sich noch später erinnert. Ich weiß heute noch, wie wir bei einem Kindergeburtstag zu einem Eishockeyspiel gegangen sind. [...]

1 a Lest die Diskussion mit verteilten Rollen.
b Sprecht über eure ersten Eindrücke von dem Gespräch und von den Gesprächsteilnehmern.
c Benennt das Thema der Diskussion.

2 a Nennt Gesprächsbeiträge, die aus eurer Sicht zur Lösung des Streits beitragen. Begründet eure Einschätzung.
b „Aber Pauline, das ist doch kein Argument!“ (Z. 20–21) wendet Paulines Mutter ein. Notiert in Stichworten die Aussagen im Gespräch, die ein Argument (eine Begründung) enthalten.

Meinung	Argument (Begründung)
Mutter: Party genau planen (Z. 8–9)	*Sonst wird es schnell langweilig. (Z. 9–12)*
...	...

c Ein Argument wird noch überzeugender, wenn man es durch ein anschauliches Beispiel stützt. In der Diskussion (▶ S. 36) findet ihr zwei Argumente, zu denen ein Beispiel angeführt wird. Schreibt die entsprechenden Gesprächsbeiträge vollständig in euer Heft. Unterstreicht jeweils die Meinung rot, das Argument grün und das Beispiel blau.

3 a Überlegt euch einen Gesprächsbeitrag, mit dem Pauline alle Beteiligten überzeugen könnte. Notiert den Beitrag. Er sollte ein Argument und ein Beispiel enthalten.
b Vergleicht und diskutiert eure Beiträge: Welche findet ihr überzeugend? Warum?

Argumente könnt ihr z. B. mit folgenden **Konjunktionen** einleiten: *weil, da, denn.*

Information **Die eigene Meinung überzeugend begründen**

In einer Diskussion können verschiedene Meinungen aufeinanderprallen. Um andere für seine Interessen zu gewinnen, muss man seine Meinung überzeugend begründen. Das nennt man Argumentieren.
Beim Argumentieren macht man einen Vorschlag oder äußert eine **Meinung,** die man durch **Argumente (Begründungen)** stützt. Die Argumente kann man durch **Beispiele** anschaulich machen oder erklären, z. B.:

- Meinung (Vorschlag): *Auf meiner Geburtstagsparty möchte ich gerne zuerst ins Freibad gehen und dann zu Hause noch weiterfeiern.*
- Begründung (Argument): *So haben alle Gäste ihren Spaß. Im Freibad und zu Hause gibt es viele verschiedene mögliche Aktivitäten.*
- Beispiel: *Im Freibad kann man schwimmen, aber z. B. auch Tischtennis oder Volleyball spielen, reden, Eis essen ... Zu Hause kann man tanzen, Spiele machen, weiterreden, essen und anderes mehr.*

Wer bestimmt über meine Party? – Eine Fishbowl-Diskussion durchführen

Mutter: Auf der Gästeliste für deine Party fehlt Marco! Der hilft dir ständig beim Lernen. Deine letzte Zwei in Mathe hattest du ihm zu verdanken.

Pauline: Sonst habe ich aber nichts mit ihm zu tun, Mama!

Mutter: Ich möchte aber trotzdem, dass du ihn einlädtst!

Pauline: Ich finde, das ist meine Party, und ich darf auch bestimmen, wer eingeladen wird und wie wir feiern!

Mutter: Natürlich soll es deine Party sein. Aber Papa und ich helfen mit und wir können aus Erfahrung manches besser einschätzen. Also wollen wir auch mitbestimmen.

[...]

1 a Sprecht über eure Erfahrungen zum Thema „Gästeliste für eine Party erstellen".
b Die letzten beiden Aussagen von Pauline und ihrer Mutter enthalten verschiedene Meinungen zu der Frage, wer über die Gestaltung der Party und die Gästeliste bestimmen darf.
Überlegt, welcher Meinung ihr euch eher anschließen könnt. Begründet, warum.

2 In welchem Maße sollten Eltern eurer Meinung nach ein Mitspracherecht bei der Gestaltung einer Schülerparty oder bei der Gästeliste haben?
Bereitet euch in Partnerarbeit auf eine Diskussion zu diesem Thema vor. Sucht jeweils zwei Argumente, die für die Sichtweise der Eltern sprechen, und zwei, die Paulines Position stützen.
Notiert zu den Argumenten Beispiele.

Meinung der Eltern:
Eltern haben ein Recht, bei der Gestaltung der Party und bei der Gästeliste mitzureden.

Argumente	***Beispiele***
1. Die Eltern müssen bei der Vorbereitung helfen.	*– Die Eltern kaufen ein ...* *– ...*
2. ...	*...*

3 a Lest den Merkkasten zur Fishbowl-Diskussion unten auf dieser Seite genau durch.
b Überlegt gemeinsam, welche Aufgaben ein Diskussionsleiter/eine Diskussionsleiterin hat. Schreibt sie auf ein Plakat.
c Vergegenwärtigt euch die wichtigsten Gesprächsregeln für eine Diskussion und haltet sie auf einem Plakat fest.
d Bestimmt, wer die Diskussion leitet und wer im Innenkreis Platz nimmt.

Aufgaben Diskussionsleiter/-in
- eröffnet Diskussion, nennt Thema,
- beschränkt Redezeit, wenn nötig,
- ...

Diskussionsregeln
- andere ausreden lassen,
- ...

4 a Führt die Diskussion durch.
– Die Beobachtungsgruppe notiert während der Diskussion, was ihr auffällt.
– Versucht, auf den Beitrag des Vorredners einzugehen.
b Tauscht die Rollen in der Fishbowl-Diskussion und führt mehrere Diskussionsrunden durch. Wertet nach jeder Runde aus, wie eure Diskussion verlaufen ist.

Beobachtungsbogen	☺	😐	☹	Beispiele aus der Diskussion
Gesprächsregeln eingehalten?	...	...	...	...
Meinung verständlich formuliert?	...	...	...	...
Argumente (mit Beispielen) überzeugend?	...	...	...	...
Bezug zum Vorredner?	...	...	...	...

Information **Die Fishbowl-Diskussion**

Bei einer Fishbowl-Diskussion werden die Teilnehmer in eine Diskussionsgruppe und eine Beobachtungsgruppe eingeteilt.

Innenkreis – die Diskussionsgruppe:
- Im Innenkreis (in der „Fishbowl") sitzen die Diskutierenden (vier bis sieben Schüler/-innen) und der/die Diskussionsleiter/-in.
- Ein Stuhl bleibt frei, er kann von der Beobachtungsgruppe genutzt werden.

Außenkreis – die Beobachtungsgruppe:
- Im Außenkreis sitzt die Beobachtungsgruppe. Die Beobachter hören der Diskussion aufmerksam zu.
- Wer etwas zur Diskussion beitragen möchte, setzt sich auf den freien Stuhl im Innenkreis und tritt erst dann wieder in den Außenkreis zurück, wenn er sich geäußert hat. Jeder darf, sooft er will, in den Innenkreis treten.

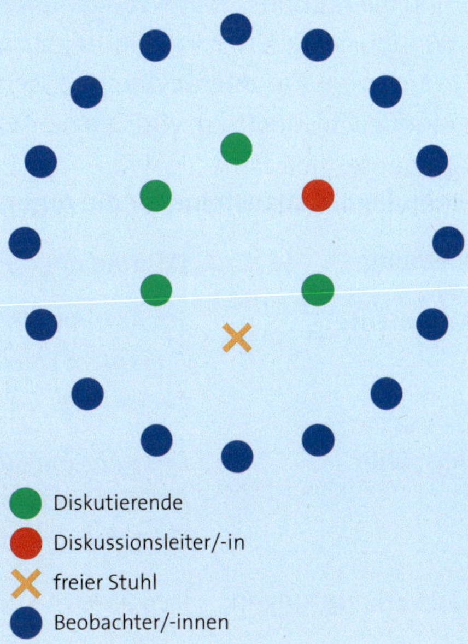

Ein Klassenfest in der Schule? – Einen Vorschlag schriftlich begründen

1 Ihr wollt abends in der Schule ein Klassenfest feiern. Dafür braucht ihr die Genehmigung der Schulleitung. Um für euren Wunsch zu werben, verfasst ihr eine E-Mail an die Schulleiterin.

a Sammelt in Partnerarbeit Argumente und Beispiele, die euren Vorschlag unterstützen.

Vorschlag:
Wir wollen an einem Freitagabend in der Schule ein Klassenfest veranstalten.

Argumente	*Beispiele*
– Ein Klassenfest stärkt den Zusammenhalt ... *– ...*	*– Man hat zusammen Spaß, tanzt und lacht ...* *– ...*

b Vergleicht in der Klasse eure Argumente und diskutiert, welche Begründungen die Schulleitung besonders überzeugen könnten. Wählt gemeinsam zwei Argumente aus.

c Formuliert den Text für eine E-Mail an die Schulleitung. Verwendet die beiden in Aufgabe b ausgewählten Argumente und passende Beispiele.
Die Formulierungsbausteine im Tippkasten unten auf der Seite helfen euch dabei.

Aufbau einer schriftlichen Begründung

Einleitung: Adressaten ansprechen, Meinung/Wunsch/Vorschlag nennen und, wenn nötig, knapp erläutern (z. B.: Klassenfest: Programm?, Dauer?)
Hauptteil: Argument 1 + passendes Beispiel
Argument 2 + passendes Beispiel
Schluss: Meinung/Wunsch/Vorschlag zusammenfassen

2 Überarbeitet eure E-Mails in Gruppen:
– Sind die Argumente überzeugend formuliert? Werden geeignete Formulierungsbausteine verwendet?
– Werden die Argumente durch passende Beispiele veranschaulicht?
– Sind Rechtschreibung und Zeichensetzung korrekt?

Formulierungsbausteine für die Argumentation

Meinung: *Wir sind der Meinung/Ansicht, dass ...* • *Wir finden, dass ...*

Argumente: *Ein Argument/Grund für ... ist, dass ...* • *Außerdem spielt eine Rolle, dass ...* • *Ein weiterer Grund ist, ...* • *Besonders wichtig ist, dass ...*

Beispiele: *Das sieht man daran, dass ...* • *Zum Beispiel ...* • *Aus eigener Erfahrung weiß ich, ...* • *In einem Interview sagte ..., dass ...* • *Die Erfahrung des Heine-Gymnasiums zeigt, dass ...*

Satzverknüpfungen: *weil* • *denn* • *da* • *aus diesem Grund* • *deshalb* • *darum*

Teste dich!

Argumentieren und überzeugen

1 a Tim will zum Klassenfest auch die Lehrer und Lehrerinnen einladen. Auf dem folgenden Stichwortzettel hat er Argumente und Beispiele vermischt. Schreibe in dein Heft, welche der mit Buchstaben markierten Notizen Argumente und welche Beispiele sind, z. B. *A: Beispiel, B:* ...

b Welches Beispiel passt zu welchem Argument? Schreibe die entsprechenden Buchstabenpaare auf.

c Vergleicht eure Ergebnisse aus den Aufgaben a und b.

Meinung:
Jch fände es gut, wenn wir die Lehrer und Lehrerinnen zu unserem Fest einladen würden, ...

Argumente (Begründungen) und Beispiele:

A *Auf dem letzten Ausflug habe ich von Frau Haupt erfahren, dass auch sie gerne Ski fährt und früher sogar bei Rennen dabei war.*
B *denn so könnte man sich gegenseitig besser kennen lernen.*
C *da wir sehr viele nette Lehrer und Lehrerinnen haben.*
D *Auch bei den Unterstufen-Faschingspartys muss die SMV Lehrer für die Aufsicht suchen.*
E *Herr Spann ist zwar im Unterricht streng, aber auf dem Pausenhof kann man sich prima mit ihm unterhalten.*
F *weil wir dann kein Problem mit der Aufsicht hätten.*

2 In der Klasse ist eine Diskussion über Tims Vorschlag entbrannt. Für den Gegenvorschlag, die Lehrer und Lehrerinnen nicht einzuladen, werden folgende Begründungen angeführt:

A ... *weil Erwachsene stören.*
B ... *weil Lehrer streng sind.*
C ... *weil man nicht tanzen kann, wenn sie zuschauen.*
D ... *weil die Lehrer die Musik nicht mögen.*
E ... *weil Erwachsene zu viel vom Büfett essen.*
F ... *weil die Stimmung anders ist, wenn sie dabei sind.*
G ... *weil sie uncoole Klamotten tragen.*
H ... *weil sie sowieso nicht kommen.*

a Welche der Argumente findest du eher überzeugend, welche weniger oder gar nicht? Bringe die Argumente in eine Reihenfolge von „relativ überzeugend“ bis „gar nicht überzeugend“. Schreibe die Buchstaben in der entsprechenden Reihenfolge in dein Heft.

b Vergleicht eure Ergebnisse in Partnerarbeit und diskutiert über eure Wertungen.

3 Was hältst du für besonders wichtig für ein gelungenes Klassenfest?

a Notiere deine Meinung und begründe sie mit einem überzeugenden Argument und einem anschaulichen Beispiel.

b Prüft in Partnerarbeit, ob die Argumentation überzeugt und ob eure Sätze sinnvoll verknüpft sind.

2.2 Da gibt's (k)eine Diskussion? – Streitgespräche in Geschichten

Christine Nöstlinger

Zwei Wochen im Mai

Die 13-jährige Romanheldin Christine erzählt, wie es immer wieder zum Streit mit ihrer Mutter kommt.

Fast jeden Tag kam es zwischen meiner Mutter und mir zum Streit wegen des Klavierspielens. Diese Klavierspielstreite glichen einander zum Wahnsinnigwerden. Ich versuchte es trotzdem immer wieder.

Ich sagte: „Mama, ich geh nicht mehr zur Kriegelstein, ich will nicht!"

„Du willst viel nicht." Meine Mutter strickte weiter am scheußlichen, grauen Pullover.

„Aber ich kann auch nicht, ich bin unmusikalisch, es ist schade ums Geld!"

„Irgendwas bleibt schon hängen, die Noten kannst du wenigstens."

„Ich scheiß auf deine Noten, die sind mir wurscht!"

„Klavierspielen gehört einfach dazu!"

„Wozu denn?"

„Zur Bildung, zur Erziehung –"

„Überhaupt nicht! Niemand braucht das! Gar niemand!"

„Später einmal, da wirst du mir dankbar sein. Wenn du Lehrerin werden willst –"

„Nie im Leben werd ich Lehrerin!"

„Das kannst du jetzt noch nicht wissen. Und was man kann, ist nie umsonst! Man weiß nie, was wird! Und Klavierspielen gehört einfach dazu."

Es war sinnlos. Sie war unfähig, etwas anderes zu denken als das, was sie sich vor Jahrzehnten zurechtgelegt hatte. Sie war ein Kind gewesen, das gern Klavier gespielt hätte, ein Kind, das gern Lehrerin geworden wäre. Man hatte sie nicht Klavier spielen und nicht Lehrerin werden lassen. Sie wollte eine gute Mutter sein, sie ließ mich Klavier spielen.

Aus-Schluss-Ende-der-Debatte! „Und ob du einmal Lehrerin werden willst, kannst du heute noch nicht wissen, dazu bist du zu klein. Lehrerin ist ein schöner Beruf!"

Was immer ich auch vorbrachte, wie immer ich auch fluchte oder argumentierte, nach dreimal Rede und Gegenrede waren wir wieder bei: „– es gehört einfach dazu!"

Mich machte das so rasend, so wütend und so hilflos, dass ich meinte, nicht weiterleben zu können. Das waren keine Selbstmordgedanken, die hatte ich nie. Ich glaubte, die Wut könnte mich töten, Adern, Gefäße, ganze Organe in mir zum Platzen bringen. Und wir stritten ja nicht nur wegen der alten Kriegelstein und dem Klavierspielen. Wir kämpften miteinander wegen der Lehrer, wegen dem Waschak-Rudi, wegen der Unordnung, wegen der Kleidung. Sie wollte mich dazu bringen, ein braves, friedliches, freundliches, nettes Kind zu werden. Ich wollte sie dazu bringen, mir wenigstens richtig zuzuhören und endlich zu kapieren, was ich meinte. Denn das tat sie nicht. Sie hörte mir gar nicht zu und sie kapierte nichts. Man konnte sie anschreien und beschimpfen.

„Sei doch nicht frech", sagte sie bloß. Sie schlug nicht zu, sie entzog kein Taschengeld, sie gab keinen Hausarrest.

1 Besprecht, worum es in dieser Geschichte geht.

2 a Beschreibt, wie sich die Ich-Erzählerin Christine fühlt. Sucht Textstellen, die hierüber Auskunft geben.
b Stellt Vermutungen an, wie sich Christines Mutter fühlen könnte. Sucht dazu Textstellen, aus denen ihr Rückschlüsse auf ihre Gefühle und Gedanken ziehen könnt.

3 Untersucht das Gespräch zwischen Tochter und Mutter (Z. 6–39) genauer:
a Welche Argumente bringt Christine vor? Welche Argumente hält die Mutter dagegen?
b Beschreibt, wie die beiden miteinander sprechen. Achtet auf Wortwahl, Satzarten, Satzzeichen, aber auch auf das Verhalten der Figuren.
c Begründet, warum der Streit sich immer wieder auf die gleiche Weise abspielt.

4 a Christine nennt verschiedene Gründe, warum ihre Mutter beim „Klavierspielstreit" (Z. 3) nicht nachgibt, z. B.: „Sie wollte eine gute Mutter sein, sie ließ mich Klavier spielen." (Z. 34 f.) Erklärt, was Christine damit meint.
b Findet weitere Gründe, warum es der Mutter so wichtig ist, dass die Tochter Klavier spielen lernt.
c Beurteilt die Gründe der Mutter: Welche findet ihr überzeugend, welche nicht?

5 a Betrachtet die folgenden Dialogkarten für die Gespräche A und B. Beschreibt, worin die Unterschiede zwischen den beiden Dialogen liegen.
b Teilt die Rollen von Mutter und Tochter unter euch auf und lernt die Dialoge auswendig.
c Spielt die Szenen.
d Beobachtet und beschreibt Mimik und Körpersprache von Mutter und Tochter in den Szenen.

Dialog A:

Mutter: Später einmal, da wirst du mir dankbar sein. Wenn du Lehrerin werden willst.

Tochter: Nie im Leben werde ich Lehrerin!

Mutter: Das kannst du jetzt noch nicht wissen.

Dialog B:

Mutter: Später einmal, da wirst du mir dankbar sein. Wenn du Lehrerin werden willst.

Tochter: Du meinst also, dass ich jetzt noch nicht wissen kann, was ich später einmal werden soll?

Mutter: Ich wäre gerne Lehrerin geworden. Ich hätte gerne Klavier gespielt, aber ich durfte das früher nicht.

6 Stellt euch vor, dass es Christine und ihrer Mutter eines Tages doch gelingt, den Streit beizulegen.
a Probt in Partnerarbeit, wie ihr den Dialog B fortführen könntet. Beachtet dabei die Tipps zum genauen Zuhören.
b Spielt eure Dialoge vor der Klasse.
c Gebt euch Rückmeldung:
– Gehen die Gesprächspartner aufeinander ein?
– Wirkt der Gesprächsverlauf überzeugend?

Genaues Zuhören
- Den anderen ausreden lassen
- Blickkontakt suchen
- Sich in den anderen hineinversetzen:
  Habe ich dich richtig verstanden, dass ...
  Meinst du, dass ...
  Ich sehe ein, dass ... Aber ...

7 a Stellt typische Streit- und Konfliktsituationen in der Familie, in der Schule und im Freundeskreis zusammen.
b Entwerft Rollenspiele, in denen der jeweilige Streit oder Konflikt gelöst wird.
c Spielt eure Szenen in der Klasse vor und besprecht sie.

Michael Gerard Bauer

Nennt mich nicht Ismael!

In dem Jugendroman „Nennt mich nicht Ismael!" gründet James Scober, genannt Scobie, einen Debattierklub[1], bei dem auch Ismael, Scobies bester Freund, mitmachen soll. Der Schauplatz der Handlung ist Australien.

„Ismael, ich hab dich für das Debattierteam eingetragen."

Es war am Montagmorgen nach dem berühmten Sieg vom St Daniel's über Churchill. James Scobie blinzelte mich seelenruhig an.

„Du hast was?"

„Ich habe dich für das Debattierteam eingetragen", wiederholte er, als ob er einen beiläufigen Kommentar zum Wetter abgeben würde.

„Du hast was?", sagte ich ein bisschen lauter, um anzuzeigen, auf welches Level meine Hysterie[2] schoss. Ich sah Scobie schockiert an und schüttelte entsetzt den Kopf. War er jetzt vollends übergeschnappt? Konnte er sich hören? Hatte er die geringste Ahnung, dass er eigentlich zu mir sagte: „Ismael, ich habe dich dafür angemeldet, dass du splitternackt vor einem Saal voller fremder Menschen stehst, während dein Herz dir durch den Mund aus dem Körper gerissen wird und dir die Haut Streifen um Streifen von jedem Zentimeter deines Körpers abgezogen wird?"

„Gibt's da ein Problem?"

Ein Problem? Gab es ein Problem, wenn jemand auf der Titanic Eis wollte?

„Du kannst nicht ... Ich kann nicht ... Ich bin ... hoffnungslos ... Ich bin ... Ich bin nicht gut ... nein ... unmöglich ... Ich kann das nicht."

1 Die Debatte ist eine Diskussionsform, in der die Redner vor einem Publikum diskutieren. Das Ziel der Redner ist, die Zuhörer durch ihre Argumente zu überzeugen. Es gibt auch Diskussionsmannschaften, die gegeneinander antreten, weil sie zu einer Streitfrage unterschiedliche Meinungen vertreten.

2 die Hysterie: Erregung, Aufregung, Angst

Eigentlich wollte ich ihm sagen, dass ich mir lieber die Zunge an die Stirn nageln ließ, als an einer Debatte teilzunehmen. Dass ich lieber süße, nichtssagende Worte in das blumenkohlartige Ohr von Frankie flüstern würde, als vor Publikum zu stehen und eine Rede zu halten. Dass ich lieber der einzige Ismael in der Barry-Bagsley-Schule[3] für Klone wäre als weniger als eine Million Lichtjahre von einer öffentlichen Rede entfernt. Versteht ihr, was ich meine? Ich war nicht besonders begeistert von der Vorstellung.

„Das geht schon. Ich kann dir helfen."

„Nein ... nein ... das geht nicht ... Du ... du kannst nicht ... Ich könnte nicht ... Es ist nur ... Ich ... ich ... ich kann nicht ... ich ... ich."

Jetzt wisst ihr, warum Scobie mich in der Mannschaft haben wollte: Ich konnte einfach gut mit Worten umgehen.

„Du könntest die erste Debattierrunde auslassen, bis du dich sicherer fühlst, und erst dann einsteigen."

Bei ihm klang das so einfach, aber er hatte keine Ahnung, wie es Leuten wie mir damit ging. Wusste James Scobie, wie es war, vor einer Klasse zu stehen, während sich das Gesicht anfühlte, als wäre es gerade in Flammen aufgegangen, und die Ohren brutzelten wie Kartoffelscheiben, die man in das heiße Fett einer Fritteuse legt? Hatte er jemals erlebt, dass sich seine Beine anfühlten wie Pudding und die Kniescheiben herumkugelten wie die Bälle bei der Ziehung der Lottozahlen? Hatte er jemals das Gefühl gehabt, dass seine Hände anschwellen wie riesige Luftballons und er nicht mehr wusste, wo er sie verstecken sollte? Oder dass seine Augenlider so schwer werden, dass sie seinen Kopf auf die Brust zwangen und er unmöglich aufschauen konnte?

Wie konnte jemand wie Scobie, der vor einer ganzen Schulversammlung oder einem vollen Stadion so locker sprechen konnte wie zu sich selbst, wissen, wie sich jemand wie ich dabei fühlte? Ich bin eher wie der Junge in dem Film „Der Club der toten Dichter", den wir in Englisch bei Miss Tarango gesehen haben. Tim oder Todd heißt er, glaube ich. Ihr wisst schon, der schüchterne Junge, der sich nicht traut, vor der Klasse ein Gedicht aufzusagen. Robin Williams, der den Lehrer spielt, versucht ihn dazu zu bringen, einfach irgendwas vor allen zu schreien – einen „wilden, barbarischen Yawp" nennt er es oder so. Aber der Junge kann es nicht, denn der Druck all der Augen, die auf ihn gerichtet sind, bringt ihn fast um. Ich will dem Schauspieler ja nicht zu nahe treten, aber ich hätte diese Rolle sogar mit verbundenen Augen und auf den Rücken gefesselten Händen überzeugend spielen können.

Ich wusste, dass James Scobie mich niemals verstehen würde, deshalb verschwendete ich meine Kräfte nicht darauf, eine Erklärung auch nur zu versuchen. „Pass auf. Es tut mir leid ... aber ich kann das einfach nicht."

„Und wenn du nicht sprechen müsstest?"

Ich schaute auf, um zu sehen, ob er vielleicht einen Witz machte, aber er sah mich ausdruckslos an.

„Wie meinst du das?"

„Wie wäre es, wenn du im Team wärst, aber nicht debattieren müsstest?"

Das war in der Tat ein interessanter Vorschlag, der spannende Möglichkeiten eröffnete. Wenn das möglich wäre, könnte ich auch in die Schwimm-Mannschaft eintreten, aber nicht schwimmen oder vom Spielfeldrand aus für St Daniel's erstklassig Rugby spielen. Und damit nicht genug. Ich könnte alle Prüfungen mit Eins ablegen, ohne sie tatsächlich zu schreiben, die Schule verlassen und einen hoch bezahlten Posten finden, ohne zu arbeiten, ein wunderschönes Mädchen heiraten, ohne sie zu kennen, und ein Haus bauen und viele Kinder haben, ohne ...

„Was meinst du?"

„Versteh mich nicht falsch, die Idee klingt gut, aber würde das ... der Absicht des Vorhabens ... nicht in gewisser Weise ... äh ... zuwiderlaufen?"

---

3 Barry Bagsley ist ein Mitschüler, der nicht nur Ismael, sondern auch andere Schüler mobbt und provoziert.

„Überhaupt nicht. Wir können in einer Mannschaft bis zu fünf Mitglieder haben. Drei für jede Debatte, einer in Reserve und du."
„Aber was soll ich tun?"
„Du könntest recherchieren und bei der Vorbereitung und beim Schreiben der Reden helfen. Du hast vielleicht Probleme mit der gesprochenen Sprache, aber was das Schreiben angeht, würde ich mal annehmen, bist du wahrscheinlich der zweitbeste Schüler." Er sagte es mit einem angedeuteten Lächeln. „Außerdem: Du bist gescheit und du weißt – im Gegensatz zu einigen unserer Klassenkameraden – nicht nur, dass es in dieser Schule eine Bibliothek gibt, sondern, was noch viel erstaunlicher ist, wozu sie da ist und wie man sie benutzt. Ismael, ich zwinge dich nicht zum Reden, versprochen, aber schlicht und einfach gesagt: Ich brauche dich."
Ich vertraute Scobie, und ich wollte ihm helfen, aber ich konnte nicht verhindern, dass Panik in mir aufstieg. Es war wie damals, als ich klein war und mein Vater mich zum ersten Mal mit ins tiefe Wasser nahm. Er sagte, er werde mich nicht loslassen, und ich glaubte ihm das auch, dennoch versuchte ich, mich in seiner Brust zu vergraben wie eine Riesenzecke.
„Aber ich habe keine Ahnung vom Debattieren."
„Ich erklär dir alles. Außerdem findet in der Moorfield High ein großer Workshop[4] statt. Da gehen wir hin."
„Aber was ist, wenn sich mehr als fünf Leute für die Mannschaft melden und alle tatsächlich debattieren wollen?"
„Dann bist du vermutlich aus dem Schneider, was? Pass auf, wir treffen uns am Mittwoch in der Mittagspause. Komm einfach und hilf mir. Du könntest die Namen aufschreiben oder so. Dann sehen wir, was passiert. Das kann doch nicht schaden, oder?"
„Nein, wahrscheinlich nicht", antwortete ich argwöhnisch, denn ich spürte, wie das Wasser um mich herum dunkler und kälter wurde. Natürlich irrte ich. Es konnte sehr wohl schaden.

4 der Workshop (engl.): Lehrgang, Lehrveranstaltung

1 a Sammelt eure ersten Eindrücke zu der Geschichte, z. B.:
Mir ist aufgefallen, dass … *Gut gefallen hat mir …* *Nicht verstanden habe ich, warum …*
b Tauscht euch aus, worum es in diesem Text geht.

2 Aus welcher Sicht wird die Geschichte erzählt? Belegt eure Antwort anhand des Textes.

3 Als Scobie Ismael eröffnet, dass er ihn für das Debattierteam eingetragen hat, ist Ismael schockiert.
a Beschreibt, wie Ismael seine Reaktion auf Scobies Mitteilung wiedergibt (Z. 10–67). Achtet auch auf Satzarten, Satzbau, Wortwahl und weitere sprachliche Mittel.
b Sucht in Partnerarbeit drei Textstellen heraus, die ihr besonders anschaulich findet oder die euch besonders gefallen haben. Erklärt, warum.

4 a „Ismael, ich zwinge dich nicht zum Reden, versprochen, aber schlicht und einfach gesagt: Ich brauche dich" (▸ Z. 133–136). Erklärt, was Scobie mit dieser Aussage meint.
b Diskutiert darüber, ob jemand wie Ismael für einen Debattierklub hilfreich sein kann.

5 Besprecht, wie ihr das Ende der Geschichte versteht. Lest dazu noch einmal die Zeilen 156–163.

6 In dem Text tauschen Scobie und Ismael nur wenige Sätze aus. Überlegt, ob man von einem Streitgespräch sprechen kann. Begründet eure Meinung.

Fordern und fördern – Die eigene Meinung begründen

Scobie beteuert, wie wichtig es für ihn ist, dass Ismael Mitglied im Debattierteam wird. Und er malt ihm aus, welche Rolle er in diesem Team spielen könnte. Trotzdem hat Ismael große Bedenken. Scobie schreibt Isamel nun eine E-Mail, um dessen letzte Zweifel auszuräumen.

●●● 1 Versetzt euch in die Rolle von Scobie und schreibt Ismael eine E-Mail, mit der ihr ihn dazu bringt, beim Debattierteam mitzumachen. Begründet euren Standpunkt mit zwei überzeugenden Argumenten und anschaulichen Beispielen.
Geht so vor:

a Lest noch einmal die Erzählung auf Seite 45–47. Sammelt anhand des Textes Argumente und Beispiele, die für eine Mitgliedschaft Ismaels im Debattierteam sprechen.

▷ Ihr benötigt eine Hilfestellung zu dieser Aufgabe? Schaut auf Seite 49 nach.

b Ergänzt eure Sammlung von Argumenten und Beispielen um ein eigenes überzeugendes Argument mit Beispiel.

▷ Hilfen zu dieser Aufgabe auf Seite 49

c Welche zwei Argumente, die ihr in Aufgabe a und b gesammelt habt, sind besonders überzeugend? Markiert diese.

▷ Hilfen zu dieser Aufgabe auf Seite 49

d Schreibt nun die Mail an Ismael, in der ihr euren Standpunkt klar formuliert und mit zwei Argumenten und Beispielen begründet. Schreibt in der Ich-Form.

▷ Hilfen zu dieser Aufgabe auf Seite 49

2 Prüft mit Hilfe der folgenden Checkliste, ob ihr an alles gedacht habt.

Checkliste

Eine Begründung per E-Mail/Brief schreiben

Anrede:	Beginnt die E-Mail oder der Brief mit der Anrede? Steht danach ein Komma?
Einleitung:	Sagt ihr, worum es geht?
Meinung:	Ist eure Meinung deutlich formuliert?
Argumente:	Nennt ihr zwei Argumente (mit Beispielen) für eure Meinung?
Schluss:	Gibt es einen Schlusssatz, z. B. einen Wunsch?
Gruß:	Endet die E-Mail/der Brief mit einem Gruß und eurem Namen; davor: Absatz?

Hilfe zu Aufgabe 1

a Schreibt aus dem Text auf Seite 45–47 heraus, welche Argumente und Beispiele Scobie anführt, um Ismael zu überzeugen.
Beachtet auch: In einer Diskussionsmannschaft sind bis zu fünf Mitglieder. Davon müssen aber nur drei diskutieren (► S. 47, Z. 118–120).

Meinung: *Jsmael soll beim Debattierteam mitmachen.*

Argumente	*Beispiele*
– Scobie hilft Jsmael und erklärt ihm alles.	*– Es findet ein Workshop statt, in dem man es trainiert, zu reden und zu argumentieren.*
– Jsmael kann recherchieren und …	*– …*

b Beispiele für ein Argument:
Du kannst auch eine Schnupperprobe machen. Zum Beispiel hilfst du uns bei der Vorbereitung der ersten Debatte. Und falls …
Wenn du erst einmal auf der Bühne am Rednerpult stehst, vergisst du alles um dich herum.
Wenn ich zum Beispiel …

c **Tipp:** Versetzt euch noch einmal in Ismael hinein und versucht euch vorzustellen, welche Art von Argument ihn am ehesten dazu bewegen könnte, beim Debattierklub mitzuwirken.

d Die folgenden Anregungen helfen euch dabei, die Mail zu formulieren:

Anrede	Lieber Ismael,/Hallo Ismael,
Einleitung: Anlass des Schreibens	in unserem Gespräch über den Debattierklub habe ich dir gesagt, dass ich dich … Trotzdem glaube ich, dass du noch nicht richtig überzeugt bist. Deshalb maile ich dir jetzt.
Hauptteil: Meinung	Ich bin der Meinung, dass …
Argument 1 Stützendes Beispiel 1	Ein wichtiger Grund hierfür ist, dass … Ich kenne dich schon lange und weiß, wie gut du dich zum Beispiel in der Schulbibliothek …
Argument 2 Stützendes Beispiel 2	Außerdem … Wenn ich zum Beispiel …
Schluss: Wunsch/Vorschlag	Ich hoffe, dass …
Grußformel	Viele Grüße
Name (Unterschrift)	dein Scobie

2.3 Projekt: Eine Diskussionsrunde veranstalten

Die Schule ist ein Ort, an dem viele unterschiedliche Menschen zusammenkommen: Kinder und Jugendliche, Lehrkräfte, Verwaltungsangestellte, Hausmeister, Eltern ... Da ist es ganz normal, dass nicht immer alle einer Meinung sind. Um strittige Themen zu besprechen, kann man Diskussionsrunden veranstalten, an denen sich unterschiedliche Personen beteiligen.

1 a Sammelt Themen für eine solche Diskussionsrunde, z. B.:
- *Handyverbot im Schulgebäude: ja oder nein?*
- *Raus in die Pause? – Sollen Schülerinnen und Schüler die Pause im Freien verbringen?*
- ...

b Formuliert, welches Ziel ihr mit der Diskussion verfolgt, z. B.:
- *Wir wollen eine Änderung der Hausordnung erreichen: Es soll in Zukunft erlaubt sein, Handys in den Pausen auch im Schulgebäude zu nutzen.*
- ...

2 Entscheidet euch für ein Diskussionsthema und bearbeitet es in Kleingruppen.
a Überlegt, welche unterschiedlichen Positionen es zu dem Thema gibt.
b Notiert für jede Position zwei bis drei Argumente.

3 a Stellt zusammen, wen ihr zur Diskussionsrunde einladen wollt. Berücksichtigt dabei unterschiedliche Personengruppen.
b Notiert Fragen, die ihr den teilnehmenden Personen stellen wollt.

4 a Verfasst eine Einladung zur Diskussionsrunde (siehe Beispiel rechts).
b Plant die Diskussionsrunde: Raum und Raumgestaltung, Sitzordnung, Diskussionsleitung usw.

5 Bereitet die Diskussionsrunde sorgfältig vor und führt sie durch.
Tipp: Bestimmt einige Protokollanten, die wichtige Beiträge in Stichworten mitschreiben. Ihr könnt auch als „Reporter" einen Bericht für die Schülerzeitung schreiben.

6 Wertet die Veranstaltung aus:
Was war gelungen? Was sollte in Zukunft verbessert werden?

Einladung
zu einer Diskussionsrunde

am 24. 11. von 15 bis 16:30 Uhr
in der Aula

Thema:
Handyverbot im Schulgebäude

Liebe Lehrerinnen und Lehrer,

hiermit wollen wir Sie herzlich einladen zu ...
...

Jhre Klasse 6 c

3 Was ist passiert? – Berichten

1 a Betrachtet die Abbildung genau und tauscht euch darüber aus, was hier passiert ist.
b Habt ihr selbst schon einmal eine ähnliche Situation erlebt? Berichtet davon.

2 a Versetzt euch in die Lage des Polizisten auf dem Bild. Welche Fragen zum Unfallhergang würdet ihr stellen? Sammelt eure Fragen, z. B. an der Tafel.
b Beantwortet die Fragen aus der Sicht der beteiligten Personen.

3 Überlegt: Wo findet man Texte, die über Unfälle und andere ungewöhnliche Ereignisse berichten?

In diesem Kapitel …

– berichtet ihr sachlich und genau über Unfälle und andere besondere Ereignisse,
– lest und schreibt ihr Erfahrungsberichte zu einem „Boys'Day" und „Girls'Day".

3.1 Zur Sache! – Von Ereignissen berichten

Mitten auf der Straße ... – Über einen Unfall berichten

Also, die spinnt doch komplett! Ich fahre ganz normal den Lindenweg runter, auf dem Fahrradweg, bei Grün. Das Vorderrad muss ich austauschen, das kostet! Und dann sprintet die wie ein Pfeil um die Ecke, ohne zu gucken. Auf der Straße, da darf sie doch gar nicht fahren! Und dann auch noch die Kopfhörer auf den Ohren! Die hat doch überhaupt nichts mitbekommen!

Der soll sich nicht so aufregen. Dann bin ich halt auf der Straße gefahren, bei Rot, was soll's? Ich habe ihn ja kaum erwischt. Das kann man auch locker sehen. Und was macht der Typ mit der Tüte überhaupt auf der Straße? Den hab ich doch kaum berührt, und er fällt gleich um. Ist doch kaum was passiert. Überhaupt, wer hat denn jetzt die blauen Flecken, die oder ich?

1 Beschreibt die Art und Weise, wie die einzelnen Personen die Ereignisse jeweils wiedergeben. Beachtet, was die Beteiligten bei ihrer Darstellung besonders hervorheben. Achtet auch auf Wortwahl, Satzbau, Satzarten.

Polizeiobermeister Streckel und Polizeimeister Braus nehmen vor Ort die Personalien aller Beteiligten auf und machen sich Notizen zu den Zeugenaussagen. Zurück in der Wache, schreiben Sie die Zeugenaussagen noch einmal geordnet auf, um sie den Zeugen später zum Unterschreiben vorzulegen. Der erfahrene Kollege Streckel übernimmt die Aussage der Skateboardfahrerin:

Aussage von Franziska Everding, Brunnengasse 36 in 74821 Mosbach, zum Unfall am 12. September 201X, 14 Uhr, Kreuzung Lindenweg – Ziegelstraße in 74821 Mosbach:
Zum angegebenen Zeitpunkt fuhr ich mit meinem Skateboard auf der Ziegelstraße in östliche Richtung. Obwohl die Ampel Rot zeigte, fuhr ich auf die Kreuzung Lindenweg. Dabei streifte ich einen Fußgänger, der gerade an der Fußgängerampel die Ziegelstraße überquerte. Er fiel daraufhin zu Boden. Kurz darauf stieß ich auf der Kreuzung mit einem Radfahrer zusammen.

2 Wie unterscheidet sich Polizeiobermeister Streckels Wiedergabe der Zeugenaussage von der Aussage Franziskas?

a Listet Informationen auf, die Streckel ergänzt hat:
- *Name und Adresse des beteiligten Mädchens,*
- *...*

b Beschreibt, was der Polizeiobermeister weggelassen hat.

c Zeigt auf, welche sprachlichen Unterschiede es zwischen Franziskas Aussage und der Wiedergabe ihrer Aussage gibt.

d Erklärt, warum der Polizist Franziskas Aussage in der beschriebenen Weise verändert hat.

Information **Berichten**

Beim Berichten **informiert** man **knapp** und **genau über ein** vergangenes **Ereignis,** z. B. eine Veranstaltung oder einen Unfall.

- Dabei werden die **W-Fragen** beantwortet, z. B.: **Was** ist geschehen? **Wer** war beteiligt? **Wo** und **wann** fand das Geschehen statt? **Wie** war der Ablauf des Geschehens?
- Die Sprache ist **nüchtern und sachlich.** Wertungen, Übertreibungen, persönliche Gefühle und Eindrücke werden weggelassen.
- Wer berichtet, **beschränkt** sich **auf das Wesentliche** und verzichtet auf Ausschmückungen oder Nebensächliches.

Polizeimeister Braus hat noch wenig Erfahrung mit Unfallberichten. Er gibt die Aussagen des Radfahrers und des Fußgängers so wieder:

Aussage von Frederik Groß, Flurstraße 7 in 74821 Mosbach, zum Unfall am 12. September 201X, 14 Uhr, Kreuzung Lindenweg – Ziegelstraße in 74821 Mosbach:
Die Dame trug Kopfhörer, ganz bestimmt. Ich fuhr gegen 14 Uhr auf dem Lindenweg immer nur geradeaus. Ich hatte Grün. Da schoss eine Skateboardfahrerin aus der Ziegelstraße. Dabei rammte sie mein Vorderrad und zerstörte es.

Aussage von Heinrich Tauscher, Ziegelstraße 13 in Mosbach, zum genannten Unfall am 12. September 201X:
Ich gehe gerade bei Grün über den Fußgängerüberweg Ziegelstraße. Eine junge Dame auf einem Skateboard, die auf der Ziegelstraße fuhr, haute mich um, und alle meine Einkäufe rollten auf dem Boden rum. Verletzt wurde ich nicht. Anschließend hörte ich noch ein lautes Geräusch wie von einem Aufprall.

3 Polizeiobermeister Streckel ist mit den Notizen von Polizeimeister Braus noch nicht zufrieden.
a Was könnte Streckel an der Wiedergabe der Zeugenaussagen auszusetzen haben?
b Überarbeitet die Aufzeichnungen von Polizeimeister Braus so, dass die Merkmale des Berichtens berücksichtigt werden (▶ Merkkasten S. 53).

Braus erhält nun von seinem Chef Streckel den Auftrag, einen zusammenhängenden Unfallbericht zu schreiben. Streckel hat ihm dafür einige Hilfen gegeben:

12. September 201X, Mosbach: Unfall Kreuzung Lindenweg – Ziegelstraße
Am 12. September prallte an der Kreuzung Lindenweg – Ziegelstraße in Mosbach eine Skateboardfahrerin zuerst mit einem Fußgänger und anschließend mit einem Fahrradfahrer zusammen.

Am genannten Tag um ... befuhr Frederik Groß, ..., mit seinem Fahrrad den Lindenweg in ... Zu demselben Zeitpunkt ... Frau Everding wurde, weil sie ..., stark vom Verkehrsgeschehen abgelenkt. Der Fußgänger Heinrich Tauscher, ..., befand sich ...

Zum Unfallzeitpunkt ignorierte Frau Everding ... und ..., der gerade die Ziegelstraße ... überquerte.
Daraufhin ... Herr Tauscher und ...
Anschließend fuhr Frau Everding ... und ..., der ...

Es entstand ... Verletzt wurde niemand.

4 a Untersucht die von Polizeiobermeister Streckel vorgesehene Gliederung des Berichts (▶ S. 54). Ordnet den einzelnen Absätzen die Textabschnitte zu, die im Merkkasten unten auf dieser Seite genannt werden.

b Schreibt den vollständigen Unfallbericht in euer Heft. Ihr könnt dabei die Hilfen von Polizeiobermeister Streckel verwenden.

5 a Wäre Streckel mit eurem Bericht zufrieden? Tauscht euren Text mit einem Partner/einer Partnerin und überprüft ihn anhand des Merkkastens unten auf dieser Seite. Kontrolliert auch, ob alle wichtigen Angaben zum Hergang des Unfalls enthalten sind.

b Schreibt einen kurzen Kommentar unter den Text, was der Mitschüler oder die Mitschülerin noch verbessern könnte.

c Überarbeitet euren Text, indem ihr die Tipps eurer Partnerin/eures Partners berücksichtigt.

Information **Einen Unfallbericht verfassen**

Aufbau

Einen Unfallbericht kann man z. B. folgendermaßen gliedern:

- **Überschrift:** z. B. Angabe zu Unfallzeitpunkt und -ort,
- **Einleitung:** sehr knappe Information darüber, **was wann wo** geschehen ist,
- **Hauptteil:**
  - **Grundinformationen:**
    - **Wer?** (beteiligte Personen mit Adresse)
    - **Wo? Wann?** (genaue Angaben zu Zeitpunkt und Ort)
    - **Was?** (Angaben zur Situation, aus der sich der Unfall entwickelt hat)
  - **Ablauf des Ereignisses:**
    - **Wie?** (Wie ist es zu dem Unfall gekommen? Ereignisse in richtiger Reihenfolge)
- **Schluss: Welche Folgen** sind aus dem Unfall entstanden? (Schäden)

Sprache

- Die Sprache ist **sachlich und nüchtern** (Ausschmückungen, Wertungen, Vermutungen und Umgangssprache werden vermieden).
- Zeitform ist das **Präteritum** *(er fuhr, überquerte, stürzte ...)*. Das Plusquamperfekt verwendet man, wenn etwas vorher passiert ist, z. B.: *Nachdem sie das Rotlicht übersehen hatte, ...*
- Die **Reihenfolge der Ereignisse** kann man durch **passende Satzanfänge** verdeutlichen, z. B.: *Zuerst ... Anschließend ... Daraufhin ... Kurz darauf ... Wenig später ... Zum Schluss ...*

Scherben im Rosenweg – Eine Schadensmeldung verfassen

Hallo Günter! Dir ein gutes neues Jahr! Stell dir vor, was mir eben passiert ist: Scherben im Rosenweg! Ich gucke gerade die Tagesschau. Gleich nach der Wetterkarte wird Toni unruhig und will raus. Also gut, Schal und Leine geholt. Toni war von den Silvesterkrachern gestern noch völlig verstört. Im Vorgarten zieht er zur Seite, nach hinten, läuft um mich rum ... Zack, liege ich im Schnee, an der Grundstücksgrenze, und höre es noch scheppern: Den Gartenzwerg meiner Nachbarin hat es erwischt, du weißt schon, die hübsche Frau Blümlein aus der Nummer 32. Ich hatte mich irgendwie in der Leine verfangen und war auf dem Schnee ausgerutscht. Tausend Scherben, nichts mehr zu machen. Toni steht mit hängenden Ohren da – ich auch. Dann habe ich aber gleich geklingelt, und siehe da: Sie war ganz gerührt von meiner Entschuldigung, ganz nett – und sie lädt mich zu einem Tee ein und Toni zu einem Würstchen! Hermine Blümlein – die netteste Frau von ganz Heidelberg!
Jetzt muss ich mich aber wie versprochen schnell um Schadensersatz kümmern ...

Herr Ringel hat eine Haftpflichtversicherung abgeschlossen. Diese zahlt für Schäden, die er unabsichtlich verursacht. Damit Frau Blümlein von der Versicherung Geld erhält, muss Herr Ringel einen Bericht über die Ereignisse abgeben, die zu dem Schaden geführt haben.

1 Schreibt aus Herrn Ringels Erzählung in Stichworten Informationen heraus, die für einen sachlichen Bericht wichtig sind. Manche Informationen, die nicht ausdrücklich genannt werden, könnt ihr aus dem Text erschließen.
Übertragt die folgende Mind-Map (► S. 332) in euer Heft und ergänzt sie.

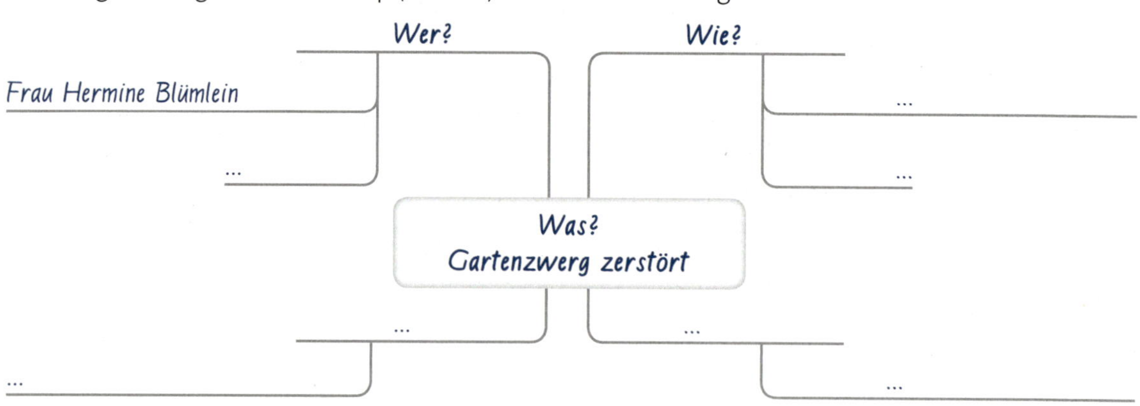

Die Haftpflichtversicherung fordert Herrn Ringel auf, ihr das unten wiedergegebene Formular ausgefüllt zurückzusenden. Herr Ringel schiebt diese Aufgabe vor sich her. Bislang hat er im Formular nur wenig eingetragen.

2 a Helft Herrn Ringel: Ergänzt den noch fehlenden Text in eurem Heft oder am Computer. Beginnt mit der Anrede: *Sehr geehrte Damen und Herren, …* Achtet auf die Merkmale des Berichtens (▶ S. 53).

b Überprüft eure Texte in Partnerarbeit: Sind alle wichtigen Angaben enthalten? Wurde Überflüssiges weggelassen?

Herr *05.01.201X*
Datum

Karlheinz Ringel..........................
Name und Nachname (Versicherte/r)

Rosenweg 30...............................
Straße, Hausnummer

69123 Heidelberg........................
PLZ, Ort

Großmarkthausener Versicherungsgesellschaft
Hauptstraße 5
59224 Großmarkthausen

Schadensmeldung – Haftpflichtversicherung
Versicherungsnummer 0815338

Sehr geehrte Damen und Herren,

mit diesem Schreiben teile ich Ihnen mit, dass am .... um .... Folgendes passiert ist:

....
kurze und sachliche Beschreibung des Unfalls

Frau/Herrn .... sind folgende Schäden entstanden:
Vorname, Nachname, Adresse des/der Geschädigten

....
kurze und sachliche Beschreibung der Schäden

Ich bitte Sie deshalb, mit ...*Frau Blümlein*....... Kontakt aufzunehmen und ihr/ihm so bald
Geschädigte(r)

wie möglich den entstandenen Schaden zu ersetzen.

Mit freundlichen Grüßen

Karlheinz Ringel..........................
Unterschrift der/des Versicherten

Skorpion im Karottenkraut – Einen Zeitungsbericht untersuchen

Skorpion krabbelte aus Karottenkraut

Heidelberg. (RNZ) Eine gefährliche Bekanntschaft machte am Samstagnachmittag eine 30-jährige Bergheimerin. Die Frau hatte am Vormittag auf einem Markt in Neuenheim Möhren gekauft. Als sie das Gemüse zubereitete, krabbelte aus dem Karottenkraut ein etwa fünf Zentimeter großer Skorpion. Sie informierte einen Nachbarn, der das Tier unerschrocken einfing. Die Frau brachte das Spinnentier zum Polizeirevier Mitte. Mitarbeiter des Vereins „Tierrettung. Metropolregion Rhein-Neckar" nahmen sich des Skorpions an, offenbar handelt es sich um eine Gattung, die vor allem in Israel vorkommt. Wie der Skorpion in das Gemüse der Landwirtin kam, die auf dem Markt ausschließlich heimische Produkte verkauft, ist bislang noch völlig unklar.

Ein Tier dieser Art („Schwarze Farbmorphe") kam aus dem Karottenkraut.

aus: Rhein-Neckar-Zeitung, 05./06.07.2011

1 Lest den Zeitungsartikel aufmerksam. Tauscht euch darüber aus, warum die Rhein-Neckar-Zeitung wohl über diesen Vorfall berichtet hat.

2 Berichte antworten auf W-Fragen. Prüft, ob dies auch auf diesen Zeitungsbericht zutrifft. Notiert verschiedene W-Fragen mit den zugehörigen Antworten in eurem Heft.

Frage	Antwort
Wer?	*eine 30-jährige Bergheimerin (Z. 2f.)*
Was?	*gefährliche Bekanntschaft mit etwa fünf Zentimeter großem Skorpion (Z. 1, 6)*
...	*am Samstagnachmittag (Z. 2)*
...	*bei der Bergheimerin zu Hause (Z. 4–7)*
Wie?	...
...	*wie der Skorpion in das Gemüse kam, ist bisher noch völlig unklar (Z. 12ff.)*
Welche Folgen?	...

In einer anderen Zeitung wird das Ereignis so dargestellt:

Der Horror-Skorpion von Bergheim – Junge Frau entging dem Gifttod

Einen Albtraum erlebte eine junge Frau aus Bergheim am vergangenen Samstag. Als Stefanie S. (30) ihr Gemüse zubereiten wollte, bedrohte sie ein handtellergroßer Skorpion, der sich im Karottenkraut verborgen hatte. Die geschockte Frau wurde von ihrem Nachbarn Hubert K. (57) gerettet, der das Tier in letzter Minute einfing. Es wurde bei der „Tierrettung Metropolregion Rhein-Neckar" unter Verschluss gebracht.

„Ich bin noch total fertig", sagte Stefanie S. nach dem Vorfall unter Tränen. „Ich hätte tot sein können."

Keiner weiß bisher, wie es zu diesem gefährlichen Zwischenfall kommen konnte. Die Verkäuferin der Karotten, Elvira M. (68), behauptet, nur regionale Produkte zu verkaufen. Jetzt ermittelt die Polizei.

3 a Vergleicht die Formulierungen in diesem Zeitungsartikel mit denen im Bericht der Rhein-Neckar-Zeitung (S. 58). Legt dazu in eurem Heft eine Tabelle wie die folgende an.

Skorpion krabbelte aus Karottenkraut	Der Horror-Skorpion von Bergheim
gefährliche Bekanntschaft (Z. 1 f.)	*Albtraum (Z. 1)*
ein etwa 5 cm großer Skorpion (Z. 6 f.)	…
…	…

b Beschreibt anhand der in Aufgabe a gesammelten Beispiele, welche Absicht der Artikel „Der Horror-Skorpion von Bergheim" verfolgt und welche die Meldung „Skorpion krabbelte aus Karottenkraut".

4 Im Alltag begegnet ihr verschiedenen Arten von Berichten. Wo findet ihr sie überall und worum geht es in den Berichten? Übertragt die folgende Tabelle in euer Heft und ergänzt sie.

Ereignis	Welche Frage beantwortet der Bericht? (Beispiele)	Wo findet man den Bericht?
Ein Schaden ist entstanden.	*Wie ist es zu der Beschädigung gekommen?*	*in der Schadensmeldung einer Versicherung*
Ein Unfall ist geschehen.	*Was ist genau passiert? Wer ist schuld?*	…
In der Stadt ist etwas Interessantes passiert.	…	…
…	*Wie ist das Spiel ausgegangen?*	…
…	…	*in der Schülerzeitung*
…	…	…

Teste dich!

Berichten

Wälder sind jetzt Welterbe

Reine Buchenwälder sind in Deutschland selten geworden

Die Sonne lässt das Blätterdach der Buchen schimmern, der Wind säuselt leise hindurch und ein Buchfink zwitschert: Einen Spaziergang durch einen Wald nur mit Buchen kann man an nur wenigen Orten in Deutschland unternehmen. Denn reine Buchenwälder sind selten geworden. Vor allem früher fällte man die starken Bäume, um daraus etwa Papier oder Möbel herzustellen. Umso wichtiger ist es, die wenigen deutschen Buchenwälder und damit auch die Tiere und Pflanzen darin zu erhalten! Das fanden nun auch Experten von der Unesco. Die Unesco ist eine Gruppe der Vereinten Nationen, einer Organisation, zu der fast alle Länder der Welt gehören. Die Experten nahmen mehrere Buchenwälder in Deutschland in eine besondere Schutzliste auf. Die Wälder dürfen sich jetzt Weltnaturerbe nennen. Sie liegen in Hessen, Mecklenburg-Vorpommern, Brandenburg und Thüringen. Auf der Welterbe-Liste stehen aber nicht nur Naturschönheiten aus der ganzen Welt, sondern zum Beispiel auch Bauwerke. Seit Sonntag gehört auch eine Fabrik in Niedersachsen dazu, das Fagus-Werk. Auf der Welterbe-Liste stehen Hunderte Denkmale aus aller Welt, die unbedingt erhalten werden sollen.

Fünf Buchenwälder in Deutschland dürfen sich jetzt „Weltnaturerbe“ nennen. Sie liegen in Hessen, Mecklenburg-Vorpommern, Brandenburg und Thüringen.

aus: Rhein-Neckar-Zeitung, 27.06.2011

1 Gliedere den Text in Abschnitte. Notiere die entsprechenden Zeilenzahlen in deinem Heft und gib den Abschnitten Überschriften, z. B.: *Z. 1–9: Reine Buchenwälder sind in Deutschland ...*

2 Welche W-Fragen beantwortet der Text? Notiere die wichtigsten Fragen mit ihren Antworten.

3 „Bei dem Zeitungsartikel ‚Wälder sind jetzt Welterbe‘ handelt es sich um einen Bericht.“ Schreibe auf, was für diese Einschätzung spricht und was dagegen.

4 Der Chefredakteur möchte, dass der Artikel in eine kurze, rein sachliche Meldung umgewandelt wird. Ungefähr drei Viertel des Textes sollen dabei entfallen. Schreibe diese Meldung.

3.2 „Girls'Day", „Boys'Day" – Erfahrungsberichte lesen und verfassen

Girls'Day Mädchen-Zukunftstag

Jungen-Zukunftstag Boys'Day

Hast du schon vom „Boys'Day"oder vom „Girls'Day" gehört? So nennt sich eine Initiative, die Jungen und Mädchen mit Berufen vertraut machen will, mit denen sie sonst eher selten in Berührung kommen. Schülerinnen und Schüler können in sozialen Einrichtungen, in Firmen und Betrieben einen Tag lang beobachten, was z. B. Kindergärtner, Lebensmittelingenieurinnen, Kfz-Mechanikerinnen oder Altenpfleger zu tun haben.

1 Welche Berufe würdet ihr gerne an einem „Girls'Day" oder „Boys'Day" genauer kennen lernen? Tauscht euch über eure Vorlieben aus und begründet eure Wahl.

2 a Erschließt, soweit möglich, was die Jungen unten und das Mädchen bei ihrem „Boys'Day" oder „Girls'Day" erlebt haben.
b Welche Fragen würdet ihr den Jugendlichen stellen, um Genaueres zu erfahren?
c Erklärt, warum es so schwer ist, die drei auf Anhieb zu verstehen.

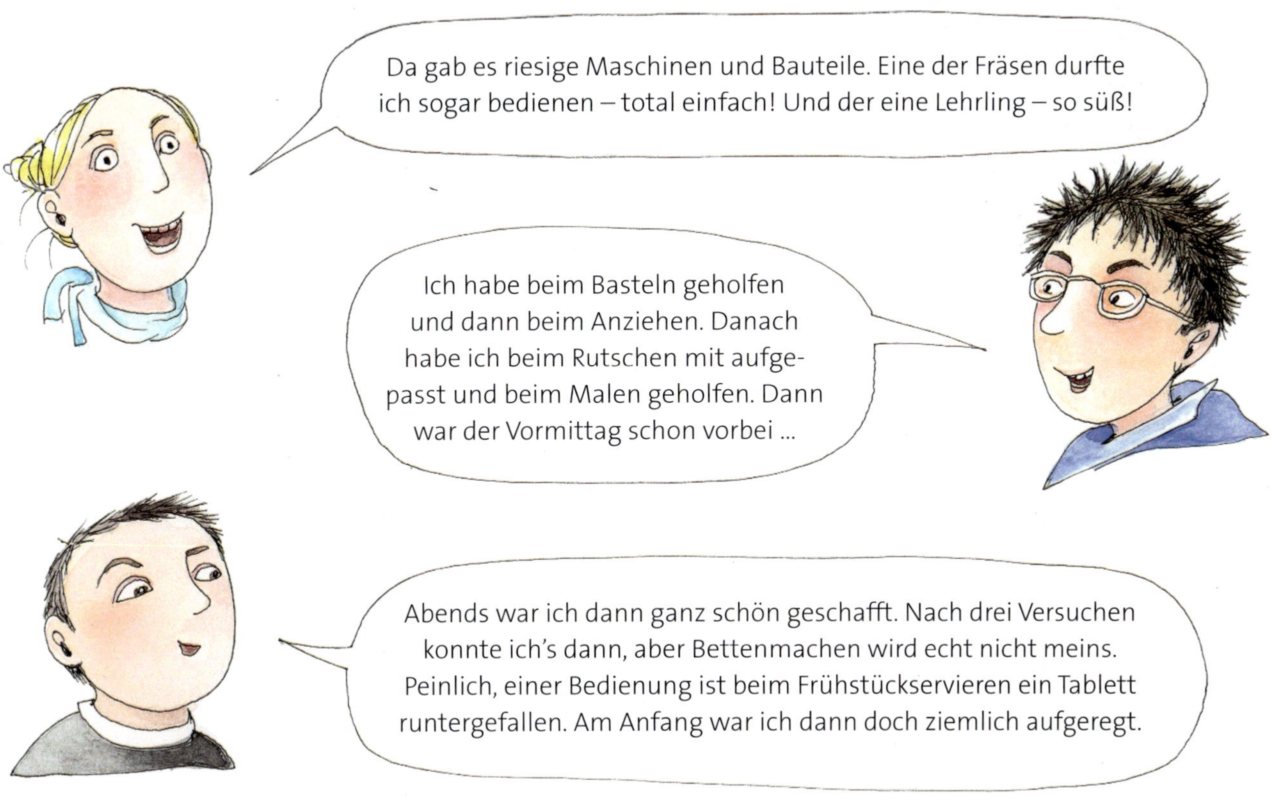

„Boys'Day" in der Grundschule – Über „Berufserfahrungen" lesen und schreiben

Jeshurun Kalanithy

Wenn einem Polizisten die Handschellen fehlen

Vorab: Nein, ich bin am „Boys'Day" nicht auf Verbrecherjagd gegangen, ich hatte es mit noch schnelleren, ehrgeizigeren, hartnäckigeren und kräftigeren Lebewesen zu tun: Grundschülern.

Ich begann meinen „Boys'Day" an der katholischen „Grundschule am Gallenberg" in Seelingen in der 1b bei meiner ehemaligen Klassenlehrerin Frau Röder.
Schon beim Betreten des Schulhofs wurden alte Erinnerungen an die Grundschulzeit wach. Zum größten Teil sind diese äußerst uninteressant für Außenstehende (weshalb ich sie hier nicht erwähne), jedoch ist ein Blick in die Vergangenheit doch immer wieder schön.
In der 1b erwartete mich die „verrückteste Klasse der Welt" (Zitat Frau Röder). Frau Röder behielt recht: Als die Kinder mich sahen, sprangen sie auf mich, stellten mir Fragen, zerrten an meiner Kleidung, doch mit vereinten Kräften konnten Frau Röder und ich sie bändigen.
Der Unterricht verlief weniger turbulent: Die Schüler wiederholten das Alphabet, schrieben den Buchstaben „B", übten das Lesen in der Fibel und malten anschließend Osterkarten für ihre Familien.
Anschließend ging es in die Pause, in der ich mit den Kindern „Räuber und Gendarm" spielte. Ich war Polizist, denn die Kinder liebten es, wegzulaufen. Da ich physisch klar überlegen war, konnte ich fast alle fangen. Fast alle: Ein Junge war einfach nicht zu finden. Ich brauchte mehr Zeit, ihn zu suchen, als alle anderen zu fangen. Letztlich entdeckte ich ihn auf einem Baum. Siegessicher kletterte ich hoch, um ihn zu verhaften, doch plötzlich verlangte er, dass ich ihm Handschellen anlege. Er sagte, wenn ich keine hätte, würde er nicht vom Baum herunterkommen. Während der Schulstunde hat mir der Junge verraten, er habe eine Schwäche für Schokolade. Also stieg ich vom Baum herunter und holte einen Schokoriegel aus meiner Tasche. Da sprang der Junge auf meinen Rücken (!) und verzehrte anschließend den Riegel. Dann kam der Gong, und es folgte die dritte Stunde. Frau Röder las anlässlich der bevorstehenden Osterfeierlichkeiten zwei Ostergeschichten vor, denen die Schüler gespannt folgten. Anschließend durfte auch ich den Schülern eine Geschichte über das Osterfest aus der Fibel vorlesen. So vergingen blitzschnell die nächsten zwei Stunden und die Erstklässler hatten Schulschluss.
Und so ging auch für mich ein turbulenter Tag vorbei.
Im Nachhinein finde ich, es war eine gute Entscheidung, zur Grundschule zu gehen und Einblick in das Berufsfeld „Grundschullehrer" zu erhalten. Ich zolle jedem der Grundschullehrer Respekt, denn ein solcher Job ist von Konzentration, Übersicht und Geduld geprägt, und das an jedem Tag in jeder Stunde zu leisten ist bemerkenswert.

1 a Lest den Text laut in der Klasse vor.
b Tauscht euch über eure ersten Leseeindrücke aus, z. B.:
Mich hat erstaunt, dass … *Ich habe mich gefragt, ob/warum …*
Besonders gut hat mir gefallen, … *Ich hätte gerne noch gewusst, …*

2 Welcher der folgenden Begriffe passt eurer Ansicht nach am besten zu Jeshuruns Text? Begründet eure Wahl.

Erzählung • Kommentar • Aufsatz • Bericht • Erfahrungsbericht • Brief • Beschreibung

3 Gliedert Jeshuruns Text in Einleitung, Hauptteil und Schluss. Notiert die entsprechenden Zeilenzahlen in eurem Heft: *Einleitung: Z. 1–…, Hauptteil: …*

4 In der örtlichen Tageszeitung soll über den „Boys'Day" berichtet werden. Die Redakteurin will mehrere Texte abdrucken, die kurz und sachlich darüber Auskunft geben, was die Jungen getan haben. Ähnlich wie im bereits fertigen Text über Jakobs „Boys'Day" im Seniorenheim (siehe unten) soll aber auch deutlich werden, ob der „Boys'Day" der Jungen ein Erfolg war.
a Notiert zu dem folgenden Zeitungstext über Jakobs „Boys'Day" die W-Fragen, zu denen der kurze Artikel Auskunft gibt.
- *Wo hat Jakob seinen „Boys'Day" verbracht?*
- *Was …?*
- *…?*

b Schreibt Jeshuruns Text (S. 62) so um, dass die Redakteurin zufrieden ist.
Tipp: Orientiert euch an den W-Fragen aus Aufgabe a. Schreibt sachlich und nicht zu lang.

Jakob – Ein Tag als Altenpfleger

Seinen „Boys'Day" verbrachte Jakob im Seniorenheim Seelingen-Kleinstätten. Dort war es seine Aufgabe, den Kaffeetisch herzurichten, Getränke auszuschenken und den Kuchen zu servieren. Zu seinen Tätigkeiten gehörte außerdem, mit den älteren Damen und Herren Gesellschaftsspiele zu machen und zu singen.
Die Senioren waren sehr aufgeschlossen gegenüber dem freundlichen 12-Jährigen und sie unterhielten sich gerne mit ihm. Auch Jakobs Golden Retriever Benni wurde herzlich willkommen geheißen.
Obwohl er anfangs nervös war, hat Jakob sein „Boys'Day" großen Spaß gemacht. Er konnte Einblicke in den Beruf des Altenpflegers gewinnen und hat nette Menschen getroffen.

Jeshurun – In der Grundschule

Jeshurun hatte sich entschieden, seinen „Boys'Day" in … zu verbringen.
…

„Girls'Day" in der Bäckerei – Einen Erfahrungsbericht untersuchen

1 Marie hat ihren folgenden Erfahrungsbericht zu ihrem „Girls'Day" auf Karteikarten geschrieben, die ihr durcheinandergeraten sind.
Bringt die Abschnitte von Maries Text in eine sinnvolle Reihenfolge und schreibt die entsprechende Buchstabenfolge in euer Heft.

A *Mein Girls'Day begann um 3 Uhr nachts, denn um 4:15 Uhr sollte ich bereits an meinem Arbeitsplatz eintreffen, in der Bäckerei Haupt in Glanstein. Jch radelte todmüde durch die Stadt und musste immer an das Kinderbuch „Mein Freund ist Bäcker" denken, in dem ein Junge in einer Backstube mithelfen darf und dann abends sein selbst gebackenes Brot isst. Bei mir sollte es allerdings nicht nur um Brot gehen – das Motto meines Girls'Days hieß: „Backe, so viel du tragen kannst!"*

B *Das Beste aber waren die Frucht-Sahne-Schnitten mit fünf verschiedenen Schichten aus Keks-, Schoko- und Bisquitteig, Erdbeersahne und Maracujasahne. Diese Schnitten durfte ich mit Sahne bestreichen und nach meinem Geschmack dekorieren.*

C *Mohn- und Körnerbrötchen bestreuen, Kekse mit Eigelb bestreichen, Laugenhörnchen formen, Plunderteilchen mit Puddingcreme und Kirschen verzieren, Rosinen in die Rührmaschine mit Rosinenbrotteig schütten und Marmorkuchen hauchdünn mit Zucker bepudern.*

D *Die fünf Stunden Arbeit vergingen rasend schnell – und am Ende durfte ich mit allem, was ich selbst produziert hatte, nach Hause gehen. (Natürlich konnte ich nicht wirklich alles tragen, aber doch von jedem etwas.)*

E *Jn der Bäckerei angekommen, zog ich mir zuerst in der Umkleide das bereitliegende T-Shirt, eine Bäckerhose und ein Kopftuch an. Dann wurden mir in der Backstube einige Maschinen erklärt. Und schon ging es los mit der praktischen Arbeit:*

F *Eine Erdbeere darauflegen, die ich vorher in Glasur getaucht hatte, ein Muster aus Mandelblättern legen, Linien aus geraspelter Schokolade streuen – jede Schnitte sah am Ende anders aus. Und wie ich später erfahren sollte, verkauften sich die Frucht-Sahne-Schnitten an diesem Tag besonders gut!*

G *Dieser „Girls'Day" war ein echter Hit! Besonders gefallen hat mir, einmal selbst etwas herzustellen, was wirklich gebraucht wird, fast wie in einem Beruf. Insgesamt war es eine gute Mischung aus Erklärungen und Selbermachen. Wenn ich als Kunde in eine Bäckerei komme, weiß ich jetzt viel besser, was hinter den Kulissen passiert.*

2 a Schreibt zu jedem Abschnitt von Maries Text eine Überschrift in euer Heft.
A „Girls'Day" in der Bäckerei Haupt in Glanstein – Beginn des Arbeitstages
B ...
b Prüft, welche der Absätze jeweils zu Einleitung, Hauptteil und Schluss gehören.

3 Vergleicht Maries Erfahrungsbericht mit Berichten, wie ihr sie in Kapitel 3.1 kennen gelernt habt. Zeichnet auf ein quer gelegtes DIN-A4-Blatt eine Schnittmengengrafik wie die folgende und tragt passende Merkmale von Bericht und Erfahrungsbericht ein. Gemeinsamkeiten schreibt ihr in die „Schnittmenge".

Bericht	Schnittmenge	Erfahrungsbericht
– rein sachlich und nüchtern *– ...*	*beantwortet W-Fragen: Wer?, Wo?, ...*	*– ...*

Information **Erfahrungsberichte**

Erfahrungsberichte **informieren über Ereignisse** wie z. B. Veranstaltungen, Ausstellungsbesuche oder Praktika. Anders als bei reinen Berichten werden dabei auch **persönliche Eindrücke und Wertungen** des/der Berichtenden wiedergegeben.

Aufbau
- Die **Einleitung** sagt, worum es in dem Bericht geht: Über **welches Ereignis** wird berichtet? **Wann** und **wo** fand das Geschehen statt? **Wer** war beteiligt?
- Der **Hauptteil** stellt den **Ablauf** des Geschehens **in der zeitlichen Reihenfolge** dar.
- Der **Schlussteil** enthält eine abschließende **Wertung** bzw. eine schlussfolgernde **Zusammenfassung der Erfahrungen.**

Sprache
- Die Sprache ist **vorwiegend sachlich,** es können aber **auch persönlich wertende, ausschmückende** oder **unterhaltsame Formulierungen** verwendet werden.
- Die Zeitform ist das **Präteritum.**

Fordern und fördern – Einen Erfahrungsbericht schreiben

Kai hat seinen „Boys'Day" im Sekretariat des Bürgermeisters von Weingarten verbracht und will anschließend einen Erfahrungsbericht schreiben. Um nichts Wichtiges zu vergessen, hat er sich Notizen gemacht. Er ist allerdings noch nicht dazu gekommen, diese zu ordnen:

A *Mittagessen in der Kantine Mhmm ..., Currywurst!*

B *Auf dem Gang Hochzeitspaar gesehen – und das noch vor 10 Uhr! Er klein und kräftig, sie groß und schlank: witzig!*

C *10:30 Uhr: Briefe mit Eingangsstempel versehen (Datum der Ankunft) – macht Spaß, wie bei der Post!*

D *Donnerstag, 9 Uhr: Zuerst aufgeregt: Schaffe ich das? Beginn: Sekretärin Frau Meisle sehr nett. Tagesplan und Aufgaben genannt*

E *Frau Meisle stellt mich gleich dem Bürgermeister Herrn Mohr vor, riesiges Büro*

F *Kurz vor Schluss zeigt Herr Mohr seine Amtskette, kriege sie auch mal um und gucke ganz blöd. FOTO!*

G *Nachmittags noch ein Brautpaar vor der Tür. Mutter der Braut heult!*

H *14:30 Uhr bis 15:30 Uhr: Akten alphabetisch sortiert*

I *16 Uhr: Ende, geschafft. Als ich ankam: nervös. Aber jetzt: Hat sich gelohnt, spannend und verantwortungsvoll*

●●● 1 Schreibt einen Erfahrungsbericht über Kais „Boys'Day". Die folgenden Tipps helfen euch.

Schritt 1: Ordnet Kais Notizen in zeitlicher Abfolge. Notiert die entsprechende Buchstabenfolge in eurem Heft.
Schritt 2: Überlegt, welche Notizen in die Einleitung, welche in den Hauptteil und welche in den Schluss von Kais Bericht gehören.
Schritt 3: Vergegenwärtigt euch noch einmal die Merkmale eines Erfahrungsberichts.
Schritt 4: Schreibt den Erfahrungsbericht in der Ich-Form. Orientiert euch an Kais Notizen. Ihr könnt einige Einzelheiten und persönliche Eindrücke hinzuerfinden.
Vergesst nicht, eurem Text eine passende Überschrift zu geben.

▷ Wenn ihr weitere Tipps benötigt, schaut auf Seite 67 nach: Hilfe zu Aufgabe 1.

2 Vergleicht eure Texte in Partnerarbeit: Was ist aus eurer Sicht gut gelungen, was müsste noch verbessert werden? Überarbeitet euren Erfahrungsbericht.

Hilfe zu Aufgabe 1:

Schritte 1 und 2:
Einleitung: D – Hauptteil: E, B, ...

Schritt 3:
Lest zur Orientierung noch einmal den Merkkasten auf Seite 65.
Beachtet:
- Erfahrungsberichte können unterhaltsam geschrieben sein und persönliche Eindrücke wiedergeben, sie müssen aber auch informieren und z. B. zu den wichtigsten W-Fragen Auskunft geben.
- Erfahrungsberichte können zwar auch über Gefühle berichten und Wertungen beinhalten, Umgangsspache sollte aber vermieden werden, z. B. statt „Das war echt merkwürdig" besser: „Das kam mir merkwürdig vor."

Schritt 4:
Auf den folgenden Zetteln findet ihr jeweils zwei verschiedene Möglichkeiten, eine Aussage zu formulieren. Wählt die besser geeignete aus. Ihr könnt sie in eurem Text verwenden.

A Sekretär – nicht schwer
B Ein Tag im Sekretariat

A Ich war beim Bürgermeister im Sekretariat.
B Ich verbrachte meinen „Boys'Day" im Sekretariat des Bürgermeisters von Weingarten.

A Das Büro des Bürgermeisters hat mich beeindruckt, weil es so groß war.
B Das Büro vom Bürgermeister war superriesig.

A Als ich ankam, war ich sehr aufgeregt und fragte mich, ob ich das wirklich schaffen würde.
B Ob ich das alles packen würde, wusste ich am Anfang nicht. Zuerst war ich nämlich total nervös.

3.3 Fit in ... – Berichten

Die Aufgabenstellung richtig verstehen

Stellt euch vor, ihr bekommt in der nächsten Klassenarbeit folgende Aufgabenstellung:

Aus den folgenden Bildern und den Zeugenaussagen auf Seite 68–69 kannst du die Ereignisse rund um einen Unfall im Sportunterricht erschließen.
Schreibe zu dem Unfall einen sachlichen Bericht für die Unfallversicherung. Gib deinem Bericht eine treffende Überschrift.

Stuttgart, 28. September 201X, Mozart-Gymnasium
Sportunterricht in der 5./6. Stunde, Klasse 6 a

1 Lest euch die Aufgabenstellung auf Seite 68 sorgfältig durch. Macht euch klar, was von euch verlangt wird. Schreibt die zutreffenden Aussagen in euer Heft.

- **A** Ich soll meine Meinung zum Fußballspiel begründen.
- **B** Ich soll das Ereignis möglichst ausführlich in allen Einzelheiten schildern.
- **C** Ich soll knapp und genau über das Ereignis berichten.
- **D** Ich soll das Ereignis so anschaulich wie möglich beschreiben.
- **E** Ich soll die W-Fragen beantworten.
- **F** Ich soll sachlich und nüchtern schreiben.

Informationen sammeln und einen Schreibplan erstellen

2 Haltet die wichtigsten Informationen zum Unfall in einem Schreibplan fest.

Überschrift: ...

1) Einleitung (Wer? Wo? Was? Wann?):
- ...

2) Hauptteil (Wie ereignete sich der Unfall? Warum?):
- ...

3) Schluss (Welche Folgen?):

Den Bericht schreiben und überarbeiten

3 Schreibt nun für die Unfallversicherung einen Bericht.

a Formuliert in ein oder zwei Sätzen eine knappe Einleitung.

b Gebt im Hauptteil die wesentlichen Informationen in der richtigen zeitlichen Reihenfolge wieder.
- Achtet darauf, welche Informationen für den Adressaten (die Versicherung) interessant sein könnten und welche nicht.
- Verdeutlicht Zusammenhänge durch Konjunktionen, z. B.: *als ..., weil ...,*
- Macht die Reihenfolge der Ereignisse deutlich, z. B. durch Formulierungen wie: *Anschließend ..., danach ..., kurze Zeit später ...*

c Schreibt einen Schlusssatz, der über die Folgen des Unfalls informiert.

d Findet eine knappe, treffende Überschrift für den Bericht.

4 Die folgenden Auszüge aus Klassenarbeiten sind noch nicht so recht gelungen.

a Ermittelt, welche Merkmale des Berichtens jeweils nicht genug berücksichtigt wurden.

b Schreibt eine verbesserte Fassung der beiden Textstellen in euer Heft.

Meike war schon in torgefährlicher Schussposition, als in letzter Sekunde Jubin angeflogen kam. Mit einer tollen Parade konnte er klären. Meike wurde dabei aber leider am Knie erwischt. Sie schrie auf, und wir ahnten alle gleich, dass etwas Schlimmes passiert sein musste.

Als Meike den Ball annahm, befand sie sich nicht im Abseits. Sie lief auf das gegnerische Tor zu und wurde dabei von Bastian verfolgt. Meike rannte jedoch schneller als Bastian, sodass Jubin, der Torwart der Gegenmannschaft, aus dem Tor herauskommen musste und auf Meike zulief. Jubin warf sich vor Meike zu Boden und wollte ihr den Ball wegnehmen, den sie vor sich her dribbelte. Das klappte aber nicht, Meike und Jubin prallten zusammen und Ole schoss den Ball dann noch ins Tor.

5 Überarbeitet eure eigenen Berichte mit Hilfe der folgenden Checkliste.

Checkliste

Einen Bericht schreiben
- Beantwortet der Bericht alle W-Fragen?
- Ist das Geschehen in der zeitlich richtigen Reihenfolge wiedergegeben?
- Beinhaltet der Bericht nur das Wesentliche?
- Ist der Text ohne Nachfrage verständlich?
- Ist der Bericht sachlich formuliert?
- Wurde als Zeitform das Präteritum verwendet und, wenn Ereignisse vorher stattgefunden haben, das Plusquamperfekt?
- Sind die Rechtschreibung und die Zeichensetzung korrekt?

4 In Bewegung – Beschreiben

1 **a** Was empfindet ihr, wenn ihr das Foto betrachtet?
b Beschreibt das Bild genau.
c Wie fühlt sich wohl der Sportler in der dargestellten Situation?

2 **a** Erweitert das Bild in Gedanken. Wie sieht es ringsherum aus?
b Das Foto stammt aus einer Bilderserie. Beschreibt, was die Fotos davor und danach wohl zeigen.

In diesem Kapitel ...

- beschreibt ihr Bewegungsabläufe, Vorgänge und Gegenstände,
- nutzt ihr verschiedene sprachliche Mittel, um möglichst genau zu beschreiben,
- übt ihr die Verwendung des Passivs,
- erfahrt ihr, was ein Wortfeld ist, und lernt Ober- und Unterbegriffe zu unterscheiden.

4.1 Tricks auf Rädern – Vorgänge beschreiben

Slopestyle ist eine Sportart, bei der mit dem Mountainbike ein Parcours mit verschiedenen Hindernissen bewältigt werden muss. Bei Wettkämpfen bewertet eine Jury, wie trickreich die einzelnen Hindernisse gemeistert werden. Sprünge aus bis zu zehn Metern Höhe bergen ein hohes Verletzungsrisiko. Anfänger sollten sich nur mit entsprechender Sicherheitsausrüstung und professioneller Anleitung an den Sport herantasten.

1 a Worin besteht eurer Ansicht nach der Reiz der Sportart „Slopestyle"?
b Kennt sich jemand von euch mit dieser oder mit ähnlichen Sportarten aus? Erzählt davon.

2 Betrachtet die Trickfigur auf dem Foto und beschreibt sie so genau wie möglich. Achtet dabei auf die Körperhaltung des Fahrers und seinen Kontakt zum Fahrrad.

3 a Die Begriffe „Slopestyle" und „Mountainbike" sind aus dem Englischen ins Deutsche übernommen worden. Überlegt, warum hier englische Begriffe verwendet werden.
b Nennt weitere englische Bezeichnungen aus dem Bereich Sport, die man im Deutschen verwendet. Erläutert die Bedeutung der Begriffe.

Sprung mit dem Rad – Einen Bewegungsablauf beschreiben

1 Noah aus der 6 b ist ein Slopestyle-Fan. Im Internet hat er dieses Foto gefunden, das ihm sehr gut gefällt. Erklärt, was das Besondere an dem Foto ist.

2 Noah findet den abgebildeten Sprung so beeindruckend, dass er darüber einen Artikel für die Schülerzeitung schreiben will. Zunächst hat er den Ablauf des Fahrradtricks in drei Phasen unterteilt und diese auf dem Foto markiert.

a Gebt jeder Phase eine passende Überschrift, z. B.: *1. Phase: Absprung, 2. Phase: ..., 3. Phase: ...*

b Auf Karteikärtchen hat sich Noah die folgenden Notizen gemacht. Bringt die Kärtchen in eine logische Reihenfolge. Die richtige Buchstabenfolge ergibt ein Lösungswort.

N *Kurz vor der Landung Beine in Fahrhaltung bringen, Füße auf Pedale setzen*

H *Beim Absprung von der Rampe Fahrrad hochreißen, Körperspannung*

U *Hände bleiben am Lenker, Arme durchgestreckt*

C *Arme angewinkelt, Oberkörper nach vorn gebeugt, in Fahrtrichtung*

S *Anlauf nehmen, beschleunigen und auf Rampe fahren*

W *Jn der Luft die Füße von Pedalen lösen, Beine anwinkeln, zur Seite drehen*

G *Hinterrad setzt bei der Landung als Erstes auf, Aufprall mit Körper abfedern*

c Notiert Noahs Angaben untereinander in der richtigen Reihenfolge. Ergänzt die Notizen mit weiteren Stichworten, die ihr für eine genaue Beschreibung des Sprungs braucht. Gliedert eure Notizen mit den Überschriften aus Aufgabe a.

3 Erstellt mit Hilfe eurer Notizen aus Aufgabe 2 auf Seite 73 einen Schreibplan für die Beschreibung des Fahrradtricks. Orientiert euch an dem Beispiel rechts.

4 Verfasst eine Anleitung für den auf Seite 73 abgebildeten Sprung. Geht so vor:

a Formuliert eine treffende Überschrift.

b Schreibt eine Einleitung, z. B.:
Der folgende Trick wird an einer Rampe ausgeführt. Bevor man diesen gefährlichen Sprung macht, sollte man ...

c Stellt im Hauptteil zuerst die drei Phasen des Sprungs vor, z. B.:
Den Ablauf dieses Sprungs kann man in drei Phasen einteilen: den Absprung, die ...
Beschreibt dann die genauen Bewegungsabläufe. Macht die Abfolge der Bewegungen deutlich, z. B.:
Beim Absprung von der Rampe reißt man das Fahrrad nach oben. Dabei ist der Körper gespannt ... Die letzte Phase ist die Landung. In dieser Phase werden zunächst die Beine wieder in Fahrhaltung gebracht, die Füße ...

d Formuliert einen Schluss, in dem ihr z. B. einen Tipp oder Hinweis gebt.

Überschrift *(Was wird beschrieben?):*
...

Einleitung *(Vorbereitung, Material):*
- *Schutzkleidung anlegen,*
- ...

Hauptteil *(Vorgang in Schritten):*
- *Phasen des Sprungs im Überblick*
- *1. Phase: Absprung: ...*
- *2. Phase: ...*
- *3. Phase: ...*

Schluss *(Tipp, Ergebnis):*
- *professionelles Training nötig,*
- ...

Macht die Abfolge der einzelnen Schritte mit geeigneten Ausdrücken deutlich, z. B.:
bevor, zunächst, dann, danach, anschließend, während, währenddessen, im gleichen Moment, nachdem, zum Schluss, ...

Maja und Marlene haben den Fahrradtrick wie folgt beschrieben:

Die Abbildung zeigt einen Mountainbikefahrer bei der Vorführung eines coolen Fahrradtricks. Er nimmt Anlauf, was man aber auf dem Bild nicht richtig sehen kann, und rast auf eine Holzrampe. Unter der Rampe stehen ein paar Jungs im Schatten. Wahrscheinlich ist es ziemlich heiß. Der Fahrer schießt senkrecht in den Himmel wie eine Rakete. Der Trick wird von einem Fotoapparat, der auf einem Stativ montiert ist, fotografiert. Am Schluss landet er wieder perfekt auf seinen zwei Beinen.

(Maja)

Der Trick lässt sich in drei Phasen unterteilen: den Absprung, eine Drehbewegung in der Luft und die Landung. Jn der ersten Phase fährt der Radfahrer mit Schwung auf eine Holzrampe. Beim Absprung setzt er seinen Körper unter Spannung, streckt die Beine und reißt das Fahrrad so mit nach oben. Die Flugbahn des Slopestyle-Fahrers beschreibt einen Bogen. Am höchsten Punkt in etwa vier Metern Höhe löst der Fahrer die Füße von den Pedalen, er winkelt die Beine an, zieht sie bis zum Oberkörper und dreht sie gleichzeitig zur Seite ...

(Marlene)

5 a Lest die Ausschnitte aus Majas und Marlenes Beschreibungen und besprecht, welche die Anforderungen an eine Vorgangsbeschreibung besser erfüllt. Begründet euer Urteil. Orientiert euch dabei an den Hinweisen im Merkkasten unten auf der Seite.

b Prüft eure eigenen Vorgangsbeschreibungen noch einmal mit Hilfe des Merkkastens. Verbessert sie, wo nötig.

6 Findet möglichst griffige und pfiffige deutsche Bezeichnungen für folgende englischsprachige Fachbegriffe aus dem Mountainbike-Sport:

Mountainbike • Slopestyle • Freeride • Dirtjump • Backflip • Tailwhip • Bunny Hop

Ihr könnt ein Wörterbuch oder den Computer zu Hilfe nehmen.

Information **Einen Vorgang beschreiben**

Manchmal ist es wichtig, einen Vorgang oder eine Tätigkeit so genau zu beschreiben, dass andere den Vorgang leicht verstehen oder selbst ausführen können – z. B. etwas basteln, kochen, einen Versuch durchführen oder eine bestimmte Bewegung oder einen Trick ausführen.

Aufbau einer Vorgangsbeschreibung

- Formuliert eine treffende **Überschrift,** die nennt, was beschrieben wird, z. B.: *Einen Salto mit dem Mountainbike ausführen.*
- Nennt in der **Einleitung** die nötigen **Materialien,** z. B.: *eine Rampe, ein leichtes Slopestyle-Bike,* und/oder notwendige **Vorbereitungen,** z. B.: *Schutzkleidung anziehen und Helm aufsetzen.*
- Beschreibt im **Hauptteil Schritt für Schritt den Ablauf** des Vorgangs, z. B.: *Zunächst nimmt man Anlauf und ... Beim Absprung ... In der Luft ... Schließlich ...*
- Zum **Schluss** könnt ihr z. B. einen **Tipp** oder **Hinweis** geben.

Sprachliche Mittel

- Beschreibt die einzelnen Schritte des Vorgangs **genau und verständlich.**
- Formuliert **sachlich,** vermeidet persönliche Eindrücke, Wertungen oder Übertreibungen.
- Verwendet durchgängig nur **eine Form der Ansprache:** *Man springt ...* oder *Du springst ...*
- Wählt passende Wörter, die die **Reihenfolge** der einzelnen Schritte **deutlich machen,** z. B.: *zuerst, dann, danach, zum Schluss, ...*
- Schreibt im **Präsens** (in der Gegenwartsform).

Mountainbike-Parcours – Aktiv und Passiv verwenden

1 Wer von euch hat schon einmal Fahrern auf einem Mountainbike-Parcours zugeschaut oder ist sogar selbst auf einem Parcours gefahren? Erzählt davon.

2 Die Zeichnung zeigt einen Abschnitt eines Mountainbike-Parcours. Erklärt, welche Aufgabe die Fahrer oder die Fahrerinnen an den einzelnen Stationen meistern müssen.

A
- Jeder Fahrer fährt für die Wertung den gesamten Parcours.
- Die Fahrer zeigen an den Hindernissen entsprechend ihrem Können möglichst spektakuläre Tricks.
- Der Mountainbiker springt über den Wassergraben.
- Meistert ein Wettkämpfer eine Station beim ersten Versuch nicht, gewährt man ihm eine zweite Chance.

B
- Der Parcours wird sorgfältig geplant.
- Alle Tricks werden mit Punkten bewertet.
- Für Verletzungen oder Schäden am Rad wird nicht gehaftet.
- Bevor der Start freigegeben wird, werden die einzelnen Stationen erklärt.
- Die Todestreppe wird mit Höchstgeschwindigkeit angefahren.

3 **a** Untersucht die Sätze in den Kästen A und B:
- In welchen Sätzen wird gesagt, wer etwas tut?
- Welche Sätze informieren über ein Geschehen, ohne einen Handelnden zu nennen?

b Untersucht die Verbformen in Text B. Schreibt hierzu die Sätze ab und unterstreicht die Prädikate rot.

c Vergleicht die unterstrichenen Verbformen mit denen aus Text A. Beschreibt, was euch auffällt.

4 Die Sätze in Kasten A stehen im Aktiv, die Sätze in Kasten B im Passiv (► Merkkasten S. 77). Wandelt die Sätze aus Kasten A in Passivsätze um. Nehmt dafür den Merkkasten unten auf Seite 77 zu Hilfe.

5 Trainiert die Bildung der Passivformen, indem ihr zu dem auf Seite 76 abgebildeten Parcours weitere Sätze formuliert, z. B.:

Auf den letzten Metern bis zur Todestreppe wird auf Höchstgeschwindigkeit beschleunigt. ...

6 Verfasst nun eine zusammenhängende Anleitung für die Benutzung des auf Seite 76 abgebildeten Parcours.

Verfasst euren beschreibenden Text so lebendig und abwechslungsreich, wie der Parcours gestaltet ist. Dazu solltet ihr
- auf einen abwechslungsreichen Gebrauch von Aktiv und Passiv achten,
- die Satzbaupläne variieren und zwischen kürzeren und längeren Sätzen wechseln,
- treffende und anschauliche Adjektive verwenden.

7
a Erfindet drei weitere Hindernisse, mit denen ihr den Parcours fortsetzt. Die Stationen können entweder dem natürlichen Gelände folgen oder aber gebaut werden.
b Zeichnet den dazugehörigen Plan.
c Formuliert eine Anleitung für die Benutzung eures Parcours, die ihr zusammen mit eurer Skizze in der Klasse präsentiert.

Information **Aktiv und Passiv der Verben**

In einem Satz kann entweder die handelnde Person oder die Handlung selbst im Vordergrund stehen.

Bei der Verbform **Aktiv** rückt die **handelnde Person** in den Vordergrund, z. B.:
Der Mechaniker repariert das Fahrrad.
Verbform im Aktiv

Die Verbform **Passiv** rückt die **Handlung** oder den **Vorgang** in den Vordergrund.
Das Fahrrad wird repariert.
Verbform im Passiv

Das Passiv wird meist mit einer Form von ***werden*** **und** dem **Partizip Perfekt des Verbs** gebildet, z. B.: *Die Slalomstange wird umfahren. Alle Hindernisse werden vor dem Start sorgfältig überprüft.*

- Im **Aktivsatz** ist die handelnde Person Subjekt des Satzes:
  Der Fahrer überspringt das Hindernis.
  Subjekt (Der Fahrer) – Akkusativobjekt (das Hindernis)
- Im **Passivsatz** wird das Akkusativobjekt des Aktivsatzes zum Subjekt:
  Das Hindernis wird übersprungen.
  Subjekt (Das Hindernis)
- Der Handelnde kann im Passivsatz ergänzt werden:
  Das Hindernis wird vom Fahrer übersprungen.
- Aktivsätze haben nicht immer eine Person als Subjekt, statt einer Person kann z. B. auch eine Sache oder eine Organisation genannt werden:
  Der Neckar fließt durch Stuttgart. Unser Verein hat gewonnen.

Teste dich!

Einen Vorgang beschreiben

VORSICHT FEHLER!

Waveboardfahren macht Spaß

Dein Führungsfuß steht auf der vorderen Plattform des Waveboards. Davor musst du natürlich erst herausfinden, welcher dein führender Fuß ist. Meist ist dies der Fuß des Sprungbeins oder der Fuß, mit dem du einen Fußball abfeuerst.

Für die ersten Fahrversuche wird das Waveboard am besten auf eine gerade oder leicht abschüssige Bahn gestellt. Das Waveboard muss man natürlich waagerecht zum Boden hinstellen. Du stellst den führenden Fuß in die Mitte der vorderen Plattform. Zu dieser Zeit steht natürlich der hintere Fuß noch auf dem Boden. Man stößt sich mit dem hinteren Fuß heftig ab und tut sofort den hinteren Fuß in die Mitte der hinteren Plattform. Du machst dein Gewicht auf den vorderen Fuß. Jetzt, wo du dich abgestoßen hast, schaust du geradeaus, niemals nach unten! Du machst deinen Körper gerade und beugst die Knie. Jetzt stehst du auf dem Waveboard. Aber nach dem Abstoßen geht es erst richtig los. Du musst die Schultern und die Hüften nach hinten und vorne drehen. Der hintere Fuß wippt genau in diesem Moment gleichzeitig zur Schulterbewegung auf Zehen und Fersen hin und her. Das macht den Schwung zum Waveboardfahren.

Das Bremsen ist übrigens ganz easy: Gib gleichzeitig mit beiden Füßen Druck auf deine Zehen und steig ab. Das Board bremst durch die Reibung ab.

schießen • stellen • setzen • verlagern • Körper aufrichten • verhindern • behindern • hindern an • stören • in einer geraden, aufrechten Position halten • erzeugen • sorgen für • geben • kräftig • kraftvoll • einfach • leicht • nachdem • sofort • nach • dabei • währenddessen • dann • zuerst • danach • bevor

1 **a** In der Vorgangsbeschreibung oben ist einiges misslungen. Überarbeitet sie gemeinsam mit einer Partnerin oder einem Partner und schreibt eine verbesserte Fassung in euer Heft. Die folgenden Fragen und die Wörter und Wendungen im Kasten helfen euch dabei.

- Ist die Überschrift informativ?
- Sind die Schritte zum Waveboardfahren in der richtigen Reihenfolge beschrieben und wird der Ablauf klar (*zuerst, dann, nachdem, während* ...)?
- Sind die Verben, Adjektive oder andere Bezeichnungen treffend und verständlich?
- Wird eine einheitliche Form der Ansprache verwendet, z. B.: *Du stellst* ... oder *Man stellt* ...?
- Werden in der Anleitung überflüssige oder unsachliche Formulierungen vermieden?

b Besprecht eure Vorgangsbeschreibungen mit Hilfe der „Textlupe" (► S. 333).

4.2 Unterwegs – Gegenstände beschreiben, treffende Wörter finden

Schuh und Stiefel – Ober- und Unterbegriffe unterscheiden

1 Wählt drei der abgebildeten Schuhe aus und beschreibt sie einem Partner so genau wie möglich. Spart dabei die Bezeichnung für die Art des Schuhs aus (z. B. Pantoffel, Cowboystiefel ...). Berücksichtigt:
- das Material, z. B. *Leder, Textil, Gummi,*
- die Form, z. B. *spitz, breit, hoch, flach,*
- die Farbe,
- ...

2 Gegenstände kann man nach ihren Merkmalen ordnen und voneinander unterscheiden.
a Erklärt, nach welcher Ordnung ihr die Schuhe oben in einem Schuhgeschäft aufstellen würdet.
b Sucht in Partnerarbeit aus der Abbildung Schuhe heraus, die gemeinsame Merkmale haben. Findet dann für jede Gruppe von Schuhen einen treffenden Oberbegriff. Nehmt hierzu die Informationen aus dem folgenden Merkkasten zu Hilfe.

Information **Ober- und Unterbegriffe unterscheiden**

Mit **Begriffen** erfassen, begreifen und ordnen wir die Wirklichkeit.
Ein **Oberbegriff** ist ein Sammelbegriff, dessen Bedeutung mehrere **Unterbegriffe** umfasst, z. B.
Oberbegriff *Schuh* – Unterbegriffe: *Sandale, Halbschuh, Stiefel, Clogs ...;*
Oberbegriff *Zweirad* – Unterbegriffe: *Rennrad, Mountainbike, Tourenrad, Roller, Laufrad ...*

Sneakers verloren – Einen Gegenstand genau beschreiben

Stellt euch vor, ihr habt die hier abgebildeten Sneakers in der Turnhalle vergessen. Weil sie am nächsten Tag verschwunden sind, verfasst ihr eine Suchanzeige, die ihr in der Schule aushängen könnt.

Fachbegriffe:
Sohle/Sohlenrand • Vorderkappe • Schnüröse • Schnürsenkel • Nähte • Obermaterial: Leinenstoff • Schafthöhe

1 Wenn man einen Gegenstand beschreibt, muss man die einzelnen Teile genau benennen. Hierfür verwendet man oft Fachbegriffe.
Erklärt, welche Teile der Sneakers mit den oben stehenden Fachbegriffen bezeichnet werden.

2 Überlegt in Partnerarbeit, wie ihr die Sneakers möglichst genau beschreiben könnt.
- **a** Übertragt die Tabelle in euer Heft und sammelt in der linken Spalte weitere Merkmale der Sneakers.
- **b** Macht in der rechten Spalte genaue Angaben zu den Merkmalen, z. B. durch treffende Adjektive, wie *dünn, breit, schneeweiß, knöchelhoch*.

Merkmale	Angaben zur Beschreibung
Schafthöhe	*knöchelhoch*
Obermaterial	...
...	...

3 Wenn man die Einzelheiten eines Gegenstandes beschreibt, sollte man dies in einer sinnvollen Reihenfolge tun, z. B. von oben nach unten, von links nach rechts, von außen nach innen.
- **a** Erläutert, in welcher Reihenfolge ihr die Sneakers beschreiben würdet.
- **b** Begründet, welche Merkmale ihr gleich zu Beginn nennen würdet, welche später.

4 In der folgenden Beschreibung ist die Reihenfolge nicht sinnvoll. Außerdem werden immer wieder die Wörter „ist" und „sind" verwendet. Überarbeitet die Beschreibung in Partnerarbeit.

Treffende Verben
tragen • sich befinden • besitzen • sich handeln um • verfügen über • aufweisen • verziert sein • durch … gekennzeichnet sein • bestehen aus • um … verlaufen • umschließen

VORSICHT FEHLER!

Um die silberfarbenen Ösen herum ist eine weiße Naht. Ebenso sind die Schnürsenkel weiß. Das Obermaterial ist aus einem dunkelblauen Leinenstoff. Der Sohlenrand hat zwei dunkelblaue Linien. Eine ist am oberen Sohlenrand und verläuft rund um den Schuh. Die andere Linie ist in der Mitte des Sohlenrands und spart die beiden Vorderkappen aus. Der Sohlenrand und die Vorderkappen der Sneakers sind aus schneeweißem Gummi. Die Sneakers sind dunkelblau und der Schaft geht bis zum Fußknöchel.

5 Verfasst eine genaue Beschreibung der Sneakers, die man als Suchmeldung aushängen könnte. Geht so vor:

a Formuliert eine Überschrift und einen Einleitungssatz, in dem ihr über den Anlass der Suchmeldung informiert, z. B.: *Gestern sind meine Sneakers in der Turnhalle …*

b Beschreibt die Sneakers genau und anschaulich. Achtet auf eine sinnvolle Reihenfolge. Die Informationen im Merkkasten helfen euch dabei.

c Bittet am Schluss den Finder, sich unter einer bestimmten Telefonnummer oder bei dem Hausmeister zu melden.

Information **Einen Gegenstand beschreiben (z. B. Suchmeldung)**

Bei einer Gegenstandsbeschreibung wird der Gegenstand (z. B. ein Fahrrad, eine Tasche, eine Jacke) so genau beschrieben, dass sich andere diesen genau vorstellen können.

Aufbau

- **Einleitung:** In der Einleitung nennt ihr den Anlass der Beschreibung (z. B. Verlustanzeige, Verkaufsanzeige, Vorstellung eines neuen Gegenstandes, z. B. eines neuen Sportgeräts).
- **Hauptteil:** Hier beschreibt ihr den Gegenstand genau. Achtet dabei auf eine Ordnung:
  - Benennt zuerst den Gegenstand (Name/Art des Gegenstandes) und beschreibt den Gesamteindruck, z. B.: *ein Paar dunkelblaue Sneakers.*
  - Beschreibt dann die einzelnen Merkmale des Gegenstandes (z. B. Material, Form, Farbe, besondere Kennzeichen) in einer sinnvollen Reihenfolge, z. B. von oben nach unten, von links nach rechts, von wichtig bis weniger wichtig.
- **Schluss:** Je nach Anlass der Beschreibung formuliert ihr zum Schluss eine Bitte, sich zu melden, wenn der Gegenstand gefunden wird (z. B. bei einer Suchanzeige), oder ihr gebt weiterführende Informationen, z. B. zur Funktion des Gegenstandes.

Sprachliche Mittel

- Verwendet **passende Adjektive,** mit denen ihr den Gegenstand anschaulich und genau beschreiben könnt, z. B.: *dünn, lang, schmal, schneeweiß, feuerrot.*
- Verwendet an Stelle der Wörter „ist", „sind", „hat" und „haben" **treffende Verben,** z. B.: *besitzen, sich befinden, aufweisen.*
- Formuliert eure Beschreibung im **Präsens** (Gegenwartsform).

Gehen, latschen, stolzieren ... – Wortfelder bilden

1 Wie stellt ihr euch den Gang der abgebildeten Personen vor? Wählt eine der Personen aus und geht so wie sie durch die Klasse.
Die anderen nennen treffende Verben, um die Art der Fortbewegung zu kennzeichnen, z. B.:
stapfen, latschen ...

2 **a** Notiert Verben, die eine besondere Art des Gehens bezeichnen, z. B.:
trippeln, hinken, tappen, waten, ...
Das rechts abgebildete Koordinatensystem hilft euch, Ideen zu finden.

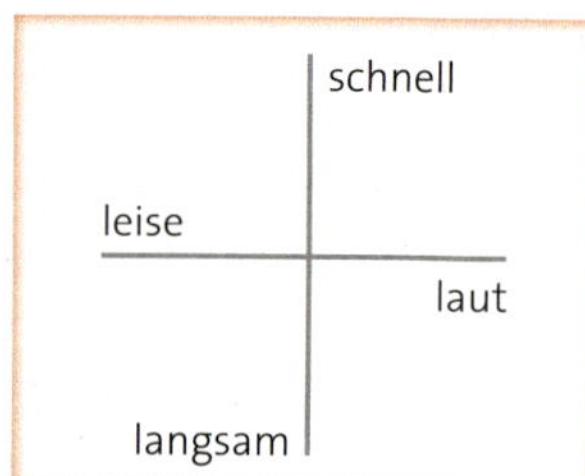

b Die in Aufgabe a zusammengestellten Verben mit ähnlicher Bedeutung bilden ein so genanntes Wortfeld (▸ Merkkasten auf S. 83). Wörter mit ähnlicher oder gleicher Bedeutung werden auch als Synonyme (▸ Merkkasten S. 83) bezeichnet.
Synonyme kann man auf verschiedene Weise nachschlagen. Probiert die im folgenden Tippkasten genannten Möglichkeiten aus. Erweitert damit euer Wortfeld „gehen" um zehn Wörter.

Synonyme nachschlagen

- **Thesaurus:** Euer Textverarbeitungsprogramm verfügt wahrscheinlich über ein eingebautes Synonymwörterbuch, einen so genannten Thesaurus. Wählt unter Überprüfen → Thesaurus und tippt ein Wort ein, zu dem ihr Synonyme sucht.
- **Internet:** Gebt bei einer Suchmaschine ein Wort ein, z. B. „gehen" und das Wort „Synonym". Die Suchmaschine schlägt euch mehrere Seiten vor, auf denen ihr Synonyme finden könnt.
- **Synonymwörterbuch:** In diesem speziellen Wörterbuch könnt ihr Synonyme nachschlagen.

3 Verfasst zu der folgenden Bildergeschichte eine Erlebniserzählung. Verwendet dabei viele treffende Verben aus dem Wortfeld „gehen“ (▶ Aufgabe 2, S. 82).

4 Bildet Wortfelder zu den Begriffen „Auto“, „Freund“, „Haus“, „sehen“, „trinken“, „essen“. Ihr könnt dabei die im Tippkasten auf Seite 82 genannten Möglichkeiten zum Nachschlagen nutzen.

5 Im Thesaurus werden oft auch Antonyme (▶ Merkkasten unten) angegeben, also Wörter mit gegensätzlicher Bedeutung, z. B.: *gehen – stehen*.
Notiert Antonyme zu folgenden Wörtern. Ihr könnt dabei den Thesaurus zu Hilfe nehmen. Vergleicht und erläutert eure Lösungen.

hell • klar • schnell • fahren • steigen • Berg • Kraft • Freude

Information **Wortfelder, Synonyme, Antonyme**

Wörter oder Wendungen, die eine ähnliche Bedeutung haben, bilden ein **Wortfeld,** z. B.:

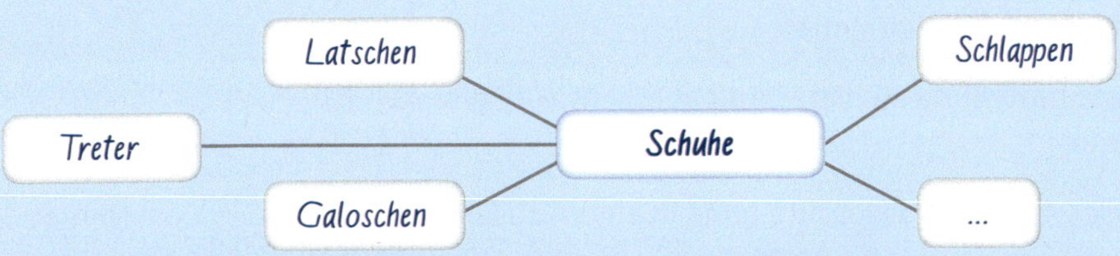

Wörter mit fast gleicher Bedeutung nennt man **Synonyme,** z. B.:
schnüren – binden; Herrenschuh – Männerschuh; Hackenschuh – Absatzschuh.

Wörter mit gegensätzlicher Bedeutung werden **Antonyme** genannt, z. B.:
modisch – unmodisch, niedrig – hoch, weiß – schwarz.

Fordern und fördern – Einen Gegenstand beschreiben

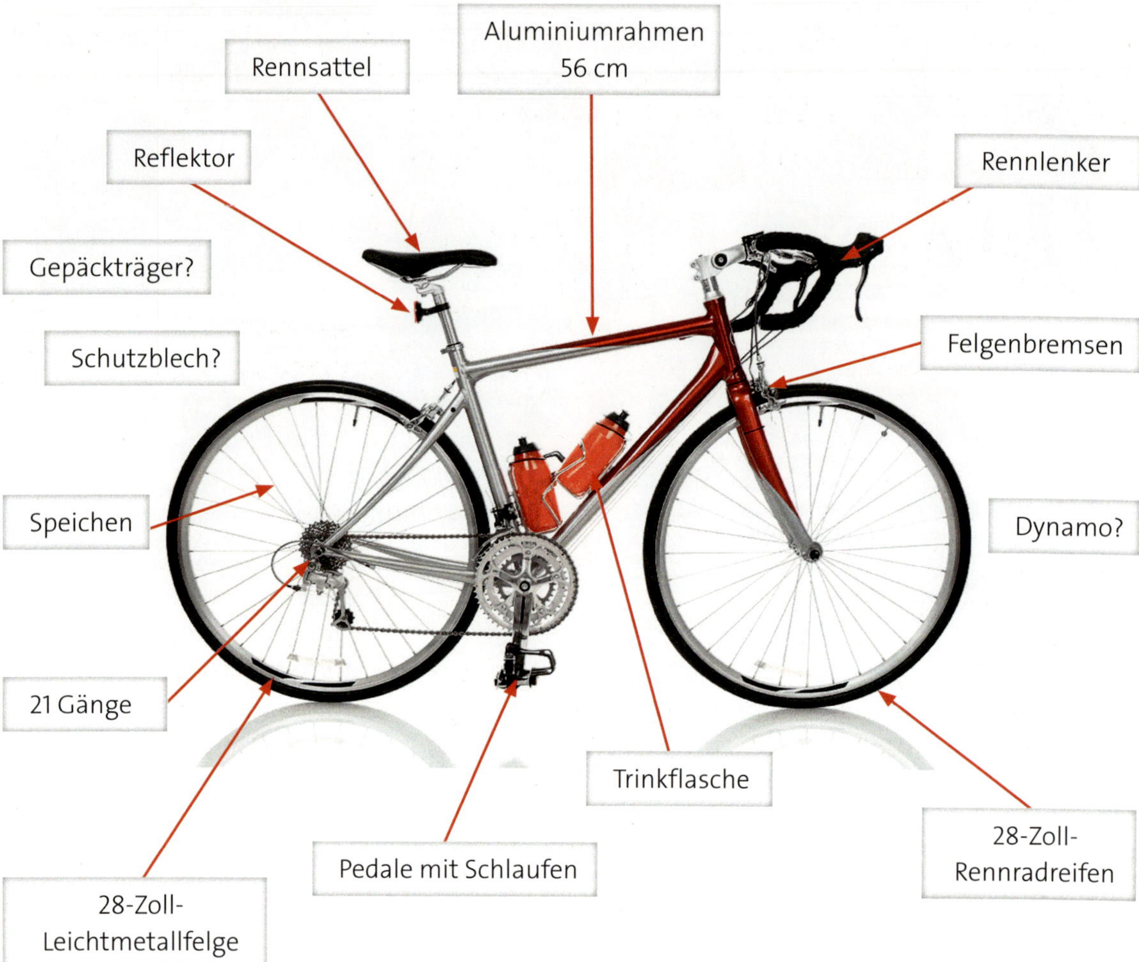

●●● **1** Verfasst zu dem oben abgebildeten Fahrrad eine Gegenstandsbeschreibung als Verkaufsanzeige für eine Internet-Auktion.

a Überlegt euch, welche Angaben zu dem angebotenen Fahrrad für einen Interessenten von relativ großer Bedeutung sind und welche wohl geringere Bedeutung haben. Ordnet die entsprechenden Fachbegriffe in einem Schreibplan an.

▷ Benötigt ihr eine Hilfestellung zu dieser Aufgabe, seht auf Seite 85 nach: Hilfe zu Aufgabe 1 a.

b Verfasst eine präzise Gegenstandsbeschreibung in einem zusammenhängenden Text. Nehmt dazu die Informationen aus dem Merkkasten auf Seite 81 zu Hilfe.

▷ Hilfe zu dieser Aufgabe findet ihr auf Seite 85.

2 Trainiert die Gegenstandsbeschreibung anhand eures eigenen Fahrrads oder eines anderen interessanten Gegenstands, z. B. *Rucksack, Mäppchen, Jacke* …

Hilfe zu Aufgabe 1a

1. Überlegt euch eine Reihenfolge der folgenden Kärtchen von wichtig nach unwichtig.
   Schreibt die fett gedruckten Begriffe auf den Kärtchen in der entsprechenden Reihenfolge untereinander in euer Heft. Lasst zwischen den Begriffen jeweils zwei Zeilen frei für Ergänzungen.

Rahmen
…
…
Räder
…
…

Räder
(Felgen, Speichen, Reifen)

Beleuchtung
(Scheinwerfer, Rücklicht, Dynamo, Reflektor)

Bremsanlage
(Art der Bremse)

Lenker
(Form, Material)

Gangschaltung
(Art der Schaltung, Anzahl der Gänge)

Besondere Ausstattung
(Gepäckträger, Trinkflasche, Luftpumpe, Satteltasche, Lenkertasche, Reparaturset)

Rahmen
(Material, Größe, Farbe)

Sattel
(Form, Material)

Sicherheitsausstattung
(Schutzbleche, Klingel, Kettenschutz, Reflektoren)

2. Notiert zu den Begriffen aus Aufgabe 1a Einzelheiten für die genauere Beschreibung. Die weiteren Angaben auf den Kärtchen helfen euch dabei, z. B.:
   Lenker: *Rennlenker, Leichtmetall, mit schwarzem Kunststoffband umwickelt*

Hilfe zu Aufgabe 1b

Ihr könnt eure Gegenstandsbeschreibung so beginnen:

Versteigert wird ein …
Der Rahmen besteht aus Aluminium und ist …

Nutzt bei eurer Beschreibung den folgenden Wortspeicher.

ausgestattet sein mit • angebracht sein • besitzen • fixiert sein • verfügen über • aufweisen • befestigt sein • montiert • bestehen aus • versehen sein mit

4.3 Fit in ... – Vorgänge beschreiben

Die Aufgabenstellung verstehen

Stellt euch vor, ihr bekommt in der Klassenarbeit folgende Aufgabe:

Diana aus der 6 c ist eine Meisterin des Diabolospiels. Sie möchte für ihre Homepage eine Spielanleitung für Anfänger verfassen. Vorbereitet hat sie Bilder von sich, die zeigen, wie das Diabolo hochgeworfen und wieder aufgefangen wird.
Verfasse eine Vorgangsbeschreibung, die die einzelnen Schritte des unten dargestellten Tricks genau erklärt. Achte dabei auf die abwechslungsreiche Verwendung von Aktiv und Passiv.

Diabolo – Geschwindigkeit ist keine Hexerei
Zum Diabolospielen benötigt man das eigentliche Diabolo, zwei durch eine Mittelachse verbundene Halbkugeln, die meist aus Kunststoff bestehen. Dazu gehört außerdem eine Schnur, die an ihren Enden jeweils an einem Handstab befestigt ist. Indem man die Handstäbe bewegt, kann man das Diabolo in Rotation versetzen und so auf der Schnur halten, es hochwerfen und wieder auffangen.

1 Habt ihr verstanden, was ihr bei der Klassenarbeit machen sollt? Entscheidet, welche der folgenden Antworten richtig sind. Schreibt die zutreffenden Sätze in euer Heft.

A Ich soll erzählen, wie toll der Trick ist.
B Ich soll den Ablauf des Tricks in einzelne Phasen einteilen und diese beschreiben.
C In der Vorgangsbeschreibung soll ich das Präteritum verwenden.
D Die Vorgangsbeschreibung soll im Präsens stehen.
E Ich soll Aktiv- und Passivformen möglichst abwechslungsreich verwenden.
F Ich soll Diana genau beschreiben.
G Ich soll in der Einleitung die benötigten Materialien und Vorbereitungen nennen.
H Ich soll eine Form der Anrede beibehalten („du" oder „man").

Informationen sammeln und ordnen

2 Ordnet den Bildern 1 bis 6 auf Seite 86 die entsprechenden Kärtchen zu. Die richtige Buchstabenfolge ergibt ein Lösungswort.

K den Fall des landenden Diabolos durch Armhaltung auffangen

C das Diabolo mit gespanntem Seil und erhobenen Stäben nahe am rechten Handstab fangen

T Arme aufwärts und abwärts bewegen, dadurch Diabolo in Rotation versetzen.

S Grundstellung wieder einnehmen, Diabolo stabilisieren

I den Flug des Diabolos mit den Augen verfolgen, mit dem Blick den rechten Arm und den Handstab fixieren

R das Seil über dem Kopf plötzlich anspannen, sodass das Diabolo nach oben geschleudert wird

3 **a** Überlegt, wie man den gesamten Trick in drei Phasen gliedern könnte, und findet für jede Phase eine treffende Überschrift. Legt in eurem Heft eine Tabelle mit drei Spalten an, in die ihr oben die Überschriften für die drei Phasen schreibt. Nehmt euer Heft dazu am besten quer.
b Ordnet die Kärtchen aus Aufgabe 2 den drei Phasen zu und übertragt die Angaben in eure Tabelle. Lasst über und unter den Angaben jeweils einige Zeilen für Ergänzungen frei.

4 Ergänzt eure Angaben in Aufgabe 3b mit weiteren Stichworten, die ihr für die genaue Beschreibung des Tricks braucht.
Tipp: Achtet genau auf Dianas verschiedene Körper- und Armhaltungen.
Bezieht auch mit ein, was zwischen den Bildern geschieht.

Die Beschreibung verfassen und überarbeiten

5 Verfasst nun die Vorgangsbeschreibung in einem zusammenhängenden Text. Verwendet dazu eure Notizen aus den Aufgaben 2 bis 4. Die folgenden Tipps und die Wortschatzkästen helfen euch dabei.

Aufbau der Vorgangsbeschreibung
Nennt in einer **Überschrift** kurz, worum es geht.
Formuliert in der **Einleitung** knapp, welche Gegenstände man braucht und welche Vorbereitungen man treffen sollte.
Beschreibt im **Hauptteil** den Ablauf des Diabolotricks Schritt für Schritt und möglichst genau.
Im **Schluss** könnt ihr beispielsweise den Leser/die Leserin dazu motivieren, den Trick auszuprobieren.

Substantive
Grundstellung • Schwung • Rotation • Schnur • Achse • Blickrichtung

aussagekräftige Adjektive
schnell • ruckartig • schwungvoll • sanft

treffende Verben
einnehmen • stehen • auf und ab bewegen • hochnehmen • versetzen • spannen • auseinanderziehen • heben • anvisieren • anpeilen • fixieren • auffangen • abfangen

Entscheidet euch für eine Anrede entweder mit „du" oder mit „man". Achtet darauf, nicht zwischen den beiden Formen zu wechseln.
Bei der Anrede mit „du" könnt ihr auch den Imperativ Singular (► S. 316) verwenden, z. B.:
Verfolge den Flug des Diabolos mit den Augen ... Fange anschließend ...
Zur Variation sollten auch Formulierungen im Passiv vorkommen, z. B.:
Dadurch wird das Diabolo in die Luft geschleudert.

6 Überarbeitet eure Texte mit Hilfe der „Textlupe" (► S. 333). Die folgende Checkliste hilft euch dabei.

Checkliste

Einen Vorgang beschreiben
- Habt ihr eine **treffende Überschrift** gewählt, die den Vorgang benennt?
- Wird der Vorgang in einer **sinnvollen Reihenfolge** beschrieben, sodass die einzelnen Schritte nachvollziehbar sind?
- Ist eure Beschreibung **genau** genug? Werden alle wichtigen Einzelheiten genannt, sodass beim Leser keine Fragen offenbleiben?
- Ist die Beschreibung **sachlich formuliert** und enthält keine persönlichen Wertungen?
- Werden **Fachbegriffe** sinnvoll eingesetzt?
- Ist die **Wortwahl abwechslungsreich?** Sind beispielsweise treffende Verben verwendet?
- Wird an einigen Stellen auch das **Passiv** verwendet?
- Sind die **Satzbaupläne abwechslungsreich?** Wendet die Umstellprobe an.
- Habt ihr als Zeitform durchgängig das **Präsens** verwendet?

5 Unglaublich! –
Lügengeschichten lesen und verstehen

1 Die Abbildung zeigt den „Lügenbaron“ Münchhausen, der versucht, sein an der Kirchturmspitze festgebundenes Pferd wiederzuerlangen. Stellt Vermutungen an, was zuvor passiert ist und was nun geschehen könnte.

2 Kennt ihr weitere Lügengeschichten, z. B. vom Baron Münchhausen? Erzählt davon.

3 Beschreibt, was das Besondere an Lügengeschichten ist.

In diesem Kapitel ...

- lernt ihr die Merkmale von Lügengeschichten kennen,
- lest und untersucht ihr unglaubliche Reise- und Alltagsgeschichten,
- werdet ihr selbst zu Meisterlügnern und schreibt fantasievolle Lügengeschichten.

5.1 Die Meisterlügner – Lügengeschichten vorlesen und untersuchen

1 a Lest von der folgenden Geschichte zunächst nur die Überschrift. Überlegt euch, wie Münchhausen auf den Mond gelangt sein könnte und warum er überhaupt dorthin wollte.
b Lest anschließend den ganzen Text und vergleicht die Geschichte mit euren Vermutungen.

Erich Kästner

Die erste Mondreise

Der „Lügenbaron“ Karl Friedrich Hieronymus Freiherr von Münchhausen ist wohl der bekannteste Erzähler von Lügengeschichten und hat wirklich gelebt (1720–1797). Er wurde zunächst Offizier und kam im Dienste verschiedener Herren weit in der Welt herum. Mit 32 Jahren nahm er Abschied vom Militärdienst und lebte mit seiner Frau auf einem Familiengut in Bodenwerder an der Weser. Dorthin lud er regelmäßig Freunde ein und erzählte ihnen von unglaublichen Abenteuern und Heldentaten, an denen er angeblich auf seinen Reisen beteiligt war. Diese Geschichten wurden weitererzählt und später von Schriftstellern, z. B. von Erich Kästner, aufgeschrieben.

Trotz meiner Tapferkeit und Klugheit und trotz meines Litauers[1] Schnelligkeit und Ausdauer geriet ich, nach einem Kampf mit einer vielfachen Übermacht, in Kriegsgefangenschaft. Und was noch schlimmer ist: Ich wurde als Sklave verkauft! Das war ein rechtes Unglück, und wenn meine Arbeit auch nicht gerade als Schwerarbeit zu bezeichnen war, so war sie nicht nur recht seltsam, sondern auch ein bisschen lächerlich und ärgerlich, wie man will. Ich musste nämlich die Bienen des türkischen Sultans jeden Morgen auf die Weide treiben!

1 Litauer: Pferderasse

Dort musste ich sie, als wären's Ziegen oder Schafe, den ganzen Tag über hüten. Und am Abend musste ich sie wieder in ihre Bienenstöcke zurückscheuchen.

Eines Abends sah ich nun, dass zwei Bären eine der Bienen angefallen hatten und sie, ihres eingesammelten Honigs wegen, zerreißen wollten. Da ich nichts in der Hand hatte als meine silberne Axt, die das Kennzeichen für die Sultansgärtner ist, so warf ich die Axt mit aller Wucht nach den beiden Räubern. Doch sie traf die Bären nicht, sondern flog an ihnen vorbei, stieg infolge des gewaltigen Schwungs höher und höher und fiel erst, wo glaubt ihr, nieder? Auf dem Mond!

Was tun? Wie sollte ich sie wiederkriegen? Wo gab es so lange Leitern? Zum Glück fiel mir ein, dass die türkischen Bohnen in kürzester Frist erstaunlich emporwachsen. Ich pflanzte sofort eine solche Bohne, und sie wuchs doch tatsächlich bis zum Monde hinauf und rankte sich um die eine Spitze der Mondsichel! Nun war es eine Kleinigkeit hinaufzuklettern, und eine halbe Stunde später fand ich auch meine Axt wieder, die auf einem Haufen Spreu und Häcksel[2] lag.

Ich war heilfroh und wollte schleunigst in die Türkei zurückklettern, aber ach!, die Sonnenhitze hatte meine Kletterbohne völlig ausgetrocknet und sie war zu nichts mehr zu gebrauchen! Ohne langes Federlesen flocht ich mir aus dem Mondhäcksel einen Strick, den ich an einem der Mondhörner festband. Dann ließ ich mich vorsichtig hinunter. Nach einiger Zeit hieb ich mit meiner silbernen Axt das überflüssig gewordene Stück über mir ab und

knüpfte es unter mir wieder an. Das ging eine ganze Weile gut, aber mit einem Male, als ich noch in den Wolken hing, riss der Strick! Und ich stürzte mit solcher Gewalt auf Gottes Erdboden, dass ich etwa zehn Meter tief in die Erde hineinfiel! Mir taten alle Knochen weh. Doch nachdem ich mich etwas erholt hatte, grub ich mir mit den Fingernägeln, die ich glücklicherweise zehn Jahre nicht geschnitten hatte, eine Treppe ins Erdreich, stieg auf dieser hoch und kehrte zu meinen Bienen zurück.

2 Häcksel: zerkleinerte Pflanzenteile

2 Erzählt, wie es kommt, dass Münchhausen auf den Mond gelangt, und wie er von dort wieder zurückkommt. Ihr könnt so beginnen:
Münchhausen war in Kriegsgefangenschaft geraten …

3 Was könnte an Münchhausens Geschichte wahr sein, was ist bestimmt gelogen oder übertrieben? Nennt Beispiele aus dem Text.

4 Beschreibt, wie ihr euch die Situation vorstellt, in der Münchhausen diese Geschichte erzählt.

5 Münchhausen wollte seine Zuhörer und Zuhörerinnen mit seinen unglaublichen Geschichten unterhalten. Schlüpft in die Rolle des „Lügenbarons" und bereitet die Geschichte „Die erste Mondreise" für einen Vortrag im Kreise faszinierter Zuhörer vor. Erzählt die Geschichte so, als hättet ihr sie selbst erlebt und als sei alles wirklich so passiert.
Geht folgendermaßen vor:

a Übt das Vorlesen mit Vortragszeichen (siehe Merkkasten unten) anhand der folgenden Textstelle.

> Da ich nichts in der Hand hatte als meine silberne Axt, die das Kennzeichen für die Sultansgärtner ist, so warf ich die Axt mit aller Wucht nach den beiden Räubern. | Doch sie traf die Bären nicht, sondern flog an ihnen vorbei, stieg infolge des gewaltigen Schwungs höher und höher | und fiel erst, wo glaubt ihr, nieder? ‖ Auf dem Mond! |
> Was tun? Wie sollte ich sie wiederkriegen? Wo gab es so lange Leitern? | Zum Glück fiel mir ein, dass die türkischen Bohnen in kürzester Frist erstaunlich emporwachsen. Ich pflanzte sofort eine solche Bohne, und sie wuchs doch tatsächlich bis zum Monde hinauf und rankte sich um die eine Spitze der Mondsichel!

b Lest den Text zunächst halblaut für euch und probiert unterschiedliche Möglichkeiten der Betonung aus.

c Übt das Vorlesen gemeinsam mit einem Partner oder einer Partnerin. Gebt euch gegenseitig Tipps, was ihr noch verbessern könnt.

d Tragt die Geschichte vor der Klasse vor, z. B. im Erzählkreis oder in einer anderen geeigneten Sitzordnung.

> Wenn ihr eine Kopie der Geschichte habt, könnt ihr eure Betonungszeichen in den Text eintragen.

Methode **Sinngestaltendes Vorlesen**

Sinngestaltendes Vorlesen bedeutet, dass ihr einen Text ausdrucksvoll vortragt und eure Stimme dem erzählten Geschehen anpasst.

Bereitet das Vorlesen vor, indem ihr den Text mit **Vortragszeichen** verseht:

- Unterstreichungen bei Wörtern, die **lauter** gelesen werden sollen: ______
- Um Spannung oder Nachdenklichkeit zu erzeugen, könnt ihr beim Vortragen **Pausen** lassen. Tragt kürzere oder längere Pausen im Text ein: | oder ‖.
- Steigert oder verlangsamt an passenden Stellen das **Sprechtempo,** um den Vortrag für die Zuhörenden spannend zu machen. Tragt entsprechende Zeichen ein: ——→ oder ∼∼∼→.
- **Heben der Stimme,** z. B. bei einer Frage: ↗
- **Senken der Stimme,** z. B. am Satzende: ↘

Vorsicht: Verwendet die Markierungen sparsam. Nicht jedes Wort muss besonders betont werden und nicht jedes Komma bedeutet eine Sprechpause.

Erich Kästner

Die Enten an der Schnur

Während der Jagd bemerkte ich eines schönen Morgens ein paar Dutzend Wildenten, die friedlich auf einem kleinen See herumschwammen. Hätte ich eine Ente geschossen, wären die anderen davongeflogen, und das wollte ich natürlich nicht. Da kam mir ein guter Gedanke. Ich dröselte eine lange Hundeleine auf, verknotete die Teile, sodass sie nun viermal so lang war wie vorher, und band an einem Ende ein Stückchen Schinkenspeck fest, das von meinem Frühstück übrig geblieben war.

Dann versteckte ich mich im Schilf und warf vorsichtig meine Leine aus. Schon schwamm die erste Ente herbei und verschlang den Speck. Da er sehr glatt und schlüpfrig war, kam er bald, samt dem Faden, an der Rückseite der Ente wieder heraus. Da kam auch schon die nächste Ente angerudert und verschlang das Speckstückchen. Auch bei ihr tauchte es kurz darauf hinten wieder auf, und so ging es weiter! Der Speck machte seine Reise durch alle Enten hindurch, ohne dass die Leine riss, und sie waren daran aufgereiht wie die Perlen an einer Schnur.

Ich zog meine Enten an Land, schlang die Leine sechsmal um mich herum und ging nach Hause. Die Enten waren sehr schwer und ich war schon recht müde, da begannen die Enten, die ja alle noch lebendig waren, plötzlich mit den Flügeln zu schlagen und stiegen in die Luft! Mit mir! Denn ich hatte ja die Leine um mich herumgewickelt! Sie schienen zu dem See zurückfliegen zu wollen, aber ich benutzte meine langen Rockschöße als Ruder und so mussten die Enten umkehren. Ich steuerte sie landeinwärts, bis wir nicht mehr weit von meiner Wohnung waren. Nun drehte ich der ersten Ente den Hals um, dann der zweiten, schließlich einer nach der anderen, und so sank ich sanft und langsam auf mein Haus herunter, mitten durch den Schornstein und haargenau auf den Küchenherd, wo die Enten ja hinsollten. Mein Koch staunte nicht schlecht! Zu meinem Glück brannte auf dem Herd noch kein Feuer. Sonst hätte es womöglich Münchhausenbraten gegeben statt Entenbrust mit Preiselbeeren.

1 Überlegt, welcher Teil dieser Geschichte wahr sein könnte und wo die erste Lüge beginnt.

2 a Sucht alle Lügen aus dieser Geschichte heraus. Zeichnet auf ein quer gelegtes DIN-A4-Blatt eine „Lügentreppe". Tragt auf den Stufen alle Lügen in dieser Geschichte der Reihenfolge nach ein.

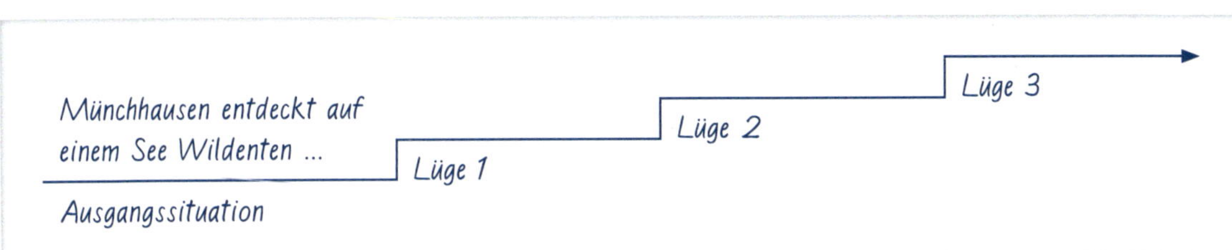

b Diskutiert, ob ihr das Bild der Lügentreppe für diese Geschichte passend findet.

Sid Fleischman

McBroom und die Stechmücken

Ein moderner Nachfolger Münchhausens ist der amerikanische Farmer McBroom, der mit Frau und elf Kindern auf einem ungeheuer fruchtbaren Bauernhof lebt. Allerdings handelt es sich bei McBroom um eine erfundene Figur des Jugendbuchautors Sid Fleischman.

Ich spreche es ja nicht gerne aus, aber manche Menschen haben wirklich nicht die geringste Achtung vor der Wahrheit. Ein Fremder hat zum Beispiel behauptet, er sei auf einem Maultier an unserem wunderbaren Einhektarhof[1] vorbeigeritten und von Spechten angegriffen worden.

Das ist mal wieder glatt gelogen. Ehrlich! Es sind keine Spechte gewesen, sondern ganz gewöhnliche Präriestechmücken. Und noch dazu kleine. Diese Viecher werden hier draußen so groß, dass jedermann Maschendraht als Fliegengitter verwendet. Aber ich darf wirklich nichts Unfreundliches über diese sirrenden, schwirrenden, wütenden Biester mit ihren Stecknadelnasen sagen. Sie haben schließlich unseren Hof vor dem Ruin gerettet. Das ist während der großen Trockenheit gewesen, die im vergangenen Jahr bei uns geherrscht hat.

Trocken? Ach du liebe Güte! Unsere Kinder haben Kaulquappen gefunden, denen haben sie erst das Schwimmen beibringen müssen. Es hatte so lange nicht mehr geregnet, dass die Froschbabys noch niemals Wasser gesehen hatten. Das ist wirklich die lautere Wahrheit, so wahr ich Josh McBroom heiße. Ehrlich, ich würde lieber ein Stinktier beim Schwanz packen, als die Unwahrheit zu sagen.

Na, ich schleich mich am besten in die Geschichte von der Trockenheit genauso ein, wie das die große Dürre bei uns gemacht hat. Ich kann mich noch daran erinnern, dass wir beim Pflügen waren, wie in jedem Frühling, und dass uns die Stechmücken wie immer geplagt haben. Diese blutdurstigen Räuber können ziemlich lästig werden, aber wir haben gelernt, wie man sie ablenkt.

Diese durstigen Dussel saufen nämlich alles, was nur rot ist. „Will*jill*hester*chester*peter*polly*tim*tom*mary*larry*und*kleinclarinda*!“[2], rief ich. „Ich höre das Sirren der Stechmücken. Legt mal lieber ein Rote-Rüben-Beet an.“

Sowie die Roten Bete reif wurden, schlugen die Stechmücken ihre spitzen Rüssel wie Strohhalme hinein. Und wie sie dann geschlemmt und geschmatzt haben! Sie saugten den Saft bis zum letzten Tropfen aus, sodass die Roten Bete erblassten und wir sie als weiße Rüben ernten konnten.

1 Hektar: 1 Hektar = 10 000 Quadratmeter

2 Namen der elf Kinder McBrooms

1 Erzählt mit eigenen Worten, wie die Präriestechmücken den Hof „vor dem Ruin“ gerettet haben.

2 a Zählt alle Lügen auf, die Farmer McBroom uns auftischt.
b Beschreibt, wie diese Anhäufung von Lügen wirkt.

3 McBroom möchte in seiner Geschichte den Eindruck erwecken, dass alles wirklich genau so passiert ist. Welche Mittel verwendet er, um seiner Lügengeschichte Glaubwürdigkeit zu verleihen? Nennt Beispiele aus dem Text.

4 Erarbeitet einen Lesevortrag der Geschichte. Ihr könnt dabei so vorgehen:
- Lest euch die Geschichte zwei- bis dreimal durch, bis ihr alles genau verstanden habt.
- Beachtet die Satzzeichen und ihre Bedeutung für das laute Lesen und überlegt euch genau, wie ihr die wörtliche Rede (z. B. Z. 39–40, Z. 41–42) in eurem Vortrag umsetzen wollt.
- Lest euch in Partnerarbeit die Geschichte vor, wobei der Partner darauf achtet, ob ihr effektvoll Pausen setzt, die Sprechbogen der Sätze beachtet, das richtige Tempo wählt und die Lautstärke angemessen verändert, um wichtige Stellen zu betonen.
- Tragt die Geschichte der Klasse vor und kommentiert eure Lesungen.

5 Bildet eine Erzählkette: Einer oder eine von euch fängt an und erzählt McBrooms Geschichte weiter. Wer eine Idee für die Fortsetzung hat, führt die Geschichte fort. Denkt daran, dass McBroom eine Geschichte über die große Trockenheit angekündigt hat.

6 Im Merkkasten unten werden Merkmale von Lügengeschichten genannt.
Sucht in den Lügengeschichten auf Seite 90 bis 94 Beispiele für diese Merkmale.

Information **Lügengeschichten**

Schon immer haben sich Menschen für unglaubliche und sensationelle Dinge interessiert. Deshalb sind seit vielen Jahrhunderten Lügengeschichten sehr beliebt. Berühmt sind die Abenteuer- und Reisegeschichten des Barons von Münchhausen.
Im Gegensatz zu den Lügen im Alltag will der Erzähler einer Lügengeschichte seine Zuhörer oder Leser nicht wirklich täuschen, sondern unterhalten. Die Zuhörenden dürfen also merken, dass ihnen nicht die Wahrheit erzählt wird.

- Lügengeschichten werden meistens in der **Ich-Form** erzählt, um den Zuhörerinnen und Zuhörern zu versichern, dass der **Erzähler** alles **selbst bezeugen** kann.
- Oft wird das Publikum direkt angesprochen. So entsteht der Eindruck, dass die Lügengeschichte **mündlich vor einer Zuhörerrunde** erzählt wird, z. B.:
  Doch sie [die Axt] traf den Bären nicht [...] und fiel erst, wo glaubt ihr, nieder?
- Manchmal **betont** der Erzähler **die Wahrheit** seiner Geschichte, z. B.:
  Das ist wirklich die lautere Wahrheit, so wahr ich Josh McBroom heiße.
- Meistens wird zu Beginn der Lügengeschichte etwas erzählt, das wirklich so geschehen sein könnte. Anschließend wird in einer **Lügenkette** eine Lüge an die andere gereiht. Oft gibt es dabei ein **Steigerung,** eine **Lügentreppe:** Jede folgende Lüge ist immer noch unglaubwürdiger als die vorhergehende.

Ursel Scheffler

Der Lügenbeutel

Es war einmal ein Mann, der behauptete, alles Elend der Welt käme nur daher, dass die Leute nicht ehrlich zueinander wären. Er nahm sich daher vor, die Welt von Lügen zu befreien. Deshalb kaufte er sich ein Schmetterlingsnetz und einen großen Sack und begann, alle Lügen, denen er begegnete, einzufangen.

Die Leute wunderten sich über den komischen Mann, der durch die Straßen rannte, hinter den Leuten herlief und scheinbar sinnlos mit einem Schmetterlingsnetz in der Luft herumfuchtelte. Sie bemerkten gar nicht, dass es ihnen immer schwerer fiel, sich Lügen auszudenken. Lügen wurden allmählich Mangelware.

Der Mann hatte seinen Sack an jedem Abend gestopft voll. Er entleerte den Sack in kleine lügendichte Abfallbeutel, verschnürte sie sorgfältig und warf sie in den Müllschlucker.

So machte er es jeden Tag. Aber schließlich musste er sich seine Beute immer schwerer erkämpfen. Weil die Leute auf der Straße keine Lügen mehr hatten, schnitt er sie sich aus Zeitungsseiten aus. Er sammelte sie an Fernsehtürmen und Telefonleitungen. Immer häufiger hatten die Zeitungen leere Seiten und die Fernseher Ton- oder Bildausfall. Die Telefonleitungen waren ständig gestört. Der Lügensammler stellte betrübt fest, dass die Leute immer weniger miteinander redeten. Vermutlich, weil sie nicht so viele Dinge wussten, die wirklich wahr waren. Jetzt reden sie wenigstens ehrlich miteinander, dachte der Mann mit dem Lügenbeutel. Welch ein Glück!

Doch da wurde er zu seinem Entsetzen Zeuge eines Gesprächs auf dem Marktplatz. Zwei Frauen trafen sich am Gemüsestand. „Schlechten Tag!“, sagte die eine zur anderen.

„Dasselbe wünsch ich Ihnen auch!“, war die Antwort. „Wie es Ihnen geht, ist mir ziemlich egal. Aber es fällt mir auf, dass Sie sich verändert haben. Sie sind richtig fett geworden. Die modernen Röcke kleiden Sie gar nicht.“ „Wie es mich ärgert, dass ich Sie treffe“, sagte die dicke Frau. „Schon wenn ich Ihre Stimme höre, bekomme ich eine Gänsehaut. Ihre neue Frisur sieht aus wie Putzwolle, und wenn Sie lachen, dann stört mich neben Ihrem Mundgeruch auch noch diese schreckliche Zahnlücke!“

Die Frau mit der Putzwollefrisur bekam einen knallroten Kopf. Sie kochte vor Wut! Weil ihr in

der Erregung nicht die passende „Wahrheit" einfiel, nahm sie ihren Regenschirm und zerschlug ihn auf dem Kopf der anderen.
„Es tut mir so leid!", sagte der Lügensammler und stellte seinen Sack auf die Erde, um der misshandelten Frau wieder auf die Beine zu helfen. „Ich hätte das nicht sagen dürfen!", jammerte die dicke Frau. „Aber es kam einfach so über mich!" „Ich hätte nicht gleich zuschlagen dürfen", sagte die Frau mit der Putzwollefrisur. „Aber ..." „Ich weiß, ich weiß!", sagte der Mann. „Die Wahrheit im falschen Augenblick, am falschen Ort ist manchmal sehr schmerzlich." „Die Wahrheit? Wie meinen Sie das?", sagte die Frau mit der Putzwollefrisur und bog ihren Regenschirm wieder gerade. „Sie wollen doch nicht behaupten, dass das die Wahrheit ist, was sie eben gesagt hat?" Drohend ging sie auf den Lügensammler zu. Der tat rasch einen Griff in seinen Lügensack und sagte: „Ich finde, Sie sehen beide recht hübsch aus, meine Damen. Man muss nur Fantasie haben." „Finden Sie wirklich?", fragte die Dicke und strich ihren unvorteilhaften Rock glatt. „Was haben Sie denn in diesem komischen Sack?", erkundigte sich die andere Frau. „Lügen, lauter Lügen!", seufzte der Mann. „Das glaube ich nicht. Kann ich mal reinsehen?" „Es ist gefährlich!", warnte der Mann. „Viel gefährlicher ist es, die Wahrheit zu sagen, das haben Sie doch eben gesehen!", antwortete die dicke Frau. Der Lügensammler wusste nicht, was er darauf antworten sollte. „Er lügt!", sagten die beiden Frauen wie aus einem Mund und sahen den

Lügensammler vorwurfsvoll an. Das konnte der Lügensammler natürlich nicht auf sich sitzen lassen. Er öffnete den Sack ein ganz kleines bisschen und ließ die beiden hineinsehen. Aber weil sich die meisten Lügen unsichtbar machen können, bemerkten sie nicht, wie sich eine nach der anderen davonstahl.
Seitdem gibt es wieder genügend Lügen auf der Welt. Große und kleine, dicke und dünne Schwindeleien, Flunkereien, Betrügereien, aber auch kleine Nettigkeiten. Und wenn sich die Leute auf der Straße treffen, sagen sie: „Guten Tag! Wie geht's?", oder: „Sie sehen gut aus!" Die Zeitungen haben wieder volle Seiten, die Fernsehsender ein volles Programm, und die Telefonleitungen sind überlastet. Aber leider schwirren auch wieder die Lügen durch die Luft, und es bleibt jedem Einzelnen überlassen, herauszufinden, was wahr ist und was nicht.

1 a Erläutert den Titel der Geschichte „Der Lügenbeutel".
b Beschreibt, was der Lügenbeutel bewirkt.

2 Vergleicht die Lügen, um die es in „Der Lügenbeutel" geht, mit den Lügen Münchhausens und McBrooms. Beachtet, welchen Zweck die Lügen jeweils haben.

3 a Welche Lügen begegnen euch im Alltag? Nennt Beispiele.
b Überlegt, aus welchen verschiedenen Gründen gelogen wird.

4 Diskutiert, unter welchen Bedingungen eine Lüge zulässig ist.

Teste dich!

Eine Lügengeschichte untersuchen

Erich Kästner

Münchhausens Ritt auf der Kanonenkugel

In einem Feldzug belagerten wir eine Stadt – ich habe vor lauter Belagerungen vergessen, welche Stadt es war – und Marschall Münnich hätte gerne gewusst, wie es in der Festung stünde. Aber es war unmöglich, durch all die Vorposten, Gräben und spanischen Reiter hineinzugelangen. Vor lauter Mut und Diensteifer und eigentlich etwas voreilig stellte ich mich neben eine unserer größten Kanonen, die in die Stadt hineinschossen, und als sie wieder abgefeuert wurde, sprang ich im Hui auf die aus dem Rohr herauszischende Kugel! Ich wollte mitsamt der Kugel in die Festung hineinfliegen! Während des sausenden Flugs wuchsen allerdings meine Bedenken. Hinein kommst du leicht, dachte ich, aber wie kommst du wieder heraus? Man wird dich in deiner Uniform als Feind erkennen und an den nächsten Galgen hängen! Diese Überlegungen machten mir sehr zu schaffen. Und als eine türkische Kanonenkugel, die auf unser Feldlager gemünzt war, an mir vorüberflog, schwang ich mich auf sie hinüber und kam, wenn auch unverrichteter Sache, so doch gesund und munter wieder bei meinen Husaren[1] an.

1 Husar: Mitglied einer Reitertruppe

1 Lies die Geschichte sorgfältig durch. Was könnte an ihr wahr sein, was ist bestimmt erfunden? Schreibe die Buchstaben der zutreffenden Aussagen in dein Heft. Ergeben sie ein Lösungswort?

Wahr könnte sein, dass ...
- **L** Münchhausen an einem Feldzug teilgenommen hat.
- **O** Münchhausen auf einer Kanonenkugel flog.
- **U** die Heere damals mit Kanonenkugeln schossen.
- **E** Münchhausen vergessen hat, welche Stadt belagert wurde.
- **A** Münchhausen im Flug auf eine andere Kugel umstieg.
- **G** der Marschall Münnich hieß.
- **E** Münchhausen sich neben eine der größten Kanonen stellte.

2 Gliedere die Geschichte in Einleitung, Hauptteil und Schluss und fasse jeden Teil in einigen Stichworten zusammen.

3 Notiere zwei Merkmale von Lügengeschichten, die du in der Geschichte vom Ritt auf der Kanonenkugel finden kannst. Schreibe zu den Merkmalen passende Textstellen auf.

4 Vergleicht eure Ergebnisse aus den Aufgaben 1, 2 und 3 in Partnerarbeit.

5.2 Flunkern und Fabulieren – Lügengeschichten schreiben

Eine Lügengeschichte zu einem Bild schreiben

Nun werdet ihr selbst zu Meisterlügnern und schreibt eine Lügengeschichte, die eure Zuhörer und Zuhörerinnen staunen lässt.

Münchhausen-Brunnen in Bodenwerder

schnelles Pferd • auf der Jagd • Pferd trinkt und trinkt, ohne aufzuhören • Pferd unbemerkt durch Stadttor halbiert • kein Schrot • Schuss mit Kirschkernen • die Feinde im Galopp bis in die Stadt verfolgt • Hirsch entkommt • Stadttor schon halb herabgelassen • nach zwei Jahren Hirsch mit Kirschbaum erlegt • Hinterteil des Pferdes auf der Weide gefunden • Schmied klebt Pferd zusammen

1 In den beiden Bildern sind zwei unterschiedliche Lügengeschichten versteckt. Klärt, welche Stichworte im Kasten zu welcher Geschichte gehören.

2 Entscheidet euch für eines der Bilder auf Seite 99 und schreibt dazu eine Lügengeschichte. Geht so vor:

a Legt einen Schreibplan an. Ordnet dazu die zu eurem Bild passenden Stichworte (▶ Kasten S. 99) so auf einem Blatt Papier an, dass sie ein Gerüst für eure Geschichte ergeben.

b Ergänzt euren Schreibplan um weitere Ideen, z. B. zu Handlung, Ort, Zeit, Personen usw.

c Gliedert euren Schreibplan in Einleitung, Hauptteil und Schluss.

3 Schreibt eine Einleitung zu eurer Lügengeschichte. Dabei ist wichtig, dass die Ausgangssituation die eigentliche Handlung vorbereitet. Ihr könnt einen der folgenden Anfänge fortsetzen oder einen eigenen Beginn wählen.

Mein seltsamstes Erlebnis im Reiterregiment des Feldherrn Schwefel hatte ich, als ich mit meinem Pferd ...

oder:

Ihr werdet nicht glauben, welch einen Erfolg ich kürzlich bei der Jagd hatte ...

4 Eine eindrucksvolle, spannende, lebendige Lügengeschichte hat oft bestimmte Merkmale. Lest dazu noch einmal den Merkkasten auf S. 95. Prüft, was bei den folgenden Schülertexten noch verbessert werden sollte.

Beispiel 1: Es wird nicht in der Ich-Form erzählt

VORSICHT FEHLER!

... Er war dicht hinter seinen Feinden, die auf die Stadt zugaloppierten. Er trieb sein Pferd an, noch schneller zu laufen, um noch in die Stadt zu gelangen, bevor das Stadttor heruntergelassen wurde. Kurz bevor das Stadttor ganz unten war, schaffte er es, in die Stadt zu reiten und seinen Feinden auf den Fersen zu bleiben. Weil sein Pferd aber so schnell war, dachte er, er könne es ruhig noch einmal trinken lassen, um dann die Verfolgung fortzusetzen. Am Brunnen auf dem Marktplatz trank es und trank und trank ... Da merkte er erst, dass der hintere Teil des Pferdes fehlte.

Beispiel 2:

VORSICHT FEHLER!

Auf der Jagd habe ich einem Hirsch mit Kirschkernen in den Kopf geschossen. Er ist nicht gestorben, sondern weggerannt. Dann bin ich aus dem Wald gelaufen. Mit meinen Freunden habe ich noch viele Abenteuer erlebt. Im Krieg war ich auch. Dann bin ich wieder zur Jagd gegangen. Dabei erschoss ich den Hirsch. Nun hatte ich Hirschfleisch zum Essen und Kirschen.

5 Schreibt einen eigenen Hauptteil und Schluss in euer Heft. Beachtet dabei den Tippkasten rechts.

6 Tauscht euer Heft mit einem Mitschüler oder einer Mitschülerin. Besprecht, was euch an euren Geschichten gut und was euch weniger gut gefallen hat.
Achtet auch auf die typischen Merkmale einer Lügengeschichte (▸ Merkkasten auf S. 95).
Ihr könnt auch zu dritt arbeiten und die Methode „Textlupe" verwenden (▸ S. 333).

Erzählt eure Geschichte lebendig.

- Verwendet ausdrucksstarke und abwechslungsreiche Verben, z. B.: *ich ritt, ich preschte, ich galoppierte, ich sprengte, ich schoss durch das Stadttor hindurch ...*
- Verwendet anschauliche beschreibende Wörter, z. B.: *Majestätisch stand der Hirsch vor mir, mit einem ausgewachsenen, blühenden Kirschbaum auf dem Kopf.*
- Ihr könnt auch Vergleiche erfinden: *Mein Pferd sauste wie eine frisch abgefeuerte Kanonenkugel ...* *Der Kirschbaum saß wie ein prächtiger Hut auf dem Kopfe des Hirsches.*
- Als Meisterlügner ist es wichtig, eure Zuhörer/-innen direkt anzusprechen. Das gelingt z. B. mit folgenden Wendungen:
  Das könnt ihr mir glauben!
  Was hätte ich tun sollen?
  Was hättet ihr an meiner Stelle getan?
  Wie jeder von euch ...

Information **Eine Lügengeschichte schreiben**

1. Schritt: In Stichworten Ideen sammeln
Schreibt in Stichworten all eure Ideen für die Geschichte auf – Stichworte zur Handlung, zu Orten, Namen, Personen ...

2. Schritt: Die Geschichte planen
- Wählt aus den Stichworten, die ihr gesammelt habt, die besten Ideen für die Geschichte aus. Streicht weniger geeignete Stichworte durch.
- Prüft die Reihenfolge eurer Stichworte. Ergibt sich eine stimmige Handlung oder gibt es noch Brüche?
- Ordnet die Stichworte den Teilen eurer Erzählung zu: Einleitung, Hauptteil, Schluss.

3. Schritt: Die Geschichte schreiben
- Formuliert eure Geschichte anhand eurer Stichworte aus.
  Wenn euch dabei noch weitere Einfälle kommen, könnt ihr sie einbauen.
  Achtet aber darauf, dass ihr nicht den roten Faden verliert.
- Lasst neben eurem Text einen breiten Rand, sodass ihr bei der Bearbeitung anschließend Platz für Kommentare und Ergänzungen habt.

Fordern und fördern – Eine Lügengeschichte schreiben

1 Schreibt eine Lügengeschichte zu dem Thema „Warum ich keinen Hausaufsatz schreiben konnte". Findet eine passende Überschrift für eure Geschichte.
▷ Wenn ihr eine Hilfestellung zu dieser Aufgabe benötigt, verwendet die folgenden Anregungen.

Hilfe zu Aufgabe 1

1. Schritt
Sammelt Ideen zu der Frage, warum ihr den Aufsatz, den ihr schreiben solltet, nicht mitbringen konntet. Die Fragen im Tippkasten rechts helfen euch dabei.
Ihr könnt eure Ideen in Form eines Clusters oder als Kette von Ereignissen notieren, z. B.:

- Ist etwas Unglaubliches mit eurem bereits fast fertig geschriebenen Aufsatz passiert?
- Habt ihr in der Zeit, in der ihr den Aufsatz hättet schreiben sollen, etwas so Unglaubliches erlebt, dass ihr gar nicht zum Schreiben gekommen seid?
- Kommt ein Tier mit erfundenen Eigenschaften oder ein merkwürdiger Gegenstand in eurer Geschichte vor?
- Gibt es in eurer Geschichte eine Lügenkette oder Lügentreppe (▸ S. 95)?

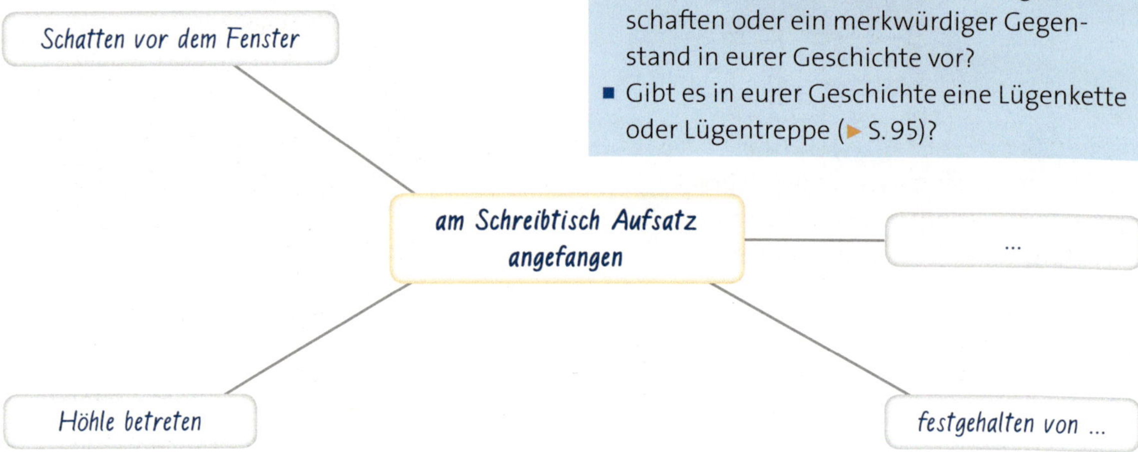

oder:

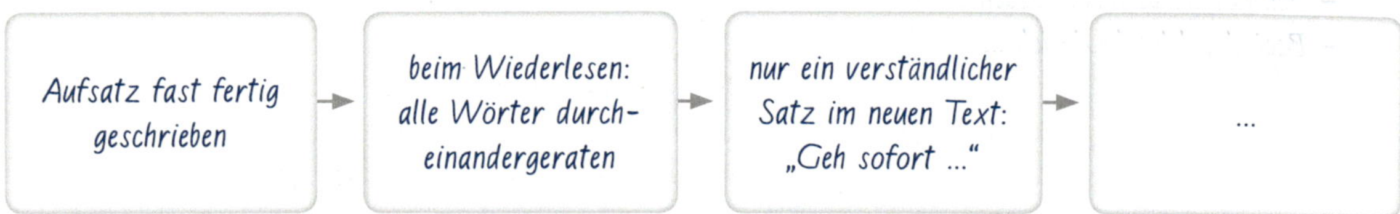

2. Schritt

Wählt aus euren Ideen die besten aus und bestimmt eine sinnvolle Abfolge der Ereignisse. Legt dazu einen Schreibplan an.

Lügengeschichte*: *Warum ich keine Hausaufgaben machen konnte

***Einleitung*:** *Welche Ausgangssituation liegt vor?*
…

***Hauptteil*:** *Lügenkette oder Lügentreppe*

Lüge 1
Aufsatz ist fast fertig geschrieben

Lüge 2
alle Wörter vermischt

Lüge 3
…

***Schluss*:** *Wie endet die Geschichte?*
…

3. Schritt

Schreibt nun eure Lügengeschichte. Verwendet das Präteritum. Erzählt anschaulich, lebendig und stellt dabei auch Gedanken und Gefühle des Ich-Erzählers dar. Beachtet dabei die folgenden Tipps.

Macht in euren Erzählungen auch Gedanken und Gefühle deutlich, z. B.:
- *Mir blieb der Mund offen stehen …*
- *Ich glaubte zu träumen …*
- *Sprachlos …*
- *Ich konnte es nicht fassen …*
- *Beeindruckt schaute ich …*

Sprecht das Publikum an und betont, dass ihr die Wahrheit sagt, z. B.:
- *So etwas habt ihr noch nie gesehen!*
- *War das nicht seltsam?*
- *Ihr werdet nicht glauben, was …*

Übertreibt und wählt geeignete Ausdrücke, um eure Lügen anschaulich zu machen, z. B. Adjektive und Vergleiche:
- *unglaublich* • *unbegreiflich* • *unvorstellbar* • *ungeheuerlich*
- *blitzschnell* • *riesengroß* • *winzig klein* • *feuerrot* • *grasgrün*
- *so groß wie …* • *so schnell wie …* • *so lang wie …* • *so gefährlich wie …*
- *so lang, dass …* • *so stark, dass …* • *so groß, dass …*
- *stank so, dass …* • *rannte so schnell, dass …*

5.3 Projekt: Einen Vorlesewettbewerb durchführen

1. Schritt: Den Text auswählen

1 Wählt einen Text, der sich gut zum Vortragen eignet, z. B. eine Lügengeschichte aus diesem Kapitel (▶ S. 90–98) oder eine andere kurze Erzählung, die euch gefällt. Ihr könnt auch eigene Geschichten vorlesen.

2. Schritt: Den Lesevortrag vorbereiten und üben

2 Gute Vorleserinnen und Vorleser bereiten ihren Vortrag sorgfältig vor. Nutzt die Tipps rechts, um eure Texte einzuüben und euch auf die Zuhörenden einzustellen. Ihr könnt mit einem Lernpartner zusammenarbeiten und euch gegenseitig Rückmeldung darüber geben, was schon gelungen ist und was noch verbessert werden sollte.

Vorbereiten eines Lesevortrags
- Lest den Text mehrmals laut, probiert verschiedene Möglichkeiten der Betonung aus.
- Lest euch selbst laut vor und verseht den Text (Kopie) mit Betonungszeichen.
- Bezieht die Zuhörenden gedanklich mit ein: Welche Textstellen, Wörter, Ausdrücke könnten schwierig sein? Wo brauchen die Zuhörenden eine Denkpause?

3. Schritt: Den Wettbewerb veranstalten

3 Gestaltet das Klassenzimmer zum Vorlesetheater um. Bestimmt einen Moderator, der die Vorlesenden ankündigt und dem Publikum nach jedem Vortrag Zeit lässt, seine Eindrücke zu notieren. Nutzt dazu den folgenden Bewertungsbogen. Ihr könnt ihn mit eigenen Ideen ergänzen.

Bewertungsbogen: Vorlesewettbewerb der Klasse ...
Vorleser/-in: ...

	ja	teilweise	nein
deutliche Aussprache			
insgesamt angemessenes Lesetempo			
Variation des Lesetempos			
passende Betonungen			
Hebungen und Senkungen der Stimme			
sinnvolle Pausen			

6 Götter, Helden, Zauberwesen –
Sagen untersuchen und nacherzählen

1 Schaut euch die Abbildung an und beschreibt die Figuren und Gegenstände.

2 Kennt ihr Geschichten, die zu den Figuren passen? Erzählt davon.

3 Erklärt, was ihr mit dem Begriff „Sage“ verbindet. Von welchen Sagen habt ihr schon einmal gehört?

In diesem Kapitel ...

- lernt ihr verschiedene Sagen und Merkmale von Sagen kennen,
- erzählt ihr Sagen spannend und anschaulich nach,
- gestaltet ihr zu einer Sage ein Hörspiel.

6.1 Sagenhafte Helden – Heldensagen untersuchen

Sagenhelden kennen lernen

Die Äpfel der Hesperiden

nacherzählt von Richard Carstensen

Der Halbgott Herakles, Sohn des Göttervaters Zeus und der thebanischen Königstocher Alkmene, ist einer der bekanntesten griechischen Helden. In Delphi wurde ihm einst geweissagt, dass er zwölf Arbeiten, die sein Cousin Eurystheus, der König von Mykene und Tiryns, ihm auferlegen würde, erledigen müsse, um in den Kreis der Unsterblichen aufgenommen zu werden. Herakles macht sich daran, die scheinbar unlösbaren Aufgaben zu bewältigen.

Als nächste Arbeit trug Eurystheus dem Helden auf, die goldenen Äpfel der Hesperiden herbeizuschaffen, die am Westufer des Weltmeeres in einem heiligen Garten wuchsen. Vier Jungfrauen, die Hesperiden genannt, bewachten sie, unterstützt von einem hundertköpfigen Drachen. Wie sollte Herakles ohne Wegweisung überhaupt zu den Hesperiden finden? Wieder lauerten viele Abenteuer am Weg; mit gefährlichen Riesen galt es zu kämpfen und sogar gegen den Kriegsgott selbst im Kampf zu bestehen. Endlich erzwang er sich vom Flussgott Nereus Auskunft über den Weg. Er zog durch Libyen und Ägypten und gelangte schließlich in das Land, wo Atlas die Last des Himmels trug. Er war der Oheim[1] der Hesperiden, und Herakles bat ihn, die Jungfrauen zu überreden, sie möchten ihm doch die Äpfel schenken. Er selbst erbot sich, in der Zwischenzeit das Himmelsgewölbe auf seine Schultern zu nehmen. Atlas erklärte sich bereit, und der Halbgott stemmte an seiner statt die mächtigen Schultern unter das Himmelsgewölbe. Atlas begab sich indessen zum Garten, schläferte den Drachen ein, nahm den Jungfrauen die goldenen Äpfel und brachte sie Herakles. Aber nachdem Atlas nun einmal empfunden hatte, wie angenehm es sei, vom Tragen des Himmelsgewölbes frei zu sein, weigerte er sich, die Last wieder auf seine Schultern zu nehmen. Doch Herakles war schlauer als er. „So lass mich nur einen Augenblick ausruhen“, bat er und Atlas willigte ein, ihn abzulösen. Da nahm der Halbgott die goldenen Äpfel auf und machte sich grußlos davon.

1 Oheim: Onkel

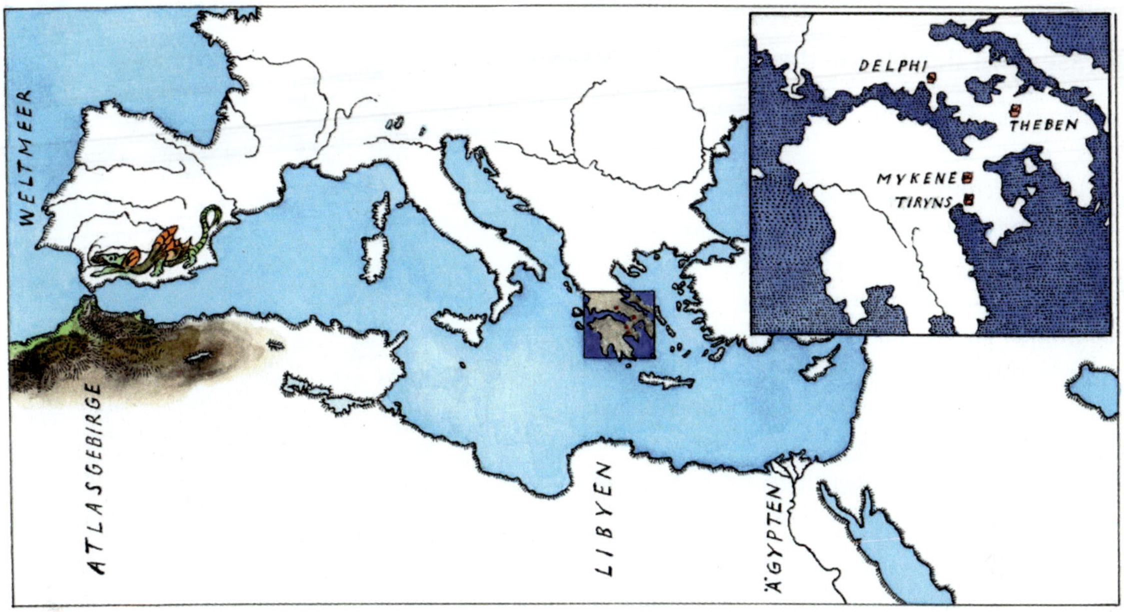

1 Sucht auf dieser Karte die im Text auf Seite 106 genannten Orte.

2 a Notiert euch Stichworte als Gedächtnisstütze für eine mündliche Nacherzählung der Sage.
b Tragt eure Nacherzählungen vor.

Ausgangssituation: Aufgabe des Herakles
Eurystheus beauftragt Herakles, …
Handlung
– Auf seinem Weg trifft Herakles …
– …

3 Herakles ist einer der bekanntesten griechischen Helden.
a Erstellt einen Cluster, in dem ihr sammelt, was eurer Ansicht nach eine Heldin oder einen Helden auszeichnet. Oder erstellt einen Steckbrief zu einer Heldin oder einem Helden, die/den ihr aus einem Buch, einem Film oder einem Computerspiel kennt.

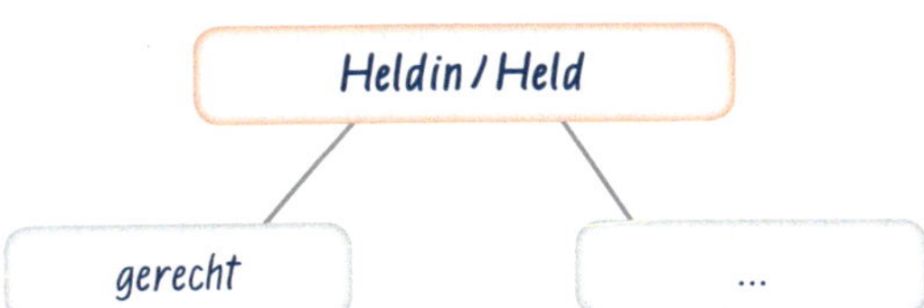

Steckbrief
Name: Spiderman
Aussehen: …
Ziele/Wünsche: …
…
…

b Stellt eure Ergebnisse vor.
c Prüft, welche der von euch genannten Eigenschaften auch Herakles auszeichnen. Wo gibt es Unterschiede zwischen eurer Beschreibung von typischen Helden und Herakles?

Homer

Odysseus in der Höhle des Kyklopen Polyphem

nacherzählt von Auguste Lechner

Auf seiner Heimreise vom Trojanischen Krieg gelangt der siegreiche Odysseus mit seinen Gefährten zur Insel der Kyklopen. Die Kyklopen sind einäugige Riesen, die in Felshöhlen leben und Schafe hüten. Einer der Kyklopen ist Polyphem, ein Sohn des Meeresgottes Poseidon. Mutig hat sich Odysseus in die Höhle Polyphems vorgewagt. Doch plötzlich kehrt der Riese zurück, treibt seine Herde in die Höhle und verschließt den Eingang mit einem Felsen. Nun sind Odysseus und seine Gefährten in der Höhle gefangen. Nachdem der Riese schon einige von Odysseus' Leuten verspeist hat, überlegt Odysseus, wie er sich und seine Gefährten befreien kann.

Odysseus hockte auf einem Steinblock, den Kopf in die Hände gestützt, und brütete vor sich hin. Er fühlte sich elend wie noch nie in seinem Leben. Schmerz und Reue peinigten ihn und eine entsetzliche Wut erfüllte ihn, dass er meinte, er müsste daran ersticken.

Oh, sie waren noch viel schlimmer, als man von ihnen erzählte, diese Kyklopen: Sie waren grausige, Menschen fressende Ungeheuer!

Dreimal sprang er in der Nacht auf und schlich sich mit gezogenem Schwert an den schlafenden Riesen heran: Polyphem musste sterben, sonst waren sie alle des Todes! Er würde ihm das Schwert in die Brust bohren an der Stelle, wo Leber und Zwerchfell einander berührten: Dann musste sein Leben entweichen und seine ruchlose Seele zum Hades fahren!

Aber dreimal kehrte Odysseus wieder um. Was half ihnen, wenn Polyphem tot war? Sie würden niemals imstande sein, den Felsen am Eingang zur Seite zu schieben.

So saß er wieder da und dachte und dachte. Nein, mit Gewalt würden sie nichts ausrichten, nur kluge List konnte sie retten. Aber wie?

Als das erste Morgenlicht durch die Felsspalte sickerte, war ihm noch kein Ausweg eingefallen.

Bald erhob sich Polyphem, verrichtete seine Arbeiten wie am Abend zuvor und abermals traf zwei Männer das schreckliche Schicksal ihrer Gefährten.

Dann hob der Riese gemächlich den Felsblock vom Eingang, ließ die Herde hinaus und verschloss die Höhle wieder, ohne sich um die übrigen Gefangenen zu kümmern. Sie hörten, wie er draußen mit schrillem Pfeifen die Tiere vor sich hertrieb, den Bergweiden zu.

„Kommt, wir wollen Rat halten!", sprach Odysseus, als es still geworden war. „Noch ist nicht alles verloren, denn noch leben wir!" Er blickte sie erwartungsvoll an, aber sie zuckten nur die Achseln und schüttelten die Köpfe.

Er sprang auf: „Freunde", sagte er atemlos, „ich habe einen Ausweg gefunden." Er ergriff die Axt des Riesen, die seine Hände kaum zu umspannen vermochten, und hieb ein klafterlanges[1] Stück von dem Stamm ab. Das spitzte er an einem Ende zu und hieß die Gefährten den Pfahl glätten. Darauf drehte er ihn eine Weile im Feuer, bis das grüne Holz hart und trocken war, und endlich verbarg er ihn sorgfältig unter einem Haufen von Mist.

Als er sich aufrichtete, war sein Gesicht finster und hart. „Hört zu!", sagte er. „Wir können den Unhold nicht töten, da wir sonst nie wieder aus dieser Höhle fortkommen. Es gibt nur eines: Der Riese darf uns nicht mehr sehen! Dann mag es uns wohl gelingen, ihm zu entrinnen, wenn er wieder den Felsen vom Eingang hebt. Versteht ihr?" Sie starrten ihn an und dachten an den spitzen Pfahl, und es wurde ihnen kalt vor Grausen, als sie begriffen, was Odysseus vorhatte. Aber zugleich begriffen sie auch, dass dies vielleicht ihre Rettung bedeutete.

„Mögen uns die Götter Mut verleihen!", murmelte einer. Die anderen nickten nur. Nein, es war kein schöner Ausweg, aber es musste sein. Sie warteten mit Ungeduld, bis Polyphem zurückkehrte, denn sie wünschten, alles wäre schon vorüber.

Bald nachdem die Sonne untergegangen war, hörten sie ihn kommen. Er hob den Felsen vom Eingang und ließ die Herde an sich vorübergehen in die Höhle. Hinter dem letzten Widder verschloss er das Felsentor und machte sich an die gewohnte Arbeit. Als er fertig war, verzehrte er zum dritten Mal zwei Gefangene. Die anderen vermochten es nicht zu verhindern. Aber es sollte seine letzte Untat sein, dachten sie zähneknirschend.

Odysseus erhob sich langsam. Er löste den Lederschlauch vom Gürtel, nahm einen hölzernen Napf und füllte ihn mit Wein. Damit ging er hinüber zu Polyphem. „Da, trink, Kyklop!", sagte er, heiser vor Grimm. „Ich wollte dir den Wein spenden, damit du uns gnädig seiest. Du aber wütest so schrecklich gegen uns!" Polyphem nahm den Napf und trank begierig. Sogleich begann sein Auge zu funkeln. Odysseus füllte das Gefäß zum zweiten und dann zum dritten Mal. Mit kalter Wut im Herzen sah er zu, wie der Unhold den Wein in seinen unersättlichen Schlund goss. „Sage mir deinen Namen, Fremdling!", grölte Polyphem. „Ich will dich mit einer Gabe erfreuen zum Dank für diesen Wein!" Odysseus blickte zu dem unförmigen Schädel hinauf, der hoch über ihm wankte, und seine gewohnte Vorsicht warnte ihn. Nein, er würde dem Scheusal nicht erzählen, dass er der König von Ithaka war! „Ich heiße Niemand!", antwortete er schnell. „So höre, Niemand!", schrie Polyphem. „Ich will dich zuletzt von allen deinen Freunden verzehren. Das ist mein Gastgeschenk für dich!" Damit ließ er sich auf sein Lager zurückfallen und begann alsbald zu schnarchen.

Odysseus wartete noch eine Weile, bis er sicher war, dass der Unhold fest schlief. Dann holte er den Pfahl unter dem Mist hervor. Lautlos schlichen die Gefährten zurück zum Lager des Riesen. Odysseus richtete die Spitze genau auf das geschlossene Auge. Dann stießen sie zu. Polyphem fuhr empor mit einem so fürchterlichen Gebrüll, dass sich vor Schrecken ihre Haare sträubten. Brüllend lief er durch die Höhle und fuhr mit den Armen blitzschnell herum, um seine Gefangenen zu finden. Aber da er nichts mehr sehen konnte, entwischten sie ihm leicht. Als er niemanden fand, begann er, mit lautem Geschrei die anderen Kyklopen zu rufen, und seine gewaltige Stimme drang durch die Felsspalten ins Freie. Da rannten die Kyklopen von überall herbei, standen verwundert draußen vor der Höhle und fragten: „Was schreist du so, Polyphem, und weckst uns aus dem Schlummer? Sind etwa Räuber gekommen? Oder will dich jemand ermorden?"

„Niemand!", brüllte Polyphem. „Niemand ist hier! Niemand will mich töten!"

„Wenn dir also niemand etwas zuleide tut", schrien sie zurück, „so musst du die Schmerzen eben ertragen."

---

1 das Klafter: alte Längeneinheit; ein Klafter = ca. 1,80 Meter

Damit gingen sie wieder fort in ihre Höhlen und die Gefangenen, die voll Schrecken alles mit angehört hatten, atmeten auf. Odysseus aber lachte das Herz im Leibe, weil sein falscher Name die Kyklopen so getäuscht hatte.

Die Nacht verstrich, im Osten stieg Eos, die Morgenröte, am Himmel empor, und ein Schein ihres rosigen Lichtes fiel in die Höhle. Die Herde begann zu erwachen und auch Polyphem erhob sich stöhnend. Er tappte durch den Gang hinaus und stieß den Felsblock zur Seite. Dann setzte er sich unter dem Tore nieder und breitete die Arme aus, damit niemand unbemerkt an ihm vorüberkäme.

Odysseus nickte grimmig, als er es sah. Ja, das hatte er befürchtet! Aber es sollte dem Unhold nichts nützen: Sie würden doch entkommen.

Er hatte sich während der Nacht einen schlauen Plan ausgedacht, und jetzt machten sie sich eilig daran, ihn auszuführen.

Sie nahmen dünne Weidenruten vom Lager des Riesen und flochten starke biegsame Seile daraus. Dann suchten sie die stärksten Widder mit der dicksten Wolle aus der Herde und banden je drei von ihnen zusammen, sodass sie nebeneinandergehen mussten. Unter dem mittleren aber band Odysseus immer einen seiner Gefährten fest. In dem dichten Vlies versanken die Weidenruten und man konnte sie nicht mehr fühlen, wenn man über den Rücken der Tiere strich. Zu beiden Seiten aber schritten die anderen Widder und Polyphem würde nicht merken, dass der mittlere einen Mann trug. Unterdessen war es hell geworden und die Widder drängten ins Freie. Polyphem betastete die Rücken der Tiere, die an ihm vorüberkamen, und er fühlte, wie ihr raues Fell seine Haut streifte. Nein, keiner von den Fremden konnte ihm entrinnen und sie sollten noch bitter büßen, was sie ihm angetan hatten! Er ahnte nicht, dass er schon um seine Rache betrogen war und dass die Tiere seine Feinde ins Freie trugen. Odysseus war allein in der Höhle zurückgeblieben. Und die Götter mochten wissen, ob es ihm gelingen würde zu entkommen: Denn ihm half nun niemand mehr. Aber er hatte den stärksten Widder drinnen festgebunden und zurückbehalten, der sonst stets seiner Herde vorauszugehen pflegte. Dieser Widder musste ihn retten! Schwerfällig schritt das Tier dem Ausgang zu, schüttelte unmutig den Kopf und blökte zornig über die ungewohnte Last. Ja, und dann, gerade als er bei Polyphem angelangt war, blieb er stehen! Der Riese erkannte ihn sogleich an der Größe, als er ihm über den Rücken strich. Odysseus trat kalter Schweiß auf die Stirn. Er wagte nicht zu atmen und vor seinen Augen begann sich alles zu drehen. Zugleich fühlte er, dass seine Arme allmählich erlahmten. Wenn der Widder nur noch eine ganz kleine Weile stehen blieb, musste er ihn loslassen und dann ... Da ging er endlich und Odysseus hätte vor Erleichterung beinahe laut geseufzt.

1 a Lest die Sage aufmerksam durch und tauscht euch über eure ersten Leseeindrücke aus: Was hat euch überrascht, gut gefallen oder ...?

b Klärt gemeinsam schwierige Wörter oder Textstellen.

2 Notiert in Stichpunkten, wie Odysseus seinen Fluchtplan Schritt für Schritt in die Tat umsetzt.

1. Odysseus stellt einen langen, spitzen Holzpfahl her.
2. ...

3 a Odysseus wird auch „der Listenreiche" genannt. Erklärt, welche seiner Listen in dieser Geschichte euch am besten gefällt.

b Macht euch ein genaues Bild von Odysseus. Welche Eigenschaften kennzeichnen ihn, wie fühlt und wie verhält er sich? Überfliegt noch einmal den Text. Notiert Stichworte zu Odysseus' Verhalten und Eigenschaften. Schreibt die entsprechenden Zeilenangaben dazu, z. B.:
Z. 1ff., 81: nachdenklich, auch in kritischer Lage konzentriert

c Formuliert zwei oder drei Sätze, die Odysseus treffend beschreiben.

4 Vergleicht Odysseus mit eurer Vorstellung von einem Helden (▸ S. 107) und mit Herakles (▸ S. 106). Welche Übereinstimmungen und welche Unterschiede stellt ihr fest?

Odysseus' zehnjährige Irrfahrt

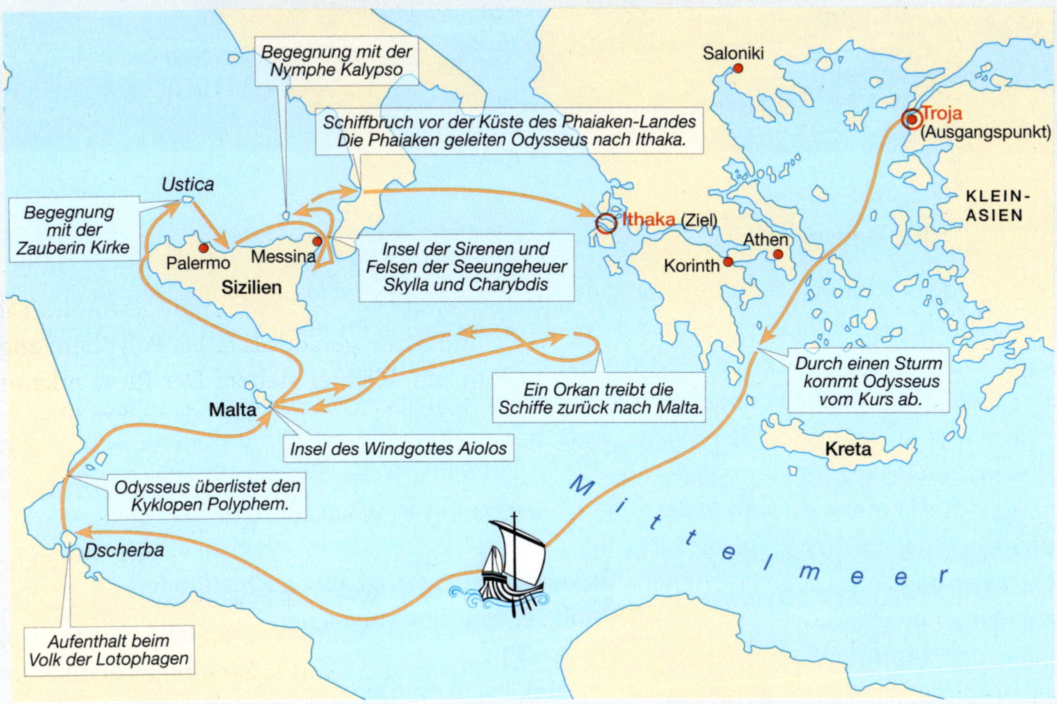

1 a Die Karte zeigt, wie man sich die Heimreise Odysseus' nach Ithaka vorstellen könnte. Beschreibt die in der Karte eingezeichnete Reiseroute.

b Erklärt, warum die zehnjährige Heimreise des Odysseus auch als Irrfahrt bezeichnet wird.

2 In Kapitel 6.2 lest ihr von Odysseus' Abenteuern auf der Insel der Zauberin Kirke. Informiert euch über ein weiteres Abenteuer des Helden Odysseus, das in der Karte verzeichnet ist, und stellt es der Klasse vor.

3 a Lest den unten stehenden Merkkasten, der euch über Sagen informiert, aufmerksam durch.
b Untersucht, welche Sagenmerkmale ihr in den Geschichten von Herakles (▸ S. 106) und Odysseus (▸ S. 108–110) finden könnt. Beantwortet dazu folgende Fragen:
– Welche Reisen unternehmen die Helden, welche Kämpfe und Abenteuer müssen sie bestehen?
– Welche Rolle spielen die Götter?
– Welche ungewöhnlichen Wesen tauchen auf?
– Welchen wahren Kern findet ihr in den Geschichten?

Information **Sagen**

Sagen sind Erzählungen, die vom Anfang der Welt, von Göttern und Göttinnen, Helden und ihren Taten handeln. Häufig geht es in ihnen um **Kämpfe** und **Prüfungen,** um Sieg und Niederlage und um abenteuerliche Reisen. Der **Held** muss sich dabei durch besondere Eigenschaften wie **Stärke, Mut, Klugheit** behaupten. Ob das Abenteuer eines Helden ein gutes oder ein böses Ende nimmt, hängt oft von dem Willen der **Götter** ab, die in die Handlung eingreifen und aus den gleichen Beweggründen wie die Menschen handeln, z. B. aus Eifersucht, Liebe, Rache.
In Sagen steckt **meist ein wahrer Kern:** Sie spielen häufig an Orten, die es wirklich gibt, verweisen manchmal auf Ereignisse, die tatsächlich stattgefunden haben, und erzählen oft von Figuren, die an wirkliche Personen erinnern. **Vieles** an den Sagen **ist aber auch erfunden:** So verfügen Menschen über unermessliche Kräfte, und es tauchen Ungeheuer, Zauberinnen, Riesen und andere Fantasiewesen auf.
Sagen wurden **zunächst mündlich weitererzählt,** bevor man sie schriftlich festhielt.

Je nach ihrem Inhalt kann man die Sagen in verschiedene Gruppen einteilen:
- Stehen im Mittelpunkt der Sage die Taten eines Helden, spricht man von **Heldensagen,** z. B.: *Die Abenteuer des Odysseus* (▸ S. 108–110, 114–116), *Die Siegfried-Sage, Die Herakles-Sage.*
- Erzählen sie von Ereignissen, die an einen bestimmten Ort gebunden sind, spricht man von **Orts- oder Lokalsagen,** z. B.: *Die Weiber von Weinsberg* (▸ S. 120).

Teste dich!

Sagen und ihre Merkmale untersuchen

1 Erstellt und spielt in Vierergruppen ein Quiz zu dem vorangegangenen Kapitel.

a Schneidet DIN-A4-Blätter oder -Karton in acht gleich große Rechtecke.

b Sucht auf den vorhergehenden Seiten nach Informationen über die Gattung Sage, nach Sagenfiguren, Sagenorten oder Ereignissen in Sagen, zu denen sich Quizfragen stellen lassen. Alle Fragen müssen allein mit Hilfe der Informationen in diesem Kapitel zu beantworten sein. Notiert eure Frage auf der Vorderseite des Zettels oder der Karte und die Antwort auf der Rückseite.

Sagenorte
Frage 1

Wo wachsen die Äpfel der Hesperiden?

Gattung Sage
Frage 1

Nenne drei typische Eigenschaften eines Sagenhelden.

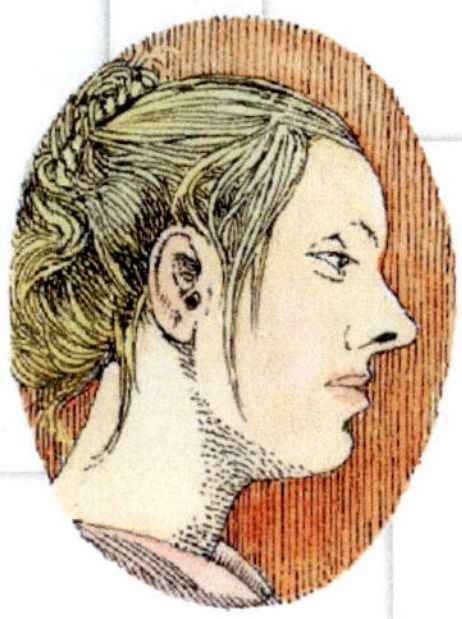

Ereignisse in Sagen
Frage 1

Wie viele Arbeiten muss Herakles erledigen, um unsterblich zu werden?

Sagenfiguren
Frage 1

Wer ist Alkmene?

c Tauscht eure Karten mit einer anderen Vierergruppe.

d Legt alle Karten gemischt auf einen Stapel und zieht abwechselnd. Beantwortet ein Spieler eine Frage richtig, darf er die Karte, auf der die Frage steht, behalten. Antwortet er falsch, wird die Karte wieder unter den Stapel gelegt. Sieger ist derjenige, der die meisten Karten gesammelt hat, wenn der Stapel leer ist oder keiner die noch übrigen Fragen beantworten kann.
Gibt es am Ende noch unbeantwortete Quizfragen, sucht gemeinsam die passenden Informationen in diesem Kapitel.

2 Ihr könnt dieses Spiel noch schwieriger machen, indem ihr zu Hause Informationen über andere griechische Sagen sucht und zu diesen ebenfalls Quizfragen erstellt. Diese Fragen sollten auf buntem Papier oder Karton stehen und unter die übrigen Quizfragen gemischt werden. Achtet darauf, nicht zu schwere Fragen zu stellen, also z. B. nur berühmte Sagen und Helden auszuwählen.

6.2 Sagenhafte Geschehnisse – Nacherzählen und Erzählen aus veränderter Perspektive

Eine Sage aus anderer Perspektive nacherzählen

Homer

Odysseus und die Zauberin Kirke

nacherzählt von Auguste Lechner

Odysseus und seine Gefährten können dem Polyphem entkommen und davonsegeln. Weil Odysseus aber dem Riesen sein Auge ausgestochen hat, beschwört er den Zorn von Poseidon, Polyphems Vater, herauf. Poseidon ist der Gott der Meere und sendet Stürme und Winde gegen Odysseus aus. So führt Odysseus' Fahrt nicht nach Hause, sondern er geht mit seinen Gefährten nach längerer Irrfahrt auf der Insel Aia an Land. Auf Grund ihrer schlechten Erfahrungen zögern die Männer, die Insel zu erkunden. Odysseus bricht schließlich auf, findet alles friedlich vor und kann sogar einen Hirsch erlegen, sodass seine Männer etwas zu essen haben. Als er von einem Haus Rauch aufsteigen sieht, entscheidet er sich, einen Teil seiner Männer auszuschicken, die die Insel genauer auskundschaften sollen. Das Los trifft Eurylochos und einige Gefährten.

So machte sich Eurylochos wohl oder übel mit seinen Gefährten auf den Weg. Aber der Auftrag gefiel ihm nicht, und er beschloss, auf der Hut zu sein. Als sie eine Weile durch Buschwerk, Wiese und Wald gegangen waren, kamen sie auf eine Lichtung. Da stand ein prächtiges Haus aus schön behauenen Steinen, und sie hörten eine liebliche Frauenstimme, die sang. Schon wollten sie auf das Haus zugehen, da prallten sie plötzlich zurück. Denn ringsum erhoben sich allerlei wilde Tiere aus dem Grase, hagere Bergwölfe und Löwen mit gewaltiger Mähne. Und während die Männer noch überlegten, ob sie zu den Schwertern greifen oder

fliehen sollten, kamen die Tiere schweifwedelnd herbeigelaufen und sprangen an ihnen in die Höhe wie Hündlein, die ihre Herren begrüßen.

Den Achaiern[1] quollen die Augen aus dem Kopf vor lauter Verwunderung, und sie wussten nicht, was dies alles zu bedeuten hatte. Einer von ihnen aber, mutiger und neugieriger als die anderen, schlich sich flink von der Seite an das Haus heran und spähte durchs Tor. Alsbald kam er zurückgerannt. „Freunde", verkündete er eifrig, „da drinnen wohnt eine liebliche Frau, ich weiß nicht, ob es eine Göttin ist oder eine Sterbliche. Sie singt und schreitet dabei um den Webstuhl und wirkt[2] an einem herrlichen Teppich! Kommt schnell, wir wollen sie rufen! Welch ein Glück, eine sanfte Frau zu finden statt gräulicher Riesen und anderer Unholde!" Aber es war kein Glück für sie: Denn die Frau war Kirke, die zauberkundige Tochter des Son-

1 Achaier: griechischer Stamm, hier: Griechen

2 wirken: weben

nengottes Helios. Sie verstand vielerlei Künste und kannte alle Kräuter, die auf der Erde wuchsen, und ihre heilsame und verderbliche Wirkung. Als sie die Männer rufen hörte, legte sie sogleich das Weberschiffchen[3] zur Seite und kam ans Tor. Sie lächelte freundlich, dass es ihnen warm ums Herz wurde, und lud sie ein, ins Haus zu treten. Sie folgten ihr, ohne sich lange zu besinnen. Nur Eurylochos, der Böses ahnte, blieb draußen und verbarg sich hinter dem Türpfosten. Und als das Tor sich hinter seinen Gefährten geschlossen hatte, begann er zu warten.

Währenddessen wies Kirke drinnen den Männern ihre Sitze an einem großen Tisch an, und während sie voll fröhlicher Erwartung dasaßen, mischte sie ihnen einen Trank aus geriebenem Käse, Mehl, Honig und Wein. Aber sie fügte auch noch den Saft von verschiedenen Kräutern hinzu, die nur sie allein kannte. Der Trank schmeckte fremdartig, süß und würzig und die Gäste leerten begierig ihre Becher. Kirke saß auf ihrem schön geschnitzten Thron und sah ihnen zu. Sie lächelte noch immer, aber es war ein grausames Lächeln. Dann erhob sie sich. Sie hatte jetzt einen Stab in der Hand, ging schnell an der Reihe der Männer entlang und berührte jeden damit.

Alsbald begannen sie, sich auf eine schreckliche Weise zu verwandeln. Ihre Köpfe schwollen unförmig an, ein Rüssel streckte sich daraus hervor, die Ohren hingen an den Seiten herab, die Gewänder verschwanden und Borsten bedeckten ihre Haut. Zuletzt verloren sie ihre menschliche Gestalt und begannen, auf vier Beinen zu gehen und zu grunzen. Sie waren alle zu Schweinen geworden! Nur ihr Menschenverstand war ihnen geblieben, und so blickten sie einander todtraurig an und hätten gerne laut ihr Unglück beklagt. Aber sie hatten auch die Stimme von Schweinen und so vermochten sie nichts zu sagen. „Fort mit euch!“, befahl Kirke und trieb sie aus dem Saal über den Hof zum Stall. Dann schüttete sie ihnen Eicheln, Bucheckern und Kornelkirschen vor, wie eben Schweine gefüttert werden, und überließ sie ihrem Elend.

Eurylochos, der vergeblich auf seine Gefährten wartet, ahnt ein Unglück und kehrt zu Odysseus zurück. Dieser bricht sogleich auf, seine Männer zu suchen. Unterwegs wird er von Hermes, dem Götterboten und Schutzgott der Reisenden, aufgehalten.

„Unglückseliger, wie kannst du es wagen, so allein und fremd hier umherzustreifen!“, sagte er tadelnd. „Du weißt nicht, was dich bedroht: Deine Freunde sind bei Kirke, der zauberkundigen Göttin. Sie hat sie in Schweine verwandelt und im Stall eingesperrt. Willst du etwa hingehen, sie zu retten? Du würdest nur ihr Schicksal teilen und nie wieder zurückkehren! Aber ich will dir helfen!“ Er beugte sich nieder und zog ein Kräutlein aus der Erde, das gerade zu seinen Füßen wuchs. Es war an der Wurzel schwarz und hatte eine milchweiße Blüte. Er reichte es Odysseus. „Wenn du das Kräutlein Moly hast, kann dir kein Zauber etwas anhaben“, sprach Hermes. „Geh nun zu Kirkes Haus und folge ihr unbesorgt in den Saal! Sie wird dir einen Trank bereiten, in den sie ihre verderblichen Kräuter mischt. Dir aber werden sie nicht schaden! Berührt sie dich darauf mit dem Stabe, so reiße dein Schwert von der Hüfte und drohe ihr, sie zu töten. Dann wird sie dich bitten, ihr das Leben zu schenken und ihr Gast zu sein. Du aber verlange vor ihr, dass sie sogleich deine Gefährten von dem Zauber befreie und den mächtigen Eid der Götter schwöre, euch nichts Übles mehr zuzufügen.“

Alles geschieht so, wie Hermes es Odysseus vorhergesagt hat. Odysseus fordert Kirke auf, die Gefährten von dem Zauber zu befreien.

Kirke zauderte einen Augenblick. Dann erhob sie sich und verließ schweigend den Saal, und

3 Weberschiffchen: Holzstück, mit Hilfe dessen der Webfaden eingewebt wird

er sah sie draußen über den Hof gehen. Gleich darauf kam sie zurück und jagte ein Rudel Schweine vor sich her in den Saal. Sie trieb sie in den Saal, und da standen sie in einer Reihe, und Odysseus schossen vor Grimm und Schmerz die Tränen in die Augen, als er sie erblickte.

Kirke aber ging schnell von einem zum anderen und bestrich sie mit einer Zaubersalbe. Da begannen sie, sich augenblicklich zu verwandeln, die Borsten fielen von ihnen ab, aus den hässlichen Tierkörpern kamen menschliche Gesichter hervor, die kurzen, dicken Beine wurden zu Händen und Füßen, und alsbald standen die Männer aufrecht da und sahen stattlicher aus als zuvor.

1 Die folgenden Bilder zeigen wichtige Handlungsschritte der Sage. Sie sind aber durcheinandergeraten und ein wichtiges Bild fehlt.

a Bringt die Bilder in die richtige Reihenfolge. Überlegt auch, welche Handlung auf dem fehlenden Bild dargestellt sein müsste. Gebt dann jedem Bild eine treffende Überschrift.
F Eurylochos und seine Gefährten werden per Los dazu bestimmt, die Jnsel zu erkunden.
...

b Begründet, wo eurer Meinung nach der Höhepunkt der Kirke-Geschichte liegt.

c Legt eine eigene Zeichnung für das fehlende Bild an.

2 In Heldensagen spielen Götter oft eine entscheidende Rolle, indem sie in die Handlung eingreifen. Erklärt, welche Rolle der Gott Hermes in dieser Sage spielt.

3 Die Gefährten des Odysseus wissen natürlich nicht, wie es Odysseus gelang, sie zu retten. Deshalb erzählt Odysseus ihnen nach ihrer Rückverwandlung in Menschen von den Vorfällen.

a Schaut euch noch einmal die Bilder zu den Handlungsschritten und eure Überschriften an und klärt, an welcher Stelle Odysseus mit seiner Erzählung beginnen wird.

b Macht euch Stichworte zu den Handlungsschritten von Odysseus' Erzählung. Notiert auch, was in Odysseus vorgegangen sein könnte, z. B.:
Eurylochos näherte sich mir – fuchtelte mit den Armen – ich war besorgt – ... – Hermes trat auf mich zu – ... – dankbar und erleichtert ...

c Versetzt euch in Odysseus. Erzählt die Geschichte mit Hilfe eurer Notizen einem Partner/einer Partnerin. Erzählt in der Ich-Form.

Fordern und fördern – Eine Sage aus anderer Sicht nacherzählen

1 Eurylochos kehrt alleine zu Odysseus zurück. Der bittet ihn, in Ruhe alle Ereignisse auf dem Erkundungsgang der Reihe nach zu erzählen. Versetzt euch in die Lage des Eurylochos. Erzählt in der Ich-Form. Geht dabei so vor:

> Beachtet, dass Eurylochos bei der Verwandlung seiner Gefährten nicht anwesend ist. Überlegt aber, was er draußen vielleicht hört, sieht, fühlt und denkt.

a Übertragt die Tabelle in euer Heft.
Haltet die Handlungsschritte für Eurylochos' Geschichte in Stichpunkten in der linken Spalte fest.

Wichtigste Handlungsschritte	Beschreibungen, Adjektive	Verben	Wörtliche Rede
Eurylochos und Gefährten brechen auf	*vorsichtig, ...*	*sie pirschten, ...*	...
...	...	...	...

▷ Ihr möchtet eine Hilfestellung? Ihr findet sie unten: Hilfe zu Aufgabe 1a.

b Eure Erzählung soll lebendig wirken. Sammelt in den anderen Spalten der Tabelle anschauliche Adjektive und beschreibende Wörter, aussagekräftige Verben sowie Ideen für wörtliche Rede.

▷ Anregungen zu Aufgabe 1b findet ihr bei Bedarf unten: Hilfe zu Aufgabe 1b.

c Schreibt eure Erzählung in der Ich-Form auf. Verwendet dabei eure Notizen.

Hilfe zu Aufgabe 1

a Ordnet die folgenden Handlungsschritte in der richtigen Reihenfolge in die erste Spalte der Tabelle ein.

> Eurylochos versteckt sich hinter Türpfosten • treffen auf wilde Tiere • schöne Frau singt und webt im Haus • gelangen an Lichtung mit schönem Haus • wilde Tiere freundlich und verspielt • Eurylochos' Männer betreten das Haus. • schöne Frau kommt zur Tür, bittet Männer herein • Gefährten kommen nicht wieder

b Beispiele, Vorschläge:

> Einer meiner Gefährten rief: „..." • erschrocken • misstrauisch • „...", erwiderte ich. • wir schlichen • erleichtert • „Schaut hier!" • sie erstarrten • sprungbereit • schön wie eine Göttin • ungläubig • sprach mit sanfter Stimme • verwirrt • hastig • „Willkommen, ihr Fremden!" • ohne Argwohn • machten uns zur Verteidigung bereit • „...", wisperte der Gefährte neben mir.

Ein verwandelter Held – Erzählen aus neuem Blickwinkel

Paul Shipton

Schwein gehabt, Zeus! Auszug

In dem Jugendbuch „Schwein gehabt, Zeus!" genießt das sprechende Schwein Gryllus in Frieden sein Leben im Wald, bis es eines Tages wider seinen Willen dazu gebracht wird, die Welt zu retten. Wie es dazu kam, dass Gryllus zu einem sprechenden Schwein wurde, erzählt er später dem Jungen Homer, der sich allerdings mehr für Odysseus zu interessieren scheint als für Gryllus.

„Ich habe noch ein paar Fragen an dich", begann er. „Über die Reise des Odysseus ... ich möchte mehr darüber wissen."
„Nur zu", sagte ich zwischen zwei Bissen.
„Okay ..., wie bist du in ein Schwein verwandelt worden?", fragte er.
„Ich wollte gerade darauf zu sprechen kommen", sagte ich. „Es war einige Zeit, nachdem wir die Insel mit den Du-weißt-schon-womit verlassen hatten."
„Den Kyklopen?"
„Ja!", fauchte ich, darauf aus, mich nicht länger mit diesem Thema zu befassen. „Wie auch immer, unser Schiff wurde im Sturm vom Kurs abgetrieben, und wir landeten auf dieser unbekannten Insel. Odysseus schickte ein paar von uns los, die Gegend auszukundschaften. Also gingen wir durch den Wald, und rate mal, was wir entdeckten? Einen prächtigen, großen Palast! Und das war noch nicht alles. All diese exotischen Tiere liefen da herum – Löwen und Wölfe und Bären und Ähnliches –, aber das Komische war, keines von ihnen griff uns an. Nicht, dass wir uns darüber beschwerten, wohlgemerkt. Aber wir dachten einfach: ‚Das ist schon ein bisschen ungewöhnlich', ist ja klar.
Okay, dann taucht also die Dame des Hauses auf und sagt, ihr Name sei Kirke. Man sieht sofort, dass sie keine Bäuerin ist. Sie muss mindestens eine Halbgöttin sein. Sie bittet uns herein und gibt uns allen Wein und was zu essen. Alles sehr gastfreundlich. Dann grinst sie uns an und schwenkt so ein Stock-Ding und das Nächste, was ich weiß, ist, dass ich rundherum Grunzen höre – und etwas von diesem Grunzen kommt von mir! Sie hat uns in Schweine verwandelt, verstehst du? Richtige, lebendige Schweine!
Die Jungs waren nicht gerade überglücklich, aber sie konnten nicht viel machen, außer, du weißt schon, öff öff. Nun, es blieb uns nichts anderes übrig, stimmt's? Wir wurden alle hinaus zum Schweinestall getrieben!"

„Sind die anderen denn noch da?“, fragte der Junge. „In Kirkes Schweinestall?“
Ich schüttelte den Kopf. „Nein, nein, Odysseus hat schließlich alles in Ordnung gebracht. Bevor der Käpitän kam, um nach dem Rechten zu sehen, rauschte der Gott Hermes vom Himmel und gab ihm eine Pflanze, die ihn vor Kirkes Zauberkraft schützte. Also war es ein Kinderspiel für ihn, bei uns aufzukreuzen. Er wusste ja ganz genau, dass er nicht verzaubert werden konnte. Er wechselte ein paar ruhige Worte mit Kirke, und sie war einverstanden, die Besatzung wieder in Menschen zu verwandeln.“
Der Junge runzelte die Stirn. „Aber ... warum bist du dann noch immer ein Schwein?“
Aha, das ist die Vierundsechzig-Millionen-Drachmen-Frage, stimmt's?
„Es war mir gelungen, mich schon früher aus dem Stall herauszuzwängen. Durch eine Ritze im Zaun.“
„Dann bist du zurück zum Schiff gelaufen, um Odysseus zu warnen?“, fragte der Junge erwartungsvoll.
„Ähm, nicht so ganz. Ich hatte nichts mehr zu futtern, verstehst du? Ich war auf der Suche nach etwas Essbarem.“
„Dann ... warst du also nicht da, als Kirke die anderen zurückverwandelte? Sie hat dich ausgelassen?“
„Ja ... und nein. Ich war da, aber ich versteckte mich hinter einem Baum.“
Der Kleine schwieg, aber sein Gesichtsausdruck schrie: Ich kapier's nicht.
Ich suchte nach Worten. „Ich ... ich wollte einfach nicht wieder ein Mensch werden. Okay? Es ist besser, ein Schwein zu sein!“ Ich konnte die schweigende Anklage in seinem Blick nicht mehr ertragen. Ich wandte mich dem Futter vor meinen Füßen zu. „Ich muss doch bitten“, grunzte ich. „Ich hätte gern ein bisschen Privatsphäre beim Essen.“

1 Tauscht euch über eure ersten Leseeindrücke aus:
Was hat euch gefallen? Welche Textstellen fandet ihr besonders lustig?
Welche Fragen habt ihr noch?

2 Vergleicht den Jugendbuchtext mit der ursprünglichen Sage von Odysseus und Kirke (▸ S. 114–116).
Welche inhaltlichen Übereinstimmungen stellt ihr fest, welche inhaltlichen Unterschiede?

3 Das Schwein Gryllus ist der „Held“ des Jugendbuchs „Schwein gehabt, Zeus!“. Vergleicht diesen „Helden“ mit dem Helden Odysseus. Stellt Eigenschaften der beiden einander gegenüber.

4 Vergleicht die Sprache des Jugendbuchauszugs mit der Sprache des Textes auf Seite 114–116.

5 Gryllus fühlt sich als Schwein einsam. In einem Brief versucht er, einen Freund unter seinen ehemaligen Gefährten, den Klippomachos, davon zu überzeugen, dass er sich ebenfalls wieder in ein Schwein verwandeln lassen sollte. Verfasst diesen Brief. Ihr könnt so beginnen:

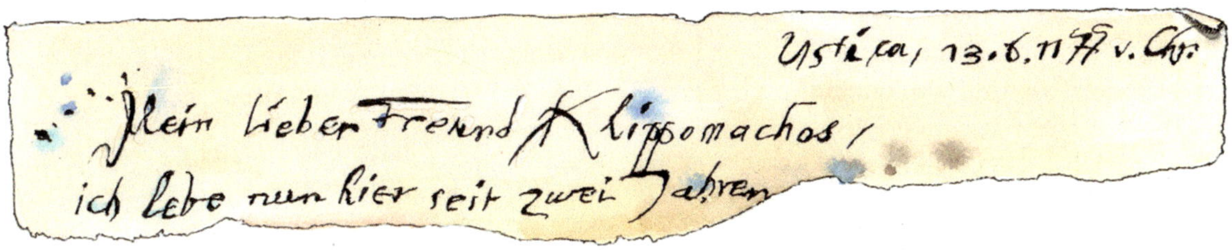

6.3 Sagenhafte Orte – Ein Hörspiel gestalten

Die Weiber von Weinsberg

nacherzählt von Erich Bockemühl

Weinsberg ist nur eine kleine Stadt dort in dem Lande, wo der Neckar fließt. Sie hatte früher feste Mauern und eine starke Burg. Aber der Kaiser Konrad hatte um das Jahr 1140 ein starkes Heer. Und als er einmal mit der Stadt in Streit geraten war, ließ er den Bürgern durch einen Boten sagen, dass er, wenn er in die Stadt hineinkäme, keinen Mann und Krieger mehr würde leben lassen.

Da entstand ein großes Wehklagen in der Stadt. Das Korn und Brot und alles, was zu essen aufgespeichert worden war, war aufgezehrt, und was blieb den Leuten, wenn sie nicht verhungern wollten, anders übrig, als die Stadt zu übergeben? Aber wenn sie das taten, mussten alle Männer sterben. Da war eine junge Frau, die sagte: „Wir Frauen bitten den Kaiser um eine Gnade. Und wenn er uns zu sich kommen lässt, dann lasst mich nur machen!"

Der Kaiser ließ die Frauen zu sich kommen, aber er blieb hart und wollte sich nicht erweichen lassen. Da sagte das junge Weib: „Herr Kaiser, wenn Ihr schon die Stadt verderben wollt, dann lasst doch wenigstens uns Frauen leben. Denkt an unsere Kinder! Und wir Weiber können Euch doch nichts Übles tun. Und wenn Ihr uns abziehen lasst, dann lasst uns wenigstens etwas für den weiten Weg und die Flucht mitnehmen, wenigstens das, was uns am liebsten und am kostbarsten ist." Darauf willigte der Kaiser schließlich ein. „Nun ja", sagte er, „dann sei euch das gewährt. Morgen früh wird das Tor geöffnet, und ihr zieht mit euren Kindern ab, und was euch am kostbarsten ist und was ihr auf dem Rücken tragen könnt, das könnt ihr mitnehmen."

Am anderen Morgen stand der Kaiser mit einigen seiner Ritter auf dem Hügel vor dem Stadttor. Als er den Befehl gegeben hatte, das große Tor zu öffnen, strömte der Zug der Weiber heraus. Aber was war denn das? Was trugen die Frauen denn da alle auf ihrem Rücken? Das sah ja wirklich zum Lachen aus! Und der Kaiser lachte. Jede Frau hatte ihren Mann auf den Rücken gepackt. Huckepack trugen sie so ihre Männer aus der Stadt hinaus. Die Männer waren ja doch das Kostbarste und Liebste, was sie hatten, und das durften sie nach den Worten des Kaisers mitnehmen. Die Ritter waren böse darüber, aber der Kaiser lachte weiter. „Gewiss war es so nicht gedacht, aber die Weiber waren wieder einmal klüger als wir Männer. Und an einem Kaiserwort darf nicht gedreht und gedeutelt werden!"

Er schenkte so den treuen Frauen und ihren Männern die Freiheit. Es wird erzählt, er habe sie alle wieder zurückgerufen und ein großes Fest veranstaltet. Sie durften nun alle in der Stadt bleiben und die Männer auch. Und bei dem Fest hätten der Kaiser selbst und die Ritter mit den Frauen getanzt.

Die Burg, die schon seit langer Zeit Ruine ist, erhielt den Namen „Weibertreu".

1 Erzählt, was der Sage nach um das Jahr 1140 in Weinsberg geschah.

2 Erläutert, um welche Art von Sage es sich bei diesem Text handelt (► Merkkasten S. 112).

Projekt: „Die Weiber von Weinsberg" als Hörspiel

Aus der Sage „Die Weiber von Weinsberg" könnt ihr ein Hörspiel gestalten. Geht so vor:

Was ist ein Hörspiel?

1 Überlegt, was das Besondere an einem Hörspiel ist. Welche Rolle spielen z. B. die Sprecher und Sprecherinnen (oft im Dialog), die Geräusche und die Musik?

2 Durch Geräusche und Musik wird ein Hörspiel spannend und lebendig.

a Beschreibt die Geräusche auf den Bildern. Was könnte mit diesen Geräuschen bei einem Hörspiel dargestellt werden?

b Sammelt Ideen, wie ihr die folgenden Geräusche selbst erzeugen könnt.

- Alltagsleben in Weinsberg vor dem Angriff
- Ankunft des feindlichen Heeres
- Öffnen des Tores
- Zug der Frauen aus der Stadt
- Fest

c Welche unterschiedlichen Stimmungen kann man mit Musik erzeugen? Nennt Beispiele, die eurer Meinung nach besonders gut zu der Sage „Die Weiber von Weinsberg" passen.

Einen Szenenplan entwerfen

3 Bevor ihr euch im Einzelnen überlegt, wie ihr euer Hörspiel gestaltet, solltet ihr für die Sage von den Weibern von Weinsberg einen Szenenplan entwerfen. Gebt jeder Szene eine treffende Überschrift und haltet in Stichpunkten den Inhalt fest. Legt für jede Szene ein eigenes Blatt oder eine eigene Karteikarte an.

Eine neue Szene beginnt häufig dann, wenn z. B. der Ort der Handlung wechselt, ein Zeitsprung stattfindet, eine neue Figur auftaucht oder die Handlung eine Wendung erfährt.

Szene 1 (Z. 1–3): Alltagsleben auf dem Markt in Weinsberg
- *Männern und Frauen geht es noch gut*
- *kaufen viel zu essen*
- *Man redet über Streit mit Kaiser Konrad.*

Szene 2 (Z. 3–...): Ankündigung des Boten
- *Bote trifft ein*
- ...

Den Regieplan ausarbeiten

4 Verteilt die Szenen auf einzelne Gruppen. Jede Gruppe entwirft zu ihrer Szene einen Regieplan.

a Überlegt, wie ihr die Handlung eurer Szene hörbar machen könnt, ohne dass der Erzähler viel spricht.
- Welche Figuren könnten sprechen? Zum Beispiel:
  einzelne Bürgerinnen und Bürger, Bettler, eine Ehefrau ...
- Welche Geräusche oder welche Musik sind zu hören? Zum Beispiel:
  Kirchenglocken, Hundebellen, Marktgeschrei ...

b Schreibt die Sprechtexte auf und notiert Hinweise zu Geräuschen und Musik.
Tipp: Macht immer wieder Sprechproben und verbessert die Dialoge. Sie sollen möglichst lebendig klingen.

Regieplan Szene 1

Text	Geräusche und Musik
Marktschreier 1: Leute von Weinsberg, kauft frische Rüben! **Marktschreier 2:** Heute günstiger Kohl! Nur zum halben Preis! **Marktverkäufer**: Gnädige Frau, was darf es sein? **Bürgerin 1:** Oh, ich bitte um ein prächtiges Huhn. Wir erwarten Gäste. **Bürgerin 2:** Schön, dass Sie noch feiern können, Frau Nachbarin. Uns drückt die Sorge wegen der Auseinandersetzung mit Kaiser Konrad. **Bürger 1:** Ach, was kümmert uns der Kaiser! Uns geht's doch prächtig. ...	*Kirchenglocken, Stimmengewirr (wird langsam ausgeblendet)*

Die Aufgaben verteilen und das Hörspiel aufnehmen

5 Beim Aufnehmen des Hörspiels sind verschiedene Aufgaben zu erledigen.

a Legt fest, wer welche Aufgabe übernimmt, z. B.:
- Sprecherinnen und Sprecher
- Geräuschspezialisten
- Musikverantwortliche
- technische Leitung und Aufnahme

b Nehmt euer Hörspiel auf. Wiederholt die Aufnahme, bis ihr mit dem Ergebnis zufrieden seid.

Information **Hörspiel**

Beim Hörspiel wird der zu Grunde liegende Text ähnlich wie ein Bühnenstück inszeniert. Im Unterschied zu einem Bühnenstück erfahren die Zuhörerinnen und Zuhörer nur das, was zu hören ist. Durch die **Dialoge** (Gespräche) und die **Monologe** (Selbstgespräche) der Figuren, durch den **Erzähler** sowie durch **Geräusche** (z. B. Glockenschlag, Ausrufe oder Stimmengewirr) erhalten die Hörer/-innen alle notwendigen Informationen, um der Handlung folgen zu können. Die Figuren in einem Hörspiel können auch laut überlegen, fragen oder laut beobachten, um die Situation für die Hörer verständlich zu machen.

7 Tiere, die wie Menschen handeln – Fabeln lesen und verfassen

1 In Fabeln treffen oft zwei Tiere aufeinander, die wie Menschen sprechen und handeln.
- a Schaut euch das Bild genau an: Welche Tierpaare begegnen sich hier?
- b Sammelt Eigenschaften, die den abgebildeten Tieren oft zugeschrieben werden.

2 Erzählt euch kurze Geschichten, in denen diese Tierpaare aufeinandertreffen. Was könnte passieren?

In diesem Kapitel ...

- lernt ihr Fabeln aus verschiedenen Zeiten kennen,
- untersucht ihr, an welchen Merkmalen man Fabeln erkennen kann,
- gestaltet ihr Fabeln selbst.

7.1 Verkleidete Wahrheiten – Fabeln untersuchen

Lehrhafte Erzählungen – Merkmale von Fabeln untersuchen

Martin Luther

Vom Raben und Fuchs

Ein Rab' hatte einen Käse gestohlen und setzte sich auf einen hohen Baum und wollte zehren. Da er aber seiner Art nach nicht schweigen kann, wenn er isst, hörte ihn ein Fuchs über dem Käse kecken[1] und lief zu und sprach: „O Rab', nun hab' ich mein Lebtag keinen schöneren Vogel gesehen von Federn und Gestalt, denn du bist. Und wenn du auch so eine schöne Stimme hättest zu singen, so sollt' man dich zum König krönen über alle Vögel." Den Raben kitzelte solch Lob und Schmeicheln, fing an und wollt' seinen schönen Gesang hören lassen. Und als er den Schnabel auftat, entfiel ihm der Käse; den nahm der Fuchs behänd, fraß ihn und lachte des törichten Raben.

1 kecken: krächzen

1 a Die Fabel enthält Ausdrücke, die heute so nicht mehr verwendet werden. Sucht solche Textstellen. Klärt ihre Bedeutung aus dem Textzusammenhang oder mit Hilfe verwandter Wörter.
b Fasst den Inhalt der Fabel in eigenen Worten zusammen. Erklärt dabei, wie der Fuchs es schafft, an den Käse zu gelangen.

2 Was erfahrt ihr in dem Text über die Eigenschaften von Rabe und Fuchs? Notiert für jedes Tier eines der folgenden Adjektive, das sein Verhalten am besten beschreibt. Begründet eure Wahl.

schlau • lieb • treu • listig • dumm • heimtückisch • mutig • stark • schwach • eingebildet • gemein • eitel • stolz • hinterhältig • gutgläubig • hochnäsig • verschlagen

3 Fabeln haben eine Lehre, die oft am Ende in einem Satz genannt wird. Welche der folgenden Lehren passt eurer Meinung nach zur Fabel „Vom Raben und Fuchs"? Begründet eure Entscheidung.

Wenn zwei sich streiten, freut sich der Dritte. • Aus Schaden wird man klug. • Übermut tut selten gut. • Lügen haben kurze Beine. • Hüte dich vor Schmeichlern. • Hochmut kommt vor dem Fall.

4 Stellt euch vor, Fuchs und Rabe erzählen ihren Freunden, was sie erlebt haben und welche Lehren sie daraus gezogen haben.
Bildet arbeitsteilig Gruppen und schreibt auf, was Fuchs oder Rabe erzählen könnten.

1 Auf Seite 123 ist auch das Tierpaar Löwe und Maus abgebildet. Vergegenwärtigt euch noch einmal eure Vermutungen, worum es in einer Fabel mit diesen beiden Tieren gehen könnte.

Äsop

Der Löwe und die Maus

Als der Löwe schlief, lief ihm eine Maus über den Körper. Aufwachend packte er sie mit seiner gewaltigen Tatze und war drauf und dran, sie aufzufressen.
„Ach“, bat das Mäuschen ängstlich, „sei doch großmütig und lass mich armes, unbedeutendes Geschöpf laufen. Wenn du mir das Leben schenkst, werde ich mich dankbar erweisen.“
„Geh hin“, sagte der mächtige Löwe großmütig und ließ das Mäuschen laufen. Bei sich aber dachte er: „Nun, das möchte ich doch sehen, wie sich ein Mäuschen einem Löwen dankbar erweisen kann.“
Es geschah aber, dass bald darauf die dankbare Maus dem Löwen das Leben rettete. Denn als er von Jägern gefangen und mit einem Seil an einen Baum gebunden wurde, hörte ihn die Maus stöhnen. Sie lief zu ihm, und indem sie das Seil rundherum benagte, befreite sie ihn.
„Damals“, sagte sie, „hast du gelacht über mich und nicht erwartet, dass ich es dir vergelten könnte, jetzt weißt du, dass auch Mäuse dankbar sein können!“

2 Vergleicht die Fabel mit euren Vermutungen aus Aufgabe 1. Welche Erwartungen sind bestätigt worden, welche nicht?

3 Löwe und Maus begegnen sich zweimal.
- a Formuliert für diese Begegnungen jeweils eine Überschrift.
- b Entwerft arbeitsteilig in Kleingruppen zu den jeweiligen Situationen ein Standbild (► S. 332).
- c Notiert, welche Eigenschaften Löwe und Maus jeweils in den beiden Situationen zeigen. Begründet eure Zuordnungen, z. B.:

  1. Situation: Der Löwe ist ..., weil ...
  Die Maus ...
  2. Situation: ...

4 Fabeln haben oft den im Kasten rechts genannten Aufbau. Ordnet die Handlungsabschnitte der Fabel den einzelnen Bausteinen zu.

5 Fabeln und ihre Lehren lassen sich auf Menschen übertragen. Überlegt, welche Menschen ihr für Löwe und Maus einsetzen könntet, und erzählt eine Geschichte zur Fabel.

Bausteine einer Fabel:
1 Ausgangssituation
2 Handlung (Rede)
3 Gegenhandlung (Gegenrede)
4 Ergebnis

Lew Tolstoi

Die Mücke und der Löwe

U Im selben Moment stieß das winzige Insekt einen hohen summenden Kampfschrei aus und stürzte sich auf den Löwen. Immer und immer wieder stach ihn die Mücke in seine empfindliche Nase.

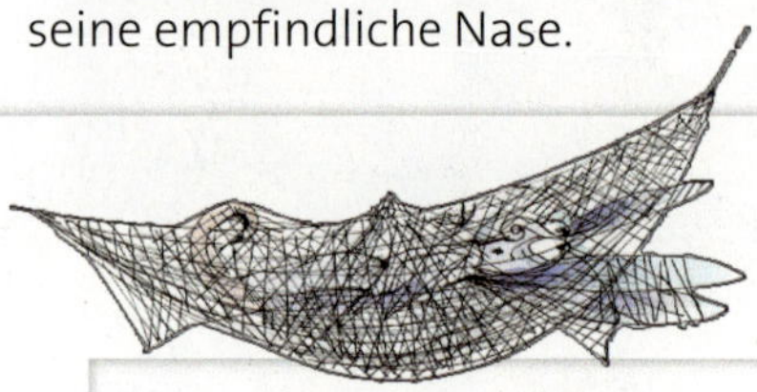

S Bevor die Mücke starb, dachte sie: „Ich habe den Löwen, das stärkste aller Tiere, besiegt und nun tötet mich eine armselige Spinne. Was für eine Ungerechtigkeit!“

F Es war einmal eine kleine Mücke, die einen starken Löwen zum Kampf aufforderte. Übermütig sprach sie: „Sicher glaubst du, dass du viel stärker bist als ich. Da irrst du dich aber! Ich fürchte dich nicht, denn wenn ich dich angreife, hilft dir deine ganze Löwenstärke gar nichts! Komm, wir wollen kämpfen!“

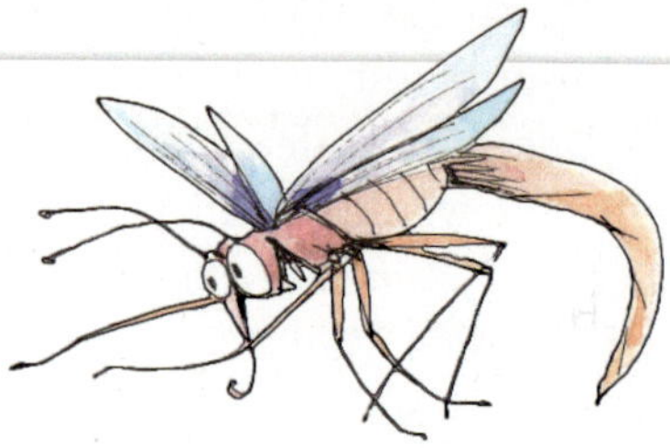

H Die Mücke summte angeberisch und flog davon, um jedem von ihrem Sieg zu erzählen. Dabei platzte sie fast vor Stolz. Deshalb passte sie auch zu wenig auf und sauste direkt in das Netz einer Spinne. Sofort kroch die Spinne zu dem winzigen Insekt und begann, ihr das Blut auszusaugen.

C Der Löwe schlug wütend mit seinen Tatzen nach der Mücke, doch sie war viel zu flink. Anstatt das winzige Tier zu besiegen, zerkratzte sich der König der Tiere nur selbst das Gesicht. Schließlich gab er fluchend und erschöpft den ungleichen Kampf auf.

1 Die Abschnitte dieser Fabel sind durcheinandergeraten. Bringt sie in die richtige Reihenfolge. Wenn ihr die Buchstaben in der richtigen Abfolge notiert, erhaltet ihr ein Lösungswort, das mit dem Thema Fabel zusammenhängt.

2 Oft treten in Fabeln zwei Tiere als Gegenspieler auf, wie z. B. in den Fabeln auf Seite 124 und Seite 125. In der Fabel „Die Mücke und der Löwe“ kommen jedoch drei Tiere vor. Kann man trotzdem von „Spieler“ und „Gegenspieler“ sprechen? Begründet eure Meinung.

3 Welche menschlichen Eigenschaften verkörpern Mücke und Löwe in der Fabel? Haltet diese Eigenschaften mit passenden Adjektiven fest.

4 Fasst die Lehre der Fabel in einem treffenden Satz zusammen, z. B. in einem Sprichwort.

Äsop und die lange Tradition der Fabeln

Seit über 2500 Jahren haben Menschen sich Fabeln ausgedacht. Äsop, der im 6. Jahrhundert vor Christus in Griechenland lebte, diente als Sklave verschiedenen Herren – er war ein unfreier Mensch ohne Besitz und Rechte.
Berühmt wurde Äsop durch seine Fabeln, die zunächst mündlich weitererzählt und erst Jahrhunderte später aufgeschrieben wurden. Da es – gerade als Sklave – gefährlich war, menschliche Schwächen oder gesellschaftliche Missstände offen zu kritisieren, „verkleidete" Äsop seine Wahrheiten: Er ließ in seinen Geschichten Tiere handeln und sprechen, die typische menschliche Eigenschaften haben (die z. B. listig sind, gierig, eitel, mächtig usw.).
Bis heute werden Äsops Fabeln gelesen und weitererzählt. Viele Dichter beziehen sich auf diese Fabeln und wählen oft die gleichen Tiere und Geschichten aus – nur die Lehren, die sie aus den Geschichten ableiten, sind manchmal verschieden. Aber die Absicht, den Zeitgenossen die Wahrheit verkleidet zu sagen, ist die gleiche geblieben.

1 a Lest den Text aufmerksam durch.
b Beantwortet mit Hilfe des Textes folgende Fragen:
– Warum ist der Name Äsop heute noch bekannt und berühmt?
– Warum werden Fabeln auch als „verkleidete Wahrheiten" bezeichnet?

Information **Fabeln**

Die Fabel ist ein **kurzer, lehrhafter Text,** in dem meist zwei Tiere handeln und sprechen. Dabei haben die Tiere typische menschliche Eigenschaften (z. B. *schlauer Fuchs, mächtiger Löwe*). Die Tiere sind häufig **Gegenspieler** und führen ein Streitgespräch, an dessen Ende z. B. der Listigere oder der Stärkere siegt.
Aus einer Fabel soll man eine Lehre für das eigene Verhalten ziehen. Die **Lehre (Moral)** der Fabel wird oft am Schluss in einem Satz zusammengefasst, z. B.: *Hüte dich vor Schmeichlern!*
Fabeln können wie Gedichte in Versen oder in Form einer Erzählung geschrieben sein.
Sie haben meist folgenden Aufbau:

1. **Ausgangssituation:** Die Tiere werden kurz vorgestellt, ein Ereignis oder ein Konflikt wird beschrieben.
2. **Konfliktsituation** (Handlung und Gegenhandlung): Die Tiere führen ein Streitgespräch oder das eine Tier fordert das andere heraus. Dieser Teil ist häufig als Dialog zwischen den Tieren gestaltet.
3. **Ergebnis/Lösung:** Es kommt zu einer oft überraschenden Wende (Pointe), indem z. B. ein Tier hereingelegt wird oder das schwächere Tier gewinnt.

Grille und Ameise – Fabeln vergleichen

Äsop

Die Baumgrille und die Ameisen

Zur Winterszeit trockneten Ameisen ihr nass gewordenes Getreide. Da bat eine hungrige Baumgrille sie um etwas zu essen. Die Ameisen aber sagten zu ihr: „Warum hast du dir im Sommer keine Speisen gesammelt?“ Jene erwiderte: „Ich hatte keine Zeit, denn damals ließ ich meine klangreiche Stimme ertönen.“ Lachend versetzten nun die Ameisen: „Ei, wenn du im Sommer die Flöte geblasen hast, so tanze im Winter dazu!“

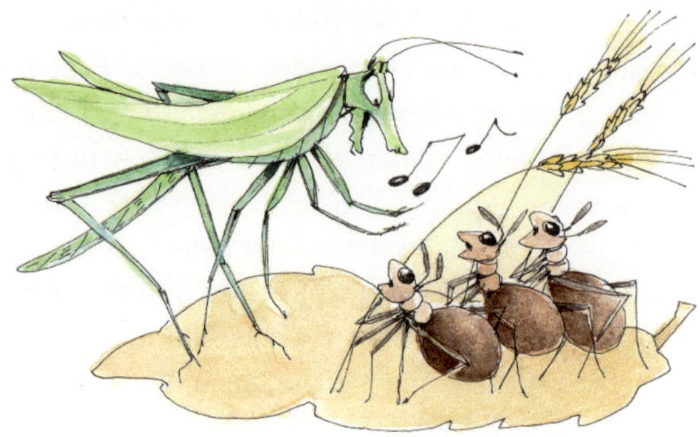

1 Bildet Gruppen und spielt die Fabel als kurze Szene (Sketch) vor.

2 a Gebt den Inhalt der Fabel in eigenen Worten wieder.
b Erklärt, warum die Grille im Winter hungern muss.
c Welche Lehre will Äsop mit seiner Fabel vermitteln? Formuliert einen Lehrsatz zur Fabel.
d Vergleicht eure Ergebnisse.

Gustave Doré: Die Grille und die Ameise (1868)

3 Die rechts abgebildete Illustration zur Fabel „Die Baumgrille und die Ameisen“ stammt von dem Maler Gustave Doré.
a Besprecht mit eurem Nachbarn oder eurer Nachbarin: Welche Bezüge zur Fabel Äsops lassen sich herstellen?
b Stellt eure Ergebnisse der Klasse vor und diskutiert darüber.

4 Stellt euch vor, dass die beiden Kinder die bittende Frau fragen, warum sie nicht vorgesorgt hat. Was könnte die Frau antworten? Spielt ein Gespräch.

5 In Fabeln stehen Tiere für menschliche Eigenschaften und Verhaltensweisen. Schreibt passend zur Fabel von der Baumgrille und den Ameisen eine Geschichte, die sich zwischen Menschen abspielen könnte.

Georg Born

Sie tanzte nur einen Winter

Es war Sommer. Auf einer Wiese, wo sich die Blumen im weichen Winde wiegten, saß eine Grille. Am nahen Waldrand eilte geschäftig eine Ameise hin und her. Sie trug Nahrung für den Winter zusammen. So reihte sich Tag an Tag. Der Winter kam. Die Ameise zog sich in ihre Wohnung zurück und lebte von dem, was sie sich gesammelt hatte. Die sorglose Grille aber hatte nichts zu nagen und zu beißen. In ihrer Not entsann sie sich der fleißigen Ameise. Sie ging zu ihr, klopfte an und bat bescheiden um ein bisschen Nahrung. „Was hast du im Sommer getan?", fragte die Ameise hintergründig, denn sie liebte die Tüchtigkeit über alles. „Ich habe gesungen", antwortete die Grille wahrheitsgetreu. „Nun gut, dann tanze!", antwortete die Ameise boshaft und verschloss die Tür. Die Grille begann zu tanzen. Da sie es gut machte, wurde sie beim Ballett engagiert. Sie tanzte nur einen Winter und konnte sich dann ein Haus im Süden kaufen, wo sie das ganze Jahr singen konnte.

Moral: Ein guter Rat ist oft mehr wert als eine Scheibe Brot.

1 Lest die Fabel mit verteilten Rollen vor: Erzählerin oder Erzähler – Ameise – Grille.

2 Vergleicht die Fabel von Georg Born mit Äsops Fabel (▶ S. 128).

a Sammelt in Partnerarbeit in einer Tabelle wie der rechts abgebildeten Gemeinsamkeiten und Unterschiede.

b Vergleicht eure Ergebnisse in der Klasse.

	Äsop	Born
Fabeltiere	...	...
Ausgangssituation	...	...
Konflikt (Handlung – Gegenhandlung)	...	...
Ergebnis/Lösung	...	...
Lehre (Moral)	...	...

3 a Die „Moral" in Borns Fabel könnte auch anders formuliert werden. Sammelt Vorschläge.

b Warum hat eurer Meinung nach Born die Lehre der Fabel verändert? Welche Botschaft möchte er damit vermitteln? Diskutiert darüber.

4 Stellt euch vor, die Grille gibt in einer Fanzeitschrift Auskunft über ihren Werdegang und ihr Erfolgsrezept. Gestaltet einen Artikel mit der Überschrift „Mein Weg zum Erfolg".

Helmut Arntzen

„Was Singen und Arbeiten betrifft, so habe ich schon deiner Mutter gute Ratschläge gegeben", sagte die Ameise zur Grille im Oktober. „Ich weiß", zirpte die, „aber Ratschläge für Ameisen."

5 a Beschreibt, wie sich diese Kurzfabel von Helmut Arntzen von den Fabeln Äsops und Borns unterscheidet.

b Erklärt, was die Grille mit ihrer Antwort auf die Belehrung der Ameise meint. Macht euch dazu Notizen und besprecht eure Ergebnisse in der Klasse.

Teste dich!

Fabeln verstehen

Äsop

Der Fuchs und der Bock

I Nun erst begann der Bock umherzuschauen, wie er wieder herauskommen könnte. Der Fuchs beruhigte ihn und sagte: „Sei guten Muts, Freund, noch weiß ich Rat, der uns beide retten kann! Stelle dich auf deine Hinterbeine, stemme die vorderen gegen die Wand und recke den Kopf recht in die Höhe, dass die Hörner ganz aufliegen, so kann ich leicht von deinem Rücken hinausspringen und auch dich retten!"

T Endlich nahm der Fuchs Abschied und sagte: „Ich sehe schlechterdings keinen Ausweg zu deiner Rettung, mein Freund! Höre aber zum Dank meine Ansicht: Hättest du so viel Verstand gehabt als Haare im Bart, so wärest du nie in diesen Brunnen gestiegen, ohne auch vorher zu bedenken, wie du wieder herauskommen könntest!"

L Ein Bock und ein Fuchs gingen in der größten Hitze miteinander über die Felder und fanden, von Durst gequält, endlich einen Brunnen, jedoch kein Gefäß zum Wasserschöpfen. Ohne sich lang zu bedenken, sprangen sie, der Bock voraus, hinunter und stillten ihren Durst.

S Der Bock tat dies alles ganz willig. Mit einem Sprung war der Fuchs gerettet und spottete nun des Bocks voll Schadenfreude, der ihn hingegen mit Recht der Treulosigkeit beschuldigte.

1 a Bringe die einzelnen Abschnitte der Fabel in eine schlüssige Reihenfolge. Notiere die Buchstaben in der richtigen Abfolge der Handlung in dein Heft.
b Überprüfe dein Ergebnis: Ergibt sich ein Lösungswort, das mit dem Thema Fabel zusammenhängt?

2 a Welches der folgenden Gegensatzpaare passt am besten zum Verhalten von Fuchs und Bock? Begründe deine Wahl.

schlau – dumm • stark – schwach • undankbar – lieb • gefährlich – harmlos • verlogen – ehrlich • listig – gutgläubig

b Vergleicht eure Ergebnisse und diskutiert über eure Lösungen.

3 Zeige anhand des Textes den typischen Aufbau einer Fabel. Übernimm dazu das Schema aus dem Tippkasten rechts in dein Heft und ergänze es.

Ausgangssituation: ...
Konflikt: – Handlung: ...
– Gegenhandlung: ...
Ergebnis: ...

4 a Formuliere zu der Fabel einen passenden Lehrsatz.
b Ist die Aussage der Fabel getroffen? Vergleicht und besprecht eure Lehrsätze.

7.2 Schreibwerkstatt – Fabeln umgestalten und erfinden

Eine Fabel zu Ende schreiben

Martin Luther

Von dem Löwen, Fuchs und Esel

Ein Löwe, Fuchs und Esel jagten miteinander und fingen einen Hirsch. Da hieß der Löwe den Esel das Wildbret teilen. Der Esel machte drei Teile. Darüber ward der Löwe zornig und riss dem Esel die Haut über den Kopf, dass er blutrünstig dastand, und hieß danach den Fuchs das Wildbret teilen. […]

1 Luthers Fabel geht noch weiter.
a Lest zunächst den Text aufmerksam durch und klärt Wörter, die euch nicht geläufig sind.
b Gebt in eigenen Worten wieder, was in diesem Teil der Fabel geschieht.

2 Notiert euch zu den Tieren der Fabel typische Eigenschaften.
a Geht dabei zunächst von den Informationen im Text aus und macht euch Notizen zum Löwen und zum Esel.
Der Löwe ist … *Der Esel ist …*
b Welche Eigenschaften werden dem Fuchs oft zugeschrieben? Macht euch hierzu Notizen.
Der Fuchs ist …

3 Schreibt die Fabel zu Ende. Geht dabei folgendermaßen vor:
a Überlegt, wie die Fabel weitergehen könnte:
– Wie könnte sich der Fuchs verhalten? Berücksichtigt seine typischen Eigenschaften.
– Welche (überraschende) Wende könnte es geben?
– Welchen Ausgang könnte die Fabel haben?
– Wer soll am Ende gewinnen?
b Haltet eure Überlegungen fest und ergänzt den rechts abgebildeten Schreibplan.
c Schreibt die Fabel zu Ende. Fasst am Schluss die Lehre in einem Satz zusammen, z. B.:
– *Wer zuletzt lacht, lacht am besten.*
– *Der Klügere gibt nach.*
– …

Von dem Löwen, Fuchs und Esel
Tiere: Löwe – … – …
Ausgangssituation:
Tiere haben einen Hirsch erlegt
Konflikt:
– Handlung: Esel teilt Beute gerecht und wird vom Löwen …
– Gegenhandlung: …
Ausgang: …
Lehre: …

4 a Lest euch eure Fabeln gegenseitig vor.
b Gebt euch Rückmeldung, was aus eurer Sicht gut gelungen ist und was man noch verbessern könnte.

Eine Fabel neu gestalten

1 In den Bildern ist Äsops Fabel vom Wolf und dem Lamm dargestellt.

a Erzählt die Fabel anhand der Bilder in eigenen Worten nach.

b Welche Eigenschaften haben das Lamm und der Wolf? Notiert passende Bezeichnungen.

c Formuliert eine Lehre zur Fabel.

2 Bildet Arbeitsgruppen und schreibt Äsops Fabel vom Lamm und dem Wolf um in eine Fabel mit anderer Handlung, anderem Ausgang und anderer Lehre. Beginnt mit der Begegnung der beiden Tiere am Bach.

a Macht euch zunächst Notizen zur neuen Handlung:

– Wie könnten die beiden Tiere einander gegenübertreten? Welche anderen oder ergänzenden Eigenschaften könnten sie haben?

– Welcher Konflikt könnte zwischen den Gegenspielern entstehen? Was könnte geschehen? Wie könnten die beiden handeln und sprechen?

– Wie könnte die Fabel ausgehen?

b Schreibt eure Fabeln mit Hilfe eurer Notizen auf ein Blatt Papier. Achtet dabei auch auf die Verwendung von wörtlicher Rede und auf den Gebrauch von passenden Adjektiven und abwechslungsreichen Verben.

c Zeichnet zu eurer Fabel zwei passende Comicbilder.

3 Hängt eure Fabeln im Klassenzimmer auf und stellt sie euch gegenseitig vor.

4 a Besprecht in der Klasse und notiert, was euch an den neu gestalteten Fabeln gut gefällt und was man noch verbessern könnte.
Ihr könnt auch das Verfahren der „Textlupe" (▶ S. 333) verwenden.

b Überarbeitet eure Fabeln anhand der Änderungsvorschläge.

Fordern und fördern – Eine Fabel schreiben

Undank ist ...
Ohne Fleiß ...
Wer andern eine Grube gräbt, ...
Angriff ist ...
Wer zuletzt lacht, ...
Aus Erfahrung ...
Der Klügere ...
Wenn zwei sich streiten, ...
Wer nicht wagt, ...

... die beste Verteidigung.
... freut sich der Dritte.
... der nicht gewinnt.
... der Welt Lohn.
... fällt selbst hinein.
... kein Preis.
... lacht am besten.
... wird man klug.
... gibt nach.

1 Am Ende einer Fabel steht oft die Lehre in Form eines Sprichworts. Mit den Sprichwörtern oben ist etwas durcheinandergeraten.
a Ordnet die Bausteine so, dass sie einen Sinn ergeben.
b Erläutert, was die einzelnen Sprichwörter bedeuten.
c Sammelt weitere Sprichwörter, notiert und erläutert sie.

●●● 2 Sucht euch ein Sprichwort aus und verfasst dazu passend eine Fabel. Das Sprichwort soll die Lehre eurer Fabel sein. Berücksichtigt dabei die Informationen im Merkkasten.

▷ Wenn ihr eine Hilfestellung zu dieser Aufgabe wollt, schaut auf Seite 135 nach.

Methode **Eine Fabel schreiben**

1 **Notiert** einen Satz, der die **Lehre** eurer Fabel beinhaltet, z. B. ein Sprichwort.
2 Wählt passend zu eurer Lehre **zwei Tiere mit gegensätzlichen Eigenschaften.**
3 Denkt euch zu eurer Lehre eine **passende Handlung** aus:
   – **Ausgangssituation:** knappe Einführung,
   – **Konfliktsituation:** Handlung und Gegenhandlung (▸ S. 125, 127), Dialog der Tiere,
   – **Ergebnis/Lösung,** eventuell überraschende Wendung.
4 Achtet auf die **sprachliche Gestaltung:**
   – Verwendet **aussagekräftige Adjektive,** z. B.: *klug, gierig, mutig.*
   – Wählt **abwechslungsreiche Verben** – an Stelle von *sagen* z. B.: *sprechen, antworten, rufen ...* oder statt *gehen* z. B.: *schleichen, rennen, laufen ...*

3 Setzt Bausteine von Sprichwörtern wie die oben auf dieser Seite zu Kombinationen zusammen, die unüblich und zunächst unsinnig erscheinen, z. B.: „Undank ist die beste Verteidigung“, „Ohne Fleiß wird man klug“ usw. Schreibt eine Fabel zu eurem Satz.

●●○ **Hilfe zu Aufgabe 2**

a Sucht euch ein Sprichwort aus, zu dem ihr eine Fabel erfinden wollt, und schreibt es auf.

b Wählt zwei Tiere, die als Gegenspieler auftreten sollen.
Ihr könnt entweder auf die folgenden Tiere zurückgreifen oder euch selbst zwei Tiere aussuchen, die für eure Fabel geeignet sind.

c Notiert zu den Tieren, die ihr ausgewählt habt, mindestens zwei typische Eigenschaften, z. B.:
Löwe: mächtig, stolz
Hase: schnell, ...

d Plant die Handlung eurer Fabel passend zu dem Sprichwort. Macht euch dabei Notizen zu den folgenden Fragen:
- **Ausgangssituation,** z. B.: Wo und wie treffen die beiden Tiere aufeinander?
- **Konflikt, Handlung und Gegenhandlung,** z. B.: Welches Problem haben die Tiere? Worüber streiten sie? Will ein Tier das andere hereinlegen? Wetten die Tiere, wer der/die Bessere, Klügere, Schönere usw. ist? Wie handeln die Tiere? Wie reagieren sie aufeinander? Was sprechen die Tiere miteinander (Dialog)?
- **Ergebnis/Lösung, überraschende Wende,** z. B.: Wie löst sich der Streit, das Problem? Welches Tier gewinnt?

e Überlegt euch für die sprachliche Gestaltung anschauliche Adjektive und abwechslungsreiche, ausdrucksstarke Verben und notiert sie euch ebenfalls.

f Formuliert nun mit Hilfe eurer Notizen eine Fabel. Verwendet dabei das Präteritum.

Sprichwort/Lehre: ...

Tier 1: ... *Eigenschaften: ...*
Tier 2: ... *Eigenschaften: ...*

Ausgangssituation: ...

Konflikt:
- Handlung: ...
- Gegenhandlung: ...

Ergebnis/Lösung: ...

Sprache:
statt „sagte“: fragte, erwiderte, ...
statt „gehen“: trollte sich, ...
statt ...: ...

7.3 Fit in ... – Eine Fabel zu Bildern schreiben

Die Aufgabenstellung verstehen

Stellt euch vor, ihr bekommt in der nächsten Klassenarbeit folgende Aufgabe:

Schreibe zu den folgenden Bildern eine Fabel mit einem passenden Lehrsatz:

1 Ist euch klar, was die Aufgabenstellung von euch verlangt? Entscheidet, welche der folgenden Aussagen richtig sind, und schreibt die entsprechenden Buchstaben in euer Heft.

Ich soll ...

A zu der Handlung auf den Bildern eine Fabel schreiben.
B die Bildergeschichte weiterschreiben und dabei typische Fabelmerkmale verwenden.
C in meiner Fabel die beiden Tiere miteinander sprechen lassen (wörtliche Rede verwenden).
D in meiner Fabel typische Märchenformulierungen verwenden (z. B. Es war einmal ...).
E einen Lehrsatz (z. B. in Form eines Sprichwortes) finden, der zur Handlung passt.

Ideen sammeln und einen Schreibplan erstellen

2 Sammelt Ideen und macht euch die Handlung eurer Fabel klar:

a Seht euch jedes Bild genau an und findet heraus, was zwischen Maus und Frosch geschieht. Achtet dabei auch auf Kleinigkeiten, z. B. auf Körperhaltung und Ausdruck der Tiere.

b Notiert zu jedem Bild einige Stichworte, z. B.:

Bild 1: Eine Maus steht am Ufer und möchte gerne auf die andere Seite gelangen.

Bild 2: Sie fragt …

3 a In der Fabel haben Maus und Frosch gegensätzliche Eigenschaften. Findet für jedes der beiden Tiere jeweils ein Adjektiv, das sein Verhalten in der Fabel am besten beschreibt. Ihr könnt dazu den folgenden Wortspeicher benutzen.

dumm • listig • gefährlich • gutgläubig • hinterhältig • harmlos • ängstlich • böswillig

b Findet einen Lehrsatz, der zu der auf den Bildern dargestellten Handlung passt. Wählt dazu aus folgender Liste einen passenden aus oder formuliert einen eigenen:

Wenn zwei sich streiten, freut sich der Dritte.
Hochmut kommt vor dem Fall.
Übermut tut selten gut.
Wer zuletzt lacht, lacht am besten.
Was du anderen antust, wird auch dir widerfahren.
Boshaftigkeit zahlt sich nicht aus.
Wie gewonnen, so zerronnen.
Wer andern eine Grube gräbt, fällt selbst hinein.
…

4 a Erstellt in eurem Heft einen Schreibplan für die Fabel. Greift dabei auf die Ergebnisse eurer Vorarbeit zurück und findet eine Überschrift.

b Überlegt, wie ihr die Fabel auch sprachlich ansprechend ausgestalten könnt, und macht euch dazu ebenfalls Notizen. Achtet insbesondere auf den Dialog zwischen den beiden Gegenspielern sowie auf anschauliche Adjektive und ausdrucksstarke, abwechslungsreiche Verben.

Überschrift:
…

Tiere mit gegensätzlichen Eigenschaften:
Maus: …
Frosch: …

Handlung (mit Dialog):
a) Ausgangssituation: …
b) Konflikt:
– Handlung: …
– Gegenhandlung: …
c) Ergebnis/Lösung: …

Lehre:
…

Die Fabel schreiben und überarbeiten

5 Schreibt nun mit Hilfe eurer Notizen eine Fabel zu den Bildern.

VORSICHT FEHLER!

1 ?

2 ?

3 Was wissen wir über sie? (→ Bild 1 auf S. 136)

4 ?

5 Was wissen wir über ihn?

6 ?

7 Was macht sie genau? Wie macht sie das?

8 ?

9 Was für ein Vogel?

Tiere am Wasser

Es war einmal eine Maus. Die sagt zum Frosch, er solle sie doch über das Wasser bringen. Die Maus bindet sich an ihn und der Frosch schwimmt los. Die Maus ertrinkt und das beobachtet auch ein Vogel.

...

6 Diesen Anfang der Fabel von Frosch und Maus hat ein Schüler aus der 6. Klasse geschrieben. Notiert, was an den mit Fragezeichen markierten Textstellen noch verbessert werden sollte.

7 Überprüft nun eure eigenen Fabeln und macht euch gegenseitig Verbesserungsvorschläge. Beachtet dabei die Hinweise im Merkkasten auf Seite 127 sowie die folgende Checkliste.

Checkliste

Eine Fabel schreiben

- Sind die Hauptfiguren zwei Tiere mit unterschiedlichen Eigenschaften?
- Hat die Fabel einen klaren Aufbau: Ausgangssituation – Konfliktsituation – Lösung/ überraschende Wende – (eventuell) Lehre in einem Satz?
- Sprechen die Tiere miteinander (Dialog)?
- Ist die Fabel verständlich und lebendig geschrieben und enthält
  - wörtliche Rede,
  - anschauliche Adjektive,
  - ausdrucksstarke und abwechslungsreiche Verben,
  - abwechslungsreiche Satzanfänge?
- Steht die Fabel im Präteritum?
- Sind Rechtschreibung und Zeichensetzung korrekt?

8 Naturbilder – Gedichte verstehen und gestalten

Caspar David Friedrich:
Wanderer über dem Nebelmeer (1818)

1 Lasst das Bild auf euch wirken. Notiert, wie der Wanderer sich fühlen oder was er denken könnte. Ihr könnt dazu auch ein oder zwei Verse schreiben.

2 Überlegt, warum es in Gedichten oft um das Thema Natur geht.

In diesem Kapitel ...

- beschäftigt ihr euch mit Merkmalen und Besonderheiten von Gedichten,
- erkundet ihr sprachliche Bilder,
- tragt ihr Gedichte ausdrucksvoll vor,
- verfasst ihr eigene Gedichte.

8.1 „Halb wach ich, halb lieg ich im Traum" – Merkmale von Gedichten entdecken

Natur erleben – Gedichte untersuchen

Franz von Lenbach: Hirtenknabe (1860)

Martin Greif

Mittagsstille

Am Waldsaum lieg ich im Stillen,
rings tiefe Mittagsruh,
nur Lerchen hör ich und Grillen
und summende Käfer dazu.

Die Falter flattern im Kreise,
kein Blatt rührt sich am Baum,
die Gräser beugen sich leise;
halb wach ich, halb lieg ich im Traum.

1 a Lasst euch das Gedicht vorlesen. Schließt dabei die Augen und versucht, die Stimmung nachzuempfinden.
b Beschreibt, was für ein Naturerlebnis hier dargestellt wird.

2 a Untersucht, mit welchen Sinnen das lyrische Ich (► S. 141) die Umgebung wahrnimmt.
b Welche Sinne könnten hier zusätzlich angesprochen werden? Formuliert entsprechende Sätze.

3 Beschreibt, wie die beiden Strophen aufgebaut sind. Verwendet dabei auch Fachbegriffe von Seite 309 und 310.

4 Schreibt mit Hilfe eurer Notizen aus Aufgabe 2 b eine weitere Strophe zum Gedicht.

1 Tauscht euch über eure ersten Leseeindrücke zu dem Gedicht „Mählich durchbrechende Sonne" aus.
Ihr könnt so beginnen:
- *Mir hat gefallen, ...*
- *Ich habe mich gefragt, warum ...*
- *Aufgefallen ist mir ...*

2 Vergleicht das Gedicht von Arno Holz mit dem Gedicht „Mittagsstille" von Martin Greif (S. 140):
– Welche Situation wird dargestellt?
– Mit welchen Sinnen nimmt das lyrische Ich wahr?
– Wie ist das Gedicht sprachlich gestaltet?

3 a Probiert aus, wie man das Gedicht „Mählich durchbrechende Sonne" wirkungsvoll vorlesen könnte.
b Tragt den Text vor der Klasse vor.

4 Verfasst im Stil von Arno Holz ein kurzes Gedicht zu einem der folgenden Themen:
– warmer Sommerregen,
– am Sandstrand,
– barfuß durch den Matsch.

5 Berichtet von eigenen Naturerlebnissen, die euch in Erinnerung geblieben sind.

Information **Lyrisches Ich**

Wie es in Erzähltexten einen Erzähler oder eine Erzählerin gibt, so gibt es auch in Gedichten einen **Sprecher oder** eine **Sprecherin,** der/die nicht mit dem Autor oder der Autorin gleichzusetzen ist.
Oft stellt sich dieser Sprecher als ein Ich vor – das so genannte lyrische Ich –, das seine Gefühle, Wahrnehmungen und Gedanken mitteilt.

Arno Holz

Mählich durchbrechende Sonne

Schönes,
grünes, weiches
Gras.

Drin
liege ich.

Inmitten goldgelber
Butterblumen!

Über mir ... warm ... der Himmel:

Ein
weites, schütteres,
lichtwühlig, lichtblendig, lichtwogig
zitterndes
Weiß,
das mir die
Augen langsam ... ganz ... langsam
schließt.

Wehende ... Luft ... kaum merklich
ein Duft, ein
zartes ... Summen.

Nun
bin ich fern
von jeder Welt,
ein sanftes Rot erfüllt mich ganz,
und
deutlich ... spüre ich ... wie die
Sonne
mir durchs Blut
rinnt.

Minutenlang.

Versunken
alles ... Nur noch
ich.

Selig!

Von Wind und Wetter – Das Metrum bestimmen, den Gedichtvortrag gestalten

Mascha Kaléko

Es regnet

Es regnet Blümchen auf die Felder,
Es regnet Frösche in den Bach.
Es regnet Pilze in die Wälder,
Es regnet alle Beeren wach!

Der Regen singt vor deiner Türe,
Komm an das Fenster rasch und sieh:
Der Himmel schüttet Perlenschnüre
Aus seinem wolkigen Etui[1].

Vom Regen duften selbst die Föhren[2]
Nach Flieder und nach Ananas.
Und wer fein zuhört, kann das Gras
Im Garten leise wachsen hören.

1 Etui: Behältnis

2 Föhre: Nadelbaum

1 a Beschreibt, wie sich der Regen in Mascha Kalékos Gedicht auf Mensch und Natur auswirkt.
b Welche weiteren Auswirkungen von Regen – positiv oder negativ – kennt ihr?

2 Im Gedicht „Es regnet" beginnt in der ersten Strophe jeder Vers gleich. Beschreibt, welche Wirkung durch die Wiederholung entsteht.

3 a Regen und Himmel werden als Personen dargestellt. Nennt Textstellen, an denen dies besonders deutlich wird.
b Überlegt, was der Regen noch tun könnte. Verfasst damit eine zusätzliche Strophe, deren Verse jeweils mit „Der Regen ..." beginnen.

4 Untersucht im Gedicht „Es regnet" das Metrum (Versmaß, ▸ Merkkasten auf S. 143) genauer:
a Lest den ersten Vers gemeinsam laut vor und klatscht bei jeder betonten Silbe in die Hände.
b Schreibt den Text in euer Heft, lasst zwischen den Versen jeweils eine Zeile frei und markiert dann jede betonte Silbe mit einem Akzent, z. B.: *Es régnet* ...
c Bestimmt mit Hilfe des Merkkastens auf Seite 143 das Metrum von Kalékos Gedicht.

5 Erläutert die Bedeutung von Redewendungen wie „Es regnet Katzen und Hunde", „Es regnet Bindfäden", ...

Kurt Schwitters

Regen

Regen tönen Tropfen triefen
Triefen Pfützen Bäche Brunnen
Spritzen Wasser sprengen Fluten
Klatschen feuchten Wirbel fallen
Wirbel Wasser Wolken Häuser
Fallen Bäume fallen Brücken
Wirbel Wasser Wolken Massen
Baden Erde fallen Tropfen
Regen
Regen
Tropfen
Tropfen
Regen
Regen
Tropfen tropft Tropfen auf Tropfen zu Tropfen
Silber mit silbernem Klopfen zu Klopfen
Spiegel des Wassers zerbrechen zu Tropfen
Kreise durch Kreise zerkreisen zu Tropfen
Blätter durch Kreise zerkreisen zu Tropfen
Blätter erzittern erwarten die Tropfen
Licht zu erglänzen durch klopfende Tropfen

1 Lest das Gedicht laut im Chor: An welchen Stellen fällt das gemeinsame Lesen leicht, wo gibt es Schwierigkeiten? Sucht Erklärungen für die Probleme.

2 Wo erweckt das Gedicht den Eindruck von starkem Regen, wo fallen nur einzelne Tropfen? Begründet eure Einschätzung.

3 Zeichnet ein Regenbild: Lasst euch das Gedicht langsam Zeile für Zeile vorlesen. Zeichnet für jede betonte Silbe einen Regentropfen und für jede unbetonte einen Strich.

4 Bestimmt das Metrum des Gedichts.

Information **Metrum (Versmaß)**

In den Versen eines Gedichts wechseln sich häufig betonte (X́) und unbetonte Silben (X) regelmäßig ab. Wenn die **Abfolge von betonten und unbetonten Silben** (Hebungen und Senkungen) einem bestimmten Muster folgt, nennt man dies **Metrum** (Vermaß). Die wichtigsten Versmaße sind:

Jambus (X X́): X X́ X X́ X X́ X X́ X
Es regnet Tropfen an mein Fenster.

Trochäus (X́ X): X́ X X́ X X́ X X́ X
Aus der Wolke fällt der Regen.

Daktylus (X́ X X): X́ X X X́ X X X́ X
prasseln und klatschen und platschen

Beim Vortrag müsst ihr die Abfolge von betonten und unbetonten Silben zwar beachten, ihr dürft aber nicht leiern. Dies gibt eurem Vortrag einen besonderen **Rhythmus.**

Rembrandt: Gewitterlandschaft (1639)

1 a Betrachtet das Gemälde von Rembrandt. Beschreibt, was den Maler bei seiner Darstellung besonders interessiert hat.
b Zu welchen Versen des Gedichts passt das Bild am besten? Begründet eure Zuordnung.

2 Erläutert den Ablauf des Gewitters in Mosers Gedicht. Gliedert den Text in Abschnitte.

3 Bereitet einen ausdrucksstarken Gedichtvortrag vor:
a Schreibt zunächst das Gedicht in euer Heft und lasst zwischen den Zeilen reichlich Platz.
b Unterstreicht alle Geräusche, die im Gedicht vorkommen. Achtet besonders auf lautmalerische Darstellungen des Gewitters, z. B.: *Donnergebrülle, Blitze, plitschert.*
c Verseht die Abschrift mit Markierungen:

Markierungen

———	Betonung
► ◄	leiser oder lauter sprechen
|	kurze Pause
||	längere Pause
———►	schneller oder
∼∼∼►	langsamer sprechen

d Macht in eurem Vortrag das Gewitter hörbar.

Erwin Moser

Gewitter

Der Himmel ist blau
Der Himmel wird grau
Wind fegt herbei
Vogelgeschrei
Wolken fast schwarz
Lauf, weiße Katz!
Blitz durch die Stille
Donnergebrülle
Zwei Tropfen im Staub
Dann Prasseln auf Laub
Regenwand
Verschwommenes Land
Blitze tollen
Donner rollen
Es plitschert und platscht
Es trommelt und klatscht
Es rauscht und klopft
Es braust und tropft
Eine Stunde lang
Herrlich bang
Dann Donner schon fern
Kaum noch zu hör'n
Regen ganz fein
Luft frisch und rein
Himmel noch grau
Himmel bald blau!

Teste dich!

Gedichte verstehen

Heinrich Heine

Der Wind zieht seine Hosen an

Der Wind zieht seine Hosen an,
Die weißen Wasserhosen!
Er peitscht die Wellen, so stark er ?,
Die heulen und brausen und tosen.

Aus dunkler Höh’, mit wilder ?,
Die Regengüsse träufen[1];
Es ist, als wollt’ die alte Nacht
Das alte Meer ersäufen.

An den Mastbaum klammert die Möwe sich
Mit heiserem Schrillen und Schreien;
Sie flattert und will gar ängstiglich[2]
Ein Unglück prophezeien[3].

William Turner (1844): Schiffbruch

1 träufen: träufeln, schütten
2 ängstiglich: ängstlich
3 prophezeien: vorhersagen

1 a Bearbeite die Testaufgaben zum Gedicht. Schreibe die Lösungen in dein Heft.
b Vergleiche deine Lösungen mit denen auf Seite 336. Errechne dann deine Gesamtpunktzahl.

Testaufgaben zum Gedicht	Punkte
1 Notiere die fehlenden Reimwörter in den Versen 3 und 5.	4
2 Schreibe auf, welche Aussage zum Gedicht richtig ist: – In dem Gedicht gerät ein Dampfer in schwere Seenot. – Das Gedicht beschreibt einen Sturm, der ein Segelschiff in Seenot bringt. – Das Gedicht schildert, wie der Mastbaum eines Schiffes bei Sturm bricht. – Das Gedicht beschreibt, wie sich Menschen in Seenot an einen Mastbaum klammern.	4
3 Notiere drei Verben, welche die Gewalt des Sturms beschreiben.	3
4 Bestimme die Reimform des Gedichts.	3
5 Bestimme das Metrum (Jambus, Trochäus oder Daktylus) in Vers 1 und Vers 2.	4

18–16 Punkte: Du kennst dich sehr gut mit Gedichten aus!
15–13 Punkte: Du kennst dich gut aus!
12–8 Punkte: Du hast einiges, aber noch nicht alles gelernt!
7–0 Punkte: Du solltest noch einmal auf den Seiten 309–310 nachlesen, welche besonderen Merkmale Gedichte haben.

8.2 „Grünes Feuer jeder Strauch" – Sprachliche Bilder erschließen

Farben der Natur – Bildhafte Sprache erkunden

1 Betrachtet das Bild und beschreibt es.

2 Überlegt, warum der spanische Künstler Joan Miró sein Bild „Das Gedicht" genannt hat.

Joan Miró: Das Gedicht (1968)

Josef Guggenmos

Sonntagsbild

Nimm ein bisschen Birkenweiß,
nimm ein bisschen Grün;
ein paar Tupfen Blau und Rot
lass am Wege blühn.

So wird's gut. Die Sonne steht
als ein Fleck, ein gelber,
über einem, der da geht,
und das bist du selber.

3 a Was für ein Bild lässt das Gedicht in eurem Kopf entstehen? Beschreibt es genau.
b Erläutert, durch welche Wörter und Wendungen im Gedicht eure Vorstellungen hervorgerufen werden.
c Versucht zu erklären, warum der Autor sein Gedicht „Sonntagsbild" nennt.

4 Verfasst ein ähnliches Gedicht mit dem Titel „Montagsbild". Wählt dafür eine andere Stimmung. Der Text muss sich nicht reimen.

Vera Ferra-Mikura

Regenschirme

Wenn die ersten Tropfen fallen,
lustig auf das Pflaster knallen,
blühen sie wie Blumen auf.
Bunt gestreifte, bunt gefleckte,
bunt getupfte, bunt gescheckte
nehmen fröhlich ihren Lauf.
Seit die ersten Tropfen fielen,
schweben sie auf dünnen Stielen,
leuchtend, schimmernd, rund und glatt.
Bunt gestreifte, bunt gefleckte,
bunt getupfte, bunt gescheckte
Schirme blühen in der Stadt.

1 Womit werden die Regenschirme in diesem Gedicht verglichen? Erläutert, warum dieser Vergleich naheliegt, und nennt Gemeinsamkeiten zwischen den verglichenen Dingen.

2 Vergleicht die folgenden beiden Verse in sprachlicher Hinsicht miteinander. Worin unterscheiden sie sich? Ihr könnt die Erläuterungen im Merkkasten unten zu Hilfe nehmen.

„blühen sie wie Blumen auf" (Vers 3)	„Schirme blühen in der Stadt." (Vers 12)

3 Findet Vergleiche aus Natur und Tierwelt, in denen Eigenschaften von Tieren, Pflanzen usw. mit menschlichen Verhaltensweisen in Verbindung gebracht werden, z. B.: *stumm wie ein Fisch, zittern wie Espenlaub, ...*

Information **Sprachliche Bilder: Vergleiche und Metaphern**

In unserer Sprache verwenden wir häufig Vergleiche, wenn wir etwas besonders anschaulich mitteilen wollen. Bei einem **Vergleich** werden zwei verschiedene Vorstellungen durch ein „wie" miteinander verknüpft, z. B.: *schnell wie der Wind, Regenschirme blühen auf wie Blumen.*

Bei einer **Metapher** (siehe auch Seite 149) wird ein Ausdruck nicht wörtlich, sondern in einer übertragenen (bildlichen) Bedeutung und ohne vergleichendes „wie" gebraucht, z. B.: *Tränen des Himmels* für Regentropfen, *Schirme blühen* für geöffnete bunte Schirme.

Metaphern rufen Bilder wach

Peter Huchel

Unter der Kiefer

Nadeln ohne Öhr,
Der Nebel zieht
die weißen Fäden ein.
Fischgräten,
In den Sand gescharrt.
Mit Katzenpfoten
Klettert der Efeu
Den Stamm hinauf.

vorsichtig und sanft

Die Nadeln sind V-förmig am Zweig angeordnet.

Efeu rankt empor.

Mit Kiefernnadeln kann man, obwohl sie spitz sind, nicht nähen.

Nebelschwaden wehen durch die Luft.

1 Ordnet die Formulierungen auf den Kärtchen den passenden Textstellen zu.

Peter Huchel

Löwenzahn

Fliegen im Juni auf weißer Bahn
Flimmernde Monde von Löwenzahn,
liegst du versunken im Wiesenschaum,
löschend der Monde flockenden Flaum.

Wenn du sie hauchend im Winde drehst,
Kugel auf Kugel sich weiß zerbläst,
Lampen, die sträubend im Sommer stehn,
wo Dochte noch wolliger wehn.

[...]

2 Erklärt, wie ihr die markierten Metaphern in dem Gedicht „Löwenzahn" versteht. Notiert in eurem Heft passende Erläuterungen, z. B.:

„auf weißer Bahn" (Vers 1): Wenn die Löwenzahnsamen an ihren weißen Schirmchen durch die Luft fliegen, hat man den Eindruck, als hinterließen sie wie Sternschnuppen eine weiße Spur in der Luft.

Georg Britting

Feuerwoge jeder Hügel

Feuerwoge jeder Hügel,
Grünes Feuer jeder Strauch,
Rührt der Wind die Flammenhügel,
Wölkt der Staub wie goldner Rauch.

Wie die Gräser züngelnd brennen!
Schreiend kocht die Weizensaat.
Feuerköpfige Blumen rennen
Knisternd übern Wiesenpfad.

Blüten schwelen an den Zweigen.
Rüttle dran! Die Funken steigen
Wirbelnd in den blauen Raum
Feuerwerk ein jeder Baum!

1 Lest das Gedicht und ergründet die Atmosphäre:
- Welche Tageszeit wird dargestellt?
- Welche Jahreszeit herrscht?
- Wie ist das Wetter?

Begründet eure Einschätzungen.

2 In Georg Brittings Gedicht wird die Landschaft mit vielen sprachlichen Bildern (Metaphern) beschrieben.
Listet sie auf und sprecht über ihre Bedeutung. Orientiert euch dabei an der folgenden Tabelle.

Metapher	Wörtliche Bedeutung	Übertragene Bedeutung im Gedicht
Feuerwoge (Titel, Vers 1)	*eine Welle aus Feuer*	*Die Pflanzen auf den Hügeln haben eine Leuchtkraft wie Feuer.*
…	…	…

3 **a** In den Bildern rechts verstecken sich Metaphern.
Schreibt sie auf und erklärt, was sie bedeuten, z. B.
Glückspilz = …

b Nennt weitere Metaphern aus eurem eigenen Sprachgebrauch.

Information **Sprachliche Bilder: Metaphern**

Bei einer Metapher wird ein Wort nicht wörtlich, sondern in einer übertragenen (bildlichen) Bedeutung verwendet, z. B.: *Nussschale für ein kleines Boot, Suppe für Nebel.*
Oft sind sich bei Metaphern zwei Dinge auf Grund einer Eigenschaft ähnlich und diese Eigenschaft wird durch die Metapher hervorgehoben, z. B. *König der Tiere für Löwe:*
Die Metapher hebt das majestätische Aussehen und die Stärke des Löwen hervor.

Belebte Natur – Personifikationen entdecken

Wolfgang Bächler

Der Nebel

Der Nebel ist unersättlich.
Er frisst alle Bäume, die Häuser,
die parkenden Autos,
die Sterne, den Mond.
Der Nebel rückt näher,
unförmig gemästet,
wird dicker und dicker,
drückt gegen die Mauer,
leckt an den Fenstern
mit feuchter Zunge,
mit grau belegter,
frisst alles,
frisst dich.

Lesser Ury: Waterloo – Brücke bei Nebel (1926)

1 a Beschreibt, wie ihr den Nebel in diesem Gedicht empfindet.
b Habt ihr schon einmal Erfahrungen mit Nebel gemacht, die zu dem Gedicht passen? Erzählt davon.

2 a Schreibt das Gedicht in euer Heft und fertigt eine passende Illustration an.
b Vergleicht, wie ihr den „unersättlichen" Nebel dargestellt habt.

3 Beschreibt, wie es kommt, dass wir den Nebel in diesem Gedicht fast wie ein Lebewesen wahrnehmen.

4 Stellt euch vor, der Nebel hätte, wie im Gedicht beschrieben, die genannten Gegenstände (und vielleicht weitere) tatsächlich aufgefressen. Verfasst eine Zeitungsmeldung, die am nächsten Morgen von den Ereignissen berichtet.

Nicht zu fassen! Alles weg!

Wie unser Korrespondent in …
gestern überall …
Sachschaden …

Information **Sprachliche Bilder: Personifikationen**

Eine besondere Form der Metapher ist die Personifikation. Dinge, Begriffe oder Naturerscheinungen werden vermenschlicht, d. h., ihnen werden **menschliche Verhaltensweisen oder Eigenschaften** zugesprochen, z. B.:
das Veilchen träumt, der Tag verabschiedet sich, der Wind wispert, die Sonne lacht.

Fordern und fördern – Bildhafte Gedichte schreiben

●●● 1 Schreibt ein Gedicht, in dem die Natur, z. B. der Wind, eine Blume, ein See, der Mond, eine Jahreszeit, personifiziert wird (► Personifikation, S. 150).
Euer Gedicht muss sich nicht reimen.
▷ Hilfen zu dieser Aufgabe findet ihr im Anschluss.

●●○ **Hilfe zu Aufgabe 1**

Wenn ihr ein Gedicht schreiben wollt, in dem die Natur vermenschlicht (personifiziert) wird, geht wie folgt vor:

a Entscheidet euch für ein Naturelement, über das ihr ein Gedicht schreiben wollt, z. B. für den Wind, das Feuer, eine Blume, den Mond, eine Jahreszeit usw.

b Sammelt zuerst Verben und Adjektive, die menschliche Tätigkeiten und Eigenschaften beschreiben. Überlegt, ob die Verben und Adjektive zu eurem Naturelement passen, z. B.:

Mein Naturelement: Wind

Verben, die menschliche Tätigkeiten bezeichnen	Adjektive, die menschliche Eigenschaften bezeichnen
rütteln, heulen, singen, seufzen …	*sanft, wütend …*

c Schreibt nun euer Gedicht, in dem ihr die Natur vermenschlicht. Euer Gedicht muss sich nicht reimen. Nutzt hierzu auch eure Sammlung von Verben und Adjektiven.

Der Wind, der heult in dunkler Nacht.
Er rüttelt wütend …

●●● 2 Schreibt ein Gedicht über eine Traumlandschaft. Verwendet eine bildhafte Sprache, z. B. Vergleiche (► S. 147), Metaphern (► S. 149), Personifikationen (► S. 150) und zusammengesetzte Adjektive (► S. 221).
▷ Hilfen zu dieser Aufgabe findet ihr im Anschluss.

●●○ **Hilfe zu Aufgabe 2**

In eurem Gedicht über eine Traumlandschaft sollt ihr bildhafte Sprache verwenden. Wenn ihr Anregungen braucht, nehmt den folgenden Wortspeicher zu Hilfe.

Vergleiche, z. B. mit „wie“	Zusammengesetzte Adjektive	Metaphern	Personifikationen
wie ein löchriger Käse	*pechschwarz*	*Blütenteppich (für Blumenwiese)*	*der Wald schläft*
wie Riesen	*honiggelb*		*der Baum flüstert*
wie Spinnenarme	*kirschrot*	*grünes Kleid der Bäume (für Blätterwerk)*	*der grimmige Frost*
wie aus blauem Porzellan	*frühlingsgrün*		

8.3 Projekt: Einen lyrischen Kalender gestalten

Jeder von euch weiß, dass die Erde ihr Aussehen in den verschiedenen Jahreszeiten stark verändert. Diesen Wandel haben Maler, Musiker und Dichter in ihren Werken immer wieder dargestellt. Zu jeder Jahreszeit, zu jedem Monat gibt es viele Lieder, Bilder und Gedichte. Eine eigene Zusammenstellung zu den verschiedenen Monaten könntet ihr als Kalender gestalten, der euer Klassenzimmer schmückt.

Französische Buchmalerei: Monat Oktober (um 1416)

Ursula Wölfel

Oktober

Oktober kommt mit blauem Rauch,
der Wind will Äpfel pflücken
und gelbe Birnen gibt es auch
und Süßes reift im Brombeerstrauch,
du brauchst dich nur zu bücken!

So rot und gold wie Feuerschein
steht nun der Wald am Hügel.
Das Eichhorn sammelt Nüsse ein,
der Falter sitzt am warmen Stein
und breitet weit die Flügel.

Ein Spinnwebfaden fließt im Wald,
es raschelt auf den Wegen.
Der Häher schreit, die Nacht wird kalt,
und auf die Wiesen wird sich bald
der erste Raureif legen.

1 a Beschreibt das Monatsbild genau. Was ist alles zu erkennen?
b Vergleicht die Darstellung des Monats Oktober im Bild und im Gedicht.

2 Erläutert den Sinn von Bauernregeln wie den folgenden. Kennt ihr weitere solche Verse?

Oktober-Sonnenschein schüttet Zucker in den Wein.

Sitzt im Oktober das Laub noch am Baum, so fehlt ein strenger Winter kaum.

3 Warum hängen sich Menschen schon seit sehr langer Zeit Monatskalender an die Wand? Sammelt eure Vermutungen.

Ludwig Hölty

Frühlingslied

Die Luft ist blau, das Tal ist grün,
Die kleinen Maienglocken blühn
Und Schlüsselblumen drunter;
Der Wiesengrund ist schon so bunt
Und malt sich täglich bunter.

Drum komme, wem der Mai gefällt,
Und freue sich der schönen Welt
Und Gottes Vatergüte,
Die diese Pracht
Hervorgebracht,
Den Baum und seine Blüte.

Paula Dehmel

Ich bin der Juli

Grüß Gott! Erlaubt mir, dass ich sitze.
Ich bin der Juli, spürt ihr die Hitze?
Kaum weiß ich, was ich noch schaffen soll,
die Ähren sind zum Bersten voll;
reif sind die Beeren, die blauen und roten,
saftig sind Rüben und Bohnen und Schoten.

So habe ich ziemlich wenig zu tun,
darf nun ein bisschen im Schatten ruhn.
Duftender Lindenbaum
rausche den Sommertraum!
Seht ihr die Wolke? Fühlt ihr die Schwüle?
Bald bringt Gewitter Regen und Kühle.

Theodor Storm

August

Die verehrlichen Jungen, welche heuer[1]
Meine Äpfel und Birnen zu stehlen gedenken,
Ersuche ich höflichst, bei diesem Vergnügen
Womöglich insoweit sich zu beschränken,
Dass sie daneben auf den Beeten
Mir die Wurzeln und Erbsen nicht zertreten.

1 heuer: heute

Peter Hacks

Der Winter

Im Winter geht die Sonn'
Erst mittags auf die Straße
Und friert in höchstem Maße
Und macht sich schnell davon.

Ein Rabe stelzt im Schnee
Mit graugeschneitem Rücken,
In seinen Fußabdrücken
Sieht man jeden Zeh.

Der Winter ist voll Grimm.
Doch wenn die Mutter Geld hat
Und viel Briketts[1] bestellt hat,
Dann ist er nicht so schlimm.

1 Brikett: gepresstes Stück Kohle

Eduard Mörike

Septembermorgen

Im Nebel ruhet noch die Welt,
Noch träumen Wald und Wiesen:
Bald siehst du, wenn der Schleier fällt,
Den blauen Himmel unverstellt,
Herbstkräftig die gedämpfte Welt
In warmem Golde fließen.

Erich Kästner

Der dreizehnte Monat

Wie säh er aus, wenn er sich wünschen ließe?
Schaltmonat wär? Vielleicht Elfember hieße?
Wem zwölf genügen, dem ist nicht zu helfen.
Wie säh er aus, der dreizehnte von zwölfen?
[...]

4 Stellt euch vor, es gäbe einen dreizehnten Monat, der all eure Wünsche an die Jahreszeiten erfüllte. Wie würde euer dreizehnter Monat aussehen? Beschreibt ihn.

5 Geht bei eurem Kalender-Projekt so vor:
- Bildet kleine Gruppen von zwei bis vier Personen.
- Jede Gruppe wählt einen Monat aus, zu dem sie gerne etwas gestalten möchte. Ihr könnt euch z. B. an euren Geburtstagen orientieren – oder ihr lost einfach aus.
- Vergewissert euch in der Klasse, dass alle Monate verteilt sind.
- Besorgt euch Pappkartonbogen in derselben Größe und in unterschiedlichen Farben.
- Überlegt gemeinsam, wo die Übersicht über die einzelnen Tage des Monats auf den Kalenderblättern stehen soll und wie sie aussehen soll.
- Entscheidet, wie ihr das Kalenderblatt gestalten wollt. Ihr könnt z. B. aus folgenden Möglichkeiten auswählen:

A Geht von einem Gedicht aus, das zu eurem Monat passt. Gedichte findet ihr in diesem Kapitel (► S. 140–153) oder in einer Gedichtesammlung. Ihr könnt auch nur ein paar Verse oder eine Strophe eines Gedichts verwenden. Zu dem Gedicht gestaltet ihr ein passendes Bild oder eine Collage (ausgeschnittene und neu zusammengestellte Fotos aus Illustrierten und Reiseprospekten).

B Ihr habt ein schönes Bild entdeckt und schreibt dazu ein passendes Gedicht.

C Ihr wollt sowohl einen eigenen Text verwenden als auch ein eigenes Bild gestalten. Überlegt zuerst, was euch an eurem Monat besonders wichtig erscheint: Vielleicht sind es die Farben, vielleicht ist es ein besonderes Ereignis oder es sind die Ferien.

9 Konrad oder ... –
Wir spielen Theater

1 Das Foto zeigt einen Ausschnitt aus der ersten Szene des Stücks „Konrad oder Das Kind aus der Konservenbüchse".

a Sammelt Ideen, worum es in diesem Theaterstück gehen könnte.

b Beschreibt das Foto mit Begriffen aus dem Theaterbereich, z. B.: Schauspieler/-in, Mimik, Requisite.

2 Welche Erfahrungen habt ihr im Theater oder beim Theaterspielen gemacht? Erzählt davon.

In diesem Kapitel ...

- lernt ihr ein Theaterstück kennen, in dem sich manche Figuren anders verhalten, als man es erwartet,
- wiederholt ihr wichtige Gestaltungsmittel des Theaters,
- lest und spielt ihr Theaterszenen,
- schreibt ihr selbst Szenen weiter und erstellt ein Textbuch für eine Theateraufführung.

9.1 Noch ein Paket für Frau Bartolotti – Figuren und Handlung auf der Bühne

Christine Nöstlinger

Konrad oder Das Kind aus der Konservenbüchse – 1. Szene

Frau Bartolotti trägt gerne bunte Kleider und riesige Hüte, schaukelt beim Frühstücken, hat Goldfische in der Badewanne und isst am liebsten Essiggurken mit Honig. Ihre Lieblingsbeschäftigung besteht darin, allerlei nützliche und unnütze Dinge aus den Werbekatalogen zu bestellen und in ihrer Wohnung anzuhäufen. So lebt Berti Bartolotti ein ruhiges, aber chaotisches Leben, bis eines Tages etwas äußerst Sonderbares geschieht.

Frau Bartolotti *(freudig):* Dreimal – das ist der Briefträger! *(Ruft laut.)* Herein, herein, die Tür ist offen!
(Lautes Rumoren vor der Zimmertür, Schnaufen, Briefträger macht die Zimmertür auf.)
Briefträger: Guten Morgen, Frau Bartolotti! *(Keucht, wischt sich den Schweiß von der Stirn, schleppt eine Kiste herein.)* Menschenskind, Frau Bartolotti! Das Ding hat ja seine fünfundzwanzig Kilo – oder mehr!
(Frau Bartolotti schleppt die Kiste zum Tisch.)
Briefträger: Also: Entweder, Verehrteste, Sie lassen einen Lift ins Haus einbauen oder Sie hören endlich auf, dauernd unnützen Kram zu bestellen, oder ich lasse mich in einen anderen Bezirk versetzen!
(Frau Bartolotti blickt schuldbewusst, sucht nach ihrer Geldbörse und kramt darin.)
Hundertundzwanzig Stufen mit dem Dings da! *(Stößt angewidert mit einem Fuß nach der Kiste.)* Haben Sie sich diesmal einen eisernen Geldschrank bestellt?
Frau Bartolotti: Nein, sicher nicht. *(Unsicher)* Das glaub ich denn doch nicht …
Briefträger *(milde empört):* Sie glaubt nicht, sie glaubt nicht … *(Gütig, wie zu einem kleinen Kind)* Frau Bartolotti! So geht es doch nicht! Sie sind doch ein durch und durch erwachsener Mensch. Warum bestellen Sie denn dauernd Sachen, die Sie gar nicht brauchen? *(Zeigt auf Gartenzwerg, Samowar[1], Segelschiffsmodell und ähnlichen Kram.)* Was ich bei Ihnen schon angeschleppt habe, das geht doch auf keine Kuhhaut mehr! Ihnen werden die vereinigten Versandhäuser noch einmal ein Denkmal errichten. *(Höhnisch)* Dem allergrößten Konsumtrottel in tiefer Dankbarkeit!
Frau Bartolotti *(beginnt neugierig, die Kiste zu öffnen, aufmüpfig):* Na schön, hab ich eben ei-

1 der Samowar: Teekocher

nen Tick! Jeder vernünftige Mensch hat einen Tick. *(Holt Geld aus der Geldbörse und drückt es dem Briefträger in die Hand.)* Sie haben sicher auch einen!

(Der Briefträger steckt das Geld ein. Frau Bartolotti entfernt die Kiste, die Riesenkonserve kommt zum Vorschein. Konservenoberteil hebt sich, halb nackter Konrad mit hellblauem Briefumschlag in der Hand steigt aus der Dose.)

Konrad: Guten Tag, liebe Mutter!

(Frau Bartolotti wankt zu einem Sessel und lässt sich verdattert hineinsinken.)

Konrad *(geht auf sie zu, legt ihr den Briefumschlag auf den Schoß, bleibt wartend vor ihr stehen):* Das sind meine Papiere. Und das Begleitschreiben der Herstellung.

(Frau Bartolotti fasst sich mühsam und holt mit zittrigen Fingern etliche Papiere aus dem Briefumschlag. Sie schaut ein Papier nach dem anderen kurz an und legt es dann auf den Tisch.)

Konrad: Der Taufschein. Der Staatsbürgerschaftsnachweis. Die Impfzeugnisse. *(Frau Bartolotti hält nur noch ein Papier in der Hand.)* Der Begleitbrief.

Frau Bartolotti *(liest):* Liebe Eltern, hiermit ist euer sehnlichster Wunsch in Erfüllung gegangen. Unsere Firma hat alles getan, um Ihnen einen erfreulichen, angenehmen Nachwuchs zu gewährleisten. Unser Erzeugnis ist leicht zu handhaben, da naturbedingte Fehler bei unserem Fertigprodukt wegfallen. Aber vergessen Sie bitte nicht, dass unser Nachwuchs neben der üblichen Aufsicht und Wartung auch Zuneigung braucht! Viel Freude wünscht Ihnen die Firmenleitung.

(Legt das Schreiben weg und schaut den Konrad an, seufzt, fährt sich nervös durch die Haare.)

Konrad: Kleider werde ich hier bekommen, hat es geheißen. Die Mode, hat man uns erklärt, wechselt so schnell. Da wäre es ein Unsinn, wenn sie uns einkleiden würden. Sonst kämen wir unter Umständen schon unmodern an.

Frau Bartolotti *(steht auf, holt eine Strickjacke und reicht sie Konrad, zögernd):* Hier, bitte, nimm das da!

Konrad *(schlüpft in die Jacke, erstaunt):* Ist das jetzt Mode für siebenjährige Jungen?

Frau Bartolotti: Nein ... nein ... *(stottert fast)* Siebenjährige Jungen tragen ganz andere Sachen. Das ist meine Jacke. Ich wusste ja nicht ...

Konrad: Was wusstest du nicht, Mutter?

Frau Bartolotti: Na, dass sie dich schicken!

Konrad *(vorwurfsvoll):* Wir werden nur auf Bestellung geschickt. *(Unsicher)* Oder hat sich der Vertrieb geirrt? Gehöre ich gar nicht hierher? *(Traurig)* Das wäre sehr unangenehm, denn dann müssten sie mich wieder umdosen und ...

Frau Bartolotti *(eifrig):* Nein, nein, du gehörst schon hierher!

(Konrads Gesicht hellt sich auf.)

Ganz gewiss! Nur, nur ... nur ... ich hab nicht gewusst, dass du heute kommst. Ich hab gedacht ...

(Zupft und zerrt aufgeregt an sich herum, fährt sich auch durch die Haare.) Ich hab gedacht, du kommst erst nächste Woche! *(Seufzt erleichtert auf.)* Ja, nächste Woche, das hab ich gedacht!

Konrad *(lächelt froh):* Bist du froh, dass ich hier bin, liebe Mutter?

Frau Bartolotti *(schaut Konrad an, seufzt, räuspert sich, entschlossen):* Ja! Ich bin froh, dass du hier bist *(greift nach dem Taufschein, schaut hinein)* – lieber Konrad! *(Konrad gähnt. Sie lächelt.)* Konrad! Das ist ein hübscher Name.

Konrad *(gähnend):* Dürfte ich mich ein wenig hinlegen, liebe Mutter? Dosenöffnen nimmt einen nämlich ziemlich mit! Man hat uns ein, zwei Stunden Schlaf nachher vorgeschrieben. Sonst könnten Schäden entstehen.

Frau Bartolotti: Na klar, Konrad! *(Sie läuft zum Sofa und klopft es sauber, holt eine Decke und ein Kissen.)* Hier, mein Schatz! Ruh dich aus. Schlaf nur! *(Konrad legt sich aufs Sofa. Frau Bartolotti deckt ihn zu.)* Während du schläfst, werde ich dir Kleider besorgen, ja?

(Konrad nickt, gähnt, schläft ein.)

1 Lest den Text mit verteilten Rollen. Beachtet die Regieanweisungen in Kursivschrift.
Tipp: Ihr könnt dazu die Szene in die folgenden Abschnitte einteilen:
Z. 1–48: Dialog Briefträger und Frau Bartolotti
Z. 49–126: Dialog Frau Bartolotti und Konrad

Stimme, Gestik, Mimik
Mit eurer Stimme (Sprechweise), eurer Gestik (Körpersprache) und eurer Mimik (Gesichtsausdruck) könnt ihr ausdrücken, wie die Figur sich gerade fühlt oder wie eine Äußerung gemeint ist.

2 Tauscht euch über eure ersten Eindrücke aus.
- Was hat euch besonders gut gefallen?
- Was hat euch erstaunt?
- Gibt es etwas, was ihr nicht verstanden habt?

3 Fasst den Inhalt der ersten Szene kurz zusammen. Ihr könnt z. B. so beginnen:
In der ersten Szene geht es darum, dass ...

4 Nach dieser 1. Szene führt Frau Bartolotti ein Selbstgespräch (einen Monolog). In diesem Monolog wird deutlich, welche Gedanken und Gefühle Frau Bartolotti bewegen.

a Schreibt gemeinsam mit einer Partnerin oder einem Partner diesen Monolog, z. B.:
Das kann doch nicht wahr sein. Ich kann einfach nicht glauben, dass ...

b Tragt eure Monologe in der Klasse vor. Unterstreicht das Gesagte durch eure Sprechweise sowie durch eure Gestik und Mimik. Die anderen beobachten den Vortrag und geben anschließend eine Rückmeldung darüber, was besonders gut gelungen ist und was ihr noch verbessern könnt.

5 In den ersten Szenen eines Theaterstücks wird der Zuschauer in das Geschehen eingeführt und lernt die Hauptfiguren kennen. Überlegt, worin in dieser Ausgangssituation der Reiz liegt.

Information **Wichtige Theaterbegriffe**

Dialog: Gespräch von zwei oder mehreren Figuren
Monolog: Selbstgespräch einer Figur (im Gegensatz zum Dialog)
Regieanweisungen: von der Autorin/vom Autor im Dramentext zusätzlich zu den Rollentexten gegebene Anregungen, wie sich die Figuren bewegen (z. B. *steht auf*), wie sie schauen und sprechen sollten (z. B. *schaut Konrad an, seufzt*) und wie die Handlung auf der Bühne dargestellt werden sollte (z. B. *Frau Bartolotti entfernt die Kiste, die Riesenkonserve kommt zum Vorschein*)

Christine Nöstlinger

Konrad oder Das Kind aus der Konservenbüchse – 2. Szene

(Wohn- und Arbeitszimmer von Frau Bartolotti. Konrad, in die Decke gewickelt, steht am Fenster und schaut auf die Straße hinunter, dann wandert er vom Fenster weg und versucht, Ordnung im Raum zu schaffen, hebt herumliegenden Kram vom Boden auf. Frau Bartolotti kommt keuchend mit unerhört vielen Tragetaschen, vollgestopft mit Kleidung, Süßigkeiten, Eis und Spielzeug, ins Zimmer. Sie schlüpft aus dem Pelzmantel, wirft ihn auf den Boden und strahlt Konrad freudig an.)

KONRAD: Guten Tag, liebe Mutter!

FRAU BARTOLOTTI *(eilt auf Konrad zu und hebt ihn hoch)*: Servus, Konrad! *(Schaut ein wenig verzagt und stellt den Konrad wieder ab.)* Ich wollte dir einen Kuss geben, aber ich weiß nicht, ob du das magst. *(Zögernd)* Ich – weißt du – ich kenne mich bei Kindern nicht sonderlich aus. Es ist schon so lange her, dass ich eins gewesen bin.

KONRAD: Kinder werden geküsst, wenn sie brav waren. *(Schaut sich um.)* Ich hab nichts angestellt, nichts beschädigt, bloß ein wenig Ordnung gemacht. Ich denke, man darf mich küssen.

FRAU BARTOLOTTI *(lacht, hebt ihn wieder hoch und küsst ihn mehrmals, stellt ihn wieder hin, aufgeregt)*: Und jetzt schau mal, was ich alles gebracht hab! *(Räumt irre Kinderkleidung aus den Tragetaschen.)* Schön! Nicht? *(Leise)* Alles auf Kredit. Aber das zahlen wir schon ab! Das machen wir schon. *(Konrad beäugt verdattert die Kleidungsstücke.)*

FRAU BARTOLOTTI *(enttäuscht)*: Gefällt es dir etwa nicht?

KONRAD *(zögernd)*: Doch! Wenn es dir gefällt, bin ich zufrieden.

FRAU BARTOLOTTI: Dir soll's gefallen! Du musst das Zeug ja tragen.

1 a Welchen Eindruck habt ihr von den beiden Figuren, Frau Bartolotti und Konrad? Beschreibt sie. Verwendet dabei treffende Adjektive, z. B.: *verrückt, anständig ...*

b Inwieweit unterscheidet sich die Beziehung zwischen Frau Bartolotti und Konrad von einer Mutter-Sohn-Beziehung, wie ihr sie kennt?

2 Stellt Vermutungen darüber an, bei welchen Themen die beiden unterschiedlicher Auffassung sein könnten.

Christine Nöstlinger

Konrad oder Das Kind aus der Konservenbüchse – 2. Szene, Fortsetzung

(Es klingelt an der Tür zweimal sanft. Frau Bartolotti springt auf.)

Frau Bartolotti: Zweimal! Das ist Egon! *(Geht zur Tür.)* Der Egon ist mein Freund, weißt du. Der hat die Apotheke an der Ecke. Und zweimal die Woche gehen wir zusammen aus.

(Es klingelt wieder zweimal sanft. Sie geht ins Vorzimmer.) Ja, Egon, ich komme!

Egon *(sanft ermahnend):* Berti, du bist noch nicht umgezogen? *(Holt zwei Karten aus der Tasche, freudig.)* Kleide dich festlich! Ich habe zwei wundervolle Opernkarten.

Frau Bartolotti *(strahlend):* Ich habe einen wundervollen Sohn.

(Egon schaut verstört. Konrad geht zu ihm, macht einen Diener.)

Konrad: Guten Abend, Herr Egon!

Frau Bartolotti: Das ist mein Sohn. Sieben Jahre alt. Konrad mit Namen.

Egon *(entsetzt):* Nein!

Frau Bartolotti *(Ihr ist die Situation unangenehm; sie will den Konrad weghaben; ziemlich stammelnd):* Konrad, Herzblatt, ich glaube, im Fernsehen ist jetzt Kindersendung.

Konrad *(nickt ihr zu und geht zur Schlafzimmertür):* Ja, ich habe den Fernseher schon gesehen.

Egon *(milde, streng):* Was soll das, Bertilein?

Frau Bartolotti: Er war in der Dose! Irgendwann muss ich ihn bestellt haben.

Egon: Schick ihn zurück!

Frau Bartolotti *(empört):* Schäm dich, Egon! *(Führt Egon zur offenen Schlafzimmertür.)* Schau ihn doch an! Er ist doch lieb! *(Leise)* Und wenn ich ihn zurückschicke, dann müssen sie ihn umdosen – und außerdem ... außerdem ... *(Fest und entschieden)* Ich liebe ihn bereits!

(Egon geht zum Tisch zurück, setzt sich, seufzt.)

Frau Bartolotti: Na?

Egon *(zögernd):* Ja, lieb ist er schon. Aber ...

Frau Bartolotti: Nix aber! *(Fernsehgeräusch verstummt. Konrad kommt zurück.)* Ist das Kasperltheater schon aus?

Konrad *(bekümmert):* Ich habe abgedreht. Sie haben ein Tier gequält – ein Krokodil. Der Mann mit der roten Mütze hat das Krokodil geschlagen!

(Egon hört aufmerksam und immer begeisterter zu.)

Frau Bartolotti *(nicht verstehend):* Ja, ja, natürlich, das ist ja das Schöne am Kasperltheater! *(Macht Kasperl-Haubewegungen nach.)* Bumm! Bumm! Immer feste druff! Immer dem bösen Krokodil eins über den Schädel!

Konrad: Dieses Krokodil wollte bloß schlafen. Der Mann mit der Mütze ist dahergekommen, hat laut gebrüllt und das arme Tier aufgeweckt!

Frau Bartolotti: Aber Konrad! Krokodile sind hinterhältig!

Konrad: Nein, bitte, Tiere sind niemals hinterhältig! Und durch ein Gebiet, wo Raubtiere leben, sollte der Mann mit der Mütze überhaupt nur in einem geschlossenen Wagen fahren.

Frau Bartolotti: Ja, aber ...

Konrad: Das wäre sicherer. Für ihn und das Tier.

Frau Bartolotti: Ja, aber ...

Egon *(hocherfreut)*: Nichts: Ja, aber! Der Knabe hat recht! Der Knabe ist für sein Alter überhaupt ungewöhnlich klug! Ich habe ja gar nicht gewusst, dass es auch solche Kinder gibt. Der Knabe ist ja unheimlich seriös[1]. Das ist ein Kind nach meinem Geschmack!

Konrad: Bitte, ist es jetzt Zeit, ins Bett zu gehen?

Frau Bartolotti: Bist du schon müde?

Konrad: Darauf kommt es nicht an. Die meisten Kinder sind zur Zu-Bett-geh-Zeit nicht müde.

Frau Bartolotti: Bleib auf, bis du müde wirst! *(Nimmt einen Sack mit Bonbons.)* Und da, mein Herzblatt! Nimm! Nugat!

Konrad: Naschen am Abend ist nicht gut für die Zähne.

(Frau Bartolotti lacht und steckt ihm ein Bonbon in den Mund.)

Egon *(rügend)*: Bertilein, du hast keinen Verstand! Das Kind ist klüger als du. Sei doch froh, dass du ein Kind hast, das erkennt, wie schädlich Zucker für die Zähne ist!

Frau Bartolotti *(murmelt)*: Ach, papperlapapp! *(Schaut Konrad an, der ein unglückliches Gesicht macht.)* Schmeckt's dir nicht?

Konrad: Danke, es schmeckt gut, aber es bedrückt mich.

Frau Bartolotti: Ein Zuckerl macht doch nicht Magendrücken!

Konrad: Es drückt mich nicht im Magen, sondern im Gewissen. Bonbonessen vor dem Zubettgehen ist verboten. Alles, was verboten ist, bedrückt mich. Das hat man mir beigebracht. Das war unser Hauptgegenstand in der Endfertigung: „Schuldgefühls-Stunde". *(Traurig)* Und ich war Vorzugsschüler!

Frau Bartolotti: Entsetzlich!

1 seriös: anständig, ernsthaft

Egon *(begeistert)*: Das ist der prächtigste Knabe, den ich je gesehen habe! Wenn alle Kinder so wären, hätte ich längst eines.

Frau Bartolotti: Du bist ein Trottel!

Egon: Dieser Junge braucht die richtige Förderung! Dieser Junge braucht einen Vater!

Frau Bartolotti: Da sei Gott davor!

(Konrad will aus dem Zimmer gehen.)

Egon: Einen Moment noch, Konrad. *(Konrad bleibt stehen.)* Konrad ... *(Zögert)* Hast du etwas dagegen, wenn ich dein Vater werde?

Frau Bartolotti *(empört)*: Moment!

Egon: Red nicht dazwischen, lass ihn frei entscheiden! Also, Konrad?

Konrad *(freundlich)*: Ja, ich glaube, das wäre gut und richtig. *(Frau Bartolotti seufzt gottergeben, Konrad geht zu Egon und küsst ihn.)* Grüß Gott, lieber Vater! *(Zu Berti Bartolotti)* Ich gehe mich jetzt waschen!

(Er geht aus dem Zimmer.)

Frau Bartolotti: Ich protestiere!

1 In diesem Szenenauszug lernt ihr Egon kennen, den Freund von Frau Bartolotti.
- a Fasst zusammen, was ihr über Egon erfahrt.
- b Überlegt gemeinsam, warum Egon im Laufe der Szene seine Meinung über Konrad ändert.

2
- a Wählt aus dieser Szene (▸ S. 160–162) eine Textstelle aus, die typisch für Egon ist, und eine, die typisch für Frau Bartolotti ist. Arbeitet gemeinsam mit einer Partnerin oder einem Partner.
- b Mit welcher Stimme, Mimik und Gestik sprechen sie jeweils? Probiert in Partnerarbeit unterschiedliche Möglichkeiten aus.
  Tipp: Ihr dürft in eurer Sprechweise, Mimik und Gestik auch ruhig etwas übertreiben.
- c Tragt eure Textstellen vor. Begründet anschließend, warum ihr sie ausgewählt habt.

3 Beschreibt die Beziehung zwischen Egon und Frau Bartolotti. Passen die beiden zusammen? Begründet eure Meinung.

4 Bildet Kleingruppen und spielt die Szene in der Klasse. Geht so vor:
- a Schreibt Rollenkarten für Frau Bartolotti, Konrad und Egon. Verwendet dazu die Informationen zu den Figuren aus dem Text und denkt euch weitere passende Merkmale aus.

Rollenkarte für Konrad

Alter: sieben Jahre
Aussehen/Eigenschaften: brav, ...
mögliche Interessen: ...
Stimme: ...
Gesichtsausdruck: ...

...
...
...

Rollenkarten dienen dazu, sich in eine Figur hineinzuversetzen und ein möglichst genaues und lebendiges Bild von ihr zu gewinnen. Schauspieler/-innen erarbeiten solche Rollenkarten, wenn sie eine Figur darstellen wollen.

- b Besprecht, welche typischen Merkmale die einzelnen Figuren haben. Überlegt, wie ihr sie lebendig werden lassen könnt, z. B. durch eine besondere Sprechweise, Mimik und Gestik.
- c Verteilt die Rollen, probt die Szene und spielt sie dann in der Klasse vor. Wenn ihr die Szene aufteilt, könnt ihr die Rollen auch mehrfach besetzen, z. B. 1. Teil: Z. 1–43; 2. Teil: Z. 44–104; 3. Teil: Z. 105–125.

Teste dich!

Einen Szenenausschnitt spielen

Christine Nöstlinger

Konrad oder Das Kind aus der Konservenbüchse – 2. Szene, Ende

EGON: Du musst dich ändern, Bertilein! Du musst ordentlicher, mütterlicher und manierlicher werden! Und solider! Ab jetzt musst du täglich aufräumen und anständig kochen und vor allem darauf achten, dass du nur Sachen sagst, die für einen siebenjährigen Jungen von Konrads Qualität tragbar sind.

FRAU BARTOLOTTI *(wütend):* Ordentlich! Ordentlich! Wenn ich das schon höre! Ich kann dieses Wort nicht ausstehen! Es ist genauso hässlich wie solide und regelmäßig und manierlich. Pfui-Teufel-Wörter sind das! *(Springt auf, schreit.)* Zweck, Sinn, tagtäglich, lehrreich, Anstand, Sitte. Hausfrau, passend, gehörig! – Davor graust mir, Egon!

EGON *(lächelnd):* Ein Mutterherz hat sich zu überwinden.

(Frau Bartolotti will etwas erwidern. Konrad kommt im Nachthemd herein.)

KONRAD: Gute Nacht, liebe Eltern! *(Geht auf die Schlafzimmertür zu, bleibt an der Tür stehen.)* Liebe Mutter, morgen möchte ich mich auf die Schule vorbereiten. *(Deutet gegen den Fußboden.)* Dieses Kind unter uns, diese Kitti, könnte die mir ihre Schulbücher borgen? Zum Einarbeiten in die Materie[1].

FRAU BARTOLOTTI: Ja, willst du denn nicht in die erste Klasse gehen?

(Konrad schüttelt den Kopf.)

EGON: Lächerlich! Dieses Elite-Kind hat nichts in der Abc-Klasse verloren! *(Zu Konrad)* Morgen werden wir die Bücher dieser Kitti durchsehen und beschließen, in welche Klasse du gehörst!

FRAU BARTOLOTTI *(wütend):* Okay, okay. Beschließt! Beschließt! Aber ohne mich, bitte!

(Sie rennt aus dem Zimmer und knallt die Tür zu. Konrad und Egon schauen ihr entsetzt nach.)

1 die Materie: Gegenstand, Stoff; hier: Unterrichtsstoff

1 Spielt den Szenenausschnitt mit verteilten Rollen. Geht so vor:

a Teilt euch in Kleingruppen auf und überlegt, wie ihr die Figuren darstellen wollt.
– Wie verhalten sich Frau Bartolotti, Egon und Konrad in dieser Szene?
– Wie sollen die Figuren sprechen, welche Gestik und Mimik passen zu ihnen? Probiert verschiedene Möglichkeiten aus.

b Verteilt die Rollen und probt euer Spiel.

2 Spielt die Szene in der Klasse. Beobachtet und bewertet das Spiel eurer Mitschülerinnen und Mitschüler mit Hilfe eines Bewertungsbogens. Verwendet die Zeichen ☺, 😐 und ☹, z. B.:

	Egon	Frau Bartolotti	Konrad
Gestik und Mimik	☺	😐	...
Lautstärke und Deutlichkeit	☹	...	...
zur Figur passende Sprechweise	...	...	...

9.2 Und was wird aus Konrad? – Szenen ausgestalten und spielen

Eine Szene weiterschreiben

Christine Nöstlinger

Konrad oder Das Kind aus der Konservenbüchse – 5. Szene

(Vor dem Schulhaus. Frau Bartolotti steht neben dem Schultor und wartet ungeduldig. Egon kommt herbei.)

FRAU BARTOLOTTI: Schon wieder du? Was soll das? Meinst du, zwei Personen sind nötig, um ein Kind von der Schule abzuholen?

EGON: Entschuldige, ich dachte, du würdest dich sicher verspäten! Deine Unpünktlichkeit …

FRAU BARTOLOTTI *(unterbricht empört):* Meine Unpünktlichkeit? Du hast sie wohl nicht alle! Ich bin nie unpünktlich, wenn es wichtig ist! Aber das ist ja wieder einmal typisch. Leute wie du schieben einem alles in die Schuhe. Bloß weil man Teppiche webt und keinen Mann hat und viel Farbe im Gesicht, soll man unpünktlich sein! Das ist eine Frechheit!

EGON: Leiser bitte! Schrei doch nicht so!

FRAU BARTOLOTTI *(schaut auf die Uhr):* Gleich muss er kommen, hoffentlich hat es ihm gefallen!

1 Lest den Szenenbeginn mit verteilten Rollen. Beachtet dabei die Art der Sätze (Fragesätze, Ausrufesätze). Nutzt die Möglichkeit, eure Stimme am Ende des Satzes zu heben und in unterschiedlicher Lautstärke zu sprechen.

2 Erläutert, welche Situation in dieser Szene dargestellt ist und wie sich die Figuren verhalten.

3 Diese Szene geht natürlich noch weiter: Konrad tritt auf und erzählt seinen beiden „Eltern" von seinem ersten Schultag. Schreibt die Szene in Partnerarbeit weiter.

a Sammelt in Stichworten Ideen, wie die Szene weitergehen könnte:
- Was könnte Konrad erlebt haben und erzählen?
- Wie äußert sich Frau Bartolotti, was meint Egon dazu?

b Schreibt nun die Szene weiter. Notiert auch Regieanweisungen, die angeben, wie die Figuren reden und wie sie sich verhalten sollen.

c Lest eure Szenen vor und wählt die überzeugendsten aus. Begründet eure Auswahl.

> **EGON** *(stolz):* Er wird bestimmt eine Eins bekommen haben!
> **FRAU BARTOLOTTI** *(abfällig):* Ach, Noten sind doch Schall und Rauch!
> *(Sie blickt zum Schultor.)* Da …

4 Tragt die ausgewählten Szenen mit verteilten Rollen vor oder spielt sie in der Klasse.

Der Konflikt und die Lösung: Konrad soll weg und lernt ein neues Verhalten

Konrad hat sich in seiner neuen Umgebung eingelebt: Er geht zur Schule und versucht, seine „Mutter", Frau Bartolotti, zu erziehen. Doch eines Tages kommt folgender Brief:

Werkdorf, den 5. März 2013

Sehr geehrte Frau Bartolotti,

wie wir bei Überprüfung unserer Auslieferungsabteilung bemerkt haben, ist uns ein bedauerlicher Irrtum unterlaufen. Durch ein Fehlverhalten unseres Computers wurden Sie mit einem siebenjährigen Jungen beliefert, der Ihnen in keiner Weise zusteht. Wir ersuchen Sie, den Knaben unverzüglich bereitzustellen, und werden ihn baldigst von unserem Servicedienst abholen lassen, um ihn den rechtmäßigen Eltern zuzustellen.

Mit nochmaligem Bedauern und freundlichen Grüßen

der Fabrikdirektor

1 a Fasst den Brief in einem Satz zusammen, z. B.: *In den Brief geht es darum, dass ...*

b Woran erkennt ihr, dass es sich um ein offizielles Schreiben handelt? Nennt Beispiele aus dem Brief.

2 Natürlich sind alle entsetzt über das Schreiben und niemand will, dass Konrad wieder abgeholt wird, am allerwenigsten Konrad selbst.

a Verfasst eine Szene, in der die Figuren vom Inhalt des Briefes erfahren. Überlegt zuerst, wie die Figuren vom Inhalt des Briefes in Kenntnis gesetzt werden, z. B.:

- Frau Bartolotti hat den Brief bereits gelesen und erzählt Egon und Konrad davon.
- Der Brief wird gerade vom Briefträger zugestellt, der froh ist, diesmal nicht so viel schleppen zu müssen.
- Frau Bartolotti beginnt, den Brief zu lesen. Egon nimmt ihn ihr jedoch ab und liest entsetzt weiter.

b Tragt euch eure Szenen vor. Gebt euch ein Feedback zu euren Ideen.

3 Frau Bartolotti und Egon wollen natürlich alles tun, damit Konrad bei ihnen bleiben kann. Dazu muss Konrad allerdings sein Verhalten deutlich ändern. Er muss lernen, ein „normales", ja ein aufmüpfiges, freches Kind zu werden.

a Überlegt euch „Lernsituationen", in denen Konrad üben kann, sich wie ein „normales" Kind zu verhalten, z. B.: *Konrad lernt, lässig zu gehen, Konrad lernt schmatzen ...*

b Schreibt kurze Szenen zu diesen Situationen.

Fordern und fördern – Den Schluss gestalten

Christine Nöstlinger

Konrad oder Das Kind aus der Konservenbüchse – 12. Szene (Schlussszene)

Die Handlung spitzt sich zu. Der Fabrikbesitzer kommt zu Frau Bartolotti, zusammen mit zwei Mitarbeitern, die himmelblaue Uniformen tragen. Mit dabei ist auch die Frau, die den braven Konrad eigentlich bestellt hatte. Frau Bartolotti, Egon und Konrad haben alles vorbereitet.

Frau Bartolotti *(deutet zum Fenster):* Die werden gleich da sein. Halt sie auf, solange es geht! Jede Sekunde ist wichtig!
(Egon nickt. Frau Bartolotti und Konrad verschwinden im Nebenzimmer.)
Egon: Wenn das nur gutgeht!
Stimme von Frau Bartolotti: Stinktier, verdammtes!
Stimme von Konrad: Selber Stinktier!
(Gepolter und Krawall aus dem Nebenzimmer, auch Gekicher)
Egon *(stöhnt):* O Gott, o Gott!
(Tür vom Flur her geht auf, Fabrikdirektor, die zwei Himmelblauen und eine Frau kommen herein. Die zwei Himmelblauen nehmen bei der Tür drohend Haltung an.)
Fabrikdirektor *(zur Frau):* So! Nun werden Sie aber gleich Ihren Liebling in die Arme schließen können.
Frau *(griesgrämig):* Das wird ja auch Zeit. Schließlich vertrösten Sie uns schon seit Wochen.
Fabrikdirektor *(zu Egon):* So! Nun rücken Sie mal den Jungen heraus! *(Gepolter und Gequietsche aus dem Nebenzimmer)* Er ist mein Eigentum! Sie haben kein Recht darauf!
Egon *(kläglich, mit Zitterstimme):* Nur über meine Leiche!
Frau *(schrill):* Ich will meinen artigen kleinen Jungen haben! Ich habe ihn bezahlt!

●●● 1 Sammelt Ideen, wie diese Szene weitergehen könnte. Geht dabei folgendermaßen vor:
- a Notiert, welche neuen Figuren in dieser Szene auftreten. Welche Eigenschaften haben sie?
- b Gibt es in diesem Szenenanfang bereits Hinweise auf einen möglichen weiteren Handlungsverlauf? Begründet mit Textbelegen.
- c Sammelt Ideen, wie diese Szene weitergehen könnte. Lasst keine neuen Figuren auftreten.

▷ Hilfen zu diesen Aufgaben findet ihr auf Seite 167.

●●● 2
- a Schreibt nun die Szene weiter. Lasst dabei nach jeder Zeile eine Zeile frei, dann könnt ihr später noch einige Regieanweisungen ergänzen.
- b Lest eure Dialoge noch einmal und ergänzt gegebenenfalls Regieanweisungen.

▷ Wenn ihr Hilfe zu dieser Aufgabe braucht, schaut auf Seite 167 nach.

●●● 3 Überarbeitet eure Texte mit Hilfe der Textlupe (▸ S. 333).

▷ Eine Hilfe zu dieser Aufgabe findet ihr auf Seite 167.

Hilfe zu Aufgabe 1

a Folgende Figuren kennt ihr bereits: Frau Bartolotti, Konrad und Egon. Notiert nun, welche neuen Figuren in dieser Szene auftreten und welche Eigenschaften sie haben. Berücksichtigt hierbei vor allem die Zeilen 17–26 (▸ S. 166).

b Wie ihr wisst, haben Frau Bartolotti und Egon versucht, Konrad zu einem frechen Kind umzuerziehen, denn seine rechtmäßigen Eltern erwarten einen artigen Jungen aus der Fabrik. Lest noch einmal den Szenenanfang. Findet ihr Textstellen, die verraten, ob diese Umerziehung geglückt ist oder nicht? Notiert euer Ergebnis in Stichworten.

c Wie könnte diese Szene weitergehen? Schreibt eure Ideen auf. Ordnet eure Ideen so, dass die Handlung einen roten Faden hat, z. B.: Lasst keine neuen Figuren auftreten.

Konrad verhält sich unartig.
↓
Fabrikbesitzer und Frau sind entsetzt, weil ...
↓
Fabrikbesitzer und Frau gehen wütend weg.
↓
...

Hilfe zu Aufgabe 2

a Die Szene könnte so beginnen:

EGON *(schreit):* Nein, nein. Sie kriegen ihn nicht!
FRAU *(entnervt zum Fabrikdirektor):* So tun Sie doch endlich etwas, Sie Dumpfbacke!
FABRIKDIREKTOR *(lässig):* Meine Instantkinder gehorchen aufs Wort. *(schreit):* Konrad, komm her!
KONRAD *(mit verschmiertem Pullover, grinsend):* Na, ihr Weihnachtsmänner! Was gibt's zu feiern?

b Gibt es Stellen, an denen ihr Regieanweisungen ergänzen wollt? Schreibt sie auf die Leerzeilen und markiert mit einem Pfeil, wo diese hingehören.

Hilfe zu Aufgabe 3

Verwendet die folgende Checkliste.

Checkliste

Eine Theaterszene weiterschreiben

- Knüpft die Handlung logisch an das an, was vorher geschehen ist?
- Passen Text und Sprechweise zu den Figuren?
- Sind die Regieanweisungen klar und verständlich?
- Sind die Rechtschreibung und die Zeichensetzung korrekt? Steht z. B. ein Doppelpunkt nach den Sprecherinnen/den Sprechern, stehen die Regieanweisungen in Klammern und sind die Satzschlusszeichen (Fragezeichen, Ausrufezeichen oder Punkt) korrekt?

9.3 Projekt: Das Stück inszenieren

Richtig atmen, deutlich sprechen

Ganz entscheidend für euer Spiel ist, dass ihr laut und deutlich sprecht. Hierfür müsst ihr ausreichend Luft zur Verfügung haben. Das ist vergleichbar mit einem Dudelsack, auf dem man auch nur spielen kann, wenn der Blasebalg gefüllt ist.
Mit den folgenden Übungen könnt ihr euer Stimmvolumen vergrößern und eure Atmung trainieren.

Richtiges Atmen: Luftballon
Stellt euch beim Atmen vor, dass ihr einen Luftballon in eurem Bauch auffüllt. Vermeidet also allzu flaches Atmen in den Brustbereich.
- Legt beim Einatmen die Hand unterhalb des Nabels auf den Bauch und atmet in die Hand hinein.
- Wiederholt diese Übung mehrmals.

Töne beim Ausatmen summen
- Alle atmen ein. Lasst dabei die Luft in den Bauch fließen.
- Wer kann am längsten einen leisen Ton summen, z. B. *sssss...* oder *fffff...*?

Konsonanten beim Ausatmen sprechen
- Atmet langsam in den Bauch ein.
- Beim Ausatmen sprecht ihr dreimal die Konsonantenreihe *p – t – k, p – t – k, p – t – k* deutlich und atmet dann mit dem Ton *sssss...* aus.

Vokaltonleiter
- Holt tief Luft, atmet dabei in euren Bauch.
- Lasst dann mit einer Handbewegung von oben nach unten die Vokale ineinandergleiten: *a – e – i – o – u.*

Treppensprechen
Wenn man laut sprechen möchte, neigt man dazu, mit der Stimme am Ende hochzugehen und im Hals zu pressen.
Sprecht jedes der folgenden Wörter zuerst leise und steigert dann die Lautstärke von Wortsilbe zu Wortsilbe. Dabei geht die Stimme aber, wie bei einer Treppe, nach unten. Sprecht die Konsonanten möglichst deutlich aus.

Konservenbüchse • Bartolotti • Menschenskind • Postwurfsendung • Produktionsverfahren • Staatsbürgerschaftsnachweis • Begleitschreiben • Fertigprodukt • Firmenleitung

Das Theaterstück aufführen

Ein Regiebuch erstellen

1. Szene: Konrad wird angeliefert	
FRAU BARTOLOTTI: *(freudig)* Dreimal – das ist der Briefträger! *(Ruft laut.)* Herein, herein, die Tür ist offen!	Tisch mit Süßigkeiten, Katalogen; Kleidung und andere Dinge liegen auf dem Boden. Frau Bartolotti blättert in einem Katalog. Licht 70 %. *(Rumoren vor der Zimmertür, Schnaufen, Briefträger öffnet die Zimmertür.)*
BRIEFTRÄGER: Guten Morgen, Frau Bartolotti! Menschenskind, Frau Bartolotti! Das Ding hat ja seine fünfundzwanzig Kilo – oder mehr!	~~Licht auf Tür.~~ *Licht 100 %* *(Keucht, wischt sich den Schweiß von der Stirn, schleppt Kiste herein.)*

1 Vergleicht diesen Auszug aus einem Regiebuch mit der entsprechenden Stelle aus dem Theaterstück (▸ S. 156, Z. 1–10). Welche Unterschiede könnt ihr feststellen?

2 Der vorliegende Auszug aus einem Regiebuch ist mit dem Computer erstellt worden. Während der Proben werden Anmerkungen ergänzt oder korrigiert.
a Untersucht, welche Informationen in der linken, welche in der rechten Spalte stehen.
b Überlegt, warum man für eine Theateraufführung ein Regiebuch erstellt.

3 Erstellt ein Regiebuch zu dem Stück „Konrad oder Das Kind aus der Konservenbüchse".
Legt dazu eine Tabelle mit zwei Spalten an. Tippt dann die Originalszenen von Christine Nöstlinger und eure eigenen Szenen ab.
Tipp: Nehmt in die rechte Spalte zuerst nur die notwendigen Regieanweisungen auf. Weitere Hinweise, z. B. zu den Requisiten, zum Licht usw., ergänzt ihr während der Proben.

Einen Projektfahrplan erstellen

4 Zur Aufführung eines Theaterstücks gehören verschiedene Aufgaben:
– Schauspielerinnen und Schauspieler
– Kostüme, Requisiten
– Bühnenbild, Licht
– Souffleusen/Souffleure
– Werbung: Einladung (Flyer) und Plakat entwerfen
Verteilt die Aufgaben auf einzelne Teams. Falls ihr mehrere Aufführungen plant, könnt ihr die Rollen doppelt besetzen. Das hat auch den Vorteil, dass ihr Ersatz habt, falls eine Schauspielerin oder ein Schauspieler krank wird.

Soufflieren (Vorsagen)
Souffleusen/Souffleure geben den Schauspielern ein Stichwort, falls diese im Text hängen bleiben.

5 Erstellt einen Projektfahrplan, in dem ihr die Aufgaben und die Termine der Teams notiert.

Projektfahrplan: *Konrad oder Das Kind aus der Konservenbüchse*		
Verantwortliches Team	**Aufgabe**	**Termine**
Team 1: Schauspieler/-innen	*– Texte auswendig lernen* *– …*	…
…	…	…

Das gemeinsame Proben

6 Führt gemeinsam die Proben durch.

a Beobachtet die Schauspieler/-innen und gebt ihnen Hinweise, wie ihr Spiel auf das Publikum wirkt. Folgende Fragen helfen euch:
- Sind die Darsteller/-innen zu verstehen?
- Wirkt ihr Spiel überzeugend und zur Figur passend?
- Fallen die Darsteller/-innen aus ihren Rollen?
- Wie könnten sich die Darsteller/-innen anders verhalten oder sprechen?

b Übt während der Proben auch das Soufflieren.

Tipps zum Soufflieren
- Nicht zu früh hineinsprechen.
- Nur Wörter oder Teilsätze vorsagen.
- Verabredet ein Zeichen, wann ihr ein Stichwort geben sollt, z. B. Fingerschnipsen.

Werbung: Einladung (Flyer, Mail) und Plakat entwerfen

7 Wenn ihr das Stück für die Öffentlichkeit aufführen wollt, solltet ihr dafür werben, z. B. ein Plakat erstellen und per Flyer oder Mail zu eurer Aufführung einladen.

a Notiert wichtige Angaben für das Plakat und die Einladungen, z. B. Titel des Stücks, Ort, Datum, …

b Teilt die Aufgaben auf: Wer entwirft das Plakat, den Flyer, die Mail?

c Überlegt, wie ihr die Flyer verteilen wollt, z. B. in Cafés auslegen oder in Briefkästen werfen. Wo könntet ihr eure Plakate aufhängen?
Tipp: Verteilt die Flyer ca. zehn Tage vor der Aufführung.

- Teilt ein DIN-A4-Blatt in drei Spalten.
- Überlegt: Was soll als Blickfang auf der ersten Seite stehen?
- Kopiert die DIN-A4-Blätter und faltet sie zu einem Flyer.

Eine Theateraufführung besuchen

8 Anregungen für eure Aufführung bekommt ihr auch, wenn ihr eine Theateraufführung besucht.

a Klärt vorher, ob einige das Stück bereits kennen, was ihr von der Aufführung erwartet und worauf ihr achten wollt.

b Nach der Aufführung kann man manchmal ein Gespräch mit den Schauspielerinnen/Schauspielern oder dem Regisseur/der Regisseurin führen. Für dieses Gespräch solltet ihr Fragen vorbereiten.

10 Das is(s)t die Welt – Sachtexte erschließen

1 a Seht euch das Bild genau an und beschreibt, was ihr seht.
b Das Bild stammt aus einem Sachbuch. Stellt Vermutungen an, worum es in dem Buch geht.

2 Erklärt, woran man erkennen kann, dass es sich bei einem Buch um ein Sachbuch handelt.

3 Erläutert, wie man einem Sachtext Informationen entnehmen kann.

In diesem Kapitel ...

– lernt ihr, wie ihr die wichtigsten Informationen aus Sachtexten und Grafiken entnehmen könnt,
– recherchiert ihr selbst Informationen zu einem Thema und präsentiert eure Ergebnisse.

10.1 Rund ums Essen – Informationen entnehmen

Zur Geschichte des Essens – Lesen Schritt für Schritt

1 a Lest zunächst nur die Überschrift und die ersten zwei Sätze des folgenden Textes und betrachtet die Abbildung. Überlegt, worum es in dem Text gehen könnte.
b Wisst ihr schon etwas über das Thema? Berichtet.

2 Verschafft euch einen ersten Überblick über den Text. Lest ihn einmal zügig und formuliert anschließend in einem Satz, worum es in ihm geht.

Gunther Hirschfelder

Schneckenfresser und Ackerbauern – Der Beginn der Esskultur

Der Weg, den die Menschheit zurücklegen musste, um von der rohen, ungeordneten Nahrungsaufnahme zur hoch entwickelten Esskultur der Gegenwart zu gelangen, war ebenso abenteuerlich und mühsam wie amüsant.

Die Essgewohnheiten der Menschen lassen sich bis in die Steinzeit zurückverfolgen.
Damals war die Welt extrem dünn besiedelt, die Menschen waren Jäger und Sammler, aber wie sie genau lebten, darüber ist nur wenig be-

kannt. Hinsichtlich der Ernährung stellt sich zunächst einmal die Frage nach dem Feuer, aber auch hier tappen wir im Dunkeln. Wir können annehmen, dass es in Europa den Menschen ungefähr vor 300 000 Jahren gelang, Feuer zu nutzen, davor, in der älteren Altsteinzeit, wurde also prinzipiell alles roh gegessen.

Die Hauptnahrungsmittel waren pflanzlicher Herkunft. Kulturpflanzen und deren planmäßigen Anbau sowie Haustiere kannten die frühen Menschen noch nicht. Die Menschen sammelten Pilze, Beeren, Grünpflanzen, Wildobst, Nüsse, Knollen, Weichfrüchte, Samen und Schösslinge. Im Winter wurde mehr Fleisch gegessen als im Sommer. Archäologen fanden an Ausgrabungsorten Reste von Rentier, Wildpferd, Wisent, Mammut, Nashorn, Wildesel und Hirsch. Einfacher zu erlegen und daher schon länger auf dem Speisezettel waren all jene Tiere, die sich sammeln ließen. So wurden auch Schnecken, Raupen oder Käfer verzehrt. Abneigung gegen bestimmte Speisen oder Geschmacksrichtungen ist ebenso wie Ekel sozial erlernt.

Man kann davon ausgehen, dass die Nahrung überwiegend dort verzehrt wurde, wo man auf sie stieß. Beeren an den Sträuchern, an denen man vorbeiging, Schnecken oder Käfer an den Stellen, wo man sie fand. Dieses beiläufige Essen erinnert an heutige Zeiten, in denen im Vorbeigehen Fastfood gegessen wird oder ein Schokoriegel in der U-Bahn.

Geändert hat sich das erst durch den Gebrauch des Feuers: Durch das Feuer kam es immer öfter vor, dass man die unterwegs gesammelten Vegetabilien gemeinsam an der Feuerstelle verzehrte. Gegart oder gebraten waren Speisen leichter verdaulich, Fleisch wurde ärmer an Parasiten.

In der mittleren Altsteinzeit trat der Neandertaler auf. Ab dieser Zeit konnten die Menschen das Feuer immer besser selbst erzeugen und waren nicht mehr vom natürlichen Feuer durch Vulkane oder Blitzschlag abhängig, das natürlich immer nur sehr kurzfristig und unkalkulierbar zur Verfügung stand. Erst jetzt war die Zeit der kalten Küche vorbei. Für die Ernährung bedeutet dies eine Revolution. Das Herdfeuer in Höhle, Zelt oder Lagerplatz war jetzt jederzeit zu entfachen und wurde endgültig zur Keimzelle der Häuslichkeit. Erwärmte und gegarte Speisen wurden allmählich zum Standard, obgleich daneben noch lange rohes Fleisch gegessen wurde, wenn die Umstände es erforderten.

Im Gegensatz zu den nichthominiden Verwandten hatten die Hominiden also eine neue Art und Weise, Mahlzeiten zu verzehren: Sie suchten Nahrung, um sie erst später zu verzehren, und sie verzehrten die Nahrung in der Gruppe. Hier liegt der Anfang unserer Esskultur, gemeinsam in einer Gruppe zu einer bestimmten Zeit Essen zu verzehren.

Die Zubereitung der Speisen wurde im Laufe der Zeit auch ausgefeilter. Am Ende der Altsteinzeit wurden Speisen nicht mehr nur gebraten, sondern auch gekocht. Erdgruben, etwas größer als ein Topf, wurden gut abgedichtet und mit Wasser gefüllt. Dann warf man Steine, die zuvor im Feuer erhitzt wurden, hinein und brachte das Wasser auf diese Weise zum Sieden. Vielleicht entstanden in diesen Kochgruben die ersten Suppen.

In der Mittelsteinzeit gewann der Fischfang an Bedeutung.

In der Jungsteinzeit wurden die Menschen sesshaft, legten dauerhafte Siedlungen an, bauten Nutzpflanzen an und nahmen damit Abschied vom Leben als Jäger und Sammler. Die Nahrung war nun deutlich stärker vegetarisch geprägt. Hauptanbaufrucht waren zwei primitive Weizenarten: Einkorn und Emmer. Damit wurde Brot in unterirdischen Kuppelöfen gebacken. Als Gemüse kannte man Erbsen und Linsen, als Ölpflanzen Lein und Mohn. Haustiere wie Schweine, Rinder, Ziegen und Schafe bereicherten den Speiseplan. Unklar bleibt für diese Zeit, wie die Nahrungsmittel im Einzelnen zubereitet wurden und auf welche Weise man sie aß.

3 Vielleicht habt ihr im Text auf Seite 172–173 manches nicht gleich beim ersten Lesen verstanden. Klärt unbekannte oder schwierige Wörter. Dabei helfen euch das folgende Schaubild und der Merkkasten „Unbekannte Wörter klären".

Steinzeit

Altsteinzeit
vor ca. 2,5 Mio. Jahren
bis ca. 10 000 vor Christus

Mittelsteinzeit
ca. 10 000 v. Chr.
bis ca. 5500 v. Chr.

Jungsteinzeit
ca. 5500 v. Chr.
bis ca. 2500 v. Chr.

Ältere Altsteinzeit
ab 2,5 Mio.
vor heute

Mittlere Altsteinzeit
ab 300 000
vor heute

Jüngere Altsteinzeit
ab 40 000
vor heute

Methode **Unbekannte Wörter klären**

- **Den Kontext beachten:** Erklärt sich die Wortbedeutung aus dem Textzusammenhang?
  Beispiel: *Kulturpflanzen (S. 173, Z. 19): im Kontext: Gegensatz zu gesammelten Wildpflanzen, also: vom Menschen angebaute Pflanzen.*
- **Verwandte Wörter suchen:** Kenne ich ein Wort aus derselben Wortfamilie (► S. 224)?
  Beispiel: *Vegetabilien (S. 173, Z. 46): verwandte Wörter: Vegetarier, vegetable (engl.), also: pflanzliche Nahrungsmittel.*
- **Wörter zerlegen:** Kann ich die Bedeutung aus den Wortbestandteilen erschließen?
  Beispiel: *Fastfood (S. 173, Z. 41): fast (engl.) = schnell, food (engl.) = Essen. Also: „schnelles Essen", schnell verzehrbares Essen.*
- **Nachschlagen:** Hilft Denken nicht weiter, nutzt man das Wörterbuch oder Lexikon.

4 a Lest den Text auf Seite 172–173 noch einmal sorgfältig. Markiert in einer Kopie mit Bleistift die Wörter, die für die Textaussage besonders wichtig sind – die so genannten **Schlüsselwörter.**
b Wählt aus den in Aufgabe a markierten Wörtern die wichtigsten aus und markiert sie farbig.

Methode **Schlüsselwörter finden**

Schlüsselwörter sind Wörter, die **für die Aussage eines Sachtextes besonders wichtig** sind. Sie können als Stichworte dienen, um die Informationen aus einem Sachtext zu entnehmen und wiederzugeben.
Häufig geben Schlüsselwörter das **Thema eines Textabschnitts** an. Sie stehen oft am Anfang eines Abschnitts. Häufig kommen Schlüsselwörter mehrmals vor und es wird wieder auf sie Bezug genommen, z. B. durch Pronomen (► S. 213–215).

5 a Unterteilt den Text auf Seite 172–173 in Sinnabschnitte. Gebt jedem Abschnitt eine Überschrift.
b Ordnet die im Text genannten Entwicklungen der jeweiligen Epoche zu. Übertragt dazu die Zeitleiste von Seite 174 in euer Heft und notiert in Stichworten die wichtigsten Geschehnisse des jeweiligen Zeitabschnitts.

6 Erklärt einem Partner oder einer Partnerin mit Hilfe der Schlüsselwörter mit eigenen Worten, was ihr über die Ernährung in der Steinzeit erfahren habt.

7 Diskutiert, welche der von den Steinzeitmenschen verzehrten Nahrungsmittel ihr auch essen würdet und welche nicht. Begründet eure Entscheidung.

8 Nahrung nicht gleich zu verzehren, sobald sie gefunden ist, sondern zu einem späteren Zeitpunkt gemeinsam eine Mahlzeit einzunehmen, wird im Text als etwas typisch Menschliches bezeichnet. Überlegt, welche Bedeutung Essen für euch über die reine Aufnahme von Nahrung hinaus hat.

Methode **Fünf-Schritt-Lesemethode: Einen Sachtext lesen und verstehen**

1. Schritt:
Lest zunächst nur die **Überschrift** und die ersten Zeilen des Textes.
Betrachtet dann die **Abbildungen.** Überlegt, worum es in dem Text gehen könnte.
Ruft euch ins Gedächtnis, was ihr vielleicht schon über das Thema wisst.

2. Schritt:
Lest den **gesamten Text zügig** durch, ohne euch an Einzelheiten aufzuhalten, die ihr nicht sofort versteht. Macht euch klar, was das **Thema des Textes** ist.

3. Schritt:
Lest den Text ein zweites Mal sorgfältig durch. **Klärt** anschließend **unbekannte oder schwierige Wörter** aus dem Textzusammenhang, durch Nachdenken oder indem ihr in einem Lexikon nachschlagt.

4. Schritt:
Markiert in einer Kopie des Textes mit Bleistift **Schlüsselwörter.** Schlüsselwörter sind Wörter, die für die Aussage des Textes besonders wichtig sind (▸ S. 174). Wählt aus den mit Bleistift markierten Wörtern noch einmal die wichtigsten aus.
Gliedert den Text in Sinnabschnitte und gebt jedem Abschnitt eine Überschrift. Ein neuer Sinnabschnitt beginnt dort, wo ein neues Unterthema angesprochen wird.

5. Schritt:
Fasst die wichtigsten **Informationen** des Textes **zusammen.**

Überfluss und Hunger – Eine Mind-Map erstellen

Überfluss und Hunger

Wenn man sich die Ernährungslage weltweit ansieht, so ergeben sich große Gegensätze: Von den sieben Milliarden Menschen auf der Erde ist etwa eine Milliarde übergewichtig – vor allem in den Industrieländern. Eine weitere Milliarde – vorwiegend in den armen Ländern der Welt – hungert.

Deutschland gehört zu den Ländern, in denen Nahrungsmittel im Überfluss vorhanden sind. Eine Folge dieses Überflusses ist, dass bei uns etwa die Hälfte der Lebensmittel auf dem Müll landet. Das Wegwerfen beginnt schon bei der Produktion: Jede zweite Kartoffel z. B. wird aussortiert, weil sie zu klein ist oder zu dick. Das gleiche Schicksal ereilt Gurken, die zu krumm sind. Doch nicht nur Gemüse landet auf dem Müll, auch z. B. jedes fünfte Brot muss ungekauft entsorgt werden.

Auch die Lebensmittel, die es in unsere Haushalte geschafft haben, werden oft nicht gegessen. Viele einwandfreie Lebensmittel landen im Müll. Woran das liegt? Oft kaufen wir zu viel oder Überflüssiges. Essensreste werden in vielen Haushalten nicht weiterverwendet oder Vorräte werden falsch gelagert und verderben.

Schuld sind aber auch Hersteller und Händler. Riesige Verpackungsgrößen und Sparangebote wie „Eins bezahlen und zwei mitnehmen“ führen dazu, dass man mehr einkauft als man eigentlich braucht.

Gleichzeitig hungert rund eine Milliarde Menschen auf der Welt, das ist ungefähr jeder Siebte. Jedes Jahr sterben etwa 8,8 Millionen Menschen, hauptsächlich Kinder, an Hunger. Die meisten Hungernden leben im südlichen Asien und in Afrika südlich der Sahara. Auch in Lateinamerika, dem Nahen Osten und vielen osteuropäischen Ländern ist Hunger ein Problem. Die meisten Hungernden leben in Entwicklungsländern. Aber auch in den reicheren

Ländern, sogar in den Industrieländern, in denen es eigentlich mehr als genug Nahrung geben sollte, gibt es Hungernde. Die Ursachen dafür sind sehr verschieden. Eine Ursache, die untrennbar mit Hunger verbunden ist, ist Armut. Wer kein Geld oder keinen Zugang zu Produktionsmitteln hat, kann sich nicht selbst ernähren. Die seit Jahren ansteigenden Preise für Grundnahrungsmittel treffen vor allem Menschen der ärmsten Bevölkerungsschichten. Ein weiteres Problem ist die zunehmende weltweite Umweltzerstörung, durch die Boden, Wasser und Klima beeinträchtigt werden, was Folgen für die Landwirtschaft hat. Von Naturkatastrophen oder auch bewaffneten Konflikten als Ursachen für den Hunger wird häufig in den Medien berichtet. Die Ursachen für Hunger, vor allem auch die politischen und wirtschaftlichen, sind sehr vielfältig, sie hängen mit der Politik in den betroffenen Ländern zusammen, aber auch mit dem Welthandel.

Doch was kann man gegen dieses Ungleichgewicht tun, wenn schon die Ursachen dafür schwer zu überblicken sind? Die Erklärung, dass einige Menschen hungern, weil andere zu viel essen oder zu viel wegwerfen, ist sicherlich zu einfach. Erklärungsansätze und Ideen, was wir tun können, könnt ihr in Kapitel 10.3 weiterverfolgen.

1 Erschließt den Text, indem ihr die Schritte 1 bis 4 der Fünf-Schritt-Lesemethode anwendet (▶ S. 175). Bearbeitet an Stelle von Schritt 5 die folgende Aufgabe 2.

2 Oft kann man die Informationen eines Textes übersichtlich in einem Schaubild darstellen, z. B. in einer Mind-Map. Die wichtigsten Informationen eines Textes werden so auf einen Blick erkennbar und prägen sich gut ein.

> In einer **Mind-Map** (▶ S. 332, englisch: Gedanken-Landkarte) kann man ein Thema in Stichworten übersichtlich geordnet darstellen.

a Schaut euch das folgende noch unvollständige Schaubild an. Beschreibt, wie die Informationen in dieser Darstellung wiedergegeben werden.

b Übertragt die Mind-Map in euer Heft. Tragt an den Stellen, an denen noch Informationen fehlen, Ergänzungen ein. Ihr könnt auch weitere Zweige einfügen.

c Tauscht eure Mind-Maps mit einem Partner oder einer Partnerin aus. Überprüft gegenseitig, ob ihr die wichtigsten Informationen des Textes übersichtlich zusammengefasst habt. Diskutiert:
- Gibt es überflüssige Einzelheiten, die man streichen könnte?
- Sind Ergänzungen nötig?

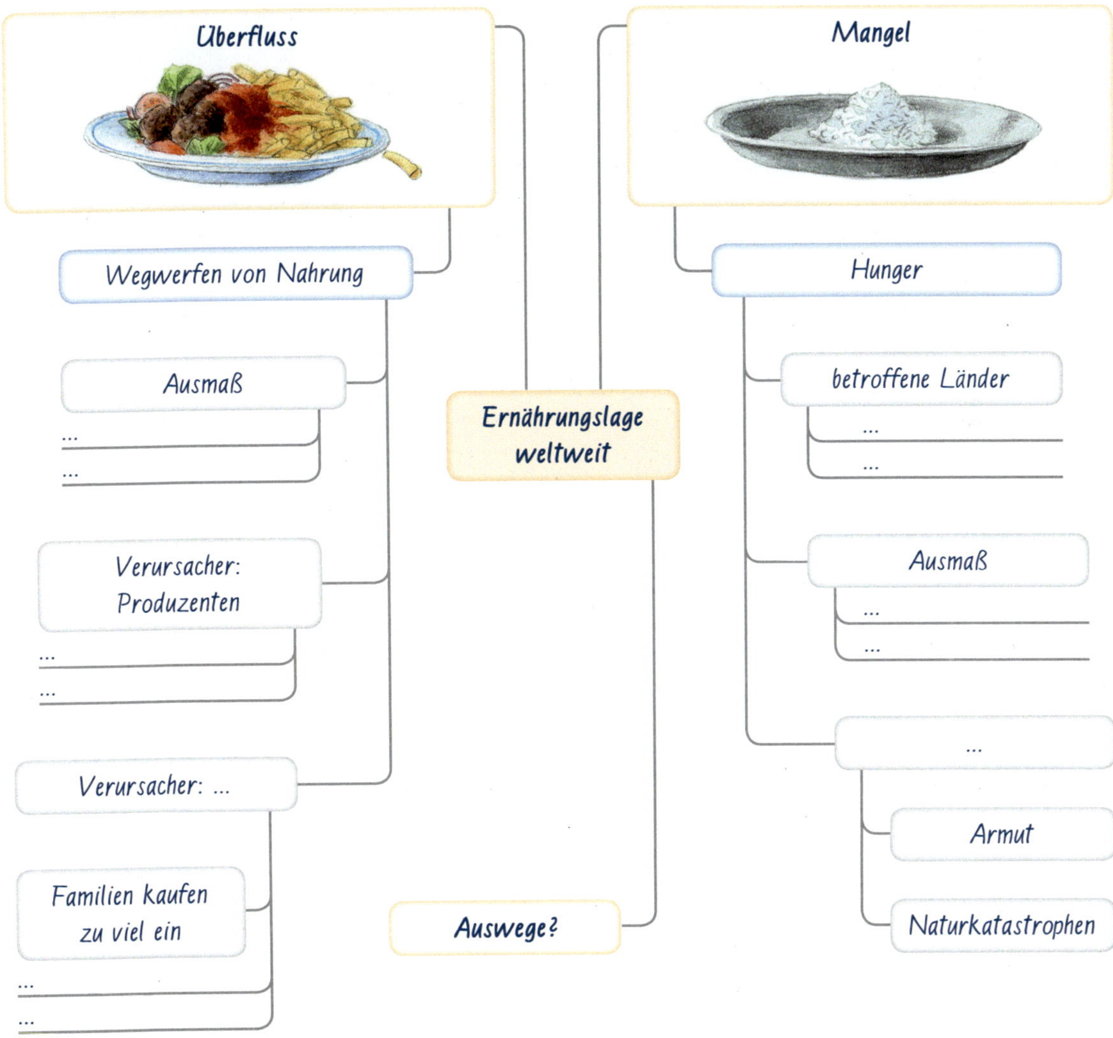

Esskultur in Bildern und Zahlen – Grafiken auswerten

Sachtexte werden oft mit informativen Grafiken oder Fotos ergänzt. Es ist wichtig, diese Grafiken und Bilder richtig zu lesen, um die darin enthaltenen Informationen zu verstehen.

1 a Auf der Abbildung rechts seht ihr die so genannte Ernährungspyramide, eine Ernährungsempfehlung der Deutschen Gesellschaft für Ernährung. Gebt die in der Grafik enthaltenen Informationen in einem Text wieder. Orientiert euch dabei an dem Methodenkasten auf Seite 179 unten.

b Prüft, inwiefern eure eigenen Essgewohnheiten der Empfehlung entsprechen.

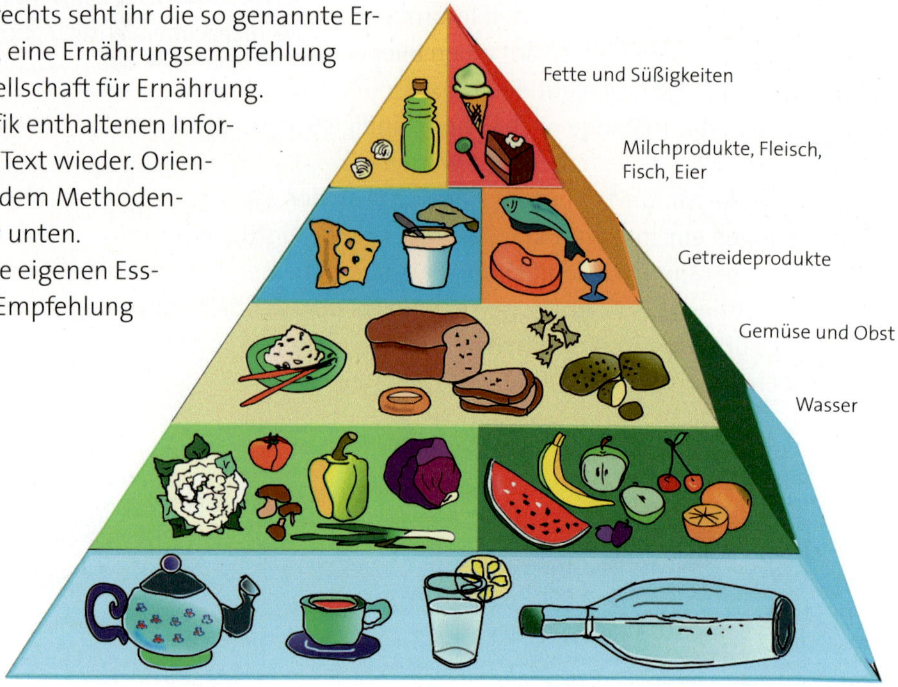

Die Welthungerhilfe veröffentlicht jedes Jahr eine Grafik, den so genannten Welthungerindex (Index = Verzeichnis), der die Ernährungslage weltweit aufzeigt:

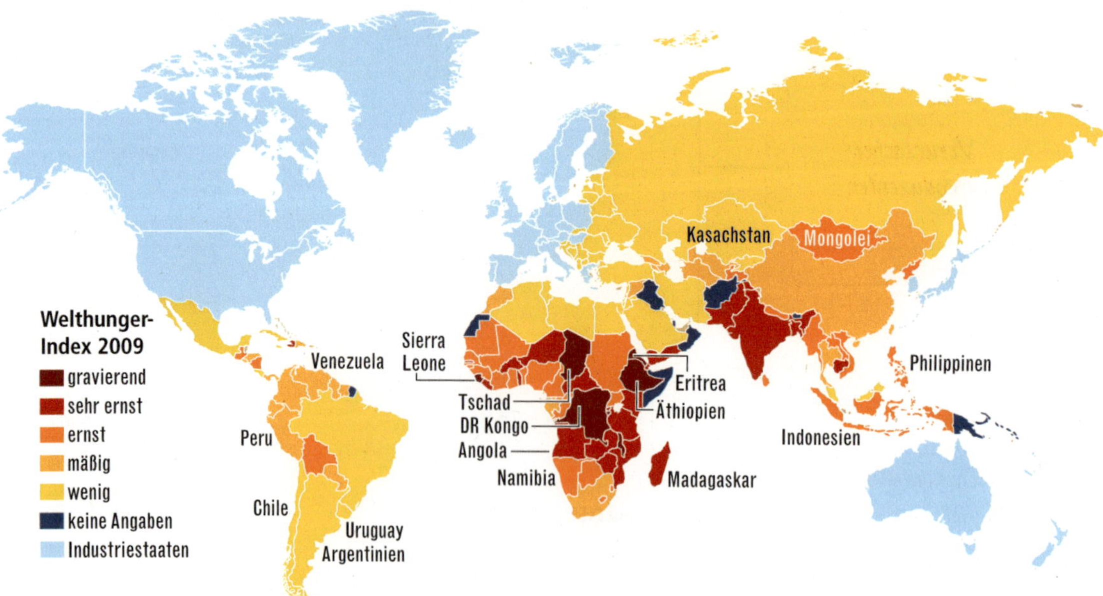

2 a Schaut euch die Karte auf Seite 178 genau an und ordnet mit Hilfe eines Atlas die markierten, aber nicht benannten Länder und Regionen zu.

b „Übersetzt“ die Informationen aus der Grafik zum Welthungerindex in einen fortlaufenden Text. Verfahrt nach den im Methodenkasten unten erläuterten drei Schritten. Achtet bei der Auswertung darauf, nur die wichtigsten Informationen zu nennen und nicht jedes Detail. Nennt z. B. die Extreme und fasst Länder zu Gruppen zusammen.

c Entspricht die Karte euren Erwartungen? Von welchen Gebieten wusstet ihr, dass Hunger herrscht, bei welchen Gebieten nicht?

3 a Beschreibt, welche Wirkung das Plakat rechts auf euch hat.

b Erläutert, wie das Plakat gestaltet ist, um die gewünschte Wirkung zu erzielen.

4 Kennst du weitere Plakate, Kampagnen oder auch Berichte aus den Medien zum Thema Hunger?
Wann fühlst du dich besonders angesprochen? Erkläre, weshalb.

Methode **Grafiken auswerten**

1. Schritt: Beschreibung
- Urheber/Quelle der Informationen, z. B. *Deutsche Gesellschaft für Ernährung, ...*
- Thema der Grafik, z. B. *Weltweite Ernährungslage, ...*
- Form der Darstellung, z. B. *Mind-Map, Info-Landkarte, Säulendiagramm ...*

2. Schritt: Auswertung
Ausformulieren der Informationen, die die Grafik enthält.

3. Schritt: Zusammenfassung/Erklärung
- Knappe Zusammenfassung: Welches sind die wichtigsten Informationen?
- Welche besonderen Auffälligkeiten gibt es?
- Lassen sich die Auffälligkeiten erklären? Kann man Schlussfolgerungen ziehen?

Teste dich!

Sachtexte verstehen

Brezel, Brezn und Pretzel – Ein Stück schwäbisch-bayerische Esskultur

Die Brezel ist für viele – vor allem in Baden-Württemberg und Bayern – das wohl volkstümlichste Nahrungsmittel und Alltagsgebäck überhaupt. Aber kennen wir die Brezel wirklich?
Geschichten zur Entstehung der Brezel gibt es viele. Eine davon sagt, dass ein Münchner Bäcker im Jahr 1839 die backfertigen Faschingsbrezeln versehentlich mit Natronlauge statt mit Zuckerwasser glasierte und so die Brezn erfand. In Wirklichkeit aber war die Brezel 1839 keine Innovation mehr – sie entstand viel früher. Ihre Wurzel hat die Brezel in einem römischen ringförmigen Brot. Vom 2. Jahrhundert an diente der Gebäckring dann den Christen als Abendmahlsbrot. Ab dem 9. Jahrhundert wandelte sich die Form vom Ring zur „6", im Laufe des 11. Jahrhunderts nahm sie die heutige geschlungene Form an. Spätestens seit dem 13. Jahrhundert wurde die Brezel zum Alltagsgebäck.
Hergestellt wird die Brezel aus Weizenmehl, Hefe, Salz, Fett (Margarine oder Schweineschmalz), Malzmehl und Wasser. Das Besondere aber ist die Natronlauge. Besonders daher, weil Natronlauge eigentlich nicht für den Gebrauch als Nahrungsmittel geeignet ist. Beim Backen allerdings wird die ursprünglich ätzende Brezellauge neutralisiert und es entsteht eine leckere braune, salzige Kruste.
Die Brezel, einst eine regionale Angelegenheit in Süddeutschland, hat mittlerweile längst die nationalen Schranken überwunden. Besonders in den USA ist das schwäbische Fastfood beliebt. In New York gibt es Coffee Shops und Take-out-Restaurants, in denen es „Pretzels" zu kaufen gibt, und Pennsylvania, wo die Brezel besonders beliebt zu sein scheint, wird mancherorts als „Pretzelvania" bezeichnet.

1 Wende die Fünf-Schritt-Lesemethode an, indem du die folgenden Aufgaben bearbeitest.
- a Erkläre die Bedeutung der Wörter „glasiert", „Innovation", „Take-out-Restaurant".
- b Schreibe die Schlüsselwörter aus dem Text oben heraus.
- c Notiere Sinnabschnitte, z. B. *Z. 1–10, Z. 11–...* Gib jedem Abschnitt eine Überschrift.
- d Fasse die wichtigsten Informationen des Textes in wenigen Sätzen zusammen.

2 „Übersetze" die Grafik rechts in einen fortlaufenden Text. Verfahre in drei Schritten, so wie im Merkkasten auf S. 179 erläutert.

10.2 Was Menschen in aller Welt essen – Informationen beschaffen und präsentieren

Ein Thema erschließen und präsentieren

Der Fotograf Peter Menzel hat Menschen aus aller Welt gebeten, den Tisch zu decken mit dem, was sie an einem einzigen Tag essen. Auf den Seiten 183–186 findet ihr einige Bilder aus dieser Reihe, jeweils kombiniert mit kurzen Sachtexten rund um das Thema Ernährung in den verschiedenen Ländern. Auch das Bild auf Seite 171 stammt aus dieser Reihe. Was die Menschen an einem Tag essen, sagt viel über ihr Leben, ihre Lebensumstände, ihr Land und ihre Kultur aus.

1 Erschließt die Texte in diesem Kapitel, sammelt weitere Informationen und präsentiert eure Ergebnisse in der Klasse. Geht in folgenden Schritten vor:

- Bildet Expertengruppen mit vier bis fünf Personen und wählt ein Land pro Gruppe aus.
- Erschließt den Text zu eurem Thema (▸ S. 183–186) mit Hilfe der Fünf-Schritt-Lesemethode (▸ S. 175).
- Sucht weitere Informationen zu eurem Thema, z. B. in der Schulbibliothek, in der Stadtbücherei oder im Internet (▸ S. 293–295).
  Beachtet: Die Texte auf den Seiten 183–186 enthalten jeweils verschiedene Unterthemen. Es kann sinnvoll sein, nicht alle Unterthemen gleichermaßen aufzugreifen, sondern sich auf ein oder zwei bestimmte Themengebiete zu spezialisieren, z. B.: „Beliebte Speisen", „Nahrungsmangel und Nahrungsüberfluss".

> Tipps zum Thema Recherche findet ihr auf Seite 330.

- Stellt die gefundenen Informationen zusammen. Ordnet sie in einer Mind-Map (▸ S. 332).
- Bereitet die Präsentation eurer Ergebnisse in der Klasse vor. Erstellt ein Plakat. Beachtet dabei die Tipps im Merkkasten auf Seite 182.
- Überlegt, wie ihr eure Ergebnisse noch auf andere Weise anschaulich machen könnt. Vielleicht bringt ihr einen passenden Gegenstand mit, z. B. Lebensmittel, ein Gericht, zu dem ihr etwas erläutert …

- Präsentiert eure Ergebnisse.
- Sprecht darüber, was in eurer Präsentation gelungen ist und was man noch verbessern könnte.

Methode **Präsentieren**

Einen Kurzvortrag halten

Die Gliederung

1 **Einleitung:** Sie soll das Interesse der Zuhörerschaft wecken und in das Thema einführen. Möglichkeiten für den Einstieg sind z. B. ein Bild, ein passendes Zitat, ein interessantes Ereignis.

2 **Hauptteil:** Im Hauptteil werden die Informationen in einer sinnvollen Reihenfolge wiedergegeben. Hierbei kann die Orientierung an den W-Fragen helfen, z. B.: *Wer ...? Wann ...? Was ...? Warum ...? ...*

3 **Schluss:** Der Schluss rundet den Vortrag ab. Ihr könnt die wichtigsten Informationen zusammenfassen oder eine persönliche Meinung zum Thema formulieren.

Der Vortrag

Präsentieren heißt: vor einem größeren Publikum sprechen. Achtet dabei auf Folgendes:

- **Sprecht** laut und **deutlich** und in **angemessenem Tempo.**
- Wendet euch dem Publikum zu, haltet **Blickkontakt** mit euren Zuhörern, versucht, möglichst frei vorzutragen und wenig abzulesen.

Plakate anfertigen

Plakate sind eine wichtige Unterstützung beim Präsentieren. Beachtet beim Planen von Plakaten folgende Tipps:

- Plakate sind auch zum **Anschauen** da, nicht nur zum Lesen.
  - Achtet auf ein ausgewogenes Verhältnis von Text und Bildern.
  - Verwendet interessante **Fotos** oder informative **Zeichnungen** oder übersichtliche **Tabellen.**
  - Ergänzt bei Abbildungen oder Schaubildern **erklärende Beschriftungen.**
- Achtet auf **Übersichtlichkeit** und **Lesbarkeit:**
  - Prüft, ob alles auch aus der letzten Reihe des Klassenzimmers noch gut zu erkennen ist.
  - Hebt **Überschriften** hervor, indem ihr **größere Schrift** verwendet.
  - Achtet auf gut **gegliederte Texte** in einer gut **lesbaren Schriftart.**
  - Verwendet nicht zu viele verschiedene Schriftarten und -farben.

2 Schreibt selbst einmal auf, was ihr an einem einzigen Tag esst. Oder macht es wie die Menschen auf den Fotos auf Seite 171 und 183–186: Legt alles auf einen Tisch vor euch und lasst euch fotografieren. Vielleicht macht ihr in der Klasse eine Ausstellung mit den Bildern.

3 Sicherlich kommen einige von euch aus einem anderen Land oder haben Eltern, die aus einem anderen Land kommen. Was ist ein typisches Gericht in dem jeweiligen Land? Stellt der Klasse eure Gerichte vor.

Spezialgebiet 1: Indien

Auf Millie Mitras (45 Jahre) Speiseplan stehen morgens Drachenfrucht, Passionsfrucht, Kokosnuss, Lotussamen, in Salz und Öl geröstet, Revdi (Konfekt aus Sesamkörnern und Rohrzuckersirup), Amla (getrocknete indische Stachelbeeren), Pinienkerne und Tamarindenkonfekt. Mittags gibt es Uttapam (Fladenbrot aus Schwarzlinsen- und Reismehl), Tomatenchutney und Sojajogurt, abends Taubenerbsen, Auberginen, gekochte Kartoffeln mit Chilis und Vagharelo Bhaat (Klebereis mit Gewürzen). Millie Mitra ist Veganerin, d.h., sie verzichtet nicht nur auf Fleisch, sondern auch auf alle Milchprodukte. Lebensmittel sieht sie als Heilmittel, besonders Früchte. Ihre Tochter Tara will ihr da nicht folgen: „Ich liebe Milchprodukte." Doch was ist typisch in Indiens Küche?

Indien ist ein multiethnischer Staat und mit über 1,2 Milliarden Einwohnern nach China das zweitbevölkerungsreichste Land der Erde. Gerade weil Indien so groß ist und Menschen vieler verschiedener Ethnien dort leben, gibt es eine große Vielfalt in der Küche. So findet man in der indischen Küche viele Elemente der orientalischen Küche, aber auch westliche Einflüsse der ehemaligen Kolonialmächte (z. B. Tomaten, Kartoffeln und Chili). Die indische Küche umfasst viele verschiedene regionale Gerichte und Kochstile.

Tatsächlich spielt der Vegetarismus, wie in Millie Mitras Familie, in Indien eine große Rolle. Etwa 80 Prozent der Inder gehören der hinduistischen Religion an, die den Glauben an die Wiedergeburt beinhaltet. Demnach kann auch ein Tier die Seele eines Menschen beherbergen. Tiere zu töten ist deshalb für viele Hindus undenkbar. Hinduistische Mönche bemühen sich sogar, nicht einmal eine Ameise zu zertreten. Auf Grund dieser langen Tradition hat sich in Indien das Kochen ohne Fleisch zu einer hohen Kunst entwickelt. Streng vegetarisch leben in Indien zwar etwa nur 20% der Bevölkerung, doch für den Großteil der Inder spielt Fleisch eine untergeordnete Rolle auf dem täglichen Speiseplan und ist von der Menge her häufig nur eine kleine Beilage. Obwohl in der indischen Küche wenig tierische Lebensmittel verwendet werden, ist sie äußerst vielseitig. Neben scharfen Currys und Hülsenfrüchten wie etwa geschälte rote Linsen oder Kichererbsen bietet sie erfrischende Jogurtspeisen und knusprige Fladen. Sehr bekannt ist die indische Küche für den Einsatz vieler Gewürze, wie Kurkuma, Kardamom oder Bockshornklee.

Serviert wird das Essen auf einem Thali, einem großen Metalltablett, auf dem sich eine Anzahl kleiner Metallschüsseln befindet. Der Reis oder das Fladenbrot kommt direkt auf das Tablett, die einzelnen Gerichte wie etwa Currys in die Schüsseln. Der Reis wird in der Regel mit den Händen gegessen und das Fladenbrot wird als Löffelersatz genutzt.

Man muss aber auch sagen, dass Indien, trotz einer sehr guten wirtschaftlichen Entwicklung, mit mehr als 200 Millionen Menschen die meisten Hungerleidenden weltweit hat. Unter- und Fehlernährung wie Vitaminmangel ist vornehmlich in ländlichen Gebieten ein weit verbreitetes Problem, wo der Anteil der Armen besonders hoch ist. Hauptproblem sind vor allem untergewichtige Kinder unter fünf Jahren.

Spezialgebiet 2: USA

In seiner Verwandtschaft darf der Trucker Conrad Tolby mit seinen 54 Jahren als hochbetagt gelten: „Auf meiner Vaterseite sind alle früh an einem Herzinfarkt gestorben. Keine sechs Monate nach meinem 45. Geburtstag hatte ich meinen ersten Herzinfarkt.“ Aber auch die Warnungen seines Arztes können ihn nicht dazu bewegen, seine Ernährung auf gesündere und fettärmere Kost umzustellen. Sein Speiseplan sieht wie folgt aus: Zum Frühstück isst er Brötchen mit Honigglasur und trinkt Kaffee, mittags isst er zwei Doppel-Cheeseburger und eine halbe Portion Pommes frites. Abends einen Kopfsalat mit Schinken, Ei, Käse und Oliven, gebratene Hähnchenflügel und frittierte Teigrollen mit Schweinefleisch. Zwischendurch isst er Schokobonbons mit Erdnüssen, Rindfleisch-Sticks und trinkt Kaffee. Auf seinen Fahrten mit dem Truck begleitet ihn sein Hund Fancy. Der isst am liebsten Pommes und bekommt hin und wieder auch einen Cheesburger ab – damit hilft er auf natürliche Weise, den Cholesterinspiegel seines Herrchens wenigstens ein klein wenig zu senken. Doch essen tatsächlich alle Amerikaner am liebsten Burger und Pommes frites oder ist das nur ein Vorurteil?

Tatsächlich gibt es in den USA regional unterschiedliche Küchen. Sie entwickelten sich vor allem durch die Einflüsse der Einwanderer. Im Süden der USA ist das so genannte Soulfood der Afroamerikaner, wie Spareribs oder Chicken Wings, beliebt. In der kalifornischen Küche finden sich Einflüsse der asiatischen oder auch der mediterranen Küche, es werden viel Fisch und Meeresfrüchte verwendet. In Neuengland sind traditionell englische Gerichte wie Baked Beans (gebackene Bohnen) oder Apple Pie (Apfelkuchen) beliebt. Einen großen Einfluss hat auch die mexikanische Küche. Die Tex-Mex-Küche bezeichnet eine Mischung aus texanischer und mexikanischer Küche, typisch sind hier z. B. Tortillas. In den Südstaaten fin-

det sich außerdem die kreolische und Cajun-Küche, die durch die Franzosen beeinflusst wurde.
Allerdings muss man sagen, dass sich die Amerikaner tatsächlich recht fett- und zuckerhaltig ernähren. Viel Fastfood, viele zuckerhaltige Limonaden, viel Fleisch. Entsprechend sind viele Amerikaner übergewichtig (ca. zwei Drittel der Bevölkerung). Was das Problem noch verschärft, ist die Tatsache, dass Fastfood in den USA im Vergleich zu gesundem Essen verhältnismäßig billig ist. So sind es häufig gerade die Familien mit wenig Geld, die sich von Fastfood wie Burger oder Hotdogs ernähren. Ein doppelter Cheeseburger ist schlicht billiger als ein Karton Biomüsli oder ein Kopfsalat. Gesunde Lebensmittel werden seit Jahrzehnten immer teurer – und ungesunde immer billiger. Statistiken des US-Arbeitsministeriums zufolge sind Limonaden wie Coca-Cola heute um 33 Prozent billiger als 1978. Butter ist 29 Prozent billiger, Bier 15 Prozent. Gemüse dagegen ist 41 Prozent teurer geworden und Obst sogar 46 Prozent.
Einige Experten sind der Meinung, dass die Wirtschaftskrise in den USA, die dazu führt, dass viele Menschen weniger Geld haben, zur Folge hat, dass viele Amerikaner bei der Ernährung sparen. Erste Studien zeigen, dass die Krise immer mehr Leute zu billigerem, damit meist ungesünderem und fettigerem Essen führt. Wie eindeutig dieser Zusammenhang ist, zeigte der Ernährungswissenschaftler A. Drewnowski am Beispiel Seattle: „Je nach Stadtviertel gibt es Unterschiede in den Fettsuchtraten. Viertel mit niedrigen Einkommen haben einen viel höheren Anteil an stark übergewichtigen Bewohnern.“

Spezialgebiet 3: Grönland

Nicht einmal 700 Menschen leben an der mittleren Ostküste Grönlands, die meisten im Städtchen Ittoqqortoormiit. Nach Ittoq, wie es die Einheimischen nennen, führt keine Straße. Im Sommer wird die Siedlung per Schiff versorgt, im Winter aus der Luft und mit dem Schneemobil über den gefrorenen Sund. Hier lebt auch Emil Madsen (40 Jahre) mit seiner Familie. Sein Speiseplan setzt sich zusammen aus Brot mit Erdbeermarmelade zum Frühstück, dann zum Mittagessen Tütensuppe, zubereitet mit geschmolzenem Schnee und Schiffszwieback, zum Mittagessen und zum Abendessen gibt es eine große Portion Seehundfleisch, mit Zwiebeln gekocht, und dazu Reis. Getränke werden mit geschmolzenem Schnee zubereitet, z. B. Tee und Säfte aus Fruchtsaftkonzentrat. Wie seine Vorfahren jagt Emil Madsen Seehunde, Moschusochsen, Seevögel, Walrösser, Schneehasen und Eisbären, damit seine Familie zu essen hat. Emil und seine Familie gehören zur Volksgruppe der Inuit, die nicht nur in Grönland leben, sondern auch in Zentral- und Nordostkanada.

Die Nahrung der Grönländer war immer reich an Eiweiß und Fett und fleischlastig. Jagen und Sammeln waren die einzige Art, an Nahrung zu kommen, etwas anzubauen war nicht möglich. Inzwischen allerdings kaufen Emil und seine Frau Erika, ebenso wie die anderen Inuit, auch abgepackte Lebensmittel im staatlichen Supermarkt von Ittoq. Fleisch von Eisbären und Moschusochsen steht im Wettbewerb mit abgepacktem Aufschnitt, Majonäse und Schnittbrot. Während Emil und Erika die traditionelle Kost der Inuit schätzen, besonders Narwaltran, ziehen ihre drei Kinder Sandwiches oder eine Schale Cornflakes vor. „Die Kinder werden noch auf den Geschmack kommen, wenn sie größer sind“, sagt Emil.

Die traditionelle Lebensweise der Inuit, vor allem ihre Jagdkultur, hat sich im 20. Jahrhundert stark verändert. So findet z. B. die Jagd auf Grönlandwale auf Grund internationaler Schutzmaßnahmen nur noch sehr wenig und nach strengen staatlichen Regeln statt.

10.3 Projekt: Was wir tun können

In den Kapiteln 10.1 und 10.2 habt ihr viel über die Themen Nahrung, Esskultur und auch Hunger erfahren. In jeder Stadt gibt es Organisationen, die sich ebenfalls mit diesen Themen beschäftigen. Es gibt sowohl Organisationen, die direkt in der Region wirken, wie z. B. „Die Tafeln", die „überschüssige" Lebensmittel sammeln und diese an Bedürftige weitergeben, als auch Organisationen, die sich mit dem Hunger weltweit beschäftigen, wie z. B. „Brot für die Welt".
Natürlich gibt es auch Organisationen, die sich z. B. mit gesunder Ernährung oder mit der Qualität von Lebensmitteln auseinandersetzen, wie z. B. „foodwatch".

1 Überlegt, welcher Themenbereich von den oben genannten euch besonders interessieren würde, und ermittelt eine Organisation in eurer Nähe, die sich mit diesem Thema beschäftigt. Ihr könnt dabei z. B. das Internet (▸ S. 293–295) nutzen oder bei der Stadt oder der Gemeinde oder bei der Kirche nachfragen.
Findet euch in kleinen Gruppen mit ähnlichen Interessen zusammen.

2 Recherchiert in eurer Gruppe zur gewählten Organisation. Zur Orientierung für eure Recherche könnt ihr euch einen Fragebogen anlegen (▸ Beispiel auf S. 188).
Ihr könnt auch ein Experteninterview durchführen (▸ Merkkasten S. 188).

Frederic, Max und Pauline haben sich für die Organisation „Brot für die Welt" entschieden und folgenden Fragebogen erarbeitet:

Fragebogen zur Information über die Organisation „Brot für die Welt":

- *Was macht die Organisation?*
- *Wer hat sie gegründet?*
- *Wann wurde sie gegründet?*
- *Wer gehört zu dieser Organisation?*
- *Welche Aufgaben hat sie?*
- *Wo ist sie tätig?*
- *Wie viele Menschen arbeiten für „Brot für die Welt"?*
- *Wie finanziert sich die Organisation?*
- *Was hat sie schon bewirkt?*
- *Warum ist diese Organisation wichtig/interessant?*

3 Lest den Fragebogen von Frederic, Max und Pauline. Welche Fragen findet ihr auch für euer Thema interessant? Welche würdet ihr weglassen oder ergänzen?
Legt einen eigenen Fragebogen an.

4 Nachdem ihr recherchiert und das Interview durchgeführt habt, erarbeitet eine Präsentation für die Klasse. Haltet einen Kurzvortrag vor der Klasse. Hilfen zum Planen und Durchführen eines Kurzvortrags findet ihr auf Seite 182.
Unterstützt eure Präsentation durch geeignete Materialien, wie Folien oder ein Plakat. Tipps zur Gestaltung eines Plakats enthält der Merkkasten auf Seite 182.

5 Schaut euch in der Klasse alle Präsentationen an. Gibt es eine Organisation, die euch besonders gut gefallen hat? Vielleicht wollt ihr als Klasse etwas für diese Organisation tun – z. B. einen Kuchenverkauf für eine Geldspende veranstalten, sammeln für eine Sachspende, ...

Methode **Experteninterview**

Informationen kann man sich z. B. durch Recherchen in Bibliotheken oder im Internet verschaffen, man kann aber auch Experten in einem Interview befragen.
Wichtig ist dabei:
- Vor einem Interview sollte man sich über das Thema informieren (z. B. in Bibliotheken, im Internet ...), um gezielt Fragen stellen zu können.
- Es ist sinnvoll, vorher eine Liste mit Fragen für das Gespräch zu erstellen. Dabei hilft es, die verschiedenen W-Fragen durchzugehen (siehe das Beispiel oben auf dieser Seite).
- Im Interview selbst sollte man nicht nur seine vorher überlegten Fragen abhaken, sondern je nach Antwort flexibel nachfragen.
- Zur Aufzeichnung des Interviews kann man ein Aufnahmegerät verwenden, dann muss man sich nicht auf das Mitschreiben konzentrieren und kann nach dem Interview alles noch einmal in Ruhe anhören.

11 Werbung spricht uns an – Werbung untersuchen und gestalten

1 Schaut euch die Abbildung genau an und erläutert, worin der Witz der Zeichnung liegt.

2 Welche Werbung wird bei euch zu Hause in den Briefkasten eingeworfen?

3 Wo begegnet euch im Alltag Werbung und wie geht ihr damit um?

In diesem Kapitel ...

- unterscheidet ihr zwischen Werbung und Information,
- nehmt ihr verschiedene Arten von Werbung unter die Lupe,
- untersucht ihr sprachliche Stilmittel und die Bildsprache von Werbung,
- gestaltet ihr selbst eine Werbeanzeige.

11.1 Rund um Werbung – Werbung erkunden

Unglaublich? – Information und Werbung unterscheiden

1 a Betrachtet die beiden Werbungen. Welchen Hamburger würdet ihr lieber essen?
b Überlegt, welchen Einfluss die Art und Weise der Abbildung und der Text auf eure Wahl haben.

2 a Lest die Texte auf den Plakaten laut vor. Erläutert, welche Vorstellungen ihr mit den englischen Wörtern und ihrem Klang verbindet.
b Könnt ihr die englischen Ausdrücke übersetzen? Schlagt, falls nötig, im Wörterbuch nach.

3 a Tragt zusammen, welche Informationen und Botschaften die Plakate jeweils vermitteln.
b Benennt das wichtigste Ziel der Plakate.

In einem Internetlexikon findet sich unter dem Stichwort „Hamburger" folgender Eintrag:

Ein **Hamburger** (auch kurz **Burger**) ist ein Weichbrötchen mit verschiedenen Belägen, das meistens als warmes Schnell- oder Fertiggericht verkauft wird. Hamburger werden hauptsächlich mit dem so genannten „patty", einer gegrillten Scheibe aus Rinderhackfleisch, belegt und bilden den Standardartikel vieler Fastfood-Ketten.

4 a Vergleicht diese Informationen über Hamburger mit den Angaben und Botschaften, die ihr den Plakaten auf Seite 190 entnehmen könnt.
Legt in eurem Heft eine Schnittmengengrafik nach folgendem Muster an und füllt sie aus.

Plakat: zusätzliche Information oder Botschaft
- ...

Plakat und Lexikontext: gleiche oder ähnliche Information oder Botschaft
- *weiches Brötchen*
- ...

Lexikontext: zusätzliche Information oder Botschaft
- *Hackfleisch warm*
- ...

b Besprecht eure Ergebnisse in der Klasse.
c Überlegt und diskutiert, welche der in Aufgabe a aufgelisteten Aussagen eher sachliche Informationen sind und welche eher als Werbung aufzufassen sind.

5 Bringt eine aktuelle Anzeige für Hamburger oder für ein anderes Produkt mit. Untersucht: Welche Informationen enthält die Anzeige, was ist eher Werbung?

Information **Ziele der Werbung**

Das oberste Ziel von Werbung ist es, die **Aufmerksamkeit** des Adressaten zu **wecken** und sein Interesse und **Handeln** in eine bestimmte Richtung zu **lenken.** Genaue, sachliche Informationen treten dabei oft in den Hintergrund.

Werbung wird nicht nur für Dinge gemacht, die man kaufen kann, sondern auch für bestimmte Werte oder Verhaltensweisen, die der Adressat oder die Adressatin selbst umsetzen soll, z. B. den Verzicht auf das Rauchen: *Be smart – don't start.* Oder: *Keine Macht den Drogen!*

Annoncen, Slogans, Kampagnen – Informationen erschließen

Werbung ist überall – Ein Blick hinter die Kulissen

Bestimmt kennst du diese Situation: Du schlägst eine Zeitschrift auf oder im Fernsehen wird ein Werbespot gesendet, und da ist es: das, was genau zu dir passt und was du jetzt unbedingt haben musst – am besten sofort! Oft wird in der Werbung nicht genau klar, was es mit dem begehrten Etwas im Einzelnen auf sich hat, aber dein Interesse und der Wunsch, dieses Etwas zu besitzen, sind geweckt – und genau das ist das Ziel der Werbung.

Werbung begegnet uns im Alltag auf vielfache Art und in unterschiedlichen Medien* und Situationen, sei es als Annonce* in einer Zeitung, als Slogan* im Radio oder als Schriftzug auf einem Trikot. Die Firmen bieten ständig neue, raffiniertere Produkte an, und die sollen natürlich Abnehmer finden. Also geben die Unternehmen, meist bei speziellen Agenturen*, Werbekampagnen* in Auftrag, um den Verkauf ihrer Waren oder Dienstleistungen anzukurbeln. Gut gemachte Werbung ist ziemlich teuer: Texter, Fotografen, Models, Annoncen, Sendeminuten im Radio oder Fernsehen und vieles mehr kosten eine Menge Geld. So sind je nach Sendezeit und Programmumfeld für 30 Sekunden Werbung im Fernsehen 50.000 Euro oder mehr zu bezahlen.

Viele denken, dass Reklame sich vor allem an Erwachsene wendet, denn die verdienen schließlich das Geld und können entscheiden, wofür sie es ausgeben. Für die Marketingfachleute* sind aber auch Kinder und Jugendliche eine wichtige Zielgruppe*. Allein durch ihr Taschengeld und Geldgeschenke verfügen sie über beträchtliche finanzielle Mittel. Oft haben sie auch ein Mitspracherecht bei Kaufentscheidungen ihrer Eltern. Deshalb geht die besonders auf Kids zugeschnittene Werbung heute

weit über den Bereich Spielzeug hinaus. Bei der Gestaltung der Werbung überlassen die Werbeprofis nichts dem Zufall. Häufig wird vor der Veröffentlichung einer neuen Kampagne sogar getestet, ob diese bei der Zielgruppe gut ankommt.

Man weiß zwar, dass in der Werbung gerne beschönigt, übertrieben und getrickst wird, aber trotzdem glaubt man den Versprechungen nur zu gerne. Wer will denn z. B. wirklich wissen, ob ein bestimmtes Getränk tatsächlich so viel Energie verleiht wie versprochen oder ob das beworbene Duschgel tatsächlich großen Erfolg beim anderen Geschlecht garantiert. Die Werbung bewirkt eine unbewusste Verbindung des präsentierten Produkts mit einem positiven Erlebnis, ein gutes Gefühl, das vielleicht beim nächsten Kauf eine Rolle spielt.

Neben direkter Werbung, die auch als solche gekennzeichnet ist, gibt es in den Medien das so genannte Product-Placement, bei dem zum Beispiel ein cooles Auto dadurch indirekt beworben wird, dass ein beliebter Serienheld es benutzt. Ebenso gewinnt das Sponsoring an Bedeutung. Hierbei unterstützt ein Unternehmen eine Sendung oder eine Veranstaltung finanziell und darf dafür seinen Firmennamen groß präsentieren. Ohne Sponsoring könnten viele Sport- und Kulturveranstaltungen heute kaum noch durchgeführt werden und ohne Werbeeinnahmen wären Zeitungen sowie Radio- und Fernsehsendungen erheblich teurer oder würden gar nicht existieren.

* Die Erklärung der mit Sternchen markierten Begriffe findet ihr im Merkkasten unten.

1 a Stellt einen Zusammenhang zwischen der Abbildung und dem Text her.
b Nennt weitere Beispiele für Werbung rund um die Sportart Fußball.

2 a Fasst die wesentlichen Aussagen der einzelnen Textabschnitte in jeweils ein bis zwei Sätzen zusammen. Arbeitet gemeinsam mit eurem Nachbarn.
b Vergleicht eure Ergebnisse in der Klasse.

3 Entsprechen die Aussagen in den Abschnitten Zeile 1–10 und Zeile 45–56 den Erfahrungen, die ihr mit Werbung macht? Diskutiert in der Klasse darüber.

Methode | **Werbung von A bis Z**

Annonce: (Werbe-)Anzeige in einer Zeitung oder Zeitschrift
Marketing: Maßnahmen, die den Verkauf eines Produkts fördern
Medien: meist gleichbedeutend mit „Massenmedien" wie Fernsehen, Internet, Zeitung, Radio, die Informationen oder Botschaften an eine große Anzahl von Empfängern vermitteln
Werbeagentur: Unternehmen, das für Kunden Werbemaßnahmen entwirft und gestaltet oder die Kunden entsprechend berät
Werbekampagne: befristete Aktion, um den Verkauf eines Produkts anzukurbeln oder um bestimmte Ideen, Aktionen oder Wertvorstellungen zu fördern
Werbeslogan: einprägsamer Werbespruch, der knapp und eingängig die wesentliche Werbebotschaft vermittelt, z. B.: *Blut spenden, Leben retten*
Zielgruppe: Gruppe von Menschen, die durch eine bestimmte Werbebotschaft erreicht und angesprochen werden soll

Kinder als Konsumenten – Grafiken auswerten

A **Geldsummen, über die Jugendliche verfügen** (Durchschnittswerte)

	Pro Kind/Jahr 2008	Pro Kind/Jahr 2006
regelmäßige Geldzuflüsse (Taschengeld, kleine Verdienste ...)	**279 €**	**246 €**
Geldgeschenke (Geburtstag, Weihnachten, Ostern)	**173 €**	**145 €** (ohne Ostern)
Sparguthaben	**662 €**	**615 €**
	Hochrechnung 2008	**Hochrechnung 2006**
regelmäßige Geldzuflüsse (Taschengeld, kleine Verdienste ...)	**1,60 Mrd. €**	**1,44 Mrd. €**
Geldgeschenke (Geburtstag, Weihnachten, Ostern)	**0,99 Mrd. €**	**0,85 Mrd. €** (ohne Ostern)
Sparguthaben	**3,79 Mrd. €**	**3,59 Mrd. €**

Quelle: KidsVA 2008 / Basis: 5,73 Mio. 6–13 Jahre

B

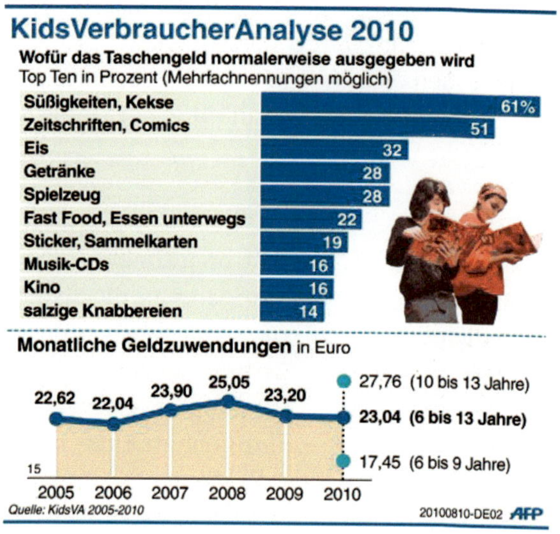

1 Gebt die wesentlichen Aussagen der beiden Schaubilder in jeweils zwei bis drei Sätzen wieder.

2 Überlegt gemeinsam, welche Schlussfolgerungen ihr als Werbe- oder Marketingexperten aus den Informationen der beiden Grafiken ziehen würdet.

Projekt Werbedetektive

1 Werbung zielt darauf ab, Aufmerksamkeit zu wecken und das Handeln zu beeinflussen. Erläutert, wie das Plakat rechts das zu erreichen versucht.

2 a Welche Werbeslogans, die sich speziell an Kinder wenden, kennt ihr noch?
b Fallen euch auch Bilder oder Melodien ein, die besonders Kinder ansprechen sollen?
c Woher kennt ihr diese Werbung?

3 Überlegt gemeinsam: Wo findet ihr Werbung, die speziell eure Altersgruppe anspricht? Denkt dabei an Orte, Räume, Veranstaltungen, verschiedene Medien usw.

4 Bildet Gruppen und nehmt die Werbung an unterschiedlichen Fundstellen genauer unter die Lupe. Die einzelnen Gruppenmitglieder können sich auf einen Fundort (z. B. Zeitschriften oder Fernsehsendungen ...) spezialisieren.
a Jedes Gruppenmitglied legt eine Liste nach folgendem Muster an und füllt sie aus.

Genauer Fundort der Werbung	**Zielgruppe**	**Produktname, Produktart**	**Blickfang** (auffallendes Bild, Schriftzug ...)
Zeitschrift „Fury“	*Mädchen, ca. 10–13 Jahre*	*Sweety, Lutscher*	*Bunter Slogan: „lecker lutschen“ + großes Foto, 2 Mädchen mit Lolli*
...	...	...	...

b Wertet eure Listen in der Gruppe aus. Klärt im Gespräch folgende Fragen:
– Welche Zielgruppen werden angesprochen? Woran erkennt man das?
– Welche Warengruppen sind besonders häufig vertreten? Woran könnte das liegen?
– Habt ihr auch Werbung gefunden, die nicht auf den Verkauf einer Ware abzielt? Wenn ja: welche?
– Wodurch wird in den Werbungen jeweils Aufmerksamkeit erregt?
c Stellt eure Ergebnisse auf einem großen Plakat zusammen (▸ S. 331) und veranschaulicht sie durch Fotos oder Slogans. Ihr könnt die in der Werbung gezeigten Situationen bzw. Szenen und die verwendete Musik auch beschreiben.
d Präsentiert eure Ergebnisse mit Hilfe der Plakate in der Klasse (▸ S. 182).
e Stellt die Plakate zu einer Wandzeitung zusammen und hängt sie im Klassenzimmer auf.

11.2 Wirkung von Text und Bild – Mittel der Werbung untersuchen

Werbesprache unter die Lupe nehmen

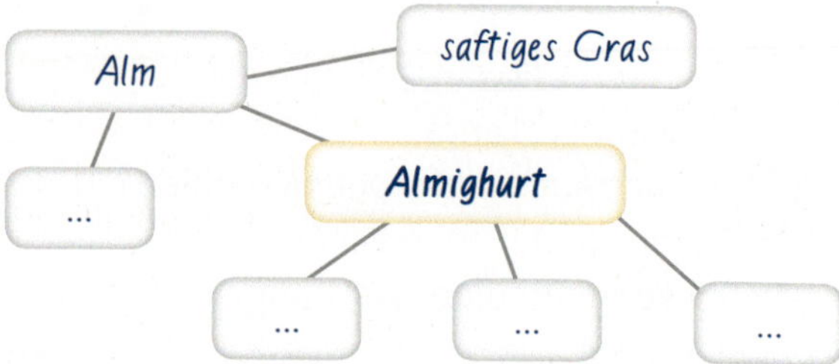

1 a „Almighurt" – „Käpt'n Iglo" – „Jack Wolfskin". Notiert in eurem Heft, welche Vorstellungen ihr mit diesen Wörtern jeweils verbindet. Ihr könnt dafür Cluster (► S. 332) verwenden, ähnlich wie das rechts abgebildete.

b Vergleicht eure Ergebnisse. Welche Übereinstimmungen gibt es, welche Unterschiede?

c Untersucht, inwiefern es tatsächlich einen engen Zusammenhang gibt zwischen euren Vorstellungen (Aufgabe 1 a) und Produkten der genannten Marken.

2 a Welche weiteren Markennamen fallen euch ein, die ihr mit bestimmten Begriffen und Vorstellungen verbindet? Notiert die Namen und eure Vorstellungen.

b Besprecht, inwiefern ein tatsächlicher Zusammenhang zwischen euren Vorstellungen und der Marke besteht.

c Erklärt, warum solche Markennamen gewählt oder erfunden werden.

3 a Bildet in der Klasse zwei Gruppen. Die eine Gruppe lernt den unten links stehenden Text auswendig, die andere Gruppe den Text, der rechts steht. Jede Gruppe hat eine Minute Zeit.

Splash ist spaßig, Splash ist cool
Splash am Strand oder im Pool.
Splash mit Kumpels, Splash allein,
cooler kann ein Sport nicht sein!
Deshalb kauf das Ding gleich ein!!

Mit Splash wirst du viel Spaß haben, denn Splash ist cool. Du kannst es am Strand oder im Pool spielen – und zwar mit deinen Kumpels oder allein. Splashspielen ist der coolste Sport! Deshalb hol dir gleich einen Splash!!

b Tragt eure Texte in der Klasse vor.

c Welcher Text war leichter zu lernen? Besprecht, woran das liegen könnte.

d Notiert sprachliche Merkmale des Textes, der leichter zu lernen war.

Nichts ist unmöglich – Toyota.
Die klügere Zahnbürste gibt nach.
Haribo macht Kinder froh und Erwachsene ebenso.
Nogger dir einen!
Manner mag man eben.
Sehen. Staunen. Verstehen.
Have a break, have a kitkat.

4 a Werbesprüche arbeiten oft mit bestimmten sprachlichen Mitteln, so auch die oben wiedergegebenen Slogans. Untersucht, welches Mittel jeweils verwendet wurde. Schreibt dazu die Slogans in euer Heft und ordnet die folgenden Begriffe zu. Der Merkkasten unten auf dieser Seite hilft euch.

abgewandelte Redensart • Dreierfigur • Reim • Übertreibung • paralleler Satzbau • Alliteration • Wortneuschöpfung

b Findet weitere Beispiele für Slogans, die mit den oben genannten sprachlichen Mitteln arbeiten.

5 a Übersetzt den Werbeslogan „Have a break, have a kitkat" ins Deutsche. Welche weiteren englischen Werbesprüche fallen euch ein? Übersetzt sie.
b Überlegt, warum auch in deutschen Medien häufig mit englischen Slogans geworben wird.

6 Wandelt Slogans in Unsinnssprüche um, z. B. statt „Sehen. Staunen. Verstehen" „Sehen. Staunen. Stammeln". Wer erfindet die lustigsten Slogans?

Methode **Werbesprache – Stilmittel**

Im Alltag formulieren wir Mitteilungen meist, ohne lange nachzudenken und auf bestimmte Stilmittel zu achten. In der Werbung ist die Sprache dagegen ein wichtiges Werkzeug, das sehr überlegt und gezielt eingesetzt wird, damit die Botschaft den Adressaten nicht nur kurzfristig erreicht, sondern auch längerfristig beeindruckt und beeinflusst. Häufig werden die folgenden sprachlichen Mittel verwendet:
Reim: Gleichklang am Versende, z. B.: *3 ... 2 ... 1 ... meins.*
Alliteration: Aufeinanderfolgende Wörter beginnen mit demselben Buchstaben, z. B.: *Mars macht mobil ...*
Dreierfigur: Drei abgegrenzte Elemente stehen nacheinander, bilden aber eine Sinneinheit, z. B.: *Quadratisch, praktisch, gut.*
Übertreibung: Aussage, die Unmögliches oder nicht Glaubhaftes behauptet, z. B.: *Wir können alles. Außer Hochdeutsch.*
Wortneuschöpfung: neu gebildetes Wort, oft lautmalerisch oder ähnlich klingend wie ein bereits existierendes, z. B.: *Der mit dem Blubb (Slogan für Rahmspinat).*
Abgewandelte Redensart: Spiel mit dem Sinn einer Redensart oder mit einem ähnlichen Klang der Wörter, z. B.: *Essen gut, alles gut.*
Paralleler Satzbau: Wiederholung derselben Satzglieder in derselben Reihenfolge, z. B.: *Sind sie zu stark, bist du zu schwach (Slogan für Mentholbonbons).*

Werbung aus Omas Kindertagen – Eine Anzeige untersuchen

1 a Betrachtet die Werbeanzeige. Wofür wird hier geworben?
b Lest den Text und schaut noch einmal das Foto an. Wer sind die abgebildeten Personen?
c Welche Situation ist dargestellt? Was könnte das Mädchen gerade sagen?

2 a Beschreibt, wie der Werbetext auf euch wirkt.
b Welche der erzählten Erlebnisse und Erfahrungen beeindrucken euch ebenfalls, welche findet ihr eher langweilig?

3 a Schreibt aus dem Anzeigentext die Adjektive heraus.
b Beschreibt, was ihr feststellt, wenn ihr eure Auflistung betrachtet.

4 a Diskutiert in der Klasse, ob der Anzeigentext damals von dem abgebildeten Mädchen wohl wörtlich so gesprochen wurde. Begründet eure Meinung.
b Wie würde ein Kind heute von seinem ersten Flug erzählen? Versetzt euch in die Situation des Kindes und schreibt einen kurzen Text, in dem es seine Eindrücke schildert. Überlegt:
– Was wäre ihm wichtig?
– Welche Worte, z. B. Adjektive, würde es verwenden?

5 a Untersucht den Aufbau der Werbeanzeige. Übertragt dazu die rechts abgebildete Skizze in euer Heft und vervollständigt sie. Verwendet dabei die im Merkkasten unten erläuterten Fachbegriffe (Headline, Bild, Logo ...).
b Beschreibt den besonderen Aufbau dieser Anzeige, indem ihr die folgenden Fragen beantwortet:
– Was soll zuerst ins Auge fallen?
– Welche Textteile sind besonders wichtig?

Information **Aufbau von Werbeanzeigen**

Werbeanzeigen und -plakate enthalten meistens ein Bild und verschiedene Textteile, z. B.:

Headline: Schlagzeile (Überschrift) einer Anzeige. Sie ist in der Regel neben dem Bild der wichtigste Blickfang einer Annonce.

Bild: Foto oder andere Abbildung, die mit dem Produkt in Verbindung gebracht wird

Slogan: einprägsamer Werbespruch, der oft fest zu einer Marke oder Firma gehört, z. B.: *Wohnst du noch oder lebst du schon?* (Ikea), *Just do it!* (Nike)

Logo: besonders gestalteter Schriftzug oder Bild als Erkennungszeichen für Firmen, z. B. DB YouTube

Werbetext: Text, der den Leser nicht nur informiert, sondern vor allem die Vorteile einer Ware, Aktion oder angebotenen Leistung hervorhebt. So werden z. B. durch Erfahrungsberichte zufriedener Käufer positive Merkmale eines Produkts herausgestellt. Dabei werden oft ausdrucksstarke, positiv wertende Adjektive verwendet.

Nicht in jeder Werbeanzeige sind alle Bausteine enthalten, manchmal fehlt z. B. ein einprägsamer Slogan oder der Slogan übernimmt die Rolle der Headline.

Bilder beeindrucken – Bildsprache untersuchen

1 Werbebotschaften werden nicht nur durch Texte, sondern auch durch Bilder vermittelt. Betrachtet die Anzeige oben genau. Beschreibt, was ihr seht und was euch auffällt.

2 Untersucht die Annonce genauer:
- a Erläutert die Botschaft des zentralen Textes: „So viel können wir voneinander lernen." Welche Fragen ergeben sich daraus? Notiert sie.
- b Klärt, ob oder wie diese Fragen durch das Foto beantwortet werden.
- c Worauf lenkt die Einstellungsgröße (▸ S. 312) die Aufmerksamkeit des Betrachters?
- d Versucht, die Farbgestaltung der Anzeige und die Wahl der Schriftgrößen zu erklären.

3
- a Formuliert die Aussage der Anzeige in eigenen Worten.
- b Besprecht, wer diese Annonce in Auftrag gegeben haben könnte und welches Ziel sie wohl hat.

4 Untersucht in der Werbeanzeige auf Seite 198, wie dort das Bild platziert und aufgebaut ist und welche Wirkung durch die Bildgestaltung erzielt wird.

Information **Bildsprache in Werbeanzeigen**

Neben Textelementen dienen in der Werbung **Bilder** als **Blickfang.** Sie erregen Aufmerksamkeit und **lenken** die **Gefühle** des Betrachters in eine bestimmte Richtung.
Um die gewünschte Wirkung zu erzielen, werden **Farbe, Größe** und **Platzierung** von **Bild-** und **Textelementen genau geplant.**
Der gewählte **Bildausschnitt** (▸ **Einstellungsgröße,** S. 312) – meist nah oder halbnah – **lenkt den Blick auf ein bestimmtes Motiv.** Ist das Motiv eine Person, gilt dieser oft die Sympathie des Betrachters.

Fordern und fördern – Ein Werbeplakat planen

1 a Der Freundeskreis eines Mannheimer Gymnasiums möchte den fairen Umgang der Schüler miteinander fördern und plant deshalb eine Plakat-Aktion. Mit dem Entwurf, den die beauftragte Werbeagentur vorlegt (siehe rechts), ist er aber nicht zufrieden. Was hat dem Auftraggeber vermutlich nicht gefallen? Begründet eure Einschätzung.

b Formuliert einen Slogan für das Plakat, in dem ihr ein besonderes sprachliches Mittel verwendet, z. B. einen Reim. Anregungen gibt der Merkkasten auf Seite 197.

▷ Eine Hilfe zu dieser Aufgabe findet ihr unten auf dieser Seite.

c Notiert detaillierte Hinweise, wie man das Plakat ansprechender und überzeugender gestalten könnte. Legt fest, was als Blickfang dienen soll und wo dieses Element platziert sein sollte.
Geht jeweils auf die beabsichtigte Wirkung der von euch vorgesehenen Gestaltung ein.

▷ Ihr wollt eine Hilfe zu dieser Aufgabe? Schaut unten auf dieser Seite nach.

2 a Notiert einige andere gute Eigenschaften, Einstellungen oder Verhaltensweisen, für die man ebenfalls auf einem Plakat werben könnte.

b Wählt aus euren Ideen in Aufgabe a eine aus. Notiert in Stichworten, was das Plakat zeigen soll: Ort, beteiligte Personen, Situation ...

c Erfindet für das Plakat einen Slogan und notiert Hinweise zur Gestaltung.

Hilfe zu Aufgabe 1

b Ergänzt in eurem Heft einen der folgenden Slogans.

> ... nicht schwer. (Reim) • Fit für ...? (Alliteration) • Sei ein ...! oder Sei kein ...! (Wortneuschöpfung)

c Berücksichtigt bei eurer Beurteilung des Plakats und bei den Verbesserungsvorschlägen die folgenden Punkte.

> Platzierung von Schrift, Personen, Objekten • Schriftgröße und -farbe • Bildausschnitt/Einstellungsgröße • allgemeine Farbgestaltung

Teste dich!

Rund um Werbung

1 Lies die folgenden Aussagen durch und entscheide, ob sie richtig oder falsch sind. Wenn du die entsprechenden Buchstaben in der richtigen Reihenfolge notierst, erhältst du ein Lösungswort.

Aussage	richtig	falsch
1 Wenn ich eine Werbung ganz genau anschaue oder anhöre, erhalte ich die wichtigsten Informationen über das Produkt oder die Aktion.	R	W
2 Werbung wird nur für Dinge gemacht, die man auch kaufen kann.	A	E
3 Werbung zielt zunächst darauf ab, Aufmerksamkeit zu erregen.	R	K
4 Vor der Erfindung der elektronischen Medien hat es keine Werbung gegeben.	L	B
5 Viele sprachliche Mittel, die in der Werbung benutzt werden, findet man auch in Gedichten.	E	U
6 Werbung ist im Grunde unnötig, weil sie Geld kostet und man nicht weiß, welchen Nutzen sie wirklich hat.	N	P
7 Farben und Bilder in Werbeanzeigen können eine angenehme Stimmung erzeugen.	A	G
8 Es gibt Fälle, in denen der Mensch selbst ein „Werbeträger" ist, also ein Medium, das Werbung vermittelt.	U	S
9 Wenn ich Werbung nicht bewusst beachte, beeinflusst sie mich auch nicht.	M	S
10 Die Einnahmen aus der Werbung dienen auch dazu, Medien ganz oder teilweise zu finanzieren.	E	T

2 Notiere die Stilmittel, die in den folgenden Werbesprüchen verwendet werden.

1 Wer fühlen will, muss hören. • **2** Kleidung clever kaufen • **3** Menschen, Tiere, Sensationen • **4** Ich bin ein Gourmeggle.

3 Das Landesmedienzentrum Baden-Württemberg wendet sich mit dem folgenden Slogan an Jugendliche. Der Slogan hat zwei Bedeutungen. Erläutere sie in deinem Heft.

Medien – aber sicher

11.3 Projekt: Werbung gestalten

Diese Werbung für einen Füller hat ein Schüler mit Hilfe eines Textverarbeitungsprogramms am Computer entworfen.

In diesem Projekt könnt ihr eigene Werbeplakate oder Anzeigen gestalten:

- für ein Fantasieprodukt, z. B. „Gripsi", das Intelligenzfutter für Hamster und Hasen,
- für eine Aktion, die ihr plant, z. B. für einen Weihnachtsbasar, einen Theaterabend
- oder z. B. für mehr Fairness an eurer Schule (▸ Seite 201).

Sucht Unterstützung für eure Plakat-Aktion, z. B. bei Eltern, Schulleitung oder SMV.

1 Arbeitet in Gruppen und geht so vor:

a Klärt, für welches Produkt oder welche Aktion ihr werben und welche Zielgruppe ihr ansprechen wollt.

b Entscheidet, ob ihr eine Anzeige gestalten wollt (z. B. im DIN-A4-Format) oder ob ihr ein Plakat entwerft. Das Plakat könnt ihr zunächst im DIN-A4-Format anlegen und später beim Kopieren vergrößern.

c Entwerft eure Werbung zuerst handschriftlich: Plant Headline, Bild und Werbetext, eventuell auch Slogan und Logo (▸ Aufbau von Werbeanzeigen, S. 199). Legt fest, wie ihr die Elemente anordnen wollt.

d Arbeitet am Computer weiter. Hierbei könnt ihr verschiedene Gestaltungsmöglichkeiten ausprobieren und ihre Wirkung beurteilen. Besonders achten solltet ihr auf
- eine deutliche Hervorhebung des Blickfangs: Platzierung im Vordergrund, Einstellungsgröße nah oder halbnah,
- ein angemessenes Verhältnis von Schrift und Bildmotiven,
- ansprechende, gut lesbare Schriftarten in passender Größe und Farbe,
- geeignete Hintergrundfarben.

Allgemeine Hinweise für das Schreiben von Texten am Computer findet ihr auf Seite 334. Mit der Tabellenfunktion könnt ihr auf eurem Blatt einzelne Spalten und Zeilen anlegen und diese getrennt voneinander gestalten. Man kann z. B. Hintergrundfarben für die einzelnen Zellen der Tabelle wählen und Texte oder Bilder in die Zellen einfügen.

Die Anzeige auf Seite 203 wurde mit Hilfe einer einspaltigen Tabelle mit fünf Zeilen erstellt. Wenn ihr auch mit einer Tabelle arbeiten möchtet, geht wie folgt vor:

- Klickt auf den Menüpunkt *Einfügen* → *Tabelle*
- Wählt die gewünschte Anzahl von Spalten und Zeilen.
  Weitere Zeilen könnt ihr später mit der Tabulatortaste →| hinzufügen.
- Durch Ziehen des Cursors (mit gedrückter linker Maustaste) lässt sich die Spaltengröße verändern.
  Beim Einfügen von Bildern passt sich das Raster automatisch an.
- Mit Hilfe der vom Programm vorgeschlagenen Tabellentools könnt ihr die Tabelle nach euren Vorstellungen gestalten. Über die Auswahl „Rahmen" z. B. lassen sich Linien verändern oder unsichtbar machen. Mit Hilfe der Auswahl „Schattierung" kann man Hintergrundfarben wählen.

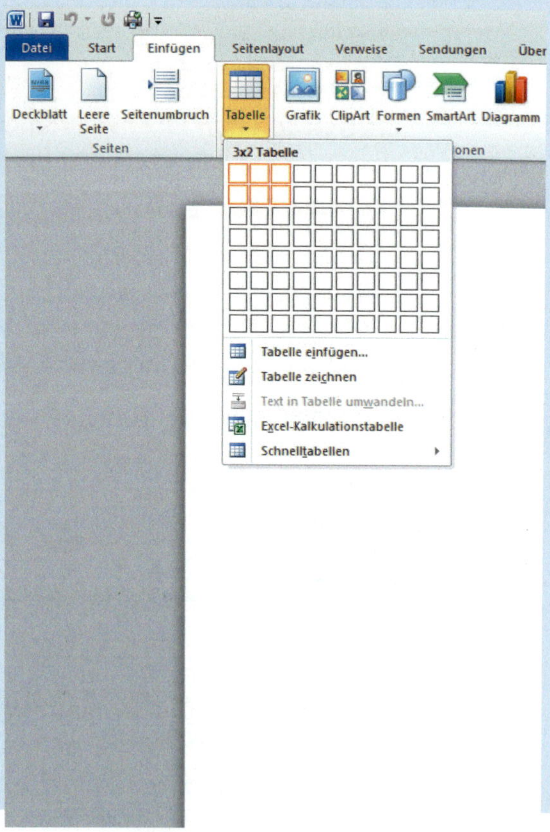

12 Grammatiktraining – Wortarten und Wortbildung

1 Werft gemeinsam mit Harry Potter einen Blick in das Zimmer des berühmten Zauberers Albus Dumbledore. Was seht ihr?

2 **a** Beschreibt Dumbledores Zimmer. Setzt dazu die Wörter auf dem Bild zu Sätzen zusammen. Ihr müsst nur wenige Wörter ergänzen, z. B.: *Von der Decke baumelt ein …*

b Prüft, welche Wortarten ihr in euren Sätzen findet. Wie könnt ihr sie unterscheiden?

3 Besprecht, was die einzelnen Wortarten in euren Sätzen leisten. Was bezeichnen oder beschreiben sie?

In diesem Kapitel …

- wiederholt ihr bekannte Wortarten und lernt neue kennen,
- drückt ihr euch mit Hilfe von Wortzusammensetzungen und Ableitungen treffend aus,
- untersucht ihr Wortfamilien.

12.1 Fantasiewelten – Wortarten wiederholen und kennen lernen

Substantive, Adjektive, Präpositionen

Der Vogel Phönix

In den Wäldern rund um Hogwarts, aber auch in den Mauern der alten Zauberschule leben viele fantastische Wesen. Eines der *erstaunlichsten* Wesen ist sicher Albus Dumbledores Vogel Phönix. Sein Gefieder ist so rot wie Feuer und er ist *klüger* als die meisten Menschen und Zauberer. Seine Tränen heilen schwere Verletzungen und er ist – so unglaublich das klingen mag – unsterblich. Hat er ein *hohes* Alter erreicht, verbrennt er in hellen Flammen und wird aus der warmen Asche neu geboren.

Bereits die alten Ägypter, die vor mehr als 5000 Jahren lebten, verehrten den Phönix. Doch die Faszination für diesen brennenden Vogel mit dem ewigen Leben ist bis heute ungebrochen.

1 a Erklärt, was das Besondere am Vogel Phönix ist.

b Übertragt die folgende Tabelle in euer Heft. Sucht dann aus dem Text mehrere Beispiele für die Wortarten heraus und ordnet sie in die richtige Tabellenspalte ein.

Substantive	Adjektive	Präpositionen
...	...	...

2 Erklärt, woran ihr die Wortarten im Text erkannt habt.

3 a Lest die ersten beiden Sätze (▸ Z. 1–5) einmal mit und einmal ohne die Adjektive. Beschreibt dann die unterschiedliche Wirkung des Textes.

b Sucht die drei schräg gedruckten Adjektive aus dem Text heraus und schreibt sie untereinander auf. Ergänzt die fehlenden Steigerungsformen (▸ Steigerung der Adjektive, S. 315).

4 Findet im Text
- eine Präposition, die ein örtliches Verhältnis ausdrückt, und
- eine Präposition, die ein zeitliches Verhältnis ausdrückt.

5 Erfindet selbst ein Fantasiewesen.
- Beschreibt sein Aussehen mit Hilfe von anschaulichen Adjektiven.
- Vergleicht es mit anderen Lebewesen. Nutzt dazu gesteigerte Adjektive, z. B.: *Es ist <u>größer</u> als ...*
- Beschreibt seine Fähigkeiten mit Hilfe von Präpositionen, die örtliche Verhältnisse ausdrücken, z. B.: *Es kann <u>auf</u> einen hohen Turm springen.*

Fordern und fördern – Adjektive, Präpositionen

Der gefährliche Hornschwanz

Bei einem Zauberturnier **1** Hogwarts müssen die jungen Magier Drachen besiegen und ihnen goldene Eier stehlen. Harrys Gegner ist der gefährlichste Drache: ein ungarischer Hornschwanz. Er ist größer als die anderen Drachen, kann weiter Feuer speien und trägt spitze Stacheln **2** seinem Schwanz. Harry muss den Drachen ablenken, damit er das Ei stehlen kann, welches der Hornschwanz **3** seinen riesigen Tatzen bewacht. Dazu kreist er **4** seinem schnellen Besen **5** dem Kopf der gewaltigen Echse, um sie zu reizen. Durch geschickte Flugmanöver weicht er den heißen Flammen aus, die der wilde Drache **6** ihm herspeit. Schließlich erhebt sich der Drache **7** die Luft und gibt das Nest frei. **8** steilen Sturzflug rast Harry **9** dem Ei und schnappt es dem wütenden Hornschwanz **10** der Nase weg. Tief **11** ihm applaudieren die begeisterten Zuschauer.

1 a In welche Lücke des Textes müsst ihr welche Präposition einsetzen? Schreibt die Ziffern untereinander auf und notiert daneben die richtigen Präpositionen, z. B.: *1 = in*

> in • auf • über • an • im • zwischen • hinter • vor • zu • unter

Tipp: Eine Präposition aus dem Kasten müsst ihr mehrmals verwenden.

b Erklärt in einem Satz, welches Verhältnis die Präpositionen in diesem Text ausdrücken.
Die Präpositionen in diesem Text drücken ein ... Verhältnis aus.

c Die meisten Präpositionen im Text beziehen sich auf ein Substantiv. Nur an zwei Stellen beziehen sich die Präpositionen auf eine andere Wortart. Sucht diese beiden Beispiele und notiert, auf welche Wortart sich die Präpositionen beziehen.

2 a Übertragt die folgende Tabelle in euer Heft. Ordnet die unterstrichenen Adjektive aus dem Text in die richtige Tabellenspalte ein. Ergänzt dann die fehlenden Adjektivformen.

Grundform	Komparativ	Superlativ
...	...	...

b Findet für die folgenden Adjektive jeweils ein anderes Adjektiv, das eine ähnliche Bedeutung hat.

> riesigen (▸ Z. 10) • schnellen (▸ Z. 11) • steilen (▸ Z. 16) • wütenden (▸ Z. 18)

c Wählt sechs Adjektive aus dem Text aus und formuliert mit ihnen Vergleiche. Achtet hierbei auf die richtige Verwendung der Vergleichswörter *als* und *wie*.

Zeitformen der Verben

Präteritum und Plusquamperfekt

Siegfrieds Kampf mit dem Drachen (1)

Die Nibelungensage erzählt von Siegfrieds Heldentaten.

Siegfrieds Herz raste vor Erregung, seine Faust umklammerte den Schwertgriff. Jetzt stoppte Fafner, der Drache, und zog zischend den Atem ein: Er hatte den Menschen gewittert. Feuerdampf blies er aus seinen Nüstern, der Rückenkamm schwoll hoch vor Wut. Langsam wälzte sich das Ungeheuer auf den Stein zu, hinter dem sich Siegfried versteckt hatte. Doch bevor der mächtige Lindwurm sein Ziel erreichte, erhob er sich mit einem gellenden Schrei in die Höhe. Siegfried war blitzschnell aus seinem Versteck hervorgesprungen und griff nun die Flanke Fafners an. Es begann ein furchtbarer Kampf.

1 **a** Wisst ihr, wie der Kampf endet? Erzählt davon.
b Schreibt aus dem Text alle Verben im Präteritum heraus und bildet den dazugehörigen Infinitiv.
c Begründet, warum der Erzähler die Zeitform Präteritum verwendet.

2 **a** Schreibt aus dem Text drei Verben im Plusquamperfekt heraus.
b Erklärt, wie die Zeitform Plusquamperfekt gebildet wird.

3 **a** Verdeutlicht den zeitlichen Ablauf in den folgenden Sätzen mit Hilfe der Konjunktion *nachdem,* z. B.:
Nachdem das Ungeheuer …
- Das Ungeheuer zog den Atem ein, es hatte den Menschen gewittert.
- Fafner wälzte sich auf den Stein zu, hinter den Siegfried sich geduckt hatte.
- Siegfried war seitwärts weggesprungen und griff die Flanke Fafners an.

b In welchem zeitlichen Verhältnis stehen Präteritum und Plusquamperfekt zueinander?
c Schreibt drei weitere Sätze über den Kampf. Verwendet Präteritum und Plusquamperfekt.

Information **Die Zeitformen Präteritum und Plusquamperfekt**

1 Das **Präteritum** ist eine einfache **Zeitform der Vergangenheit,** z. B.: *Er versteckte sich.*
- Bei den **regelmäßigen** (schwachen) **Verben** ändert sich im Präteritum der Vokal im Verbstamm nicht, z. B.: *ich lache* (Präsens) → *ich lachte* (Präteritum).
- Bei den **unregelmäßigen** (starken) **Verben ändert** sich im Präteritum der **Vokal** im Verbstamm, z. B.: *ich singe* (Präsens) → *ich sang* (Präteritum).

2 Wenn etwas vor dem passiert, wovon im Präteritum oder im Perfekt erzählt wird, verwendet man das **Plusquamperfekt,** z. B.: *Nachdem Siegfried Fafner besiegt hatte, badete er in dessen Blut.* Das Plusquamperfekt ist eine **zusammengesetzte Zeitform.** Es wird gebildet mit einer Form von **„haben"** oder **„sein"** im Präteritum (z. B. *hatte, war*) und dem **Partizip II des Verbs** (z. B. *gelesen, aufgebrochen*).

Präsens und Futur

Siegfrieds Kampf mit dem Drachen (2)

Da – eine unbedachte Wendung reißt den Drachen auf die Seite, für einen Augenblick zeigt sich der weiße, weiche Bauch und tief stößt Siegfried sein Schwert in den Leib des Ungeheuers. Dickes Blut schießt hervor, der Feueratem verglüht, es bäumt sich der Leib, streckt sich, zuckt ein letztes Mal und bleibt still.

1 Schreibt den Text in euer Heft und unterstreicht alle Präsensformen.

2 Die beiden folgenden Sätze zeigen euch zwei mögliche Verwendungsweisen der Zeitform Präsens. Erklärt den Unterschied. Welche Art von Geschehen wird in Satz 1 beschrieben? Welche Art von Aussage wird in Satz 2 getroffen?
- Siegfried klettert auf eine Mauer.
- Alle Drachen sind gefährlich.

3 Überlegt gemeinsam, warum der Erzähler das Präsens verwendet. Was erreicht er damit?

4 Fafner ist tot. Gedankenlos taucht Siegfried seinen Finger in das Drachenblut und versteht plötzlich die Sprache der Vögel. Erstaunt vernimmt er, dass das Drachenblut die Haut unverwundbar macht. Schnell taucht er seinen ganzen Körper in das Drachenblut. Nach seinem Bad in Fafners Blut denkt Siegfried an die Zukunft.

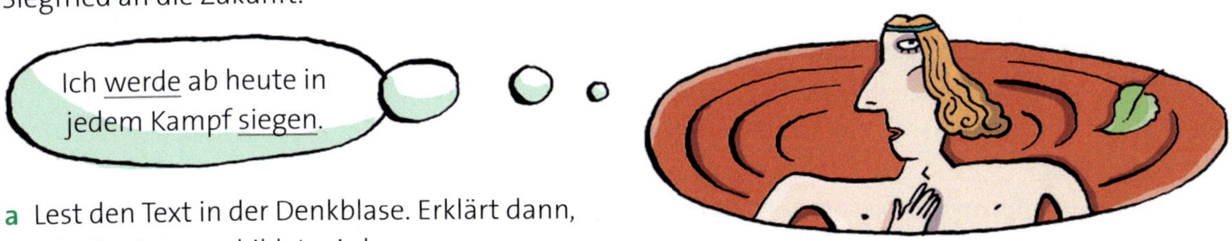

a Lest den Text in der Denkblase. Erklärt dann, wie das Futur gebildet wird.

b Welche Pläne und Hoffnungen könnte Siegfried haben? Schreibt Sätze in der Zeitform Futur. Ihr könnt die Stichworte rechts zu Hilfe nehmen.

Herrscher sein • nie mehr Angst haben • mutig sein • ein Königreich erobern

Information **Die Zeitformen Präsens und Futur**

1 Das **Präsens** wird verwendet,
- wenn etwas in der **Gegenwart** geschieht, z. B.: *Siegfried versteckt sich.*
- wenn eine **Aussage immer gilt,** z. B.: *Siegfried ist ein Held.*

Außerdem kann man **Zukünftiges ausdrücken.** Meist verwendet man dann eine Zeitangabe, die auf die Zukunft verweist, z. B.: *Morgen geht er zur Drachenhöhle.*

2 Die Zeitform **Futur** wird verwendet, um ein **zukünftiges Geschehen** auszudrücken, z. B.: *Siegfried wird Kriemhild heiraten.* Das Futur wird gebildet mit der Personalform von **„werden"** im Präsens und dem **Infinitiv des Verbs,** z. B.: *ich werde siegen, du wirst siegen.*

Perfekt

Nessie – der letzte Drache?

Drachen gibt es nur in Büchern und im Kino? Mag sein. Aber Herr Hunter aus Schottland behauptet, er habe einen Drachen gesehen: Nessie, das berühmte Ungeheuer von Loch Ness.

Zeitung: Herr Hunter, Sie haben das Ungeheuer von Loch Ness also wirklich gesehen?
Hunter: O ja! Natürlich habe ich meinen Augen zuerst gar nicht getraut.
Zeitung: Das ist verständlich. Aber können Sie uns Nessie denn nun genauer beschreiben?
Hunter: Das Tier, das vor mir aufgetaucht ist, hat mich an einen riesigen Aal erinnert.
Zeitung: Welche Farbe hat es denn gehabt?
Hunter: Es hat grünlich geschimmert.
Zeitung: Und Sie haben gar keine Angst verspürt?
Hunter: Und ob! Ich bin weggerannt.
Zeitung: Ach was, und dann?
Hunter: Dann habe ich mir ein Herz gefasst, bin umgekehrt und habe dieses Foto geschossen.
Zeitung: Unglaublich! Herr Hunter, ich danke Ihnen für dieses Gespräch.

1 Gibt es Nessie wirklich? Tauscht eure Gedanken darüber aus.

2 Drei Sätze stehen im Präsens. Sucht sie heraus und erklärt, warum sie im Präsens stehen.

3 Die übrigen Verbformen in diesem Text stehen in der Zeitform Perfekt. Erklärt, wann sich die Ereignisse zugetragen haben: in der Vergangenheit, in der Gegenwart oder in der Zukunft?

4 Übertragt die nebenstehende Tabelle in euer Heft. Sucht dann aus dem Interview alle Verbformen im Perfekt heraus und ordnet sie in die Tabelle ein.

haben + Partizip II	sein + Partizip II
...	...

5 Ergänzt das Interview durch weitere Fragen und Antworten. Verwendet dabei das Perfekt.

Information **Die Zeitform Perfekt**

Wenn man **mündlich von etwas Vergangenem** berichtet, verwendet man häufig das Perfekt, z. B.: *Ich habe einen Bericht über Nessie in der Zeitung gelesen.*
Das Perfekt ist eine **zusammengesetzte Zeitform,** weil es mit einer Form von **„haben“** oder **„sein“** im Präsens (z. B. *hast, sind*) und dem **Partizip II des Verbs** *(gesehen, weggerannt)* gebildet wird.

Aktiv und Passiv der Verben

A Ein junger Drache erzählt vom Drachenkongress: „Der große Drachenkönig Hagrim stellte gestern eine geniale Erfindung vor, sein neues ‚Drachenmobil': Hagrim spannt einen kräftigen Drachen vor eine Kutsche. Dann bindet er ein saftiges Stück Fleisch mit einer Kordel an einen langen Stock. Nun setzt er sich in die Kutsche und hält den Stock so, dass das Fleisch knapp vor dem Maul des Drachen hängt. Dieser schnappt nach dem Leckerbissen, an den er aber nicht herankommen kann. Also läuft der Drache los und setzt so die Kutsche in Bewegung. Eine tolle Idee!"

B Das „Drachenmobil" wird folgendermaßen angetrieben: Ein kräftiger Drache wird vor eine Kutsche gespannt. Mit einer Kordel wird ein Stück Fleisch an einen langen Stock gebunden. Der Stock wird nun so gehalten, dass das Stück Fleisch knapp vor dem Maul des Drachen hängt. Die Kutsche wird dadurch in Bewegung gesetzt, dass der Drache dem unerreichbaren Stück Fleisch nachläuft.

1 a Vergleicht die folgenden Sätze aus Text A und Text B. Worin unterscheiden sie sich?
– Hagrim spannt einen kräftigen Drachen vor eine Kutsche.
– Ein kräftiger Drache wird vor eine Kutsche gespannt.

b Sucht weitere Aktiv- und Passivformen (▶ Merkkasten unten) aus den Texten A und B heraus.

c Überlegt, für welche Zwecke man eher so spricht oder schreibt wie in Text A und für welche Zwecke eher so wie in Text B.

Information **Aktiv und Passiv der Verben**

Das Aktiv und das Passiv sind zwei Verbformen, die man bei der Darstellung von Handlungen und Vorgängen unterscheidet. Man kann Handlungen und Vorgänge aus zwei Perspektiven betrachten:

Aktiv: Der Handelnde (Handlungsträger) wird betont, z. B.:
Hagrim zeigt seine neueste Erfindung.

Passiv: Die Handlung/der Vorgang wird betont, z. B.:
Die Erfindung wird (von Hagrim) gezeigt.

- Im Passivsatz kann der Handelnde ergänzt werden, z. B. *von Hagrim.*
- Das Passiv wird meist mit einer Form von **„werden"** und dem **Partizip Perfekt des Verbs** gebildet, z. B.: *wird gezeigt, werden gehalten.*

2 a Außer fantasievollen Erfindungen gibt es in der fantastischen Welt natürlich auch Zaubertränke, für die man eine Anleitung braucht. Schreibt eine Anleitung für die Zubereitung eines eigenen Zaubertranks. Verwendet dabei Formulierungen aus den beiden Töpfen.
Beginnt z. B. so: *Zuerst wird über einem Holzfeuer Drachenblut erhitzt. Dann nimmt man ...*

b Lest euch eure Rezepte gegenseitig vor.

c Prüft: Wo habt ihr in euren Rezepten das Passiv verwendet? Warum?

3 a Ein Schüler hat in seiner Anleitung so formuliert: „Man erhitzt das Drachenblut", ein anderer so: „Das Drachenblut wird erhitzt". Vergleicht die beiden Sätze und erklärt den Unterschied.

b Bestimmt in dem ersten Satz Subjekt und Akkusativobjekt.

c Untersucht, wie sich diese Satzglieder bei der Umwandlung ins Passiv verändern. Formuliert eine Regel: *Das Akkusativobjekt des Aktivsatzes wird im Passivsatz ...*

4 a Setzt den folgenden Satz in die anderen Zeitformen des Passivs (▸ Merkkasten unten).
Die Kräuter werden bei Sonnenaufgang gepflückt.

b Die Schüler der 6 b haben eine Zaubershow besucht. Schreibt ab, was sie erlebt haben, und setzt in die Lücken Passivformen im angegebenen Tempus ein.

> „Der Eintritt ? um einen Euro ? (erhöhen/Perfekt)", flüsterte Felix. Der rote Vorhang öffnete sich und es ging los. Ein Kasten ? auf die Bühne ? (tragen/Präteritum). Die Zuschauer ? zuvor zu äußerster Stille ? (ermahnen/Plusquamperfekt). Einer der Zuschauer ? (bitten/Präteritum), den Kasten zu öffnen. In dem Kasten lag zusammengekauert eine Frau in einem weißen Kleid. „Diese Frau ? ich nun vor Ihren Augen zum Verschwinden ? (bringen/Futur I)", verkündete der Ansager.

c Ergänzt den Text um drei weitere Sätze mit Passivformen. Bestimmt jeweils deren Tempus.

Information **Zeitformen des Passivs**

Passivformen sind in allen Zeitformen möglich. z. B.:

Präsens: *Der Trank wird gekocht.*
Präteritum: *Der Trank wurde gekocht.*
Perfekt: *Der Trank ist gekocht worden.*
Plusquamperfekt: *Der Trank war gekocht worden.*
Futur I: *Der Trank wird gekocht werden.*

Pronomen stellen Bezüge her

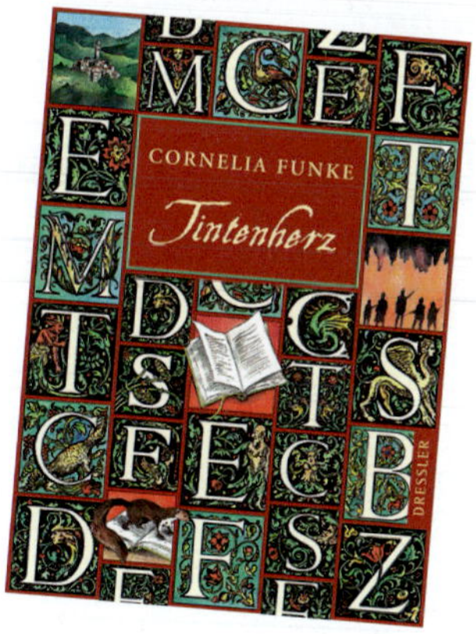

Personal- und Possessivpronomen

Cornelia Funkes „Tintenherz" – Eine Buchvorstellung (1)

Die Klasse 6c stellt ihre Lieblingsbücher vor.
Heute ist Ina an der Reihe:

Mein Lieblingsbuch ist Cornelia Funkes Roman „Tintenherz". Es ist der erste der drei Tintenweltromane. Als Leseprobe will ich euch den Anfang des Buchs vorlesen:

„In jener Nacht – mit der so vieles begann und so vieles sich für alle Zeit änderte – lag eins von Meggies Lieblingsbüchern unter ihrem Kissen, und als der Regen sie nicht schlafen ließ, setzte sie sich auf, rieb sich die Müdigkeit aus den Augen und zog das Buch unter ihrem Kissen hervor. Die Seiten raschelten verheißungsvoll, als sie es aufschlug. Meggie fand, dass dieses erste Flüstern bei jedem Buch etwas anders klang, je nachdem, ob sie schon wusste, was es ihr erzählen würde, oder nicht. Aber jetzt musste erst einmal Licht her. In der Schublade ihres Nachttisches hatte sie eine Schachtel Streichhölzer versteckt. Meggie liebte es, bei Kerzenlicht zu lesen."

1 „Die Seiten raschelten verheißungsvoll, als sie es aufschlug." (▶ Z. 9–11)
Ersetzt die beiden unterstrichenen Personalpronomen durch ein Substantiv.

2 Schreibt aus dem Text drei Possessivpronomen mit dem dazugehörigen Substantiv heraus. Notiert, welche Zugehörigkeit die Possessivpronomen jeweils ausdrücken, z. B.:
mein Lieblingsbuch → das Lieblingsbuch Inas

3 **a** Lasst Meggie ihre Geschichte selbst erzählen. Formt dazu den Text (▶ Z. 3–18) in eurem Heft um, z. B.: *In jener Nacht, ..., lag eins meiner Lieblingsbücher ...*
b Markiert in eurem Text die Personal- und Possessivpronomen mit unterschiedlichen Farben.

Information **Personalpronomen und Possessivpronomen**

Es gibt verschiedene Arten von Pronomen:

1. Mit den **Personalpronomen** *(ich, du, er, sie, es, wir, ihr, sie)* kann man **Substantive ersetzen,** z. B.: *Meggie liebt Bücher. Sie liest täglich.*
2. **Possessivpronomen** *(mein/meine – dein/deine – sein/seine, ihr/ihre – unser/unsere – euer/eure – ihr/ihre)* **geben an, zu wem etwas gehört,** z. B.: *mein Buch, dein Traum, unsere Eltern.* Possessivpronomen begleiten meist ein Substantiv und stehen dann im gleichen Kasus (Fall) wie dieses.

Demonstrativpronomen

Cornelia Funkes „Tintenherz“ – Eine Buchvorstellung (2)

Der fließende Übergang zwischen Wirklichkeit und Fantasie, das ist es, was mich an Tintenherz am meisten fasziniert. Meggies Vater Mortimer hat nämlich die Gabe, Figuren aus den Büchern herauszulesen und in die Wirklichkeit zu holen. Er bemerkt dies an jenem verhängnisvollen Abend, an dem er seiner Frau aus dem Buch „Tintenherz“ vorliest. Plötzlich stehen die Buchfiguren Staubfinger, Capricorn und Basta im Zimmer. Doch das ist noch nicht alles, denn derselbe Zauber funktioniert auch in die andere Richtung: Meggies Mutter verschwindet an diesem Abend im Buch „Tintenherz“.

1 Welcher Figur aus einem Buch, das ihr gelesen habt, würdet ihr im wirklichen Leben gerne begegnen? Begründet eure Meinung.

2 Schreibt Wörter, Wortgruppen oder Sätze heraus, auf die die farbig markierten Demonstrativpronomen hinweisen, z. B.: *das (Z. 1) = der fließende Übergang zwischen Wirklichkeit und Fantasie.*

3 Lena gibt ein Bild in der Klasse herum. Max betrachtet das Bild und fragt nach.
Lest das Gespräch mit verteilten Rollen.
Wie müsst ihr die markierten Wörter lesen?

Max: Wer ist das auf diesem Bild?
Lena: Das ist Staubfinger.
Max: Und wieso hat er diese brennende Fackel in der Hand?
Lena: Die soll nur zeigen, dass er in der Tintenwelt ein Feuerspucker ist.
Max: Stimmt, solche Fackeln habe ich auch schon auf dem Gauklerfest gesehen.

4 Setzt das Gespräch zwischen Max und Lena mit Hilfe der folgenden Informationen fort. Verwendet dabei in jeder Frage und in jeder Antwort ein Demonstrativpronomen.
- Die drei Narben wurden Staubfinger von seinem Feind Basta zugefügt.
- Der Marder ist ein treuer Begleiter Staubfingers.

Information **Das Demonstrativpronomen (hinweisendes Fürwort)**

Demonstrativpronomen *(der/die/das – dieser/diese/dieses – jener/jene/jenes – solcher/solche/solches – derselbe/dieselbe/dasselbe)* **weisen besonders deutlich auf eine Person oder Sache hin,** z. B.: *Von allen Jacken gefällt mir diese am besten.* Demonstrativpronomen können als Begleiter oder als Stellvertreter des Substantivs verwendet werden.

Relativpronomen

1 Formt die beiden folgenden Satzpaare über „Tintenherz“ jeweils in ein Satzgefüge um. Dabei soll der zweite Satz jeweils zu einem Relativsatz (▶ Merkkasten unten) werden.
Unterstreicht in euren Satzgefügen die Relativpronomen mit ihren Bezugswörtern.

> Die Gefangenen machen mit Darius Bekanntschaft. – Er ist der Vorleser von Capricorn.
> Capricorn hat alle Exemplare von „Tintenherz“ außer einem vernichtet. – Er hatte sie über Jahre gesammelt.

2 Schreibt den folgenden Text ab und setzt die fehlenden Relativpronomen ein.

Kennst du inzwischen alle Figuren, **?** in der Tintenwelt vorkommen? Die Hauptfigur ist Meggie Folchart, ein 12-jähriges Mädchen, **?** allein mit seinem Vater Mortimer, **?** auch Zauberzunge genannt wird, aufwächst. Neben dem größten Bösewicht Capricorn gibt es Basta, **?** die rechte Hand Capricorns ist und **?** sehr abergläubisch ist.
Bist du vielleicht jemand, **?** lieber einen Film sieht? Oder wäre für dich das Hörbuch, **?** aus mehr als zehn CDs besteht, das Medium deiner Wahl? Lass dich hineinziehen in die Tintenwelt, **?** so aufregend ist und **?** Ereignisse auch dich in ihren Bann ziehen werden!

3 Handelt es sich bei dem „das“ in den folgenden Sätzen um einen Artikel, um ein Relativ- oder ein Demonstrativpronomen? Erklärt eure Entscheidung.

> Das hatte er nun wirklich nicht von Meggie und ihrer geheimnisvollen Gabe erwartet!
> Das Mädchen, das ohne Mutter aufwuchs, überraschte ihn immer wieder.
> Dass sie aber auch auf das immer wieder hereinfiel!

Information **Das Relativpronomen**

Relativpronomen leiten Relativsätze (▶ S. 248, 324) ein und beziehen sich meist auf ein Substantiv oder ein Pronomen im Hauptsatz. Relativpronomen sind *der, die, das* und *welcher, welche, welches.*

Der Mann, der dort hinten um die Ecke biegt, sieht Staubfinger zum Verwechseln ähnlich.

Meggie, deren Mutter mit zwei Katzen in der Tintenwelt verschwand, lebt bei ihrem Vater Mo.

Mit Adverbien genauere Angaben machen

Der Drache vom Fels

Abends, wenn er sich zur Ruhe legte, stellte der große, alte Drache vom Fels sicherheitshalber immer sein Feuer ab. Nicht sein Herd- oder sein Kaminfeuer, nein, sein eigenes Drachenfeuer. Er hatte nämlich die dumme Angewohnheit, auch im Schlaf gerne mal Feuer zu spucken. Weil er die Leute unten im Dorf aber sehr mochte, wollte er ihnen weder die Wäsche an der Leine noch das Dach über dem Kopf anzünden. Neulich hat er aber doch vergessen, sein Feuer auszustellen. Er war gerade erst oben auf seinem Drachenfelsen eingeschlafen, als …

1 Beantwortet die beiden folgenden Fragen mit Hilfe der markierten Wörter.
– Wann vergisst der Drache, das Feuer auszustellen?
– Wo lebt der Drache?

2 Übertragt die Tabelle in euer Heft und sortiert die markierten Wörter aus dem Text in die richtige Tabellenspalte ein.

Adverbien des Ortes	Adverbien der Zeit	Adverbien des Grundes	Adverbien der Art und Weise
…	…	…	…

3 Erzählt die Geschichte mit Hilfe der folgenden Bilder weiter. Verwendet dabei einige der Adverbien aus dem Merkkasten unten.

Information **Das Adverb (Umstandswort; Plural: die Adverbien)**

Adverbien *(dort, oben, hier, jetzt, kürzlich, heute, kaum, sehr, vergebens, gern, leider, deshalb, nämlich)* **machen nähere Angaben zu einem Geschehen.** Sie erklären genauer, **wo, wann, wie und warum** etwas geschieht, z. B.: *Heute sitze ich hier. Dort bleibe ich gern.*
- Adverbien werden **kleingeschrieben.**
- Im Gegensatz zu Adjektiven sind **Adverbien nicht veränderbar** (nicht flektierbar), z. B.: *immer, unten, oben, darum, sehr.*

Konjunktionen

Die Mattisburg

Ronja Räubertochter lebt mit ihrer Mutter und ihrem Vater Mattis in der Mattisburg. Es ist eine ganz besondere Burg. Es lohnt sich, sie etwas ausführlicher zu beschreiben. Die Mattisburg ist in zwei Teile geteilt. In der Mitte liegt ein tiefer Spalt, der „Höllenschlund" heißt. Ronja trifft Birk zum ersten Mal. Der Höllenschlund liegt zwischen ihnen. Dieser Spalt ist sehr tief und gefährlich. Birk lässt die Beine über dem Abgrund baumeln. Ronja hat ihren ersten Schrecken überwunden. Sie denkt sich: „Ist der verrückt?" Ihr wollt wissen, wie es an dieser Stelle weitergeht. Ihr blättert in Astrid Lindgrens Buch „Ronja Räubertochter".

1 Beurteilt, wie dieser kurze Text klingt. Erklärt, woran das liegt.

2 a Sucht aus dem Wortspeicher rechts passende Wörter aus und fügt sie in den Text ein. Manchmal müsst ihr Verbformen ändern und die Reihenfolge von Sätzen vertauschen. Schreibt den verbesserten Text in euer Heft.

b Lest euch eure Texte gegenseitig vor. Beschreibt, was die Verwendung der kleinen Wörter, die Konjunktionen heißen, bewirkt hat.

und • oder • denn • aber • während • als • nachdem • sondern • wenn • da • weil • bevor • obwohl • damit • dass

3 Bildet mit den Konjunktionen aus dem Wortspeicher oben Sätze. Prüft, welche der Konjunktionen Hauptsätze einleiten und welche Nebensätze.
Tipp: Untersucht, an welcher Stelle jeweils das Prädikat steht, z. B.:
Ronja frühstückt ausgiebig, damit sie genügend Energie für ihre Abenteuer hat.
Sie frühstückt ausgiebig, denn so hat sie genügend Energie für ihre Abenteuer.

Information **Die Konjunktion (Bindewort)**

Konjunktionen **verbinden Wörter, Satzglieder** und **ganze Sätze miteinander.** Sie sind nicht veränderbar (nicht flektierbar). Es gibt nebenordnende und unterordnende Konjunktionen.
Nebenordnende Konjunktionen (z. B. *und, oder, denn, aber*) verbinden zwei Hauptsätze:
Staubfinger ist in der realen Welt unglücklich, aber Capricorn genießt die neue Welt.
Unterordnende Konjunktionen (z. B. *weil, obwohl, dass, während, als, damit* usw.) verbinden Hauptsatz und Nebensatz.
Die Feen der Tintenwelt reißen Menschen die Haare aus, damit sie daraus Nester bauen können.

Fordern und fördern – Verben, Pronomen, Adverbien

Die Verfilmung von „Tintenherz“

1 Romane, die sich millionenfach verkaufen, werden fast immer auch verfilmt. Und genau dies passierte auch mit Cornelia Funkes Erfolgsroman „Tintenherz“. Als männlicher Hauptdarsteller wurde Brendan Fraser gewonnen. Diesem schien die Rolle des Vaters Mo wie auf den Leib geschneidert. Meggie dagegen wurde von Eliza Bennett verkörpert. Das ist besonders interessant, weil dieser erwachsenen Schauspielerin das Kunststück gelingt, ein zwölfjähriges Mädchen glaubwürdig darzustellen. So kann man im Ganzen wohl von einem jener Glücksfälle sprechen, die beim Casting nicht alle Tage vorkommen.

2 Als schwierig erwies es sich, einen geeigneten Drehort zu finden. Das allerdings kam nicht überraschend. Dieselben Probleme treten bei Fantasy-Geschichten immer wieder auf. Den „Herrn der Ringe“ hat es bekanntlich bis in jene zauberhaften Gegenden Neuseelands verschlagen. Der „Tintenherz“-Regisseur aber suchte nach einem verlassenen Ortskern mit grauen Steinhäusern. Und diesen hat er in dem italienischen Ort Balestrino schließlich auch gefunden.

3 Bücher werden häufig ohne Rücksprache mit ihren Autoren verfilmt. Damit ihr nicht **?** passiert, hat sich Cornelia Funke frühzeitig ein Mitspracherecht gesichert. **?** Mitspracherecht wurde vertraglich festgeschrieben. Dennoch weicht das Ende des Films von dem des Buches ab. Hat **?** ein eher offenes Ende, so hat **?** auf Wunsch des vorab befragten Publikums ein Happy End. Cornelia Funke hat sich trotzdem zustimmend über die Verfilmung geäußert. Ihrer Ansicht nach hat **?** einen eigenen künstlerischen Anspruch.

●○○ **1** a Im ersten Textabschnitt (▸ Z. 1–14) sind mehrere Pronomen markiert. Bestimmt, um welche Art von Pronomen es sich jeweils handelt.

b Bestimmt die Zeitform im Passiv im ersten Satz (▸ Z. 1–2). Handelt es sich um Präteritum, Präsens oder Futur?

c Schreibt aus dem ersten Satz des Textes zwei Adverbien heraus.

●●○ **2** a Findet vier Demonstrativpronomen im zweiten Textabschnitt (▸ Z. 15–24) und schreibt sie mit Zeilenangabe in euer Heft.

b Bestimmt die Zeitform im Passiv im ersten Satz des dritten Abschnitts (▸ Z. 25–26).

c Schreibt aus den Wörtern im folgenden Kasten die Adverbien heraus und bestimmt sie jeweils genauer: Erklären sie, wo, wann, wie oder warum etwas geschieht?

neulich • weil • kaum • morgens • jene • glücklicherweise • darum • gern • solcher • hier

●●● **3** a Schreibt den dritten Textabschnitt (▸ Z. 25–36) ab. Setzt hierbei passende Demonstrativpronomen in die Lücken ein.

b Löst Aufgabe 2 b und formt den Satz in zwei weitere Zeitformen eurer Wahl um.

c Löst Aufgabe 2 c und bestimmt zusätzlich die Wörter, die keine Adverbien sind.

Teste dich!

Wortarten

1 a Schreibe die folgenden Verben in der angegebenen Zeit- und Personalform in dein Heft.

kaufen (2. Person Singular Plusquamperfekt Aktiv) • staunen (2. Person Plural Futur Aktiv) • abholen (3. Person Singular Präsens Passiv) • tragen (3. Person Plural Präteritum Passiv) • belohnen (1. Person Singular Perfekt Passiv) • betrügen (1. Person Plural Perfekt Passiv)

b Die folgenden Sätze stehen im Aktiv. Wandle sie in Sätze im Passiv um. Erwähne dabei keinen Handlungsträger.
- Die Leute aus dem Dorf brachten dem Drachen manchmal etwas zum Essen.
- Das Feuer beschädigte einige Häuser des Dorfes.
- Man kocht eine Drachensuppe am besten schon vormittags.

c Dies sind Überschriften aus einer Zeitung in der Zauberwelt. Entscheide, ob die Titel im Aktiv oder im Passiv stehen.

1 Glückwunsch – Mannschaft aus Gryffindor gewinnt Drachenballturnier
2 Gegenwind und Nieselregen: Mannschaften hatten es schwer
3 Unfall im Moor – Drache verletzt
4 Überlebende aus brennendem Nordflügel geborgen

2 a Schreibe aus den folgenden Sätzen die Relativpronomen und die Konjunktionen heraus.
Relativpronomen: welche, ... Konjunktionen: ...
- Der kleine Drache träumte oft von lustigen Sachen, welche ihn im Schlaf zum Lachen brachten.
- Da er jeden Tag viele Abenteuer erlebte, fiel er abends todmüde ins Bett.
- Sein Kuscheldrache, den sein Opa ihm geschenkt hatte, lag neben ihm.
- Er gähnte meist lautstark, bevor er in einen tiefen Schlaf fiel.
- Nachdem das Licht gelöscht war, leuchtete sein Schuppenpanzer noch im Dunkeln.

b Verbinde die folgenden Satzpaare jeweils so, dass einer der Sätze zu einem Relativsatz wird.

Der Drache spuckte aus Versehen auch im Schlaf Feuer. – Er lebte auf einem Felsen.
Mit einem Luftstoß aus seinen Nüstern blies er das Feuer aus. – Er hatte es verursacht.

3 Schreibe aus den folgenden Sätzen die Adverbien heraus und bestimme, worüber sie informieren: Ort, Zeit, Grund oder Art und Weise.

Der Drache wachte morgens immer ziemlich früh auf.
Auf dem Fels oben suchte er oft vergebens nach Nahrung.

12.2 Zauberwesen – Wortbildung

Wortzusammensetzungen

1
a Stachelbuckel, Grünling, Hornschwanz und Langhorn – diese vier Drachen leben in Harry Potters Welt. Ordnet die Namen den Zeichnungen zu und begründet eure Zuordnung.
b Beschreibt, wie die Namen der Drachen aufgebaut sind.
c Erklärt, warum der Aufbau der Namen euch die Zuordnung zu den Zeichnungen erleichtert hat.
d Einer der vier Drachennamen ist keine Wortzusammensetzung (▶ Merkkasten S. 221). Um welchen handelt es sich? Begründet eure Entscheidung.

Gefährliche Drachen

1 Der ? ist eine in Wales lebende Drachenart. Er ist grasgrün und von mittlerer Größe. Er ernährt sich von Schafen und ist menschenscheu. Daher meidet er die Nähe von Menschen und greift im Normalfall nicht an.

2 Der ? trägt auf dem Rücken einen Kamm scharfer, pechschwarzer Zacken, die er als Waffe einsetzen kann. Auch die drachentypische Fähigkeit, Feuer zu speien, macht ihn sehr gefährlich. Er ernährt sich unter anderem von Meeressäugetieren, zum Beispiel von Jungwalen.

3 Das ? ist dunkelgrün geschuppt. Man erkennt es an seinen langen goldenen Hörnern. Diese sind als wertvolle Zutat für Zaubertränke sehr begehrt, weshalb das ? fast ausgerottet ist. In einem Drachenreservat werden zurzeit Zuchtprogramme durchgeführt.

4 Der ? ist riesengroß, hat gelbe Schlitzaugen und bronzefarbene Hörner. Besonders zu fürchten sind seine Schwanzstacheln, mit denen schon die schlüpfenden Drachenjungen die Eierschale aufschlagen können. Der ? geht gern auf Menschenjagd.

2 a Ordnet die Drachensteckbriefe unten auf Seite 220 den dort abgebildeten Drachen zu.
b Tragt die Wortzusammensetzungen aus den Steckbriefen in eine Tabelle wie die folgende ein. Achtet auf die Groß- und Kleinschreibung. Notiert, wo vorhanden, das Fugenelement (► Merkkasten unten).

Zusammensetzung	Substantiv + Substantiv	Substantiv + Adjektiv	Adjektiv + Substantiv	Adjektiv + Adjektiv
Drachenart	*Drache + (n) + Art*			
grasgrün		*Gras + grün*		
…	…	…	…	…

3 a Lest die beiden folgenden Beschreibungen und erklärt, wie sich ihre Wirkung unterscheidet.
b Erläutert anhand von Wörtern aus dem rechten Text die Begriffe „Grundwort" und „Bestimmungswort". Der Merkkasten unten auf der Seite hilft euch.

In der Höhle ist es dunkel und heiß. Ein graues Ei liegt in einem Nest. Ein feiner Riss erscheint auf der Schale. Da steckt auch schon ein Drache seinen Kopf heraus. Seine roten Augen leuchten. Er hat Hunger.
…

In der Drachenhöhle ist es rabenschwarz und heiß. Ein zementgraues Drachenei liegt in einem Nest. Ein haarfeiner Riss erscheint auf der Schale. Da steckt auch schon ein Jungdrache seinen Kopf heraus. Seine blutroten Augen leuchten. Er hat Hunger …

4 a Wählt eines der rechts genannten Tiere für eine Beschreibung aus.
b Legt zur Vorbereitung der Beschreibung eine Liste mit zusammengesetzten Wörtern an, die euren Text anschaulich machen.
c Beschreibt das Tier in einem zusammenhängenden Text.

Vipernzahn • Warzenwackler • Krötenwurm • Feuerschnecke

Information **Wortzusammensetzungen**

Die Wortzusammensetzung ist in der deutschen Sprache eine wichtige Methode, um neue Wörter zu bilden. Mit Hilfe dieser neu gebildeten Wörter kann man Dinge und Sachverhalte genauer und oft auch unkompliziert beschreiben, z. B.:
Fabel + Wesen = Fabelwesen (Substantiv + Substantiv),
Feuer + rot = feuerrot (Substantiv + Adjektiv),
dunkel + blau = dunkelblau (Adjektiv + Adjektiv).

- Manchmal benötigt man ein **Fugenelement,** um die Wörter zu verbinden, z. B.:
  Rabe + n + schwarz = rabenschwarz; Drache + n + Art = Drachenart.
- Die Teile einer Zusammensetzung heißen **Grundwort** und **Bestimmungswort.**
  Das Grundwort steht immer an letzter Stelle. Es enthält den Grundbegriff, der durch das Bestimmungswort näher bestimmt wird, z. B.: *Zauberbuch, Lehrbuch, Kochbuch …*

Ableitungen

Bilbo Beutlin ist ein Hobbit aus Auenland. Er wirkt oft ein wenig aufgeregt und *fahrig,* besonders heute: Mit seinen *Gefährten,* 13 Zwergen, reist er in Fässern auf dem Fluss Celduin. Der Fluss ist selbst für Boote kaum *befahrbar.* Kein Fährmann leiht ihnen seine *Fähre* oder übernimmt gar selbst die *Fuhre.* Doch die Freunde haben *erfahren,* dass ihr Ziel, die Stadt Esgaroth, nicht mehr weit ist.
Das Besondere an dieser Stadt ist, dass sie mitten in einem großen See liegt, denn ihre Bewohner beherrschen meisterhaft das *Verfahren,* auf Pfählen zu bauen. Durch den Drachen Smaug droht der Stadt jetzt Unheil.
Bilbo hat keinerlei *Erfahrung* im Umgang mit Drachen. Dennoch bricht er nach der Ankunft in Esgaroth mit seinen ebenfalls völlig *unerfahrenen* Freunden zur Drachenhöhle auf.

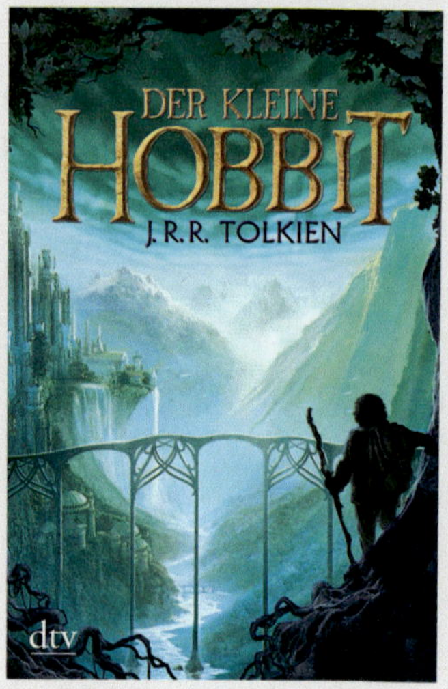

1 Bestimmt haben einige von euch Tolkiens „Der kleine Hobbit" gelesen. Wer kann den Drachen Smaug beschreiben und erklären, was ihn so gefährlich macht?

2 a Erläutert, was die markierten Wörter im Text gemeinsam haben.
b Zeichnet den „Ableitungsdrachen" rechts vergrößert in euer Heft. Tragt dann die übrigen Wortbausteine aller im Text markierten Wörter an passender Stelle ein. Der Merkkasten auf Seite 223 hilft euch dabei.

3 a Was ist das Besondere an den Ableitungen „Gefährte", „Fähre" und „Fuhre"?
b Erklärt, warum das Wort „Fährmann" (Z. 4 f.) keine Ableitung ist.

4 Wie müssen im folgenden kurzen Text die Verben in Klammern heißen? Ergänzt sie mit einem passenden Präfix aus dem Kasten rechts.

be- • ent- • er- • ver- • zer

Als der Zauberer Gandalf auftaucht und ihn zum Meisterdieb (nennen) will, ist Bilbo sehr überrascht. Er fragt sich, ob er den Zauberer richtig (stehen). Dieser (klären) ihm: Wenn er den Zwergen hilft, einen gestohlenen Schatz zu finden und den Drachen Smaug zu (zwingen), dann soll er als Belohnung ein Vierzehntel des Schatzes (kommen). Bilbo (brechen) sich eine Weile den Kopf und kommt zu dem Schluss: Diese Chance darf er sich nicht (gehen) lassen!

5 Bildet mit den Präfixen im linken Kasten und den Verben im rechten mindestens 20 Ableitungen.

be- • er- • ent- • ge- • ver- • zer-

leben • arbeiten • stehen • fassen • stellen • bitten • fahren • fallen • legen

6 Mit Präfixen könnt ihr den Sinn von Wörtern verändern. Erklärt mit Hilfe der folgenden Beispiele, wie sich die Bedeutung jeweils ändert:

geschickt – ungeschickt • Erfolg – Misserfolg • Ruhe – Unruhe • beschuldigen – entschuldigen

7 a Ergänzt die unvollständigen Wörter im folgenden kurzen Text mit dem passenden Suffix aus dem Kasten.

-nis • -keit • -heit • -schaft • -ung

Bilbo stürzt sich also mit Leiden ? ins Abenteuer. Mit Hilfe seines Mutes, seiner Klug ? und Umsichtig ? wird er es schon schaffen! Die Reise wird bestimmt ein tolles Erleb ? ! Gandalf wird ihm jede Unterstütz ? geben, die er braucht.

b Durch das Anhängen der Suffixe in Aufgabe a hat sich die Wortart verändert. Vervollständigt den folgenden Satz:
Durch das Anhängen der Suffixe ist aus einem ? oder einem ? ein ? geworden.

8 Es gibt auch Suffixe, mit denen man aus Verben und Substantiven Adjektive bilden kann.

a Bedient euch in den beiden Kästen und bildet Adjektive.

Riese • raten • Rost • essen • Sturm • wirken • danken • Gefahr • Angst • Riese • Glück

-ig • -bar • -sam • -isch • -lich

b Was beobachtet ihr bei den Adjektiven, die ihr aus Sturm, Gefahr und Angst gebildet habt?

Information **Ableitungen**

Viele Wörter bestehen aus mehreren Wortbausteinen. Der Kern des Wortes heißt **Stamm.**
Fügt man an einen Stamm unselbstständige Bausteine an, so nennt man diese Art der Wortbildung Ableitung:
Mit **Präfixen** (Vorsilben) und **Suffixen** (Nachsilben) kann man Wörter mit neuer Bedeutung ableiten. Auch die Wortart kann sich ändern.
Neue **Verben** bildet man z. B. mit den Präfixen *be-, ent-, er-, ge-, miss-, ver-, zer-,*
neue **Adjektive** bildet man z. B. mit den Suffixen *-ig, -bar, -lich, -sam, -isch,*
neue **Substantive** bildet man z. B. mit den Suffixen *-nis, -heit, -keit, -ung, -schaft, -tum.*

In manchen Fällen **ändert sich** bei der Ableitung der **Stammvokal:**
fahren → der Gefährte → die Fuhre; gut → gütig; rot → rötlich.

Wortfamilien

zaubern • Zauberwesen • verzaubern • entzaubert • zauberhaft • bezaubernd • Verwandlungszauber • Zauberei

1 a Nennt weitere Wörter aus der Wortfamilie „zaubern“. Der Merkkasten unten hilft euch.
b Erklärt kurz, was die Wörter im Kasten oben jeweils bedeuten.
c Ermittelt, wie die Wörter gebildet wurden: Durch Ableitung mit Präfix, Ableitung mit Suffix, Ableitung mit Präfix und Suffix oder durch Zusammensetzung (▶ S. 221)?

2 a Zählt nach: Wie viele Substantive, wie viele Adjektive und wie viele Verben enthält der folgende Kasten mit Wörtern aus der Wortfamilie „blau“?

himmelblau • Blaulicht • bläulich • Blaumann • blaumachen • Blaumeise • azurblau • einbläuen • dunkelblau • tiefblau • Blaubeeren • blaublütig • blaugrau • Blauhelm • taubenblau

b Erklärt, woran ihr die Wortarten jeweils erkannt habt.
c Bei welchen Wörtern ist „blau“ nicht mehr wörtlich als Farbbezeichnung zu verstehen?
d Sammelt möglichst viele Wörter der Wortfamilien „rot“ und „schwarz“. Eure Familien sollten jeweils mindestens zwei Verben, vier Adjektive und sechs Substantive umfassen.

3 Hier sind drei Wortfamilien durcheinandergeraten. Sortiert sie:

Gehweg • Stehlampe • Laufsteg • beiläufig • unausstehlich • Ausgang • Kerzenständer • Wettläuferin • umgänglich • Erdumlaufbahn • Türsteher • Umgehungsstraße • umständlich • vergehen • entlaufen • untergegangen • anstehen • zerlaufen

Information **Wortfamilien**

Wörter mit dem gleichen Stamm sind sprachlich verwandt und werden deshalb Wortfamilie genannt. Die Wörter einer Wortfamilie können z. B. gebildet werden durch:
- Ableitungen mit Präfix: *fallen → gefallen, missfallen,*
- Ableitungen mit Suffix: *reich → reichlich, Reichtum,*
- Zusammensetzungen: *lieben → tierlieb, Liebesbrief.*

Innerhalb einer Wortfamilie kann sich der Stamm auch etwas verändern, z. B.: *graben, Grube, Goldgräber; fliehen, Flucht, Flüchtling.*

Fordern und fördern – Wortbildung

●○○ **1** **a** Bei den folgenden Zusammensetzungen ist etwas durcheinandergeraten. Kombiniert die Bestandteile neu, sodass sinnvolle Wörter entstehen. Achtet auf Fugenelemente.

hundeglatt • aaldoof • sauschwarz • spinnegemein • wieselstark • bärenelend • bienenfeind • hundsflink • rabenfleißig

b Drei Spieler spielen Scrabble. Auf dem Brett liegen die Wörter HUND, TANNE und TAG. Die Spieler haben noch folgende Buchstaben auf ihrem Brett: Tim: LEINE, Ina: BAUM, Jan: LICHT. Welche Buchstaben müssen die Spieler noch ziehen, damit sie anlegen können?

c Wer Deutsch als Fremdsprache lernt, hat mit den Präfixen (Vorsilben) manchmal Schwierigkeiten. Stellt die folgenden Beispiele richtig, indem ihr das Präfix verändert.

Zum Frühstück haben wir frisch erpressten Orangensaft getrunken.
Ich bin dir doch schon gestern entgegnet, oder?
Dein Name ist mir leider verfallen, kannst du ihn mir noch einmal sagen?
Pfui, ein solches Enthalten kann ich nur beachten!

●●○ **2** **a** Bearbeitet Aufgabe 1a und b.
b Bildet zu jedem der Wörter im mittleren Kasten mindestens fünf Ableitungen. Verwendet dabei die in den Kästen links und rechts angegebenen Präfixe und Suffixe.

be- • ent- • er- • ge- • miss- • un- • ver- • zer-	Bild • Fall • frei • Glück • lehren • lieben • reich • Teil	-en • -er • -haft • -lich • -nis • -schaft • -tum • -ung

●●● **3** **a** Bearbeitet Aufgabe 1a und b.
b Erklärt mit Hilfe von Fachbegriffen, welcher Fehler im folgenden Text gemacht wurde.
c Korrigiert den Text in eurem Heft, indem ihr die unterstrichenen Wörter berichtigt.

Der Umhangschutz ist ein recht alter Utensilzauberer. Er dient in erster Linie als Schutzsicht der Person, indem er sie für andere unsichtbar macht. So kann die Person z. B. unbeobachtet ihren Ortstand wechseln. Diese Stückkleidung ist oft eine Erbstückfamilie, das vom Vater an den Sohn weitergegeben wird.

Teste dich!

Wortbildung

1 Ordne folgende Wörter in eine Tabelle wie die rechts abgebildete ein. Mache ihre Bestandteile, auch Fugenelemente, durch Trennstriche deutlich.

Zusammensetzungen	Ableitungen
Drache - n - zahn …	*jugend - lich* …

Drachenzahn • steinalt • jugendlich • verjüngen • Rettungsboot • entfalten • Diebesgut • entlaufen • saustark • missachten • Vertretung • Schatzsuche • Wettkampf • spiegelglatt • entkommen • blitzen • Gelöbnis • verteufelt • schiefergrau • Ohrmuschel

2 Bilde eine Wortkette aus zehn zusammengesetzten Substantiven, bei denen das Grundwort jeweils zum Bestimmungswort des nächsten Wortes wird. Passt vielleicht sogar dein letztes Wort zum ersten? Beispiel:
Kartenspiel – Spielplatz – Platzhirsch – Hirschkuh – Kuhmilch – Milchtüte – Tütensuppe – Suppenküche – Küchentisch – Tischkarte

3 Suche acht Zusammensetzungen aus zwei Substantiven, bei denen sich Grundwort und Bestimmungswort vertauschen lassen, wie z. B.: *Schlossgespenst – Gespensterschloss*.

4 Notiere die Wörter aus dem folgenden Kasten, die nicht zur Wortfamilie gehören.

Aufgabe • gibt • angeben • vergeblich • Geberlaune • Geburt • begabt • Leihgabe • Gabelstapler • Preisvergabe • gab • Gebäude • Vagabund • Vergebung

5 Übertrage die Cluster unten in dein Heft und ergänze sie jeweils mit mindestens acht Wörtern.
Tipp: Vorsicht, Wörter wie „zulassen“ und „Anlass“ sind keine Ableitungen, da es sich bei den Bestandteilen „zu“ und „an“ um selbstständige Wörter handelt!

12.3 Fit in ... – Textüberarbeitung

Stellt euch vor, ihr bekommt in der nächsten Klassenarbeit folgende Aufgabe:

Überarbeite Leonies Bericht so, dass Wiederholungen und Überflüssiges entfallen und dass Zusammenhänge deutlicher werden.
Tipp: Leonies Freundin Anna hat in dem Erlebnisbericht, den Leonie nach der Lesenacht geschrieben hat, einige Textstellen unterstrichen. Hier sollte Leonie etwas ändern. Es geht vor allem um
- Zusammensetzungen, die etwas knapp und genau bezeichnen,
- Konjunktionen und Relativpronomen, mit denen man Satzgefüge oder Satzreihen bilden kann,
- Pronomen, mit denen man Wiederholungen vermeiden kann.

Die Nacht des Buches der 6 d

Die Nacht des 4. April war für die Klasse 6 d eine ganz besondere, denn der Plan lautete: gemeinsames Essen am Abend, Vorlesen in vielen Räumen der Klassen, Schmökern bis zum Einschlafen, Übernachtung in der Turnhalle und Frühstück in der Mensa. Ein Traum für alle Freunde von Büchern. Mitzubringen waren ein Sack zum Schlafen und eine Matte zum Liegen, eine Bürste für die Zähne, Taschenlampe, fünf Euro – und das Buch, das man am liebsten hat. 30 Plätze, auf denen geschlafen werden sollte, mussten hergerichtet werden, alle Gäste, die übernachten wollten, kamen aufgeregt an diesem Freitag um 18 Uhr in die Schule.

1. Abschnitt: Viele umständliche Formulierungen – geht das knapper?

Zuerst verstauten alle ihre Sachen. Dann versammelten wir uns in unserem Klassenzimmer zum Abendessen. Es schmeckte sehr lecker. Dann schnappten wir uns unsere Bücher. Wir verteilten uns auf mehrere Räume. Das Vorlesen konnte beginnen! Die Vorleser hatten ganz unterschiedliche Bücher mitgebracht. Die Mitschüler hörten bei jedem aufmerksam zu. Wir merkten gar nicht, wie die Zeit verging. Um 23 Uhr war dann ich an der Reihe. Jch wollte mit meinen Freunden einen Teil aus dem Buch „Krabat“ von Otfried Preußler vorlesen. Das Buch hatte uns sehr gut gefallen. Die Geschichte handelt von zwölf jungen Müllerburschen. Sie haben in der Zaubermühle das Müllerhandwerk gelernt. Sie müssen dem Meister gehorchen und können sich in Raben verwandeln. Das hat uns fasziniert.

2. Abschnitt: Meist kurze, abgehackte Hauptsätze – geht das flüssiger?

Jedes Jahr muss einer der Müllerburschen mit dem Meister kämpfen und stirbt, ein neuer Lehrling ergänzt dann den Kreis der Müllerburschen. Der größte Wunsch der Müllerburschen ist es, dem Meister zu entkommen. Als neuer Lehrling kommt Krabat, ein 14-jähriger Junge, zu den Müllerburschen. Krabat versteht nach und nach, was in der Mühle vor sich geht, und Krabat wird in die Geheimnisse der Zauberkunst eingewiesen. Wird es Krabat gelingen, den Meister zu besiegen?

3. Abschnitt: Viele Wiederholungen – geht das abwechslungsreicher?

1 Habt ihr die Aufgabenstellung verstanden? Entscheidet, welche der beiden Tipps jeweils richtig sind: keiner, einer oder beide?

Im ersten Abschnitt soll ich ...	– das Unterstrichene durch Ableitungen kürzen. – Zusammensetzungen bilden, die dasselbe ausdrücken wie die unterstrichenen Wortgruppen.
Im zweiten Abschnitt soll ich ...	– die markierten Sätze zu Satzgefügen oder Satzreihen verbinden. – die unterstrichenen Sätze durch Relativpronomen oder Konjunktionen verbinden.
Im dritten Abschnitt soll ich ...	– die unterstrichenen Wörter durch Pronomen, z. B. durch Personal- und Possessivpronomen, ersetzen. – in jeden Satz möglichst viele verschiedene Arten von Pronomen einbauen.

2 Ordnet die unterstrichenen Ausdrücke aus den Zeilen 1–9 von Leonies Bericht in eine Tabelle wie die folgende ein. Sucht treffende Zusammensetzungen.

Kernaussage → Grundwort	Genauere Bestimmung → Bestimmungswort	Zusammensetzung
Essen	*am Abend*	*das Abendessen*
...	...	...

3 **a** Bedient euch im Wortspeicher rechts und legt eine Liste mit Konjunktionen und eine mit Relativpronomen an.

b Geht die Zeilen 10–20 des Berichts durch und notiert, wo ihr Relativpronomen und wo ihr Konjunktionen verwenden wollt, z. B.: *Z. 10: Konjunktion: nachdem, Z. 11: Relativpronomen: ...*

der • weil • die • und • nachdem • aber • deren • das • da • obwohl • bevor • welches • sodass • welchen

4 Wiederholt die Formen von Personal- und Possessivpronomen in der 3. Person Maskulinum. Übertragt dazu die folgende Tabelle in euer Heft und füllt sie aus.

	Personalpronomen		Possessivpronomen	
Kasus	**Singular**	**Plural**	**Singular**	**Plural**
Nominativ	*er*	*sie*	*sein, seine*	*seine*
Genitiv	*seiner*	*ihrer*	...	...
Dativ	...	*ihnen*	*seinem, seiner*	*ihren*
Akkusativ	...	...	...	...

5 Formuliert Leonies Bericht jetzt mit Hilfe eurer Vorbereitungen aus Aufgabe 1 bis 4 so um, dass Wiederholungen und Überflüssiges entfallen und dass Zusammenhänge deutlicher werden.

13 Grammatiktraining – Satzglieder und Sätze

1 a Schaut euch die Zeichnung genau an und setzt die Scherben so zusammen, dass zwei sinnvolle Sätze entstehen. Schreibt die Sätze auf und berichtet, was geschehen ist.

b Vergleicht die Ergebnisse des Satzpuzzles in der Klasse. Erklärt, warum es unterschiedliche Lösungen geben kann.

2 Erfragt und bestimmt die Satzglieder auf den einzelnen Scherben.

In diesem Kapitel ...

- wiederholt ihr bekannte Satzglieder und lernt neue kennen,
- lernt ihr die Funktion von Attributen kennen und nutzt diese zum Beschreiben von Personen und Gegenständen,
- bildet ihr Satzreihen und Satzgefüge und verbindet die Teilsätze durch passende Konjunktionen.

13.1 Knifflige Fälle – Satzglieder unterscheiden

Tatumstände erfragen – Satzglieder bestimmen

Subjekt, Prädikat, Dativ- und Akkusativobjekt

Als Leon von einer Klassenfahrt nach Hause zurückkehrt, findet er folgenden Zettel:

> Bei Oma wurde eingebrochen. Der ganze Schmuck ist weg!
> Sind jetzt bei ihr. Komm auch dorthin!
> Gruß, Mama P.S.: Warum hast du nie dein Handy an?

Leon macht sich sofort auf den Weg zur nahe gelegenen Villa seiner Großmutter. Dort empfängt ihn sein Bruder Jonas mit der Mitteilung: „Papa und Mama sind mit Oma ins Krankenhaus gefahren. Sie fühlte sich nicht gut." „Das war bestimmt nur der Schreck", vermutet Leon. Als leidenschaftlicher Hobbydetektiv beschließt er, sich ein bisschen in der Nachbarschaft umzuhören. Leon will wissen, ob jemand etwas von dem Einbruch bemerkt hat. Er befragt die Nachbarn Frau Blum und Herrn Meyer sowie den Gärtner seiner Großmutter.

Leon notiert:

Gärtner
- *gekommen*
- *Hecke zurückgeschnitten*
- *Stofffetzen gefunden*

Frau Blum
- *aufgewacht*
- *Brille gesucht*
- *fünf Glockenschläge gehört*

Herr Meyer
- *war wach*
- *Vollmond machte ihm zu schaffen*
- *Lieferwagen gesehen*

1 Formuliert aus Leons Notizen in eurem Heft ganze Sätze.
Trennt dabei die einzelnen Satzglieder durch einen Schrägstrich voneinander ab.
Verwendet die Umstellprobe.
Frau Blum / ist aufgewacht. Sie / hat / …

2 Bestimmt die Prädikate, die Subjekte und die Objekte in euren Sätzen aus Aufgabe 1.
Nehmt den Merkkasten unten zu Hilfe.
Geht dabei so vor:

a Ermittelt zuerst die Prädikate und unterstreicht sie rot.

b Erfragt dann die übrigen Satzglieder.
Unterstreicht
– Subjekte grün,
– Dativobjekte gelb,
– Akkusativobjekte blau.

Wenn Detektive eine Tat aufklären, stellen sie **W-Fragen.** Wenn ihr **Satzglieder** bestimmen wollt, tut ihr das Gleiche.
Wer oder **was** …?
→ Subjekt
Wem …?
→ Dativobjekt
Wen oder **was** …?
→ Akkusativobjekt

Information **Satzglieder erkennen: Subjekt, Prädikat, Dativ- und Akkusativobjekt**

Mit der **Umstellprobe** könnt ihr feststellen, wie viele Satzglieder ein Satz hat. Wörter und Wortgruppen, die bei der Umstellprobe immer zusammenbleiben, bilden ein Satzglied, z. B.:

Leon	schaltet	sofort	das Handy	ein	.
Das Handy	schaltet	Leon	sofort	ein	.

Das **Prädikat** ist der **Kern des Satzes** und wird durch Verben gebildet.
In einem Aussagesatz steht die Personalform des Verbs (der konjugierte Teil) **an zweiter Satzgliedstelle,** z. B.: *Die Großmutter ruft die Polizei.*
Ein Prädikat kann aus mehreren Teilen bestehen. Mehrteilige Prädikate bilden eine **Prädikatsklammer,** z. B.:

- bei mehrteiligen Verben, z. B.:
  Die Polizei kommt am Tatort an.
- bei zusammengesetzten Zeitformen, z. B. Perfekt:
  Diebe haben den Schmuck gestohlen.

Mit der Frageprobe könnt ihr weitere Satzglieder ermitteln:

Frageprobe	**Satzglied**	**Beispiel**
Wer oder was …?	**Subjekt**	*Wer brach in das Haus ein?* *Der Dieb brach in das Haus ein.*
Wem …?	**Dativobjekt**	*Wem stellte Leon Fragen?* *Leon stellte dem Gärtner Fragen.*
Wen oder was …?	**Akkusativobjekt**	*Wen oder was stahl der Dieb?* *Der Dieb stahl den Schmuck.*

Adverbiale Bestimmungen

Leon hat den Stofffetzen, den der Gärtner gefunden hatte, in seine Tasche gesteckt. Er erschien ihm wegen des Aufdrucks „WITRA“ interessant. Leon betrachtet den Aufdruck und liest noch einmal seine Notizen. „So geht das nicht“, murmelt er kopfschüttelnd. „Da fehlen ja noch viele wichtige Informationen! Wegen der Details muss ich unbedingt nachfragen!“ Sofort geht er nach draußen und kehrt wenig später mit weiteren Notizen zurück:

Gärtner
- *halb sieben*
- *von oben nach unten*
- *in der Hecke*

Herr Meyer
- *vom Fenster aus*
- *vor Haus der Großmutter*

Frau Blum
- *wegen eines lauten Klirrens*
- *kurz nach dem Aufwachen*

1 a Auf welche Fragen hat Leon diese Antworten erhalten? Notiert die Fragen in eurem Heft und ergänzt die Antworten in vollständigen Sätzen.
„Frau Blum, warum sind Sie aufgewacht?“ „Ich bin wegen eines lauten Klirrens aufgewacht.“
„Wann hörten Sie ...?“ ...

b Unterstreicht in den Antworten die adverbialen Bestimmungen des Ortes, der Zeit, des Grundes und der Art und Weise (▶ Merkkasten unten) in unterschiedlichen Farben.

c Umkreist jeweils die Fragewörter in euren Sätzen mit der passenden Farbe.

2 a Im Text oben auf dieser Seite informieren adverbiale Bestimmungen genauer über Leons Detektivarbeit. Bestimmt diese Adverbialien mit Hilfe der Frageprobe, z. B.:
Wohin hat Leon den Stofffetzen ... gesteckt? Leon hat ihn in seine Tasche gesteckt.

b Welche der Umstandsbestimmungen könnte eine heiße Spur für die Lösung des Falles sein?

Information **Satzglieder: Adverbiale Bestimmungen (auch: Adverbialien)**

Adverbiale Bestimmungen (auch „Umstandsbestimmungen“ oder „Adverbialien“ genannt) machen genauere Angaben zu den Umständen eines Geschehens.
Durch die Frageprobe kann man ermitteln, welche adverbiale Bestimmung vorliegt:

Frageprobe	Adverbiale Bestimmung	Beispiel
Wann ...? Wie lange ...?	**... der Zeit**	*Wann ist die Einbruchsgefahr groß?* *Nachts ist die Einbruchsgefahr groß.*
Wo ...? Wohin ...? Woher ...?	**... des Ortes**	*Wo wohnt die Großmutter?* *Die Großmutter wohnt in der Nähe.*
Warum ...? Weshalb ...?	**... des Grundes**	*Warum warnt die Polizei?* *Die Polizei warnt wegen der Diebe.*
Wie ...? Auf welche Weise ...?	**... der Art und Weise**	*Wie gingen die Diebe vor?* *Die Diebe gingen rücksichtslos vor.*

Präpositionalobjekt

Die Aufklärung der Tat

Zwei Polizisten klingeln an der Haustür der Villa und befragen Leon. „Ich habe mich in der Nachbarschaft nach Einzelheiten erkundigt“, sagt Leon. „Aha, du interessierst dich also für die Polizeiarbeit“, stellt der eine Polizist erfreut fest, „kannst du uns über den Tathergang informieren?“ „Na klar“, entgegnet Leon und gibt den Männern seine Zettel. „Hoffentlich können Sie mit den Notizen etwas anfangen!“ Die Polizisten sind von den Informationen beeindruckt und konzentrieren sich vor allem auf den Lieferwagen und den Stofffetzen. „Schon wieder die Firma WIR TRANSPORTIEREN ALLES“, ärgert sich der eine Polizist. „Es sollte mich nicht wundern, wenn wir dort das Diebesgut finden“, ergänzt der andere.

Tatsächlich entdecken sie wenig später den Schmuck in einer Lagerhalle der Firma. Dank der Dienstpläne sind auch die Diebe schnell ermittelt und verhaftet.

1 a Überprüft anhand der Umstellprobe, ob es sich bei den im Text markierten Formulierungen um Satzglieder handelt.
b Mit welcher Wortart beginnen die markierten Ausdrücke?

2 a Fragt nach den markierten Formulierungen. Schreibt die Fragen und Antworten in euer Heft. Nehmt den Merkkasten unten zu Hilfe.
b Unterstreicht jeweils das Fragewort und die Präposition, z. B.:
Wonach hat Leon sich ... erkundigt? Leon hat sich ... nach Einzelheiten erkundigt.

3 Im Text oben stehen verschiedene Verben mit Präpositionalobjekten (▶ Merkkasten).
Legt in eurem Heft eine Liste dieser Verben samt zugehörigen Präpositionen an, z. B.:
- *sich erkundigen nach ...*
- *sich interessieren für ...*
- ...

Information **Das Präpositionalobjekt**

Präpositionalobjekte stehen **nach Verben, die fest mit einer Präposition verbunden** sind, z. B. *lachen über, warten auf, denken an, suchen nach.*
Diese Präposition ist auch im Fragewort enthalten, z. B.:
*Die Einbrecher hoffen **auf** eine reiche Beute.* → *Wor**auf** hoffen die Einbrecher?*
*Sie fürchten sich **vor** der Polizei.* → *Wo**vor** fürchten sie sich?*

Nach Präpositionalobjekten fragt man z. B. mit Wofür ...? / Für wen oder was ...? Wonach ...? / Nach wem oder was ...? Womit ...? Wovon ...? Worüber ...? Woran ...?

Leon möchte seinen Freunden möglichst schnell von den Ereignissen berichten. Als er seinen Computer einschaltet, findet er eine Nachricht von Cédric, seinem französischen Austauschpartner:

VORSICHT FEHLER!

> Salut, Leon,
>
> wie geht's? Ich warte sehr für deine Brief! Ich interessiere mich zu deine Familie und deine Haus. Schickst du eine Foto? Hier ist eine von meine Familie. Ich hoffe, du freust dich damit. Bis bald!
>
> Cédric

Wie mit Cédric abgesprochen, korrigiert Leon den Text und schickt ihn an seinen Freund zurück. Natürlich teilt er ihm auch gleich alles Wissenswerte über den Einbruch bei seiner Oma mit.

1
- a Verbessert Cédrics Nachricht in eurem Heft.
- b Überlegt, welche Art von Fehlern Cédric vor allem macht und woran dies liegen könnte.
- c Tauscht euch in der Klasse über eure Vermutungen aus.

Feste Verbindungen zwischen bestimmten **Verben und Präpositionen** gibt es auch in **anderen Sprachen,** z. B. *to look for, s'intéresser à.* Beim Vokabellernen lernt ihr die Präpositionen am besten gleich mit.

2
- a Unterstreicht in dem korrigierten Brief alle Präpositionalobjekte.
- b Fragt in ganzen Sätzen nach diesen Präpositionalobjekten und gebt die passenden Antworten.

3
- a Stellt euch gegenseitig weitere Fragen zu dem Einbruch bei Leons Oma. Verwendet Fragewörter mit Präposition: Wonach ...? Worauf ...? Womit ...? Wovon ...? Worüber ...? ...
  Bei den Antworten könnt ihr auch Vermutungen äußern, z. B.:
  Worüber ärgert sich der Polizist? Er ärgert sich über die kriminelle Firma.
- b Ergänzt eure Liste der Verben mit fester Präposition (► Aufgabe 3, S. 233) mit weiteren Beispielen.

4 Bei Präpositionalobjekten und adverbialen Bestimmungen besteht manchmal Verwechslungsgefahr, z. B.:
*Die Großmutter freut sich **auf** Leons Besuch. Sie legt eine Belohnung **auf** das Küchenbüfett.*
Bestimmt mit Hilfe des folgenden Merkkastens, welches der unterstrichenen Satzglieder ein Präpositionalobjekt ist und welches eine adverbiale Bestimmung.

Information **Unterscheidung: Präpositionalobjekte und adverbiale Bestimmungen**

Bei **Präpositionalobjekten** gibt es eine **feste Verbindung von Verb und Präposition.**
Bei **adverbialen Bestimmungen** dagegen ist die **Präposition frei wählbar,** z. B.:
Präpositionalobjekt: *Leon wartet auf die Polizei.* (Nicht möglich: *wartet in/an/... die Polizei.*)
Adverbiale Bestimmung: *Das Schmuckkästchen lag auf dem Schrank.*
Ebenfalls möglich: *Das Schmuckkästchen lag in/neben/unter/hinter dem Schrank.*

Genitivobjekt

Ich bin empört! Vermehrt hört und liest man in letzter Zeit von den übelsten Verbrechen. Viele Verbrecher sind sich keiner Schuld bewusst und rühmen sich sogar noch öffentlich ihrer Taten! In unserem Viertel ist man sich seines Lebens nicht mehr sicher! Und die Polizei tut nichts! Sie sollte sich endlich des Problems annehmen und sich der Wirksamkeit ihrer Arbeit vergewissern!

Manfred Motz, Maulhofen

1 Kurz nachdem die Zeitung vom Schmuckdiebstahl berichtet hat, trifft dieser Leserbrief ein.
- **a** Tauscht euch darüber aus, wie der Brief auf euch wirkt.
- **b** Besprecht, welche Formulierungen euch ungewöhnlich erscheinen.

2 „Viele Verbrecher rühmen sich sogar noch öffentlich ihrer Taten."
- **a** Führt mit diesem Satz die Umstellprobe durch.
- **b** Wie fragt ihr nach dem bisher unbekannten Satzglied?
- **c** Ermittelt mit Hilfe der Frageprobe alle Genitivobjekte im Leserbrief (▶ Merkkasten unten). Schreibt die Fragen in euer Heft und fügt das Genitivobjekt als Kurzantwort hinzu. Beispiel: *Wessen sind sich viele Verbrecher bewusst? Keiner Schuld …*
- **d** Prüft eure Ergebnisse in Partnerarbeit.

3 Wie gut kennt ihr euch mit den verschiedenen Arten von Objekten aus?
- **a** Schreibt den folgenden Zeitungsbericht ab und setzt dabei die passenden Objekte aus dem Wortschatzkasten ein. Nutzt hierzu die Frageprobe.

eine wertvolle Münzsammlung • nach den Einbrechern • ein Fenster • der üblichen Methode • dem Besitzer • eine heiße Spur • der nächsten Polizeidienststelle

Langfinger auf Tour

Gestern wurde in eine Villa in der Oststadt eingebrochen. Die Diebe bedienten sich ? : Sie schlugen im Erdgeschoss ? ein und entwendeten ? . ? , einem alleinstehenden Pensionär, war nichts Verdächtiges aufgefallen. Die Polizei fahndet ? . Sie verfolgt bereits ? . Beobachtungen können ? gemeldet werden.

- **b** Unterstreicht in eurem Text die Objekte. Wählt jeweils eine Farbe für die verschiedenen Arten von Objekten (Akkusativobjekte, Dativobjekte, Genitivobjekte und Präpositionalobjekte).

Information **Das Genitivobjekt**

Das Genitivobjekt ist ein Satzglied, das man mit der Frage **Wessen …?** ermittelt, z. B.:
Er wird des Diebstahls angeklagt. → *Wessen wird er angeklagt?*

Das Genitivobjekt wird heute nur noch selten verwendet. Er gibt nur wenige Verben, die den Gebrauch eines Genitivobjekts erfordern, z. B.: *gedenken (der Opfer gedenken), sich entledigen (sich einer Sorge entledigen), sich annehmen (sich einer Sache annehmen).*

Fordern und fördern – Präpositionalobjekte

Kinder bieten Erspartes an – Räuber flieht

In Karlsruhe haben zwei Kinder das Herz eines Räubers erweicht. Der Mann ? in einem Einfamilienhaus ? wertvollem Schmuck und Bargeld. Den Babysitter ? er ? einer Pistole. Als die beiden Kleinen ihm ihr Erspartes anboten, wollte er zuerst ? dem Geld ?. Dann steckte er die Pistole ein und verschwand. Vielleicht hat er ? ? seine eigene Kindheit ?. Dennoch ? der Babysitter nicht ? eine Anzeige. Die Polizei ? das Verhalten des Einbrechers ? sein schlechtes Gewissen ?. Etliche Kriminelle ? ? dem von ihnen begangenen Unrecht.

Wählt eine der folgenden drei Aufgaben:

●○○ **1** a Übertragt den Text in euer Heft und setzt dabei die passenden Verben und Präpositionen aus den folgenden Wortschatzkästen ein. Jeder Platzhalter steht für ein Wort.
Tipp: Achtet darauf, dass ihr die Verben in der korrekten Zeit- und Personalform einsetzt.

greifen ... • leiden ... • suchen ... • bedrohen ... • zurückführen ... • sich erinnern ... • verzichten ...

unter • an • auf (2x) • mit • nach (2x)

b Unterstreicht in dem ergänzten Text die Präpositionalobjekte. Beispiel:
Der Mann suchte in einem Einfamilienhaus nach wertvollem Schmuck und Bargeld.

●●○ **2** a Bearbeitet Aufgabe 1a und b.
b Stellt Fragen nach den Präpositionalobjekten und schreibt sie auf.
Tipp: Diese W-Fragen enthalten immer auch die jeweilige Präposition.
Überprüft mit Hilfe einer Kurzantwort, ob ihr die passende Frage formuliert habt, z. B.:
Der Mann suchte in einem Einfamilienhaus nach wertvollem Schmuck und Bargeld.
Wonach suchte der Mann? Nach wertvollem Schmuck und Bargeld ...

●●● **3** a Bearbeitet die Aufgaben 1a, 1b und 2b.
b Bestimmt den Kasus (Fall), in dem die Substantive nach den Präpositionen stehen.
Tipp: Fragt mit der jeweiligen Präposition nicht nur nach einer Sache, sondern als Probe auch nach einer Person. Dann ist es einfacher, den Kasus zu erkennen. Beispiel:
Wonach (nach wem) suchte der Mann? Der Mann suchte nach wertvollem Schmuck und Bargeld (Dativ).

Genaue Angaben machen – Das Attribut

Attribute erläutern Substantive

1 a Bringt die nummerierten Bilder in eine sinnvolle Reihenfolge und notiert die entsprechende Zahlenfolge. Begründet eure Anordnung.

b Ordnet die folgenden Zeugenaussagen den einzelnen Zeichnungen zu. Bringt sie in dieselbe Reihenfolge wie die Bilder in Aufgabe 1 und schreibt sie so geordnet in euer Heft.

A in einem roten Auto, einem VW Käfer, mit Ulmer Kennzeichen
B in einem Auto
C in einem roten Auto, einem VW Käfer
D in einem roten Auto der Firma Klau, einem VW Käfer, mit Ulmer Kennzeichen
E in einem roten Auto

2 a Führt mit folgendem Satz die Umstellprobe durch.
Zufällig sah ich die Täter in einem roten Auto der Firma Klau.

b Beschreibt, was mit der Position der unterstrichenen Wörter passiert.

c Erläutert die Aufgabe der unterstrichenen Wörter in Bezug auf das Substantiv „Auto".

Information **Das Attribut (Die Beifügung)**

Attribute **bestimmen ein Bezugswort** (meist ein Substantiv) **näher.** Sie sind **Teil eines Satzglieds** und bleiben bei der Umstellprobe fest mit ihrem Bezugswort verbunden, z. B.:
Die Täter / flohen / in einem roten Auto. → In einem roten Auto / flohen / die Täter.

Attribute können vor oder nach ihrem **Bezugswort** stehen.
Man kann sie mit **„Was für ...?"** erfragen.
Was für ein Auto? → ein rotes Auto → ein Auto mit Ulmer Kennzeichen
Attribut Bezugswort Bezugswort Attribut

Wer ist der Taschendieb?

Auf der Kirmes wurde Florians Geldbeutel gestohlen. Erkan und Ben haben den Dieb beobachtet. Nun nimmt die Polizei ihre Zeugenaussagen auf.

Erkan: Ein dunkelhaariger Mann hat sich von hinten an Florian herangeschlichen. Er trug einen braunen Mantel mit Löchern und eine blaue Krawatte. Außerdem ist mir noch sein rundes Gesicht aufgefallen. Er hat Florian in die Jackentasche gegriffen und ist blitzschnell davongelaufen.

Ben: Ich habe einen Mann beobachtet. Er hat sich Florian langsam genähert und Florians Geldbeutel aus seiner Jackentasche gezogen. Dann ist er schnell in der Menschenmenge verschwunden.

1 a Lest die Aussagen von Erkan und Ben und schaut euch die Bilder aus der Täterkartei der Polizei genau an.
b Erklärt, welche Person der Taschendieb sein könnte.
c Nennt die Informationen, die euch beim Finden des Verdächtigen geholfen haben.

2 a Sucht in Partnerarbeit aus der Zeugenaussage von Erkan alle Attribute mit ihren Bezugswörtern heraus und schreibt sie in euer Heft.
b Unterstreicht die Attribute und kennzeichnet mit einem Pfeil, welches Bezugswort sie näher bestimmen, z. B.:

dunkelhaariger Mann

3 a Schreibt die folgenden Sätze ab. Unterstreicht die Attribute und macht mit einem Pfeil kenntlich, zu welchem Bezugswort sie gehören.
b Prüft eure Ergebnisse in Partnerarbeit.

A Der untersetzte Mann mit der Sonnenbrille konnte rasch entkommen.
B Schnell rannte er durch die Menschenmenge zum Ausgang der Kirmes.
C Die verdutzten Menschen konnten ihn nicht aufhalten.
D In der Eile verlor er aber seine kleine Tasche.
E Darin fand die Polizei den Geldbeutel von Florian.

4 a Untersucht, aus welchen Wortarten die Attribute in Aufgabe 3 bestehen.
b Bestimmt und erklärt den Kasus der Attribute.

5 a Beschreibt selbst eine der auf S. 238 abgebildeten Personen möglichst genau. Der Wortspeicher hilft euch dabei.

Gesichtsform: länglich, kantig, rund, oval
Nase: lang, breit, schmal, groß, klein
Mund: groß, klein, rund, schmal
Haare: viel, wenig, kurz, lang, blond, braun, rot, schwarz, lockig, glatt, Pony, Scheitel, Glatze
Form der Sonnenbrille: rund, eckig
Mantelfarbe: ...
Besonderheiten: Krawatte ...

b Tauscht eure Personenbeschreibungen aus. Unterstreicht in dem Text eures Partners alle Attribute. Notiert zum Schluss, welche der abgebildeten Personen beschrieben wurde.

6 Um die Geldbörse von der Polizei wiederzuerhalten, muss Florian sie präzise beschreiben.
a Beschreibt die Geldbörse rechts genau und anschaulich. Verwendet dabei viele Attribute. Ihr könnt so beginnen:
Meine ... Geldbörse hat eine ... Klappe.
Darauf ist ein ... mit ... abgebildet.
b Überarbeitet eure Beschreibungen in Partnerarbeit. Prüft, an welchen Stellen man den Gegenstand mit Attributen noch genauer beschreiben könnte.

7 a

Die Polizei fertigt Zeichnungen der Diebe an. • Der Polizist bedient sich auch des Internets. • Die Kriminalpolizei nahm sich der Sache an. • Florians Beschreibung der Börse war sehr genau.

Manchmal müsst ihr genau hinschauen, um Attribute nicht mit Objekten zu verwechseln. Dies gilt z. B. für das Genitivattribut (Teil eines Satzgliedes) und das Genitivobjekt (Satzglied). Findet mit Hilfe der Umstellprobe heraus, bei welchen der markierten Wörter oben es sich um Satzglieder und bei welchen um Attribute handelt.

b Auch mit Präpositionalobjekten (▸ S. 233) können Attribute verwechselt werden. Ermittelt anhand der Umstellprobe, welche der folgenden markierten Formulierungen ein Attribut ist und welche ein Präpositionalobjekt.

Ben freut sich über die Verhaftung des Diebs. •
Er schneidet den Zeitungsbericht über den Diebstahl aus.

Verschiedene Attribute unterscheiden

Thomas C. Brezina

Lösegeld löst sich in Luft auf

Lilo saß zu Hause und blätterte in der Zeitung. Ihr war langweilig, da Axel, Dominik und Poppi, ihre Knickerbocker-Freunde, alle beschäftigt waren und sie sie nicht treffen konnte.
Auf Seite sieben der Zeitung blieb ihr Blick an einer Überschrift hängen. „Lösegeld löst sich in Luft auf", stand da.
Lilo las weiter und erfuhr Folgendes: Vorgestern war die kleine Tochter eines reichen Fabrikbesitzers entführt worden. Die Erpresser forderten 300 000 Euro in kleinen Scheinen. Das Lösegeld sollte in einer Sporttasche mit großen Tragegriffen an der Brücke über den Forellenbach hinterlegt werden. Der Fabrikbesitzer, Markus Gerold, hatte große Angst und zahlte.
Erst als er das Kind wieder in den Armen hielt, verständigte er die Polizei. Die Kriminalbeamten untersuchten sofort den Platz der Geldübergabe und fanden die Tasche. Allerdings war sie leer. Das Geld war verschwunden. Rund um die Tasche konnten nur die Schuhabdrücke von Herrn Gerold festgestellt werden, weil er das Lösegeld persönlich hingebracht hatte.
Die Entführer hatten das Geld abgeholt, ohne dabei den Boden auch nur zu berühren. Es waren nirgends Spuren der Erpresser zu finden, was eine Verfolgung unmöglich machte.
Wie hatten sie das nur geschafft?

1 Um den Kriminalfall zu lösen, solltet ihr die Attribute genauer betrachten.
Sucht aus dem Text alle Attribute mit ihren Bezugswörtern heraus. Ordnet sie nach ihren unterschiedlichen Formen in eine Tabelle ein. Nehmt hierzu den Merkkasten unten zu Hilfe.

Adjektivattribut	Präpositionales Attribut	Genitivattribut	Apposition
kleine Tochter (Z. 9)	…	…	…

2 Wisst ihr auch, wie die Entführer das Geld abgeholt haben könnten?
Erklärt, welches der Attribute euch dafür einen wichtigen Hinweis gegeben hat.

Information **Formen des Attributs**

Es gibt verschiedene Formen des Attributs:
- **Adjektivattribut**, z. B.: *die braune Tasche*
- **präpositionales Attribut**, z. B.: *das Versteck hinter dem Baum*
- **Genitivattribut**, z. B.: *der Trick des Täters*
- **Apposition** (nachgestelltes Substantiv im gleichen Kasus wie das Bezugswort), z. B.: *Herr Schummel, der Geldfälscher, tauchte unter.*

Fordern und fördern – Attribute

In der folgenden Meldung sind dem Redakteur beim nachträglichen Einfügen genauerer Angaben einige Attribute durcheinandergeraten.

VORSICHT FEHLER!

Flüchtender entkommt Polizei nach wilder Verfolgungsjagd

Ulm Ein harter Job, ein 30-jähriger Mann, hielt die Ulmer Polizei in Atem. Ein Autofahrer entschloss sich am frühen Morgen der Luxusklasse zu einer örtlichen Verfolgungsjagd mit der wilden Polizei. Er entzog sich so einer Kontrolle. Die Jagd führte auch auf das Gebiet des gestrigen Samstags. Den Beamten am Petrusplatz wäre es fast gelungen, den Wagen in einer Sackgasse mit guter Ortskenntnis zu stoppen. Der Flüchtende konnte die Verfolger aber abschütteln. Er fuhr eine Limousine der Nachbarstadt Neu-Ulm mit Biberacher Kennzeichen. An der ermittelten Adresse war der Besitzer, ein äußerst gefährlicher Einsatz, nicht anzutreffen. Hinweise werden daher erbeten unter Tel. 0731/999439285.

Wählt eine der folgenden drei Aufgaben.

●○○ **1** **a** Lest den Text aufmerksam durch. Ordnet die markierten Attribute den richtigen Substantiven zu und schreibt die korrigierten Sätze in euer Heft.
b Unterstreicht die Attribute und kennzeichnet das Bezugswort durch einen Pfeil.

●●○ **2** **a** Bearbeitet Aufgabe 1a.
b Bestimmt die Form der Attribute. Tragt sie mit ihren Bezugswörtern in eine Tabelle nach folgendem Muster ein.

Adjektivattribut	Präpositionales Attribut	Genitivattribut	Apposition
…	…	…	*ein äußerst gefährlicher Einsatz*

c Bestimmt die Form weiterer Attribute aus dem Text und ordnet sie in die Tabelle ein.

●●● **3** **a** Bearbeitet Aufgabe 1a.
b Bearbeitet Aufgabe 2b.
c Welche Substantive aus dem Text können mit Hilfe der folgenden Attribute noch genauer bestimmt werden? Schreibt die Substantive mit den ergänzten Attributen in euer Heft.

möglicherweise betrunkener • der Verkehrspolizei • sachdienliche • aus der Bevölkerung

Teste dich!

Satzglieder und Attribute

1 Ermittle die Zahl der Satzglieder in folgenden Sätzen mit Hilfe der Umstellprobe. Notiere in deinem Heft den Buchstaben aus der Spalte mit der richtigen Anzahl. Du erhältst so ein Lösungswort.

Anzahl der Satzglieder	3	4	5
Bei ihren Ermittlungen ist die Polizei häufig auf die Mithilfe der Bevölkerung angewiesen.	P	D	F
Vor Ort werden sachdienliche Hinweise gesucht.	A	O	I
Aussagen von Tatzeugen spielen selbstverständlich eine wichtige Rolle.	L	H	N
Oft bittet die Polizei die Medien um Unterstützung.	D	E	N
Im Fernsehen gibt es seit 1967 die Sendung „Aktenzeichen XY … ungelöst“.	I	R	D
Zuschauer melden ihre Informationen über die vorgestellten Kriminalfälle.	U	I	E
Für Hinweise auf die Täter ist meist eine hohe Belohnung ausgesetzt.	O	N	A
Durch die beliebte Fernsehsendung konnten viele Fälle aufgeklärt werden.	G	M	T

2 **a** Bestimme die Satzglieder in den folgenden Sätzen.
Notiere für jedes Satzglied in deinem Heft die entsprechende Zahl (siehe Kasten rechts).
Addierst du am Ende die Zahlen, erhältst du die Zahl 100.

1. Für sachdienliche Hinweise setzt die Polizei eine Belohnung aus.
2. Auf der Wache zeigt der Beamte den Augenzeugen Fotos möglicher Verdächtiger.
3. Die Täter sollten sich ihrer Verantwortung stellen.
4. Zeugenaussagen können Unschuldigen ohne Alibi helfen.

Subjekt und Prädikat 0
Genitivobjekt 5
Dativobjekt 10
Akkusativobjekt 15
Präpositionalobjekt 20
Adverbiale Bestimmung 25

b Wie viele Attribute gibt es in den Sätzen 1 bis 4?
Tipp: Die Anzahl entspricht der Nummer des Satzes, in dem du kein Attribut findest.

13.2 Richtig kombinieren – Satzreihe und Satzgefüge

Hauptsätze verknüpfen – Die Satzreihe

1 a Betrachtet den Cartoon und erzählt aus der Sicht des Jungen, was passiert.

b Verknüpft in dem folgenden Text einige der Hauptsätze mit Hilfe der Konjunktionen „und“, „oder“, „aber“, „sondern“, „denn“, „doch“. Achtet auf die Kommasetzung (▸ Merkkasten unten).

Hansi und seine Schwester schauten einen Krimi an. Hansis Schwester schaltete den Krimi aus. Sie fand ihn zu brutal für ihren Bruder. Hansi ging ins Bett. Er konnte nicht schlafen. Er musste die ganze Zeit an Einbrecher denken, die durchs Fenster klettern könnten. Er dachte: Ich könnte mein Schwert neben das Bett legen. Ich könnte meinen Kescher holen. Hansi legte seinen Kescher auf die Bettdecke. Er schlief beruhigt ein. Plötzlich spürte er etwas auf seinem Gesicht. Blitzschnell schlug er mit seinem Kescher zu. Er hatte keinen Einbrecher erwischt. Seine Mutter war ihm ins Netz gegangen.

c Beschreibt, was sich durch eure Überarbeitung des Textes verändert hat.

d Die Mutter erzählt einer Freundin von dem Vorfall. Formuliert dazu mindestens drei Satzreihen. Ihr könnt z. B. so beginnen: *Gestern Nacht ging ich noch einmal ins Kinderzimmer, denn …*

Information **Die Satzreihe**

- Ein **Satz,** der **aus zwei oder mehr Hauptsätzen** besteht, wird **Satzreihe** genannt. Die einzelnen Hauptsätze einer Satzreihe werden durch ein **Komma** voneinander getrennt, z. B.: *Die Gastgeberin spielte Klavier, die Gäste unterhielten sich.*
- Häufig werden Hauptsätze durch die **nebenordnenden Konjunktionen** *und, oder, aber, sondern, denn* verbunden. Vor den Konjunktionen *und* bzw. *oder* kann das Komma entfallen.

Haupt- und Nebensätze verknüpfen – Das Satzgefüge

Nebensätze mit Konjunktionen

Tobias hat Mia in der Schule einen Zettel geschrieben. Bevor der aber zum Einsatz kommen kann, hat der Lehrer ihn entdeckt, zerrissen und in den Papierkorb geworfen.

wenn du heute mit den Hausaufgaben fertig bist?

Ich kann dich sogar einladen,

bevor du heimgehst! Tobi

Antworte bitte,

Hast du Lust, mit zum Volksfest zu gehen,

weil ich Extra-Taschengeld für die Eins in Mathe bekommen habe.

1 Aus Neugier und weil sie Tobias ganz nett findet, holt Mia nach der Stunde die Schnipsel wieder aus dem Papierkorb heraus.

a Helft Mia und setzt immer zwei der Schnipsel so zusammen, dass ein sinnvoller Satz entsteht. Schreibt die Sätze in euer Heft. Achtet auf die richtige Kommasetzung.

b Umkreist in eurem Heft die Konjunktionen und unterstreicht die Personalform der Verben.

c Vergleicht: An welcher Stelle steht die Personalform des Verbs in den Hauptsätzen, an welcher in den Nebensätzen?

Mia möchte gern mit Tobias zum Volksfest gehen und bittet ihre Mutter um Erlaubnis. Die ist nicht begeistert. „So ein Rummelplatz ist ganz schön gefährlich“, wendet sie ein. „Schau, was heute in der Zeitung steht.“ Sie hält Mia einen Artikel unter die Nase:

VORSICHT FEHLER!

Ein Paradies für Langfinger!

Obwohl es vielfältige Freizeitangebote gibt gehen gerade Familien gern auf die Kirmes. Der Festplatz ist aber auch für Taschendiebe ein beliebtes Betätigungsfeld weil die Menschen hier oft nicht auf ihre Wertsachen achten. Während sie über den Rummelplatz schlendern denken sie nicht an gemeine Diebe. Diesen ist eine reiche Beute fast sicher wenn sie sich geschickt anstellen. Die Polizei rät daher dringend zu besonderer Vorsicht.

2 a Schreibt den Text unten auf Seite 244 ab und ergänzt die fehlenden Kommas. Achtet dabei auf die Konjunktionen und die Personalform der Verben.

b Überprüft eure Ergebnisse in Partnerarbeit:
- Markiert jeweils die Personalform der Verben und umkreist die Konjunktionen.
- Unterstreicht die Hauptsätze blau und die Nebensätze rot.
- Prüft, ob ihr alle Haupt- und Nebensätze durch ein Komma voneinander abgetrennt habt. Ihr könnt den Merkkasten auf Seite 246 zu Rate ziehen.

3 Satzgefüge kann man mit einem Satzbauplan darstellen, z. B.:

Obwohl es vielfältige Freizeitangebote gibt, gehen gerade Familien gern auf die Kirmes.

―――――― Hs ――――――.
―――――― Ns ――――――,

Dieben ist eine reiche Beute fast sicher, wenn sie sich geschickt anstellen.

―――――― Hs ――――――,
―――――― Ns ――――――.

a Zeichnet für die übrigen Satzgefüge aus dem Text „Ein Paradies für Langfinger“ Satzbaupläne.

b Vergleicht eure Satzbaupläne in Partnerarbeit.

c Erstellt für das folgende Satzgefüge einen Satzbauplan.
Als Tim sich ein Los kaufte, wurde er bestohlen, weil er nicht auf seine Geldbörse achtete.

d Findet einen Satz, der zu dem folgende Satzbauplan passt, und schreibt ihn auf.

―――――― Hs ――――――,
―――――― Ns ――――――,
―――――― Ns ――――――.

4 a Schaut euch noch einmal die Konjunktionen an, die ihr in Aufgabe 2 b umkreist habt. Erklärt mit Hilfe des Tipps rechts, welche Bedeutung sie haben.

b Zeichnet in euer Heft eine Tabelle mit der Überschrift „Unterordnende Konjunktionen“. Legt vier Spalten an für die vier im Tippkasten genannten Bedeutungen.

c Tragt die Konjunktionen aus dem Wortschatzkasten rechts sowie die in Aufgabe a untersuchten Konjunktionen in die passenden Spalten der Tabelle ein.

d Vergleicht eure Ergebnisse zuerst mit einem Partner, dann in der Klasse.

Man unterscheidet **Konjunktionen** für
- Begründungen,
- Einwände oder Einschränkungen,
- zeitliche Zusammenhänge,
- Bedingungen.

bevor • falls • als • auch wenn • bis • seit(dem) • obgleich • sofern • sobald • wenngleich • da • nachdem

5 a Vervollständigt die folgenden Ratschläge für einen Volksfestbesuch durch Nebensätze mit unterschiedlichen Konjunktionen. Schreibt die Sätze in euer Heft.

- Man sollte nicht zu viel Geld mitnehmen, ...
- Taschen sollte man nicht über die Schulter hängen, ...
- ..., sollte man Rucksäcke vor dem Bauch tragen.
- ..., sollte man den Geldbeutel sofort verschließen und wegstecken.
- Besondere Vorsicht ist geboten, ...

b Vergleicht mit einem Partner, welche Ergänzungen möglich und sinnvoll sind.
c Umkreist die Konjunktionen und markiert jeweils den Haupt- und den Nebensatz.
d Zeichnet für den ersten und den dritten Ratschlag einen Satzbauplan.

6 Puzzelgeschichte:
a Zerschneidet ein quer gelegtes DIN-A4-Blatt in acht breite Streifen – vier für jeden Partner.
b Einigt euch auf eine Ausgangssituation, zu der ihr einige Sätze notieren wollt, z. B.:
An einem heißen Sommertag ging Max ins Schwimmbad.
c Schreibt zu der Situation auf jeden Streifen ein Satzgefüge, das mit einem Nebensatz mit Konjunktion beginnt, z. B.: *Nachdem Max seine Badehose angezogen hatte, sprang er gleich ins Wasser.*
d Zerschneidet die Streifen jeweils zwischen Haupt- und Nebensatz, z. B.:

Weil er so großen Appetit auf Pommes hatte,	*verschlang er sie sofort.*

e Trennt die Zettel mit den Nebensätzen von den Zetteln mit den Hauptsätzen. Legt die beiden Haufen mit der Schriftseite nach unten auf den Tisch.
f Zieht nun immer abwechselnd einen Nebensatz und einen Hauptsatz und legt sie zu neuen Satzgefügen aneinander. Lest euch die entstandene (Unsinns-)Geschichte vor, z. B.:
Nachdem Max seine Badehose angezogen hatte, verschlang er sie sofort. Weil er so großen Hunger hatte, sprang er gleich ins Wasser ...

Information **Das Satzgefüge**

- Einen Satz, der aus mindestens einem Hauptsatz und mindestens einem Nebensatz besteht, nennt man **Satzgefüge.** Der Nebensatz kann vor oder nach dem Hauptsatz stehen oder er kann diesen unterbrechen. Zwischen Hauptsatz und Nebensatz muss immer ein **Komma** stehen.
- Der Nebensatz wird meist durch eine **unterordnende Konjunktion** eingeleitet, z. B.: *bevor, während, nachdem, weil, wenn, falls, obwohl, obgleich.*
  Die Personalform des Verbs (das konjugierte Verb) steht im Nebensatz an letzter Satzgliedstelle.

Hauptsatz		Nebensatz
Der Dieb stahl die Geldbörse	,	*weil die Gelegenheit günstig war.*
Personalform an zweiter Satzgliedstelle	Komma	Konjunktion … Personalform am Ende

Der Relativsatz

Robin Hood: Beschützer der Armen – Rächer der Witwen und Waisen

Wer kennt sie nicht, die Geschichten vom edlen Räuber, der den Reichen nahm und den Armen gab? Einer Legende nach lebte Robin Hood, ein Sohn adliger Eltern, im 12. Jahrhundert in der Grafschaft Nottingham in England. Zu jener Zeit herrschten schlimme Missstände im Land. Die Armen und Rechtlosen litten unter der Willkür und Habgier einiger Fürsten und Kirchenoberhäupter, die ihre Macht missbrauchten. Robin Hood, der als ausgezeichneter Bogenschütze galt, stellte sich auf die Seite der Unterdrückten. Er wurde zum Räuberhauptmann und hauste zusammen mit Little John und Bruder Tuck in den Wäldern des Sherwood Forest.

1 Was wisst ihr noch über Robin Hood? Tauscht euch in der Klasse darüber aus.

2 **a** In dem Text werden Robin Hood und seine Lebensumstände näher beschrieben. Dabei werden unterschiedliche Attribute verwendet. Sucht einige heraus.

b Vergleicht die markierten Attribute in den folgenden Sätzen. Beschreibt die Unterschiede.
- Jeder kennt die Geschichten vom edlen und gerechten Räuber Robin Hood.
- Jeder kennt die Geschichten vom Räuber Robin Hood, der edel und gerecht war.

c Erklärt, um welche Art von Satz es sich bei dem Attribut „der edel und gerecht war“ handelt und welche Aufgabe dieser Satz hat.

Bald geriet der Räuberhauptmann in einen Konflikt mit dem Sheriff von Nottingham, dem die Brandschatzung von Robin Hoods Gütern vorgeworfen wurde. Schließlich tötete Robin Hood ihn und wurde mit einem Bann belegt. Die Acht, die über den Räuber ausgesprochen worden war, hob König Richard Löwenherz nach seiner Rückkehr von einem Kreuzzug wieder auf. Er begnadigte Robin Hood, dessen Tapferkeit und Gerechtigkeitssinn er bewunderte. Der Räuberhauptmann, den der König als einen Freund ansah, konnte an den Hof zurückkehren. Einer Überlieferung nach starb Robin Hood, der seinen Anhängern ein treuer Gefährte war, durch den Verrat einer seiner Männer. Über sein Leben gibt es zahlreiche Legenden, Filme und Theaterstücke.

3 a Schreibt aus dem zweiten Teil des Textes auf Seite 247 (Z. 13–26) alle Relativsätze mit ihren Bezugswörtern heraus. Ihr könnt den Merkkasten unten auf dieser Seite zu Hilfe nehmen.

b Umkreist jeweils das Relativpronomen, das den Relativsatz einleitet. Kennzeichnet durch einen Pfeil, auf welches Substantiv sich der Relativsatz bezieht, und unterstreicht dieses, z. B.:

Sheriff von Nottingham, dem die Brandschatzung von Robin Hoods Gütern vorgeworfen wurde

c Betrachtet die umkreisten Relativpronomen genau:
- Wonach richten sie sich in Genus (Geschlecht) und Numerus (Zahl)?
- Wodurch wird der Kasus (Fall) der Relativpronomen bestimmt?

4 Ergänzt die folgenden Relativsätze in eurem Heft.

Ein guter Freund ist jemand,
der ...
dem ...
den ...
dessen ...
mit dem ...
ohne den ...

Eure Aufsätze werden abwechslungsreicher, wenn ihr unterschiedliche Attribute und Satzarten verwendet, z. B.:
Mein Freund, der sehr mutig war, half mir.
Mein mutiger Freund half mir.
Mein Freund war sehr mutig und half mir.

5 Neben Robin Hood kennt ihr noch andere Figuren aus Büchern und Filmen. Veranstaltet ein Ratespiel, indem ihr die Figuren mit Hilfe von Relativsätzen beschreibt, z. B.:
Es ist eine Figur, die aus Schweden kommt und rote Zöpfe trägt.

Information **Der Relativsatz**

- **Relativsätze** sind **Nebensätze,** die sich auf vorangehende **Substantive** oder Pronomen beziehen und diese **näher bestimmen.** Sie nehmen im Satz die **Rolle eines Attributs** ein und werden deshalb auch Attributsätze genannt.
- Relativsätze werden durch **Relativpronomen** eingeleitet, z. B. *der, die, das, welcher, welche, welches.*
- Man grenzt Relativsätze durch ein **Komma** vom Hauptsatz ab. Wird der Relativsatz in den Hauptsatz eingeschoben, setzt man vor und hinter den Relativsatz jeweils ein Komma, z. B.:
  Mit dem Sheriff, der ein Schurke war, geriet Robin Hood in Konflikt.
  Hauptsatz Teil 1 – Relativpronomen – Relativsatz – Hauptsatz Teil 2

Fordern und fördern – Satzgefüge

Wählt eine der folgenden drei Aufgaben.

Tipps zur Befragung eines Verdächtigen

1. Oft sind befragte Täter unsicher. Sie kennen den Stand der Ermittlungen nicht.
2. Der Detektiv befragt einen Verdächtigen. Er sollte immer Blickkontakt halten.
3. Der Detektiv stellt geschickte Fragen. Der Verdächtige verwickelt sich häufig in Widersprüche.
4. Ein Verdächtiger hat ein Alibi. Der Detektiv darf ihn nicht sofort aus dem Kreis der Verdächtigen ausschließen.

●○○ **1** a Verbindet die Sätze mit passenden unterordnenden Konjunktionen, sodass die Zusammenhänge deutlich werden. Achtet auf die Kommasetzung.
b Umkreist die Konjunktionen und markiert die Personalform der Verben.
c Unterstreicht die Hauptsätze blau und die Nebensätze rot.

Einen Verdächtigen unauffällig beobachten

1. Wenn ein Detektiv eine Person überwachen will, muss er unbemerkt bleiben.
2. Ein guter Detektiv hält, während er einem Verdächtigen folgt, immer genügend Abstand.
3. Obwohl das am sichersten wäre, darf er nie direkt neben der Zielperson stehen bleiben, weil diese Verdacht schöpfen könnte.
4. Da er so unauffällig anhalten kann, bindet er sich zum Beispiel in geringer Entfernung die Schnürsenkel.

●●○ **2** a Zeichnet zu den Satzgefügen Satzbaupläne wie im Beispiel auf Seite 245.
b Vertauscht in den Sätzen 2 und 4 die Reihenfolge von Haupt- und Nebensatz.

●●● **3** a Bearbeitet Aufgabe 2 a.
b Umkreist in den Satzbauplänen die Konjunktionen.
c Bestimmt die Bedeutung der umkreisten Konjunktionen. Wenn ihr Hilfe benötigt, lest im Tippkasten auf Seite 245 (Aufgabe 4) nach.

Teste dich!

Satzreihe und Satzgefüge

Geheimtinte

Falls die Schrift für unbefugte Personen unsichtbar sein soll, kann man Milch mit einem dünnen Pinsel auf Papier auftragen.

Nachdem die Milch getrocknet ist, sieht das Blatt weiß und unbeschrieben aus.

Obwohl nichts zu erkennen ist, muss der Empfänger das Papier heiß bügeln.

Dadurch wird die Schrift wieder sichtbar, weil sich die Milch bräunlich verfärbt.

Bedeutung der Konjunktionen
- Begründung **(T)**
- Einwand bzw. Einschränkung **(S)**
- zeitlicher Zusammenhang **(M)**
- Bedingung **(I)**

1 Untersuche, welcher Sinnzusammenhang durch die Konjunktionen zwischen den Haupt- und den Nebensätzen hergestellt wird. Schreibe die entsprechenden Buchstaben der Reihe nach in dein Heft.

Bücherbotschaften	Hs, Hs.	Hs, Ns.	Ns, Hs.	Hs, Ns, Hs.
Detektive nutzen heute Handys und Computer, aber manchmal sind diese zu unsicher.	I	A	N	L
Nachrichten, die von großer Bedeutung sind, können auch anders übermittelt werden.	S	R	O	E
Wenn zwei Detektive zwei völlig gleiche Bücher besitzen, können sie sich gegenseitig Geheimbotschaften zukommen lassen.	W	C	F	U
Der eine Detektiv umkreist, nachdem er eine transparente Folie auf eine Buchseite gelegt hat, die Buchstaben der geheimen Nachricht.	G	H	P	E
Der zweite Detektiv legt diese Folie dann in seinem Buch auf die gleiche Seite, damit er die Botschaft entschlüsseln kann.	B	L	E	T

2 **a** Prüfe, welcher Satzbauplan zu den jeweiligen Sätzen passt. Notiere die entsprechenden Buchstaben aus der Tabelle in deinem Heft.

b Wenn du die Aufgaben 1 und 2 a richtig gelöst hast, erfährst du, wo du Geheimbotschaften gut verstecken und befördern kannst. Aneinandergereiht ergeben die Buchstaben die Lösung.

13.3 Fit in ... – Einen Text überarbeiten

Stellt euch vor, ihr erhaltet in der Klassenarbeit diese Aufgabe:

Der folgende Artikel über einen außergewöhnlichen „Kriminalfall" soll in der Schülerzeitung veröffentlicht werden. Überarbeite den Text. Prüfe,
- an welchen Stellen du mit Hilfe von adverbialen Bestimmungen und Attributen genauere Angaben machen kannst und
- welche Sätze du durch passende Konjunktionen verknüpfen solltest, um die Sinnzusammenhänge zu verdeutlichen.

Achte bei der Überarbeitung auf die richtige Zeichensetzung.

Diebstahl am Badesee

Wir, die Klasse 6a, machten eine Radtour. Es war ein Sommertag. Wir wollten schwimmen gehen. Wir zogen unsere Badesachen an. Wir sprangen in den See.

Die ersten Kinder kamen wieder ans Ufer zurück. Tim stellte fest, dass seine Uhr verschwunden war. Er suchte nach seiner Uhr. Auch einige andere bemerkten, dass ihr Schmuck oder ihre Uhren nicht mehr da waren. Ein Dieb musste uns bestohlen haben. Wir waren im Wasser.

Einige suchten die Umgebung nach Spuren ab. Wir konnten nichts Ungewöhnliches entdecken.

Thea und Mick tauchten aus dem nahe gelegenen Wald auf. In den Händen hielten sie unsere Uhren und den Schmuck. Sie hatten nach Spuren gesucht. Dabei hatten sie ein Vogelnest mit den Gegenständen entdeckt.

Unsere Lehrerin erklärte uns, dass es sich um das Nest einer Elster gehandelt haben muss. Diese Vögel interessieren sich für glänzende Gegenstände. Sie untersuchen diese Gegenstände, tragen sie weg und verstecken sie.

Unsere Wertgegenstände waren gefunden. Wir radelten zurück.

1 a Lest euch die Aufgabenstellung oben auf Seite 251 sorgfältig durch.
b Wählt aus den folgenden Sätzen die zutreffenden aus und schreibt sie in euer Heft.

> Ich soll
> – durch das Einfügen von adverbialen Bestimmungen die Umstände des Erlebten genauer beschreiben,
> – die Erzählung durch das Ergänzen von Attributen anschaulicher und genauer gestalten,
> – von weiteren Ereignissen während des Ausflugs erzählen,
> – Sätze mit passenden Konjunktionen verknüpfen, wenn die Zusammenhänge der Handlung dadurch klarer werden,
> – prüfen, ob ich den Satzbau durch Relativsätze abwechslungsreicher gestalten kann,
> – immer zwei Sätze durch Konjunktionen verbinden.

2 Überlegt, ob es Stellen in dem Text gibt, an denen ihr mit Hilfe von adverbialen Bestimmungen genauere Angaben einfügen könntet. Notiert Ergänzungen zu:
– der Zeit des Geschehens: Wann fand die Radtour statt?
– zum Ort des Geschehens: Wohin führte die Radtour?
– zur Art und Weise des Geschehens: Wie bzw. in welcher Stimmung radelte die Gruppe zurück?
– zum Grund des Geschehens: Warum wollten die Schüler schwimmen gehen?

3 Mit Hilfe von Konjunktionen könnt ihr Satzreihen und Satzgefüge bilden. Dabei stellt ihr einen inhaltlichen Zusammenhang zwischen den verbundenen Sätzen her.
Sucht Stellen in dem Text, an denen die Verwendung von Konjunktionen Zusammenhänge verdeutlichen kann, und notiert sie stichwortartig.

> **Konjunktionen und ihre Bedeutung**
> **Einschränkung, Gegensatz:** *aber, obwohl, ...*
> **Begründung:** *denn, weil, da, zumal, ...*
> **Aneinanderreihung:** *und, ...*
> **zeitliche Zusammenhänge:** *nachdem, als, während, bevor, bis, ...*
> **Bedingung:** *wenn, falls, ...*

4 a Prüft, wo die Ergänzung von Substantiven mit Attributen zu einer genaueren und anschaulicheren Beschreibung führt.
Stellt hierfür die Frage „Was für ein ...?“ und notiert die Beifügung, z. B.:

> *Es war ein Sommertag. → Was für ein Sommertag? → ein heißer Sommertag*

b Überlegt, welche Form von Attribut sich jeweils am besten eignet (▸ Merkkasten S. 240).

5 a Überarbeitet den Artikel für die Schülerzeitung. Berücksichtigt dabei die Ergebnisse eurer Vorarbeiten aus den Aufgaben 1 bis 4.
b Überprüft, ob ihr alle Kommas richtig gesetzt habt.

> Es müssen nicht alle Substantive und Sätze ergänzt oder verändert werden.
> Manchmal sind Umstellungen im Satzbau notwendig.

14 Rechtschreibung – Spielend leicht

Pieter Bruegel der Ältere: Die Kinderspiele (um 1560)

1 a Tragt zusammen, welche Kinderspiele ihr auf dem Bild erkennen könnt.
b Welche Kinderspiele wären wohl auf einem heutigen Bild zu sehen? Nennt Beispiele.
c Stellt eure Lieblingsspiele in der Klasse vor und erläutert ihre wichtigsten Spielregeln.

2 Regeln beim Spiel – Regeln beim Schreiben: Sammelt Gemeinsamkeiten und Unterschiede.

In diesem Kapitel ...

- vertieft ihr eure Kenntnisse über die Groß- und Kleinschreibung,
- wiederholt ihr bekannte Rechtschreibregeln und trainiert ihre Anwendung,
- übt ihr, Kommas und andere Satzzeichen richtig zu setzen.

14.1 Sicher im Schreiben – Regeln anwenden

Groß- und Kleinschreibung

Substantive erkennen und richtig schreiben

Yutnori – ein Spiel aus Korea

Bei diesem **Gesellschaftsspiel** aus Korea sind gute **Taktik** und starke Nerven gefragt. Der **Spielgrund** ist meist rechteckig und besteht aus zusammengenähten Kleidern, kann aber auch auf den Boden oder auf Papier gemalt sein. Auf vier geraden und zwei diagonalen Verbindungswegen befinden sich jeweils fünf **Spielfelder.** Vier hölzerne **Wurfstäbchen** dienen als Würfel. Die **Spielsteine** sind oft aus Plastik, man kann aber auch Münzen, Knöpfe, Kieselsteine oder Schachfiguren verwenden. Beide **Spielgegner** verfügen über vier Spielsteine, die „Pferde“. Die **Aufgabe** der **Spieler** ist es, auf dem schnellsten Weg nach Hause zu kommen.

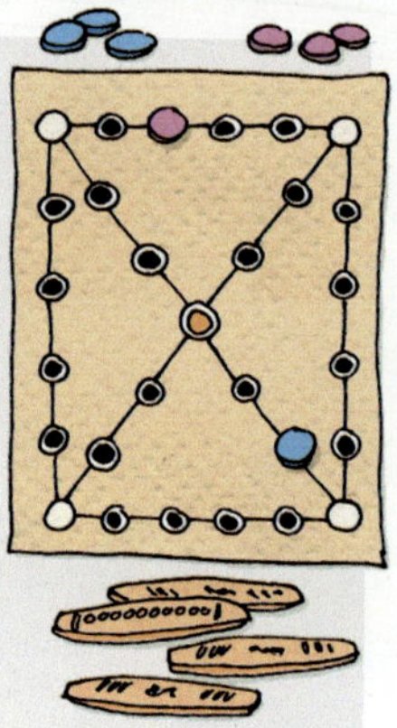

1 Kennt ihr Yutnori oder ähnliche Spiele? Tauscht euch darüber aus.

2 Im Text sind einige Substantive fett gedruckt. Sie bezeichnen, was man für das Yutnori-Spiel braucht. Ordnet diese Substantive nach Bezeichnungen für Gegenstände, für Lebewesen und für Begriffe. Schreibt dazu den folgenden Lückentext in euer Heft und tragt die fett gedruckten Substantive in die entsprechenden Lücken ein.
Substantive bezeichnen Gegenstände, z. B. ..., oder Lebewesen, z. B. ..., oder Begriffe, z. B. ...
Substantive werden großgeschrieben.

MAN WÜRFELT MIT DEN YUT-STÄBEN. WER AUF EIN SPIELFELD MIT EINEM GEGNERISCHEN STEIN KOMMT, MUSS ZURÜCK AN DEN START. TRIFFT MAN AUF EINEN EIGENEN STEIN, ZIEHT MAN VON NUN AN BEIDE SPIELSTEINE ZUSAMMEN. KOMMT EIN SPIELSTEIN DIREKT AUF EIN ECKFELD ODER DAS MITTELFELD, KANN EINE ABKÜRZUNG GEWÄHLT WERDEN. WER ZUERST ALLE VIER STEINE INS ZIEL BRINGT, HAT GEWONNEN.

3 a Sucht aus diesem Text alle Substantive heraus. Verwendet die Artikelprobe (▶ Merkkasten).
b Schreibt den Text in korrekter Rechtschreibung ab. Unterstreicht alle Substantive.

Information **Großschreibung von Substantiven – Artikelprobe**

Im Deutschen werden Substantive großgeschrieben.
Mit der Artikelprobe könnt ihr feststellen, ob ein Wort ein Substantiv ist oder nicht: Wenn ihr einen bestimmten Artikel *(der, die, das)* vor das Wort setzen könnt, ist es ein Substantiv.

Substantivierungen – Verben und Adjektive verwandeln sich

Auch Tiere spielen (1)

Auch Tierkinder lieben das Spiel. Man weiß, dass Spielen für die Entwicklung junger Tiere sehr wichtig ist. Beim Spielen üben sie viele Verhaltensweisen ein, die sie als ausgewachsene Tiere brauchen. Außerdem halten sie sich durch das Spielen körperlich fit. Bei Affen kann man das so genannte „Spielgesicht" beobachten: Mit ihm zeigt ein Affe gegenüber einem Artgenossen seine Bereitschaft zum Spielen.

1 a Sucht im Text alle Stellen, an denen das Verb „spielen" vorkommt.
b Stellt Vermutungen an, warum das Verb hier großgeschrieben wird. Überprüft eure Vermutungen mit Hilfe des Merkkastens unten.

VORSICHT FEHLER!

Auch Tiere spielen (2)

junge katzen packen ihre spielkameraden mit bewegungen, die dem fangen und töten von beute ähneln. beim herumbalgen kombinieren tiere handlungen, die sich im ernstfall gegenseitig hemmen würden, z. b. fliehen und angreifen oder verteidigen und unterwerfen. die erfahrungen beim gemeinsamen raufen und toben sind später für das überleben wichtig. das spielgesicht beim affen ähnelt dem menschlichen lachen. das anlächeln wird von den artgenossen auch erwidert: lachen steckt also auch bei den affen an!

2 Schreibt den Text in der korrekten Groß- und Kleinschreibung ab. Achtet besonders auf die Großschreibung der substantivierten Verben.

Information **Substantivierungen: Großschreibung von Verben und Adjektiven**

Verben und Adjektive schreibt man **groß,** wenn sie im Satz **als Substantive gebraucht** werden, z. B.: *das Spielen* (Verb), *das Neue* (Adjektiv). Diesen Vorgang nennt man **Substantivierung.**
Ihr erkennt solche Substantivierungen wie alle anderen Substantive an ihren Begleitwörtern:

- ein **Artikel** (unbestimmter/bestimmter), z. B.: *ein Gutes, das Spielen,*
- ein **Pronomen,** z. B.: *dieses Laufen, unser Bestes,*
- ein **Adjektiv,** z. B.: *fröhliches Lachen,*
- eine **Präposition,** die mit Artikel verschmolzen sein kann, z. B.: *vor Lachen, bei Rot; beim (bei dem) Spielen, im (in dem) Allgemeinen,*
- ein **Zahlwort,** z. B.: *zwei Verspielte.*

Tipp: Nicht immer wird ein substantiviertes Wort durch ein Begleitwort angekündigt. Macht die Probe: Wenn ihr ein Begleitwort ergänzen könnt, schreibt ihr groß, z. B.:
Nicht nur (das) Rätseln ist ein schöner Zeitvertreib.

Was ist das Besondere an unserem Spielebasar? Für jeden ist etwas dabei! Für unsere ? gibt es Puzzles, mit denen sie sich stundenlang beschäftigen können. Die ? finden Gesellschaftsspiele für die ganze Familie und der ? kann an Rätselspielen herumknobeln. Den ? ist es am liebsten, sich in Wettkampfspielen mit anderen zu messen. Wer ? ist, wartet jedes Jahr mit Spannung auf Neuheiten. Bei ? ist es üblich, sich jeden Monat in fröhlicher Runde zum Kartenspielen zu treffen.

3 a Schreibt den Werbetext ab und füllt die Lücken mit den Bezeichnungen für Spielertypen aus der Illustration. Unterstreicht die substantivierten Wörter mit ihren Begleitwörtern.

b Bestimmt die Wortart, die in dem Text oft substantiviert wurde.

c Verfasst selbst kleine Texte, in denen ihr Spiele für verschiedene Spielertypen vorschlagt. Im Wortspeicher rechts findet ihr Anregungen.
Beispiel: *Für Ruhige sind Kreuzworträtsel ein guter Zeitvertreib.*

reaktionsschnell • risikobereit • fantasievoll • sportlich • geschickt • gebildet • wissbegierig • ruhig • kreativ

4 Jenny schlägt vor, für den Basar auch selbst Spiele herzustellen. Sie berichtet:

„Zum SPIELEN kann man alles MÖGLICHE gebrauchen. Manches WERTLOSE kann für ein Spiel noch mal NÜTZLICH sein. Mir ist schon viel WITZIGES eingefallen, was man mit ALTEN Sachen machen kann. Es gibt nichts UNGEEIGNETES – mit etwas Fantasie kann man alles verwenden. Wollen wir aus allerlei ALTEM etwas NEUES und ÜBERRASCHENDES machen?“

a Was haltet ihr von Jennys Idee? Habt ihr selbst schon Spiele erfunden? Berichtet davon.

b Groß oder klein? Untersucht, wie die in Großbuchstaben gedruckten Wörter jeweils geschrieben werden müssen. Begründet eure Entscheidung.

Information **Indefinitpronomen (unbestimmte Fürwörter) als Substantivbegleiter**

Auch Pronomen sind Begleitwörter für Substantive und substantivierte Wörter (▶ Merkkasten S. 255). Eine besondere Art von Pronomen sind die Indefinitpronomen, mit denen man eine ungefähre Menge oder Anzahl angibt, z. B. *etwas, viel, nichts, alles, manches, einige, kein.* Indefinitpronomen stehen oft vor substantivierten Adjektiven und sind wichtige Signale für Großschreibung, z. B.: *etwas Unbekanntes, viel Interessantes, nichts Kompliziertes.*

Spiele ganz klassisch

Bei **Halma** hat jeder die ? Anfangschance. Das ? bei diesem weltweit ? Spiel ist, dass ? Figuren nicht geschlagen werden.

Der Ursprung des **Damespiels** liegt im ? der Vergangenheit. Schon in ? Königsgräbern fand man Spielbretter mit Spielsteinen in ? und ?.

Das **Mühlespiel** gehört zu den ? Spielen der Menschheit. Etwas ? ist die Kubusmühle: Sie wird nicht auf einem Spielbrett, sondern auf einem ? Spielgestell gespielt.

5 Schreibt den Text ab und füllt die Lücken mit dem jeweils passenden Adjektiv.
Achtet auf Substantivsignale und entscheidet euch für Groß- oder Kleinschreibung.

bekannt • gegnerisch • gleich • älteste • schwarz • dreidimensional • besonderes • weiß • dunkel • ägyptisch • besonderes

6 a Zeichnet die Zielscheibe so groß wie möglich in euer Heft.
Schreibt in die freien Felder weitere Adjektive, mit denen ihr Eigenschaften von Spielen bezeichnen könnt.

b Setzt einen Bleistift mit der Spitze in den Kreismittelpunkt, dreht ihn und lasst ihn los, sodass er auf einen Kreisausschnitt mit einem Adjektiv fällt.
Formuliert passende Aussagen nach folgendem Muster:
Am interessantesten finde ich Monopoly, weil ...

Das Spiel mit dem Superlativ

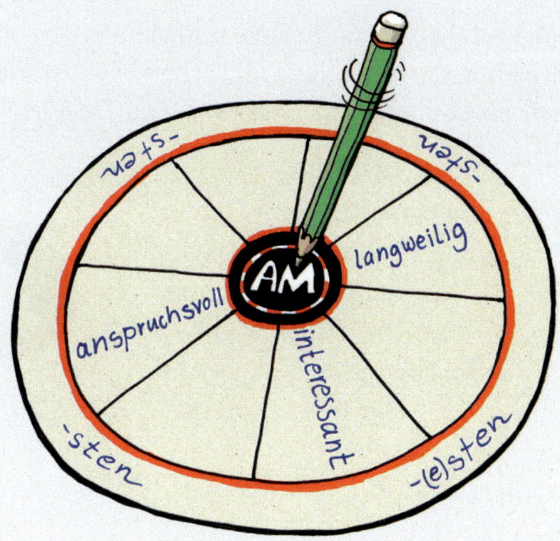

c Seid ihr euch einig in eurer Einschätzung der verschiedenen Spiele? Gibt es auch Unterschiede? Notiert zwei bis drei Übereinstimmungen und Unterschiede in euer Heft und verwendet dabei den Superlativ, z. B.:
Halma ist nach meiner Einschätzung am schwersten, Marc hingegen findet Schach am schwersten.
Am langweiligsten finden wir ...

Information **Kleinschreibung von Adjektiven im Superlativ**

Adjektive im Superlativ mit *am* werden kleingeschrieben, z. B.:
schnell – schneller – am schnellsten, gut – besser – am besten.

Fordern und fördern – Substantivierungen

●○○ **1** Übertragt die folgende Tabelle in euer Heft. Ordnet die substantivierten Wörter mit ihren Begleitwörtern richtig ein.

beim Mischen • das Raffinierte • heftiges Protestieren • das Interessante • das Gewinnen • dein Schummeln • schnelles Reagieren • viel Neues • nach dem Würfeln • etwas Lustiges • unser Taktieren • im Guten

Begleitwort	Substantivierte Verben	Substantivierte Adjektive
bestimmter/unbestimmter Artikel	...	...
Pronomen	...	...
Präposition (+ Artikel)	*beim Mischen*	...
Adjektiv	...	...

●●○ **2** Substantiviert vier Adjektive und vier Verben aus folgenden Wortschatzkästen. Verwende die Adjektive und Verben in vollständigen Sätzen, z. B.:
Heute probiere ich etwas Neues aus. Zum Trainieren für das Spiel am Samstag hatte ich keine Zeit.

nichts	schön		malen
etwas	schwierig		musizieren
viel(e)	lustig		vorführen
manche(s)	gut		üben
einige(s)	riskant	zum	trainieren
alle(s)	bunt	beim	basteln
kein(e)	neu	vom	wetten

●●● **3** Groß oder klein? Schreibe die folgenden Sätze ab und entscheide, wie die Wörter in Klammern geschrieben werden müssen.

Spiele und Regeln

- Beim (TOBEN) draußen darf man niemals ohne (HINSCHAUEN) auf die Straße rennen!
- Wenn jemand etwas (LEICHTES) nicht sofort begreift, soll man nicht gleich (SCHIMPFEN).
- Während des (SPIELENS) die Regeln zu (ÄNDERN), ist etwas (UNFAIR).
- Kleinere Kinder soll man nicht (AUSSCHLIEßEN), sondern sie etwas (EINFACHES) mitmachen lassen.
- Das (ERFINDEN) von (NEUEN) Spielen ist nichts (VERBOTENES)!

Kurze Vokale – Doppelte Konsonanten

Wassergraben – Ein Hüpfspiel

Hüpfe auf dem rechten Bein in der Reihenfolge der Nummern von einem Spielfeld zum nächsten. Balanciere dabei einen Stein auf dem angewinkelten linken Oberschenkel. Wenn du den Stein fallen lässt, auf eine Linie oder in den „Wassergraben" springst, musst du für den nächsten Spieler Platz machen. In der nächsten Runde darfst du dann dort anknüpfen, wo du ausgeschieden bist. Die Felder vier und elf mit den Kreuzchen sind Ruhefelder – hier darfst du den Stein für einen Moment in die Hand nehmen und dich auf beide Beine stellen.
Wenn du bei Feld sieben angekommen bist, nimmst du den Stein in die Hand und wechselst das Bein. Nun trittst du mit dem Stein auf dem rechten Oberschenkel den Rückweg an, indem du auf dem linken Fuß die Felder in umgekehrter Reihenfolge durchhüpfst. Wer als Erster den Hin- und Rückweg geschafft hat, hat gewonnen.

1 Wassergraben: Erläutert den Unterschied bei der Aussprache des ersten und des zweiten „a".
Welchen Hinweis geben die Buchstaben nach dem Vokal auf die unterschiedliche Aussprache?

2 Übertragt die Tabelle in euer Heft und ordnet die markierten Wörter richtig ein.

Kurzer Vokal + Doppelkonsonant	Kurzer Vokal + tz	Kurzer Vokal + ck
...	...	...

Auf den sie 1 en Ro 2 enkli 3 en si 4 en sie 5 en Ro 6 ensi 7 en, die sich in die Ri 8 en sti 9 en, bis sie von den Kli 10 en ki 11 en.

Die Ka 12 e tri 13 die Tre 14 e kru 15 , der Ka 16 er tri 17 sie gerade.

Drei di 18 e und drei dü 19 e Da 20 en do 21 ern durch das Dorf.

3 **a** Schreibt die Zungenbrecher ab. In die Lücken müsst ihr die folgenden Buchstaben einsetzen, entweder einfach oder verdoppelt (Vorsicht, statt zz schreibt man tz, statt kk schreibt man ck!).
1, 2 b • 3 p • 4 z • 5, 6 b • 7–11 p • 12 z • 13 t • 14 p • 15 m • 16 t • 17 t • 18 k • 19 n • 20 m • 21 n

b Übt, die Zungenbrecher möglichst fehlerfrei und schnell zu sprechen.

Information **Kurze Vokale – doppelte Konsonanten**

Wenn ihr bei einem Wort mit einem betonten kurzen Vokal nur einen **Konsonanten** hört, dann wird er in der Regel verdoppelt, z. B.: *der Gewinner, die Wette, wissen, treffen, irren, sonnig, satt.*
Beachtet: Statt kk schreibt man **ck** und statt zz schreibt man **tz,** z. B.: *verstecken, die Decke, verletzen, die Katze.*

Schreibweise bei langen Vokalen

Lange Vokale mit und ohne Dehnungszeichen

1 Auch mit der Sprache kann man spielen. Probiert die folgenden Sprachspiele zu Wörtern mit langem Vokal aus.

Wortsalat

Die Buchstaben von Wörtern werden so verdreht, dass ein oder mehrere neue Wörter entstehen. Es können auch Fantasiewörter sein.
Beispiel: „Salat" wird zu „Atlas".

Findet Wörter zu folgenden Wortsalaten. Schreibt sie auf und unterstreicht die langen Vokale.

Sole • Made • leger • Adel • garen • Koladose (+ ch) • Atlasrabe

Lösung ▶ S. 336

Geheimsprache

Jede Zahl entspricht einem Buchstaben des Alphabets: 1 = A, 2 = B usw.
Beispiel: 11 + 1 + 8 + 14 = Kahn

Entschlüsselt weitere Wörter aus der Geheimsprache und schreibt sie in euer Heft:

11 + 15 + 8 + 12 = ?
23 + 1 + 8 + 12 = ?
13 + 5 + 8 + 18 = ?
22 + 5 + 18 + 26 + 5 + 8 + 18 + 5 + 14 = ?
12 + 15 + 8 + 14 = ?
15 + 8 + 18 = ?
11 + 21 + 8 + 12 + 5 = ?
26 + 1 + 8 + 14 = ?

Lösung ▶ S. 336

Unsichtbare Tinte

In den folgenden Wörtern sind wichtige Wortbausteine verschwunden: das Präfix „ur-" sowie die Suffixe „-bar", „-sal", „-sam", „-tum". Rekonstruiert die Wörter und schreibt sie auf.

abwasch… • Reich… • …zeit • Schick… • Eigen… • …alt • zumut… • gewalt… • Heilig… • veränder… • Müh… • …tümlich • …gemütlich • vergleich… • Scheu… • …wald • nachprüf… • grau…

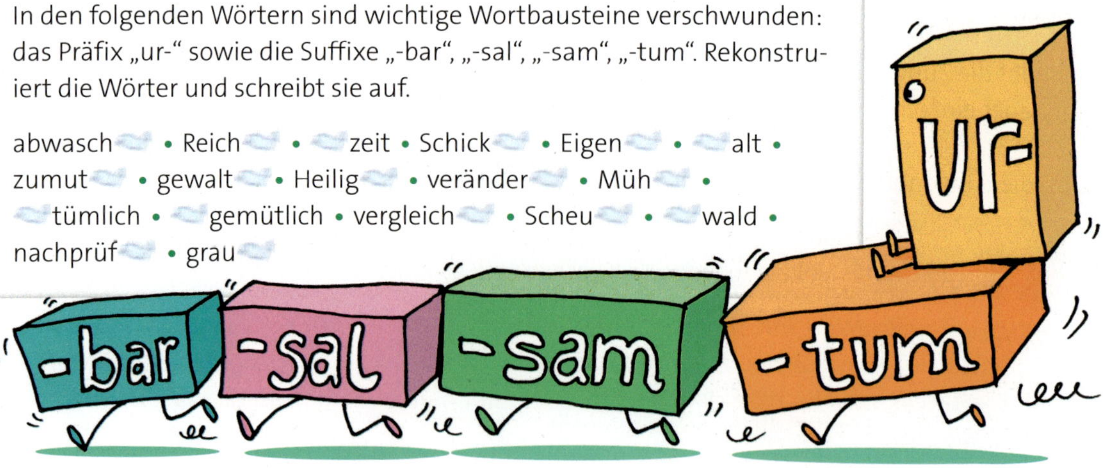

Reimspiel

Wer findet zu den folgenden Wörtern am schnellsten zwei Reimwörter mit einem **h** nach langem Vokal? Spielt in zwei Gruppen gegeneinander.
Überprüft die Schreibung eurer Reimwörter mit Hilfe eines Wörterbuchs.

kühlen • strahlen • er nahm • sie bezahlt • mehr • der Kahn • die Ohren • der Kohl

Belagern und verteidigen

Seit Urzeiten sahen sich die Menschen immer wieder genötigt, sich gegen Angreifer zu schützen und zu wehren. Deshalb ist es nicht erstaunlich, dass sich solche Erfahrungen auch in Form von Spielen niedergeschlagen haben. Die frühesten Spuren führen nach Island, wo um 1300 n. Chr. das Fuchsspiel erwähnt wird. Auch alle später entstandenen Varianten, wie zum Beispiel „Fuchs und Gänse“ oder „Bären und Hunde“, folgen der gleichen Grundidee: Eine kleine Anzahl von Verteidigern kämpft gegen eine große Schar von Angreifern oder Jägern, wobei die Verteidiger beweglicher sind. Das Spielfeld dieser Belagerungsspiele ist häufig kreuzförmig.

2
a Partnerdiktat: Lest den Text, teilt ihn in zwei Abschnitte und diktiert sie euch gegenseitig.
b Prüft, ob ihr alles richtig geschrieben habt. Achtet besonders auf die markierten Wörter.
c Schreibt jeweils zwei verwandte Wörter zu folgenden Wörtern aus dem Text in euer Heft: „genötigt“, „wehren“, „Spuren“, „Anzahl“, „große“.

Information **Schreibweise bei langen Vokalen**

1 Wörter mit einfachen langen Vokalen
Die lang gesprochenen Vokale **a, e, o, u** sowie die Umlaute **ä, ö** und **ü** werden oft nur mit einem einfachen Buchstaben geschrieben, z. B.: *losen, raten, suchen, Frage, üben, Dame.*
Das gilt besonders für einsilbige Wörter, z. B.: *wen, zu, so.*
Auch der lange Vokal in vielen Suffixen (Nachsilben) wird mit einfachem Buchstaben geschrieben, z. B.: *-tum, -bar, -sam, -sal; Reichtum, wunderbar, einsam, Rinnsal.*
Das Präfix (die Vorsilbe) *ur-* schreibt man ebenfalls mit einfachem Vokalbuchstaben, z. B.: *uralt, urtümlich, Urgroßvater, Urmenschen.*

2 Wörter mit langem Vokal mit h
Hinter lang gesprochenem **a, e, o, u** sowie den Umlauten **ä, ö, ü** steht manchmal ein **h,** vor allem in der Verbindung mit den nachfolgenden Konsonanten **l, m, n** und **r,** z. B.: *wählen, zahm, Lohn, sehr, mehr, Uhr.*

Wörter mit langem i

Hase und Igel

Kennt ihr „Hase und Igel“? Das ist ein außergewöhnliches Spiel, das zu Recht viele Auszeichnungen erhielt. Es ist deshalb besonders bemerkenswert, weil es sich in seinem Spielaufbau nicht an ältere Vorbilder anlehnt, sondern vollkommen neue Wege geht. Nicht blindes Vorpreschen verhilft zum Sieg, auch der Langsame kann gewinnen, wenn er es schlau anstellt. Neuartig bei diesem Spiel ist die Art der Fortbewegung durch Energieeinheiten, die geschickt eingesetzt und ergänzt werden müssen. Wie bei einem Autorennen das Benzin geben hier Karotten die Kraft, um voranzukommen. Es geht darum, den eigenen Karottenvorrat richtig zu kalkulieren und die Kalkulation der Mitspieler durcheinanderzubringen. Gewonnen hat, wer das Ziel zuerst erreicht und dabei nicht mehr als zehn Karotten übrig hat.

1 Kennt ihr die Geschichte vom Hasen und vom Igel? Erzählt sie und stellt Vermutungen an, warum das oben beschriebene Spiel so heißt.

2 **a** In den markierten Wörtern gibt es verschiedene Schreibweisen des langen i-Lauts. Übertragt die Tabelle in euer Heft und ordnet die Wörter in die passende Spalte ein.

Langes i als *ie*	Langes i nur mit *i*	Langes i als *ih*
Spiel	…	…

b Was fällt euch bei der Anzahl der Wörter in den einzelnen Spalten auf?

3 Ordnet auch die folgenden Spielenamen in die Tabelle aus Aufgabe 2 ein.
Wenn ein Name in mehrere Spalten gehört, unterstreicht den i-Laut, der zu der jeweiligen Zuordnung führt.

Die S ? dler von Catan • T ? gersp ? l • Ch ? na-Schach • K ? bitz • T ? rkampfschach • Pr ? stersp ? l • Mord ist ? r Hobby • S ? ben Leoparden • Lotter ? • M ? r kann keiner! • Emil und die Detekt ? ve

Information **Wörter mit langem i**

- **Wörter mit ie:** Die meisten Wörter mit lang gesprochenem **i** werden mit **ie** geschrieben, z. B.: *der Spieltrieb, sie, viel, siegen.*
  Viele Verben haben die Endung -ieren, z. B.: *informieren, interessieren.*
- **Wörter mit i:** Manchmal wird das lang gesprochene i als einfaches **i** geschrieben, z. B.: *mir, dir, wir, der Igel, der Stil, die Maschine, das Benzin.*
- **Wörter mit ih:** Nur in den Pronomen *ihm, ihn, ihr, ihnen, ihre* steht für den langen i-Laut die Buchstabenfolge **ih.**

Die Schreibung der s-Laute: s, ss oder ß?

1 a Wer findet die meisten Wörter mit **ss?** Spielt zu zweit im Team. Geht so vor:
- Besorgt euch eine Spielfigur, z. B. eine kleine Münze.
- Spieler A springt mit der Figur so von Feld zu Feld, dass sich ein Wort mit **ss** ergibt, z. B. *Wasser.*
- Spieler B schaut genau zu, versucht, das Wort zu erkennen, und schreibt es auf. Wenn das Wort richtig erkannt wurde, darf nun Spieler B ein Wort mit Doppel-s erhüpfen. Wurde das Wort nicht richtig erkannt, ist Spieler A noch einmal an der Reihe.
- Bei jedem Spielzug muss ein neues Wort mit **ss** erhüpft werden.
- Gewonnen hat, wer die meisten Wörter auf seinem Blatt gesammelt hat.

b Kontrolliert die Schreibung der gesammelten Wörter in Zweifelsfällen mit einem Wörterbuch.

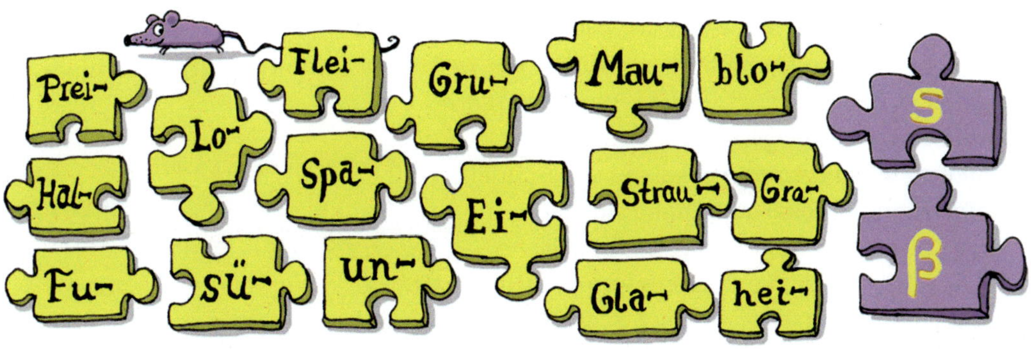

2 Zu jedem Puzzleteil auf der linken Seite passt eines der beiden Puzzleteile auf der rechten Seite. Schreibt die Wörter in euer Heft und ergänzt dabei die richtigen s-Laute: **s** oder **ß.**

Tipp: Die Verlängerungsprobe (▶ Merkkasten S. 264) hilft euch, die richtige Schreibweise zu finden.

Glück mu ? man haben

Beim Glücksspiel entscheidet blo ? das Schicksal, der Zufall, eben das Glück. Alle haben die ? elbe Chance, kein äu ? erer Einflu ? verändert den Lauf der Ereigni ? e. Es gibt keinen Wettbewerb, keinen Kampf, kein Me ? en der Geschicklichkeit. Glücksspieler genie ? en den Reiz absoluter Ungewi ? heit, der kurz vor dem Fallen der Würfel oder dem Ausrollen der Kugel am grö ? ten ist. Au ? erdem locken teilwei ? e unfa ? bar hohe Gewinne. Aber der Prei ? kann zu hoch sein, denn man sollte nicht verge ? en, dass man süchtig nach Spielen werden kann, wenn man das rechte Ma ? verliert.

3 a Schreibt den Text ab und ergänzt die fehlenden s-Laute – s, ss oder ß.
b Tauscht eure Erfahrungen aus: Welche Glücksspiele kennt ihr? Habt ihr schon einmal das Gefühl gehabt, süchtig nach einem bestimmten Spiel zu sein?

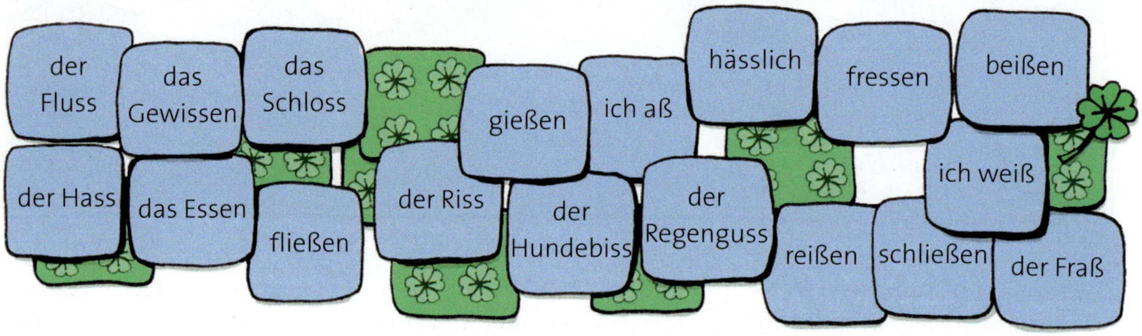

4 a Bei diesem Memory-Spiel gehören immer zwei Kärtchen zusammen, auf denen verwandte Wörter stehen. Findet die Wortpaare und schreibt sie nebeneinander in euer Heft.
b Begründet bei jedem Wortpaar die Schreibung des s-Lauts. Der Merkkasten unten hilft euch.

5 Sucht zu zweit weitere Wörter aus einer Wortfamilie, in denen die Schreibung des s-Lauts wechselt (ss und ß). Bastelt ein Memory-Spiel nach dem obigen Muster, z. B. mit kleinen Papierkärtchen.

Information **Die Schreibung des s-Lautes**

1 Das im Hochdeutschen **stimmhaft** gesprochene **s** (= weicher, gesummter Laut) wird **immer mit einfachem s** geschrieben, z. B.: *die Reise, schmusen, also, seltsam.*

2 Das **stimmlose s** (= harter, gezischter s-Laut) wird
- **nach einem kurzen betonten Vokal** mit **ss** geschrieben, z. B.: *der Fluss, lassen;*
- **nach einem langen Vokal oder Diphthong** (ei, ai, au, äu, eu) mit **ß** geschrieben, wenn es bei der Verlängerungsprobe stimmlos bleibt, z. B.: *heiß* → *heißer; der Kloß* → *die Klöße.*
  Wenn der s-Laut bei **der Verlängerungsprobe stimmhaft** wird (gesummtes s), wird das Wort mit einfachem **s** geschrieben, z. B.: *das Glas* → *die Gläser; uns* → *unser.*

Wechsel bei der Schreibung des s-Lauts: Manche Verben haben in ihren Verbformen einen Wechsel von **ss** und **ß,** z. B.: *lassen – sie ließ – gelassen.* Auch bei verwandten Wörtern können **ss** und **ß** wechseln, z. B.: *fließen – der Fluss.* Auch hier gilt: Nach kurzem Vokal schreibt man **ss,** nach langem Vokal oder Diphthong schreibt man **ß.**

Fordern und fördern – Kurze und lange Vokale, s-Laute

1 a Die folgenden Diktate sind unterschiedlich lang und schwierig.
Entscheidet euch für einen der drei Diktattexte und sucht eine Person, die einen anderen Text gewählt hat. Diktiert euch die ausgewählten Texte als Partnerdiktat.

b Prüft anschließend, ob ihr alle Wörter richtig geschrieben habt. Achtet dabei besonders auf die markierten Wörter.

Diktat I: Kegeln mit Kokosnüssen – Ein Spiel aus dem alten Rom

Man braucht neun kleine Kegel, ein aufstellbares Tor und eine Kokosnuss. Das Tor sollte mindestens doppelt so groß sein wie die Kokosnuss. Zuerst stellt man das Tor auf, dahinter in beliebiger Reihenfolge die Kegel. In ein paar Metern Entfernung wird vor dem Tor eine Startlinie markiert. Jeder hat zwei Versuche, muss die Nuss durch das Tor kullern lassen und versucht dabei, so viele Kegel wie möglich umzustoßen. Pro umgefallenem Kegel gibt es einen Punkt. Gewinner ist, wer die meisten Kegel umgestoßen hat.

82 Wörter

Diktat II: So spielten römische Kinder

Die römische Spielkultur zeichnete sich durch großen Ideenreichtum aus. So waren es auch Gegenstände des Alltags, zum Beispiel Nüsse oder Steine, welche die Römer als Spielzeug nutzten. Nüsse gehörten zu den verbreiteten Nahrungsmitteln, kamen in der Natur vor und konnten leicht beschafft werden. Vor allem bei Kindern standen Spiele mit Nüssen an erster Stelle. Ein römischer Dichter beschreibt die Beliebtheit des Spielens mit folgenden Worten: „Traurig lässt der Knabe die Nüsse liegen, wenn er vom Lehrer wieder in den Unterricht gerufen wird.“ Durch antike Grabfunde weiß man, dass ein Kind, wenn es starb, sogar mit seinem Spielzeug bestattet wurde.

99 Wörter

Diktat III: Spielen mit Nüssen – Kinderspiele im alten Rom

Im alten Rom konnte man die Kinder im Freien oder zu Hause häufig beim Spielen mit Nüssen, Steinchen, Murmeln und kleinen Knöchelchen beobachten. Das Besondere beim Spielen mit Nüssen war das Zurschaustellen der Geschicklichkeit. Mit Nüssen wurden zum Beispiel Pyramiden gebaut und durch einen Nusswurf zerstört, oder es wurden Nüsse aus einiger Entfernung in ein Gefäß geworfen. Stand man an der Schwelle zur Jugend, war das Spielen mit Nüssen verpönt. Dies zeigt die Redewendung „die Nüsse hinter sich lassen“, womit das Ende der Kindheit gemeint war. Als Quellen für das Wissen über die Spiele im alten Rom dienen heute Abbildungen auf Vasen und Wandmalereien. Außerdem geben Schriften römischer Gelehrter Auskunft über die Spiele der Antike. Hinzu kommen Funde von Archäologen, die Spielzubehör in Gräbern entdeckten. Aus diesen Informationen können zu einem Großteil die Regeln der Spiele abgeleitet werden.

138 Wörter

Die Rechtschreibprüfung am Computer nutzen

Rico ist ein guter Erzähler, aber schwach im Rechtschreiben. Herr Wehmeyer, sein Lehrer, macht ihm einen Vorschlag, wie er seine Rechtschreibung spielend verbessern kann.

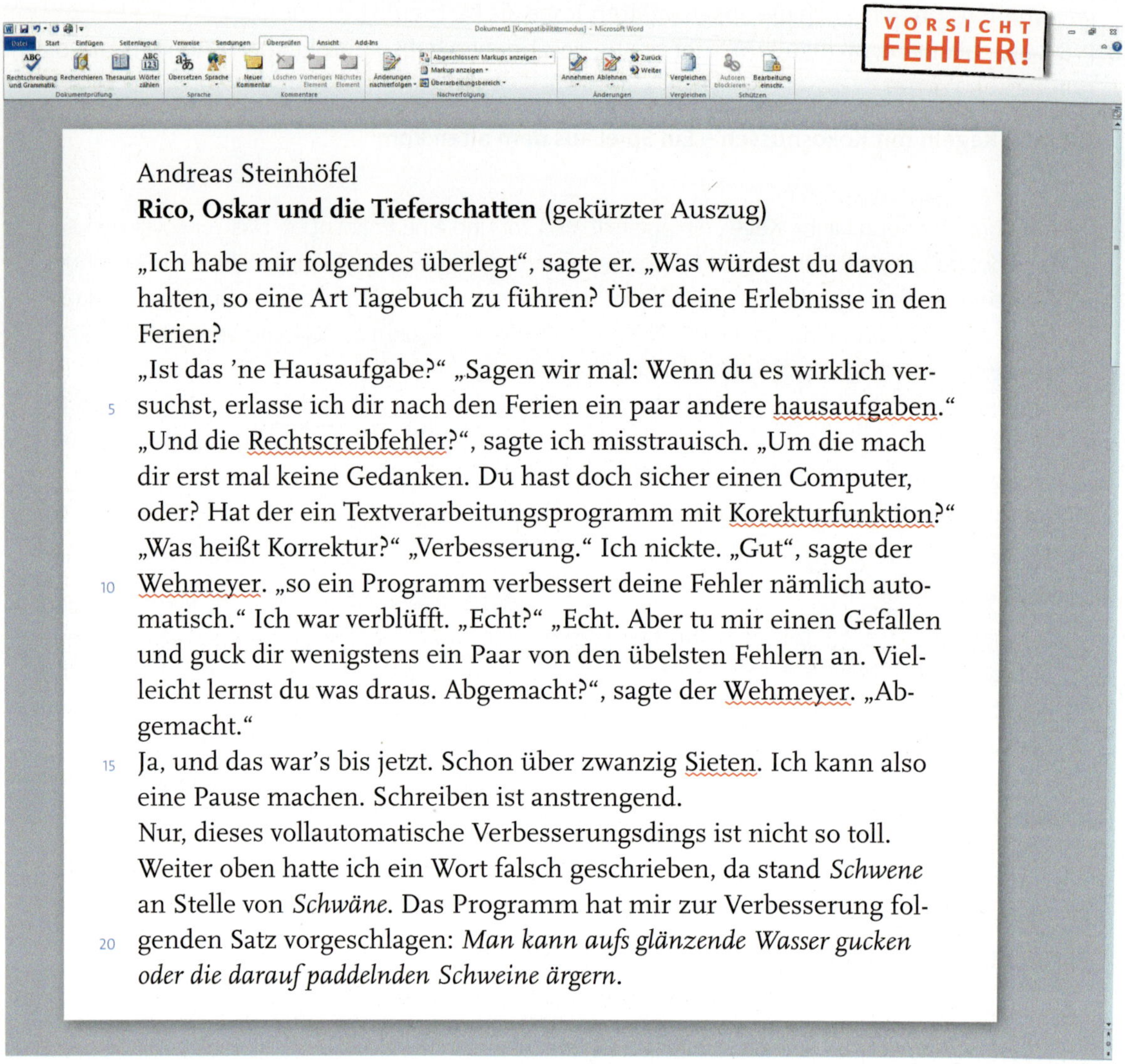

Andreas Steinhöfel

Rico, Oskar und die Tieferschatten (gekürzter Auszug)

„Ich habe mir folgendes überlegt“, sagte er. „Was würdest du davon halten, so eine Art Tagebuch zu führen? Über deine Erlebnisse in den Ferien?

„Ist das 'ne Hausaufgabe?“ „Sagen wir mal: Wenn du es wirklich versuchst, erlasse ich dir nach den Ferien ein paar andere hausaufgaben.“ „Und die Rechtscreibfehler?“, sagte ich misstrauisch. „Um die mach dir erst mal keine Gedanken. Du hast doch sicher einen Computer, oder? Hat der ein Textverarbeitungsprogramm mit Korekturfunktion?“ „Was heißt Korrektur?“ „Verbesserung.“ Ich nickte. „Gut“, sagte der Wehmeyer. „so ein Programm verbessert deine Fehler nämlich automatisch.“ Ich war verblüfft. „Echt?“ „Echt. Aber tu mir einen Gefallen und guck dir wenigstens ein Paar von den übelsten Fehlern an. Vielleicht lernst du was draus. Abgemacht?“, sagte der Wehmeyer. „Abgemacht.“

Ja, und das war's bis jetzt. Schon über zwanzig Sieten. Ich kann also eine Pause machen. Schreiben ist anstrengend.

Nur, dieses vollautomatische Verbesserungsdings ist nicht so toll. Weiter oben hatte ich ein Wort falsch geschrieben, da stand *Schwene* an Stelle von *Schwäne*. Das Programm hat mir zur Verbesserung folgenden Satz vorgeschlagen: *Man kann aufs glänzende Wasser gucken oder die darauf paddelnden Schweine ärgern.*

1 „Nur, dieses vollautomatische Verbesserungsdings ist nicht so toll“, findet Rico. Sprecht über eure eigenen Erfahrungen mit der automatischen Korrekturfunktion eures Textverarbeitungsprogramms.

2 Der Textausschnitt ist vom Verlag noch nicht korrigiert worden. An einigen Stellen meldet das Textverarbeitungsprogramm Fehler, die es rot unterschlängelt.
Überprüft:
- Welche Fehler hat das Programm erkannt? Korrigiert sie.
- Wo meldet das Programm trotz korrekter Schreibung einen Fehler? Woran liegt das?
- Welche Fehler hat die automatische Rechtschreibprüfung nicht gefunden? Warum hat das Programm hier wohl versagt?

Eigentlich wollten sich Rico und Oskar nur zum Spielen treffen, doch dann werden sie in einen spannenden Kriminalfall verwickelt. Frau Doretti, Ricos Mutter, besucht unterdessen ihren kranken Bruder in Süddeutschland. Rico bekommt allmählich Angst und hinterlässt folgenden Brief.

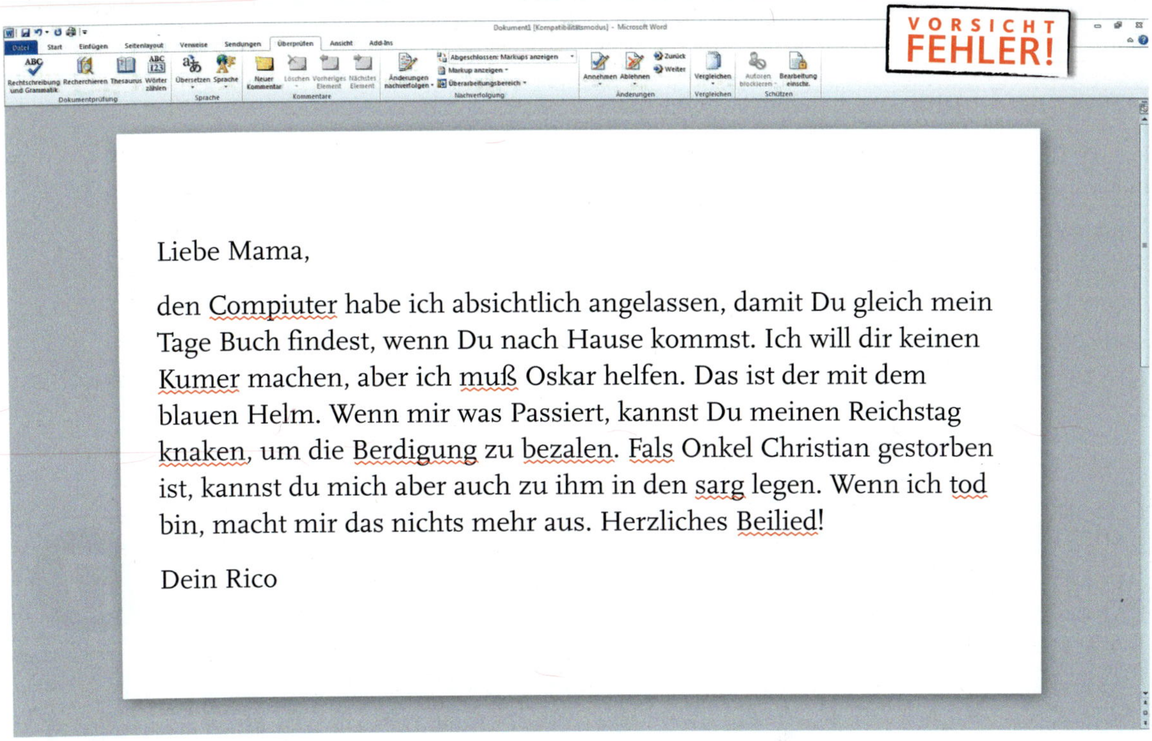

Liebe Mama,

den Compiuter habe ich absichtlich angelassen, damit Du gleich mein Tage Buch findest, wenn Du nach Hause kommst. Ich will dir keinen Kumer machen, aber ich muß Oskar helfen. Das ist der mit dem blauen Helm. Wenn mir was Passiert, kannst Du meinen Reichstag knaken, um die Berdigung zu bezalen. Fals Onkel Christian gestorben ist, kannst du mich aber auch zu ihm in den sarg legen. Wenn ich tod bin, macht mir das nichts mehr aus. Herzliches Beilied!

Dein Rico

3 Ricos Nachricht an seine Mutter ist noch voller Fehler.

a Schreibt den Text am Computer ab und verbessert die Fehler.

b Prüft eure Texte mit Hilfe der Rechtschreibkorrektur eures Textverarbeitungsprogramms. Die Tipps im Merkkasten helfen euch dabei.

c Achtung: Die PC-Rechtschreibprüfung hat zwei Fehler nicht gefunden. Welche Fehler sind das? Falls ihr sie bisher übersehen habt: Sucht sie und korrigiert sie ebenfalls.

Information **Die Rechtschreibprüfung am Computer nutzen**

Die Rechtschreibprüfung am Computer hilft euch, in einem Text falsch geschriebene Wörter zu finden und zu korrigieren. So könnt ihr die Hilfe aktivieren:

- **Klickt** mit der **rechten Maustaste in ein Wort,** das ihr überprüfen wollt. Wenn die Rechtschreibprüfung eure Schreibung für falsch hält, macht sie einen Vorschlag für die richtige Schreibung. Durch Klicken auf diesen Vorschlag könnt ihr ihn in euren Text übernehmen.
- Oder ihr ruft die **Rechtschreibprüfung** über die **Menüzeile** auf, z. B. klickt ihr „Überprüfen" an und wählt dann „Rechtschreibung und Grammatik" aus. Das Programm markiert nun mögliche Rechtschreibfehler rot und mögliche Grammatikfehler grün.

Achtung: Das Programm kann nicht alle Fehler finden und ist nicht immer zuverlässig. Schlagt in Zweifelsfällen in einem Wörterbuch nach. Bei Wörtern, die das Programm nicht kennt (z. B. einige Namen), zeigt es auch Fehler an, die keine sind.

Teste dich!

Rechtschreibung spielend trainieren

Das A-bis-Z-Spiel

Dieses Spiel wird zu zweit gespielt.
Ihr braucht: zwei verschiedenfarbige Spielfiguren, ein Blatt Papier, einen Stift, eine Zehn-Cent-Münze als Würfel (Zahl = einen Schritt vorwärts, Bild = zwei Schritte vorwärts).
Auf dem Spielfeld findet ihr farbige Felder. Für jedes Farbfeld gibt es zwei Aufgaben auf der nächsten Seite (► S. 269). Wer auf ein solches Feld kommt, muss die entsprechende Aufgabe (B 1, G 1 usw.) lösen. Wer die Aufgabe falsch oder gar nicht beantwortet, setzt einmal aus. Wird das gleiche Feld vom zweiten Mitspieler besucht, bekommt er die zweite Aufgabe, z. B.: B 2, G 2 usw. Gewonnen hat, wer als Erster das Ziel erreicht.
Auf den Seiten 336–337 findet ihr die Lösungen. Schlagt nach, ob eure Antworten richtig sind.

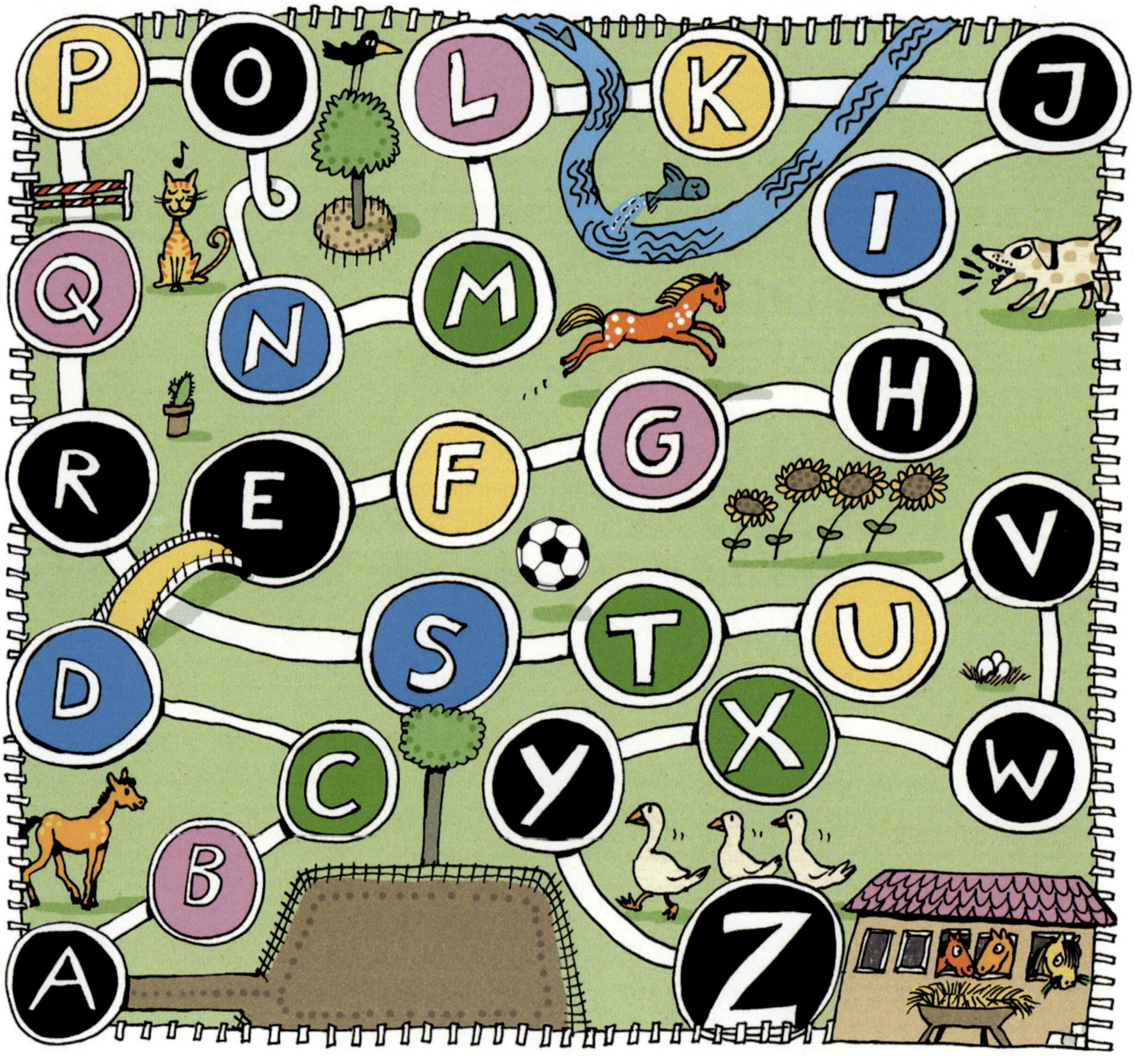

Rosa Felder: Groß- und Kleinschreibung

B 1 Groß oder klein? Schreibe richtig: DER NEUE LÄDT ALLE NEUGIERIGEN ZUM SPIELEN EIN.
B 2 Groß oder klein? Schreibe richtig: DAS FANGEN DES BALLS HAT ETWAS BEGLÜCKENDES.
G 1 Richtig oder falsch? Wird ein Verb im Satz wie ein Substantiv gebraucht, schreibt man es groß.
G 2 Richtig oder falsch? Indefinitpronomen wie *etwas* oder *manches* weisen oft auf ein substantiviertes Adjektiv hin.
L 1 Richtig oder falsch? Nur wenn bei einem Wort ein Substantivsignal steht, schreibt man es groß.
L 2 Richtig oder falsch? Präpositionen, Artikel und Adjektive können Substantivsignale sein.
Q 1 Schreibe richtig: DASHÜPFENAUFEINEMBEINISTETWASZIEMLICHSCHWIERIGES.
Q 2 Schreibe richtig: AMBESTENRECHNETMANBEIMZÄHLENDERPUNKTENOCHEINMALNACH.

Blaue Felder: Kurze Vokale

D 1 Statt verdoppeltem k schreibt man ck: Schreibe hierzu sieben Beispielwörter auf (3 Minuten Zeit).
D 2 Statt verdoppeltem z schreibt man tz: Schreibe hierzu sieben Beispielwörter auf (3 Minuten Zeit).
I 1 Schreibe drei Reimwörter zu dem Wort „platt“ auf (2 Minuten Zeit).
I 2 Schreibe drei Reimwörter zu dem Wort „drinnen“ auf (2 Minuten Zeit).
N 1 Finde die drei Fehler und korrigiere sie: Himel und Hölle ist ein spanendes Wetrennspiel.
N 2 Finde die drei Fehler und korrigiere sie: Bestimte Brettspiele sind in aller Welt bekant und belliebt.
S 1 Bei Fremdwörtern gibt es manchmal auch zz: Richtig oder falsch? Suche ein Beispiel.
S 2 Auch bei Fremdwörtern gibt es niemals kk: Richtig oder falsch? Suche ein Beispiel.

Gelbe Felder: Lange Vokale

F 1 Richtig oder falsch? Die Kombination von i + h gibt es nur in Pronomen wie *ihn, ihr, ihnen.*
F 2 Richtig oder falsch? Zwischen langem Vokal und l, m, n, r steht immer ein h.
K 1 E-I-R-T-S-B-L-P: Bilde aus den Buchstaben vier Wörter mit ie. Schreibe sie auf (2 Minuten Zeit).
K 2 R-E-M-L-A-H-Z-W: Bilde aus den Buchstaben vier Wörter mit langem Vokal + h. Schreibe sie auf (2 Minuten Zeit).
P 1 Der le ? mige Bo ? den kle ? bte an der Schu ? so ? le. → An welchen Stellen fehlt ein h?
P 2 Die kü ? ne Da ? me wurde für i ? ren Mu ? t gerü ? mt. → An welchen Stellen fehlt ein h?
U 1 Schreibe zwei Reimwörter mit einfachem langem Vokal zum Wort „Namen“ auf (2 Minuten Zeit).
U 2 Schreibe zwei Reimwörter mit langem Vokal + h zum Wort „Fohlen“ auf (2 Minuten Zeit).

Grüne Felder: s-Laut

C 1 Schreibe zwei Reimwörter mit ss zu dem Wort „essen“ auf (2 Minuten Zeit).
C 2 Schreibe zwei Reimwörter mit ß zu dem Wort „Fleiß“ auf (2 Minuten Zeit).
M 1 Schreibe ab und ergänze s, ss oder ß: Apfelmus mu ? man hei ? e ? en.
M 2 Schreibe ab und ergänze s, ss oder ß: Aus der Gie ? kanne flo ? Wa ? er.
T 1 Richtig oder falsch? Das stimmhafte s kann mit s oder ß geschrieben werden.
T 2 Richtig oder falsch? Das stimmlose s kann bei Verlängerung zu einem stimmhaften s werden.
X 1 H-R-ß-I-U-F-E-L-G: Bilde aus den Buchstaben drei Wörter mit ß. Schreibe sie auf (3 Minuten Zeit).
X 2 N-S-S-E-L-K-A-F: Bilde aus den Buchstaben drei Wörter mit ss. Schreibe sie auf (3 Minuten Zeit).

14.2 Punkt und Komma – Zeichensetzung üben

Satzzeichen bei der wörtlichen Rede

René Goscinny / Jean-Jacques Sempé

Das Schokolade-Erdbeer-Eis

„Mama, kann ich meine Schulfreunde für morgen Nachmittag zum Spielen einladen?“, habe ich gefragt.

„Nein“, hat Mama geantwortet, „beim letzten Mal, als deine Freunde da waren, mussten zwei Fensterscheiben im Wohnzimmer erneuert und dein Zimmer neu gestrichen werden.“

Ich war ziemlich enttäuscht. Nämlich ist doch wahr! Es macht immer sehr viel Spaß, wenn wir bei einem von uns zu Hause spielen – nur ich darf nie einen zu uns einladen! Es ist immer das Gleiche: Wenn ich es mal lustig haben möchte, dann darf ich nicht. Da habe ich gesagt: „Wenn ich meine Freunde nicht einladen darf, dann halte ich die Luft an!“ Das ist ein Trick, den ich manchmal anwende, wenn ich was durchsetzen will. Nur – das funktioniert jetzt nicht mehr so gut wie früher, als ich noch kleiner war. Und da ist Papa auch schon gekommen und hat gesagt: „Nick! Was soll das Theater?“ Da hab ich wieder Luft geholt und ich habe gesagt, wenn ich meine Freunde nicht einladen darf, dann geh ich weg von zu Hause und dann werdet ihr mich noch vermissen.

„Na gut“, hat Papa gesagt, „du kannst deine Freunde einladen, aber ich sage dir gleich: Wenn sie auch nur einen Gegenstand im Haus kaputt machen, wirst du bestraft. Wenn aber alles gut abläuft, nehme ich dich mit zum Eisessen! Einverstanden?“

„Schokolade-Erdbeer?“, habe ich gefragt. – „Ja“, hat Papa geantwortet. – „Gut, einverstanden!“, habe ich gerufen. Mama ist nicht so einverstanden gewesen, aber Papa hat zu ihr gesagt, ich bin doch schon ein großer Junge und ich kann Verantwortung übernehmen, und Mama hat gesagt, na gut – sie hat Papa gewarnt. Und ich hab Papa und Mama umarmt, weil sie so nett zu mir sind.

Meine Freunde sind alle gekommen: Otto, Georg, Roland, Franz, Max, Chlodwig und Joachim. Sie kommen immer, wenn man sie einlädt, außer wenn ihre Eltern es ihnen verbieten, aber das kommt nicht so oft vor. Nämlich die Eltern freuen sich immer, wenn die Freunde woanders eingeladen sind.

„Wir spielen im Garten“, hab ich zu ihnen gesagt. „Wir dürfen nicht ins Haus rein, denn wenn ihr ins Haus kommt, sind nachher alle Sachen kaputt!“ Und ich habe ihnen die Sache mit dem Schokolade-Erdbeer-Eis erklärt.

1 Kennt ihr den kleinen Nick? Erzählt Geschichten von ihm, die ihr aus Büchern, Filmen oder aus dem Fernsehen kennt.

2 a Untersucht die wörtliche Rede in der Geschichte. Erklärt dann, wie die Anführungszeichen und Kommas bei der wörtlichen Rede gesetzt werden.

b Findet für die folgenden drei Fälle jeweils zwei Beispiele aus dem Text und schreibt sie auf: Der Redebegleitsatz steht vor, nach oder zwischen der wörtlichen Rede.

3 Gestaltet in Partnerarbeit die markierte Textstelle (▶ S. 270, Z. 33–39) zu einem Dialog aus. Achtet auf die richtige Zeichensetzung bei der wörtlichen Rede. Die Informationen im Merkkasten unten helfen euch.

4 Die folgenden Zitate stammen aus der Fortsetzung der Geschichte vom kleinen Nick. Schreibt sie ab und setzt dabei die richtigen Satzzeichen bei der wörtlichen Rede.

VORSICHT FEHLER!

– Gut hat Georg gesagt wir können Verstecken spielen. Ihr habt ja einen Baum im Garten.
– Sollen wir Murmeln spielen? hat Franz gefragt.
– Aber wir wollen nicht mehr im Garten spielen hat Max gerufen.
– Mama hat gesagt Nick, geh mit deinen Freunden rauf in dein Zimmer – und denk daran, was Papa dir gesagt hat!
– Na hör mal hat Otto geschrien das ist ja wohl ein starkes Stück!
– Hört zu, Leute hab ich gesagt ihr seid doch alle prima Kumpel! Wenn ihr keinen Quatsch macht, versprech ich euch was.
– Da hat Max gerufen Es regnet nicht mehr, wir können nach Hause!

5 a Stellt Vermutungen an, wie die Geschichte weitergeht. Welche Hinweise geben euch die Zitate aus der Geschichte (▶ Aufgabe 4)?

b Wenn ihr wissen wollt, ob der kleine Nick sein Schokolade-Erdbeer-Eis bekommen hat, könnt ihr euch das Buch „Der kleine Nick erlebt eine Überraschung" besorgen. Dann könnt ihr die Geschichte in der Klasse gemeinsam zu Ende lesen.

Information **Zeichensetzung bei der wörtlichen Rede**

Die wörtliche Rede steht in einem Text in Anführungszeichen. Die Satzzeichen ändern sich, je nachdem, ob der Redebegleitsatz vor, nach oder zwischen der wörtlichen Rede steht.

- Der **Redebegleitsatz vor der wörtlichen Rede** wird durch einen Doppelpunkt von der wörtlichen Rede abgetrennt, z. B.: *Ich fragte: „Sollen wir Fußball spielen?"*
- Der **Redebegleitsatz nach der wörtlichen Rede** wird durch ein Komma von der wörtlichen Rede abgetrennt, z. B.: *„Moment, ich hole schnell den Ball", rief Jana.*
- Der **Redebegleitsatz zwischen der wörtlichen Rede** wird durch Kommas von der wörtlichen Rede abgetrennt, z. B.: *„Ach nein", ruft Max, „dazu habe ich heute keine Lust."*

Das Komma bei Aufzählungen

Erste Hilfe bei Langeweile

Klar: lesen, malen oder fernsehen geht immer. Manchmal habt ihr jedoch auch dazu keine Lust und könnt noch eine Idee gebrauchen. Wie wär's damit:

- Eine Murmelbahn bauen aus verschiedenen Papprollen oder Staubsaugerrohren, Dosen, Schüsseln und was sonst noch zu finden ist.
- Aus alten Illustrierten oder Zeitungen Bilder ausschneiden und zu komischen Collagen auf ein großes Blatt kleben. Große Fotos von Gesichtern mit wasserfesten Filzstiften verzieren. Zum Beispiel mit ausgefallenen Schnurrbärten, langen Wimpern, roten Wangen …
- Aus Dosen, Eimern, Kartons und Schüsseln ein Schlagzeug aufbauen, zwei Kochlöffel verkehrt herum in die Hand nehmen und loslegen.

1 Begründet mit Hilfe der Regeln im Merkkasten unten die Kommasetzung in den markierten Aufzählungen.

2 Schreibt die folgenden Sätze ab. Markiert die Aufzählungen und setzt Kommas an den richtigen Stellen.

- Ihr könnt eine Modenschau mit alten oder neuen Kleidern Gürteln Schuhen Hüten und Kopftüchern veranstalten.
- Für ganz besondere Musik könnt ihr leere Gläser zusammensuchen unterschiedlich hoch mit Wasser füllen und ein Gläserkonzert damit aufführen.
- Aus Kissen Decken und Tüchern lässt sich ein gemütliches Spielhaus bauen: Nehmt etwas Nasch- Hör- sowie Lesevorrat mit und macht die Tür zu!
- Aus einer großen Pappe kann man einen Bildschirm ausschneiden und ein eigenes Fernsehprogramm machen: Nachrichten Talkshow mit Stofftieren Kochsendung praktische Tipps für die Hausaufgaben Interview mit einer Zahnbürste …

3 Was macht ihr, wenn es euch langweilig ist? Formuliert vollständige Sätze, in denen ihr eure Ideen aufzählt. Tauscht anschließend eure Hefte aus und kontrolliert die Kommasetzung.

Information **Das Komma bei Aufzählungen**

Wörter und Wortgruppen in Aufzählungen werden **durch Kommas abgetrennt,** z. B.:
Mit Wolle, Garn, Stoffen, Perlen kann man immer etwas anfangen.
Dies gilt auch, wenn das Wort oder die Wortgruppe durch einschränkende Konjunktionen wie *aber, jedoch, sondern, doch* eingeleitet wird, z. B.:
Langeweile ist unschön, aber kein unlösbares Problem.
Achtung: Kein Komma steht vor den nebenordnenden Konjunktionen *und, oder, sowie, entweder … oder, sowohl … als auch,* z. B.: *Zum Fußballspielen wünscht sich Niklas neue Turnschuhe und ein Trikot. Hier gibt es sowohl Sportkleidung als auch Sportgeräte.*

Das Komma bei der Anrede und bei Ausrufen

VORSICHT FEHLER!

Kommando Zirkus

Pembe will ihrer Klasse das Spiel „Kommando Zirkus“ vorstellen. Sie hat eine Trommel besorgt und die Kommandos für das Spiel bekannt gegeben. Jetzt kann es losgehen.

> Kommandos:
> **Popcorn!** – Alle hüpfen auf der Stelle.
> **Publikum!** – sich setzen und applaudieren
> **Kasse!** – sich hinter dem Spielleiter anstellen usw.

Pembe gibt Anweisungen:
Hört mal zu Leute! Räumt bitte die Möbel zur Seite Jungs. Willst du Spielleiterin sein Shkipe? Dann schlägst du die Trommel. Okay! Jetzt geht alle durch den Raum. Ach Frau Seidel machen Sie doch auch mit! Shkipe hör mal mit dem Trommeln auf und ruf „Kommando Kasse“! Oh je du warst zu langsam Lars. He du hast dich nicht hinten angestellt Leonie. Ihr müsst bis zum nächsten Kommando weitermachen ihr beiden.

1 a Da Pembe aufgeregt ist, spricht sie schnell und ohne Luft zu holen. Lest ihre Anweisungen laut und langsam vor. Macht dort Pausen, wo es für das Verständnis der Sätze hilfreich ist.
b Übertragt den Text in euer Heft und ergänzt die fehlenden Kommas. Orientiert euch an den Sprechpausen, die ihr beim Lesen gemacht habt, und am Merkkasten unten auf der Seite.

Das Komma bei Appositionen

Frau Seidel berichtet im Lehrerzimmer:

„Pembe, ?, hat heute das Spiel „Kommando Zirkus“ eingeführt. Den Raum, ?, haben einige Jungs, ?, ganz schnell zum Spielfeld umfunktioniert. Herr Lehmann, ?, hat den Kindern eine Trommel ausgeliehen. Selbst ich, ?, hatte großen Spaß.“

2 a Schreibt Frau Seidels Bericht ab und ergänzt ihn durch die Beifügungen rechts. Achtet auf die Kommasetzung bei Appositionen (▶ Merkkasten).
b Fügt an weiteren Stellen im Text Appositionen ein und trennt sie durch Kommas ab.

> ein ganz normales Klassenzimmer •
> sonst lauter Rabauken •
> eine eher zurückhaltende Schülerin •
> der neue Sportlehrer •
> ein richtiger Spielemuffel

Information **Das Komma bei der Anrede, bei Ausrufen und bei Appositionen**

Kommas gliedern Sätze und machen sie so leichter verständlich. Sie stehen bei
- **Anreden,** z. B.: *Anna, fang an! Hört mir mal zu, Leute!*
- **Ausrufen,** z. B.: *Oh je, das tut mir leid! Ach, was für ein Glück!*
- **Appositionen,** d. h. nachgestellten näheren Bestimmungen im gleichen Kasus, z. B.: *Pembe, eine Schülerin der 6 b, erklärt heute ihrer Klasse das Spiel „Kommando Zirkus“.*

Das Komma in Satzreihen und Satzgefügen

VORSICHT FEHLER!

Rätsel

- Paul spielt ein Instrument er trainiert auch beim Fußballklub.
- Felicia spielt kein Instrument und sie macht keinen Sport.
- Alev spielt nicht Klavier sondern sie spielt Geige.
- Welches Kind spielt Klavier welches Kind spielt Theater und welches Kind spielt Fußball?

1 Kombiniert die Aussagen und löst das Rätsel.

2 In den Sätzen fehlen die Kommas bei den Satzreihen (Hauptsatz + Hauptsatz).
- **a** Lest die Sätze mit Sprechpausen. Überlegt, an welchen Stellen Kommas zu setzen sind.
- **b** Überprüft eure Überlegungen anhand der Regeln im Merkkasten auf Seite 275.
- **c** Schreibt die Sätze ab und setzt dabei die fehlenden Kommas.
- **d** In den obigen Sätzen kann man an zwei Stellen ein Komma setzen, muss aber nicht. Erklärt, warum.

Das Fußballspiel

VORSICHT FEHLER!

Am ersten Wochenende im Juni versammeln wir uns auf dem Sportplatz und spielen Fußball. Eltern gegen Kinder. Eigentlich sind es eher Jungs gegen Papas weil wir nur drei Mädchen in der Mannschaft sind. Alle stürmen nachdem der Schiedsrichter das Spiel angepfiffen hat drauflos. Die Zuschauer drängen sich an die Spielfeldlinie und feuern uns an. Ich freue mich riesig dass mein Vater bei der Elternmannschaft dabei ist. Als er nach nur wenigen Minuten drei Tore geschossen hat zeigt ihm der Schiedsrichter die Gelbe Karte. „Du kennst die Regeln", zischt er Papa zu. „Ihr spielt bis die Kinder gewonnen haben. Wenn du so weitermachst werden wir nie fertig."

3 In dem Text fehlen die Kommas bei den Satzgefügen (Hauptsatz + Nebensatz).
- **a** Schreibt den Text ab und setzt dabei die fehlenden Kommas.
- **b** Unterstreicht die Hauptsätze rot und die Nebensätze grün. Umkreist dann die Konjunktionen, mit denen die Nebensätze eingeleitet werden.

4 In Satzgefügen kann der Nebensatz vor, zwischen oder nach dem Hauptsatz stehen.
Sucht hierfür jeweils einen Beispielsatz aus dem Text heraus. Zeichnet zu diesen drei Sätzen jeweils einen Satzbauplan.
Tipp: Wenn ihr nicht mehr wisst, wie Satzbaupläne aussehen, schaut auf Seite 245 nach.

5 Sollen Erwachsene Kinder beim Spielen gewinnen lassen? Formuliert eure Meinung und stützt sie durch Argumente. Achtet auf die Kommasetzung in euren Texten.

Astrid Lindgren

Pippi Langstrumpf

Pippi ist allein in die Villa Kunterbunt eingezogen. Eines Tages kommen zwei Polizisten, um sie in ein Kinderheim zu bringen. Aber Pippi denkt nicht daran, sich einfangen und wegbringen zu lassen.

Ehe der Polizist sich's versah hatte Pippi einen Sprung auf das Verandageländer gemacht. Mit ein paar Sätzen war sie oben auf dem Balkon der über der Veranda war. Die Polizisten liefen ins Haus und in das obere Stockwerk hinauf. Aber als sie auf den Balkon kamen war Pippi schon halb auf dem Dach. Sie kletterte so, als ob sie ein Affe wäre. Im Nu stand sie auf dem Dachfirst und sprang schnell auf den Schornstein. Unten auf dem Balkon standen die beiden Polizisten und rauften sich die Haare. Nachdem die Polizisten eine Weile überlegt hatten gingen sie eine Leiter holen die sie gegen den Hausgiebel lehnten. Und nun kletterten sie hinauf. Doch sie sahen etwas ängstlich aus als sie auf dem Dachfirst ankamen und auf Pippi zubalancierten.

1 Sicher kennt ihr diese Geschichte von Pippi Langstrumpf. Erzählt, wie sie weitergeht.

2
- **a** Schreibt den Text ab und ergänzt die fehlenden Kommas.
- **b** Unterstreicht die Hauptsätze rot und die Nebensätze grün.
- **c** Der Text enthält zwei Relativsätze. Findet sie in Partnerarbeit. Kennzeichnet dann mit einem Pfeil, auf welches Substantiv sich der Relativsatz bezieht.
- **d** Umkreist die Relativpronomen und die Konjunktionen, mit denen die Nebensätze eingeleitet werden.

Information **Das Komma in Satzreihen und Satzgefügen**

1 Die Kommasetzung in der Satzreihe (Hauptsatz + Hauptsatz)

Ein Satz, der aus zwei oder mehr Hauptsätzen besteht, wird **Satzreihe** genannt.

- Die einzelnen Hauptsätze einer Satzreihe werden durch ein **Komma** voneinander getrennt, z. B.: *Der Nachmittag ist lang, die Langeweile ist groß, die Freunde sind alle unterwegs.* *Jasmin würde gerne in ihrem Krimi lesen, aber sie muss noch Hausaufgaben machen.*
- Nur vor den Konjunktionen *und* bzw. *oder* darf das Komma entfallen, z. B.: *Jonas trifft sich heute mit Jan(,) und sie gehen ins Kino.* *Mathilda geht heute zu Beata(,) oder sie fährt mit ihrer Mutter in die Stadt.*

2 Die Kommasetzung im Satzgefüge (Hauptsatz + Nebensatz)

Einen **Satz,** der **aus** mindestens einem **Hauptsatz und** mindestens einem **Nebensatz** besteht, nennt man **Satzgefüge.** Der Nebensatz kann vor, zwischen oder nach dem Hauptsatz stehen. Zwischen Hauptsatz und Nebensatz muss **immer ein Komma** stehen, z. B.:
Erwachsene haben meistens keine Gewinnchance, wenn sie mit Kindern Memory spielen.
Weil sie dann leicht die Lust verlieren, sollten die Kinder sie ruhig mal gewinnen lassen.
Das Gedächtnis, das bei diesem Spiel trainiert wird, funktioniert bei Kindern einfach besser.

Fordern und fördern – Zeichensetzung

Timo Parvela

Im Bus auf Klassenfahrt

VORSICHT FEHLER!

1 Timo dachte sich ein spannendes Spiel aus und das ging so:
2 Wenn wir an einem Traktor vorbeifuhren musste man auf einen der roten Knöpfe über den Sitzen oben an der Decke des Busses drücken.
3 Am Anfang entdeckte keiner einen Traktor weil wir ja noch in der Stadt waren.
4 Außerhalb der Stadt gab es auch keine Traktoren da war ewig nur Wald.
5 Und als der Wald zu Ende war kam eine andere Stadt in der es auch keine Traktoren gab.
6 Die sind heute vielleicht still, sagte die Frau des Lehrers.
7 Abwarten, sagte der Lehrer.
8 Und genau da kamen wir an einer Traktorfabrik vorbei.
9 Das war toll.
10 Aber hinterher ärgerten wir uns weil der Lehrer uns das Spiel nicht weiterspielen lassen wollte obwohl es gerade so schön begonnen hatte.
11 Der Nächste, der auf einen Notknopf drückt, kann den Rest der Strecke zu Fuß gehen, drohte der Lehrer.
12 Kennt ihr das Spiel, bei dem man immer ganz laut Muh brüllen muss, wenn man eine Kuh sieht?, fragte Timo.
13 Diesmal hatten wir Riesenglück weil wir gleich darauf an einem Rindermarkt vorbeikamen.

1 Erklärt, welches Spiel die Kinder auf dieser Busfahrt spielen.

●○○ 2 In den Sätzen 6, 7, 11 und 12 gibt es wörtliche Rede, aber es fehlen die Anführungszeichen. Schreibt diese Sätze vollständig ab und setzt die Anführungszeichen bei der wörtlichen Rede (► Zeichensetzung bei der wörtlichen Rede, S. 271).

●●○ 3 In den Sätzen 4 und 13 findet ihr ein Beispiel für eine Satzreihe und für ein Satzgefüge.
- **a** Schreibt die Sätze in euer Heft und setzt dabei die fehlenden Kommas.
- **b** Zeichnet zu jedem Satz einen Satzbauplan (► Satzbaupläne, Seite 245).

●●● 4
- **a** Schreibt die Sätze 1, 2 und 10 in euer Heft und setzt dabei die fehlenden Kommas.
- **b** Zeichnet zu jedem Satz einen Satzbauplan (► Satzbaupläne, Seite 245).

●●● 5 „Das war toll", heißt es in Satz 9. Erläutert diesen Satz, indem ihr drei Sätze mit den Konjunktionen „denn", „weil" und „aber" bildet. Denkt an die Kommasetzung.

Das war toll, weil …

denn • weil • aber

Teste dich!

Zeichensetzung

Timo Parvela

Das Krippenspiel

„Fürchtet euch nicht, denn ich verkünde euch eine große Freude!“, sagte Hanna in ihrem Engelskostüm. Sie sah unseren Lehrer in der ersten Reihe fragend an und er nickte.

Der Saal war voll mit Vätern, **1** Müttern, Brüdern, Schwestern, Omas, Opas, Paten und anderen Angehörigen. Der Lehrer lächelte das erste Mal seit Wochen. Die Hirten standen fromm neben ihren Schafen und schauten verwundert auf die Engel. Das heißt, Mika schaute nicht verwundert, **2** weil er sie gar nicht sah mit seinem verrutschten Hut. „Geht nach Bethlehem und das soll euch als Zeichen dienen. Ihr werdet ein Kind finden, in Windeln gepickelt“, rief der Engel freudig. Im Publikum hörte man ein nervöses Kichern, **3** aber es verstummte, als Hannas Mutter Hannas Vater mit dem Ellbogen anstieß. Der Lehrer machte die Augen zu und Mika versuchte, unter dem Hut vorzuspicken, aber er schaffte es nicht. Von da an konzentrierte er sich wie bei der Probe darauf, den Umhang vor sich im Blick zu behalten. Als die Hirten sich dann auf den Weg nach Bethlehem machten, **4** wunderte sich das Publikum ein bisschen, dass einer von ihnen einem Engel hinter die Bühne folgte. Mika hatte in der Aufregung wohl den falschen Umhang erwischt. „Wir sind gekommen, uns vor dem Kind zu verneigen“, sagte einer der Hirten, **5** die den richtigen Weg genommen hatten. „Wehe, du lachst, du Uhu, dann reiß ich dir die Flügel aus!“, **6** hörte man Mikas weinerliche Stimme von irgendwo hinter den Kulissen.

Kurz darauf kam auch der verirrte Hirte schniefend in Bethlehem an. Er verbeugte sich vor dem Jesuskind und schlug dabei mit seinem Hirtenstab die Stern-von-Bethlehem-Lampe in tausend Stücke. Es gab erst ein lautes Krachen, **7** dann ein Klirren und dann war es still. Josef, die anderen Hirten und ich erstarrten, das Publikum hielt die Luft an und der Lehrer hatte wieder die Augen geöffnet, um zu sehen, woher das schreckliche Geräusch gekommen war.

„Ich hab's gewusst“, kreischte Mika. Dann schubste er vor Wut ein Schaf von der Bühne und rannte heulend hinter die Kulissen. Alle warteten gespannt, was als Nächstes passieren würde.

1 Ordne jedem nummerierten Komma die passende Regel zu, nach der dort ein Komma gesetzt werden muss, z. B.: *1 = S, 2 =* ... Ergeben die Buchstaben ein Lösungswort?

Kommaregeln:

E Das Komma trennt einen Hauptsatz vom folgenden Nebensatz in einem Satzgefüge.
R Das Komma trennt einen Nebensatz vom folgenden Hauptsatz in einem Satzgefüge.
T Das Komma trennt zwei gleichartige Wortgruppen in einer Aufzählung.
H Das Komma trennt zwei Hauptsätze, die mit „aber“ verbunden sind.
U Das Komma trennt die wörtliche Rede vom Redebegleitsatz.
S Das Komma trennt einzelne Wörter in einer Aufzählung.
G Das Komma trennt einen Relativsatz vom vorangegangenen Hauptsatz.

14.3 Fit in ... – Richtig schreiben

Mit diesem Kapitel könnt ihr testen, wie fit ihr bereits in der Groß- und Kleinschreibung seid und wie sicher ihr die Zeichensetzung beherrscht. Ihr geht so vor:

1 **Textüberarbeitung:** Zuerst überarbeitet ihr zwei Fehlertexte.
2 **Fehlerschwerpunkte finden:** Danach wertet ihr euer Ergebnis aus und stellt fest, in welchen Bereichen ihr noch Probleme habt.
3 **Training an Stationen:** Auf den Seiten 281–286 übt ihr wie bei einem Zirkeltraining gezielt die Bereiche der Rechtschreibung, die für euch noch schwierig sind.

Langeweile (1)

VORSICHT FEHLER!

1 manche tage sind einfach zum langweilen gemacht.
2 zum beispiel regentage verbringt man am besten im warmen und wartet, bis es etwas gutes zu essen gibt.
3 an sonntagen ohne ausflug ins grüne hilft nur konsequentes liegenbleiben im bett.
4 ferientage, an denen alle freunde im urlaub sind, bieten sich bei gutem wetter zum dösen in der sonne an.
5 gerade an solchen tagen kommt meistens auch nichts sehenswertes im fernsehen.
6 es besteht dann noch die hoffnung, dass sich etwas lesenswertes im regal findet.
7 am glücklichsten ist man aber, wenn doch noch jemand zum quatschen oder spielen auftaucht.

Langeweile (2)

VORSICHT FEHLER!

1 Mir ist so langweilig jammert Clara.
2 Was soll ich machen? fragt sie.
3 Ich hab gar keine Lust zu spielen seufzt Clara.
4 Papa antwortet Schau mal in dein Zimmer da gibt es Bücher Puzzles Malsachen CDs und tausend andere Sachen.
5 Aber auf die Sachen die es da gibt habe ich keine Lust.
6 Dann triff dich mit deinen Freundinnen wenn sie Zeit haben.
7 Ich weiß genau dass sie heute alle etwas anderes vorhaben.
8 Du kannst mir beim Aufräumen Putzen und Kochen helfen.
9 Gerade fällt mir ein dass ich doch total viel Lust zum Puzzeln habe.

1 a Schreibt den Text „Langeweile (1)“ in der richtigen Groß- und Kleinschreibung in euer Heft.
b Unterstreicht in eurem Text die substantivierten Verben blau und substantivierte Adjektive grün.
c Umkreist bei den substantivierten Verben und Adjektiven die Substantivsignale.

2 Schreibt den Text „Langeweile (2)“ ab. Setzt dabei alle fehlenden Satzzeichen. Achtet auf
– die Zeichensetzung bei der wörtlichen Rede (Anführungszeichen, Doppelpunkt, Komma),
– die Kommasetzung in Satzreihen, Satzgefügen und Aufzählungen.

Die eigenen Fehlerschwerpunkte finden

1 Überprüft in Partnerarbeit die Rechtschreibung in euren Texten „Langeweile (1)“ und „Langeweile (2)“. Geht so vor: Vergleicht eure Texte Wort für Wort und Satzzeichen für Satzzeichen mit den Lösungen auf Seite 337. Markiert alle Fehler, die ihr gemacht habt.

2 Findet eure Fehlerschwerpunkte. Geht so vor:

a Alle Fehler, die ihr gemacht habt, markiert ihr auf einer Kopie des folgenden Fehlerbogens.

b Zählt, wie viele Fehler ihr in jedem Kästchen gemacht habt. Tragt eure Fehlerzahl in die mittlere Spalte ein.

c In der rechten Spalte der Tabelle mit dem Namen „Trainingsstationen“ seht ihr, bei welchen Stationen ihr üben solltet. Markiert diese Stationen und die entsprechenden Seitenzahlen und schreibt sie dann auf ein Blatt Papier. Dieses Blatt ist euer Trainingsplan.

3 Übt eure Rechtschreibung an euren Trainingsstationen.

Fehlerbogen

Fehlerschwerpunkte	Fehlerzahl	Trainingsstationen
Text: Langeweile (1)		
Großschreibung von Substantiven Tage, Beispiel, Regentage, Sonntagen, Ausflug, Bett, Ferientage, Freunde, Urlaub, Wetter, Sonne, Tagen, Fernsehen, Hoffnung, Regal		Mehr als drei Fehler gemacht: ▶ Training an der Station 1, S. 281–282 ▶ Hilfen im Buch, S. 254
Großschreibung von substantivierten Verben und Adjektiven **substantivierte Verben** (+ Substantivsignale) zum Langweilen, zum Essen, konsequentes Liegenbleiben, zum Dösen, zum Quatschen oder Spielen **substantivierte Adjektive** (+ Substantivsignale) im Warmen, etwas Gutes, ins Grüne, nichts Sehenswertes, etwas Lesenswertes		Mehr als zwei Fehler gemacht: ▶ Training an der Station 2, S. 282–283 ▶ Hilfen im Buch, S. 255–257
Kleinschreibung von Adjektiven (im Superlativ mit *am*) am besten, am glücklichsten; weitere Adjektive, die großgeschrieben wurden ...		Ab einem Fehler: ▶ Training an der Station 3, S. 283 ▶ Hilfen im Buch, S. 257

Fehlerschwerpunkte	Fehlerzahl	Trainingsstationen
Text: Langeweile (2)		
Zeichensetzung bei der wörtlichen Rede **1** „Mir ist so langweilig“, jammert Clara. **2** „Was soll ich machen?“, fragt sie. **3** „Ich hab gar keine Lust zu spielen“, seufzt Clara. **4** Papa antwortet: „Schau mal in dein Zimmer, da gibt es […] andere Sachen.“ **5** „Aber auf die […] keine Lust.“ **6** „Dann triff […] Zeit haben.“ **7** „Ich weiß genau […] vorhaben.“ **8** „Du kannst […] helfen.“ **9** „Gerade fällt […] habe.“ Statt der Punkte am Satzende in 1 und 3 ist auch ein Ausrufezeichen korrekt.		Mehr als drei Fehler gemacht: ► Training an der Station 4, S. 284 ► Hilfen im Buch, S. 271
Kommasetzung bei Aufzählungen **4** […] da gibt es Bücher, Puzzles, Malsachen, CDs und tausend andere Sachen.“ **8** „Du kannst mir beim Aufräumen, Putzen und Kochen helfen.“		Mehr als einen Fehler gemacht: ► Training an der Station 5, S. 285 ► Hilfen im Buch, S. 272
Kommasetzung in Satzreihen und Satzgefügen **4** Papa antwortet: „Schau mal in dein Zimmer, da […].“ **5** „Aber auf die Sachen, die es da gibt, habe ich keine Lust.“ **6** „Dann triff dich mit deinen Freundinnen, wenn sie Zeit haben.“ **7** „Ich weiß genau, dass sie heute alle etwas anderes vorhaben.“ **9** „Gerade fällt mir ein, dass ich doch total viel Lust zum Puzzeln habe.“		Mehr als einen Fehler gemacht: ► Training an der Station 6, S. 286 ► Hilfen im Buch, S. 275
Andere Fehler:		Sprecht mit eurer Lehrkraft über diese Fehler. Sie gibt euch Tipps und Übungen für diese Fehlerbereiche.
Fehler insgesamt:		

Keine oder nur ganz wenige Fehler gemacht?
Bearbeitet an den Stationen 1 bis 6 (► S. 281–286) die Aufgaben „Für Experten“.

Training an Stationen

Station 1: Großschreibung von Substantiven

1 Hier findet ihr die Substantive (mit ihren Begleitern) aus dem Text „Langeweile (1)“.

manche Tage • zum Beispiel • Regentage • an Sonntagen • ohne Ausflug • im Bett • Ferientage • alle Freunde • im Urlaub • (bei) gutem Wetter • in der Sonne • (an) solchen Tagen • im Fernsehen • die Hoffnung • im Regal

Nicht immer haben Substantive einen Substantivbegleiter. Macht die Probe: Wenn ihr einen Substantivbegleiter (z. B. Artikel, Adjektiv) ergänzen könnt, schreibt ihr groß, z. B.: *Ich esse (den/einen) Kuchen.*

a Übertragt die Tabelle in euer Heft.

b Ordnet die Substantive nach ihren Begleitwörtern in die Tabelle ein. Die Substantive „Regentage“ und „Ferientage“ ergänzt ihr um einen Artikel und ordnet sie dann in die Tabelle ein (▶ Hilfen im Buch S. 254–255).

Substantivbegleiter (Substantivsignale)			
Artikel	**Präposition (+ Artikel)**	**Pronomen oder Zahlwort**	**Adjektiv**
…	…	– *manche Tage*	…

2 Sucht alle Substantive aus der folgenden Wortkette heraus und ordnet sie nach ihren Begleitwörtern in eure Tabelle ein. Ergänzt ein mögliches Begleitwort bei den Substantiven, bei denen ihr kein Substantivsignal findet.

3 a Für Experten: Findet im folgenden Text die sechs Fehler bei der Groß- und Kleinschreibung und schreibt die Fehlerwörter richtig in euer Heft. Substantive, substantivierte Verben und substantivierte Adjektive schreibt ihr mit ihren Begleitwörtern auf.

b Begründet bei jedem Fehlerwort, warum Groß- oder Kleinschreibung hier richtig ist.

VORSICHT FEHLER!

Spielfelder selbst entwerfen

Bei Hüpfspielen müsst ihr oft in vorgezeichnete Kästchen springen. Auf festem, Asphaltiertem Boden verwendet ihr zum aufzeichnen der Felder am Besten Kreide. Habt ihr keine Kreide zur Hand, malt ihr die Spielfelder mit einem weichen Stein auf den Asphalt. Auf Sand- oder waldböden könnt ihr mit stöcken Linien in den weichen Untergrund ziehen. Und wenn ihr auf einer Wiese spielen wollt, legt ihr einfach felder aus Stöcken oder Steinen auf den Boden.

Station 2: Großschreibung von substantivierten Verben und Adjektiven

1 a Formuliert vollständige Spielregeln. Verwendet dazu die Verben in den Klammern in substantivierter Form, z. B.:
Beim Aufdecken von zwei gleichen Kärtchen darf man das Pärchen an sich nehmen.
(► Hilfen im Buch, S. 255)

Macht die Probe: Wenn ihr einen Substantivbegleiter (z. B. einen Artikel, eine Präposition) ergänzen könnt, schreibt ihr groß, z. B.: *(das) Spielen, (beim) Spielen.*

b Unterstreicht in euren Sätzen die substantivierten Verben mit ihren Begleitern.

- (zwei gleiche Kärtchen aufdecken) darf man das Pärchen an sich nehmen.
- (Spielsteine vertauschen) ist nicht gestattet.
- (Spielkarten verstecken) ist strengstens verboten.
- (eine Spielfigur überspringen) ist bei diesem Spiel nicht erlaubt.
- (eine Karte ziehen) sollte ihr Bild nicht zu sehen sein.
- (einen Joker legen) darf man sich etwas wünschen.
- (das Zielfeld erreichen) ist die passende Augenzahl nötig.

2 a Groß oder klein? Schreibt die markierten Wörter in der richtigen Schreibweise in euer Heft. Sortiert die Substantivierungen dabei in zwei Listen: substantivierte Verben – substantivierte Adjektive.

b Unterstreicht in euren Listen die Substantivbegleiter.

Sonntagnachmittag

Beim SPIELEN am Sonntagnachmittag passiert eigentlich immer etwas LUSTIGES. Schon beim AUSWÄHLEN des Spiels gibt es ein lautes LACHEN, wenn Papa mal wieder nichts BESSERES einfällt, als ein Loblied auf sein geliebtes Doppelkopfspiel anzustimmen. Wenn er dann beim VERTEILEN der Karten den KÜRZEREN gezogen hat, erzählt er allerlei

UNSINNIGES, um von seinem Spielpech abzulenken. Wenn Mama beim ABLEGEN ihrer Karten über das ganze Gesicht zu GRINSEN anfängt, verheißt das für uns nichts GUTES. Wir versuchen dann zwar noch alles MÖGLICHE, um ihr GEWINNEN zu verhindern, aber meistens ist da nichts MEHR zu machen. Zum Glück gibt es an diesen Nachmittagen immer auch etwas SÜßES zum KNABBERN – so ein Stückchen Schokolade kann etwas SEHR TRÖSTLICHES sein.

3 a Für Experten: Überlegt, warum die unterstrichenen Adjektive in den folgenden Sätzen trotz Begleiter kleingeschrieben werden müssen.
Tipp: Prüft, ob ihr ein Substantiv ergänzen könnt, auf das sich das Adjektiv bezieht.

- Die teuersten Fußballschuhe sind nicht immer die besten.
- Große Sporthallen gefallen mir besser als die kleinen.
- Die ruhigsten Trainer sind oft die erfolgreichsten.

b Schreibt die Sätze in euer Heft und ergänzt dabei das „fehlende" Substantiv hinter dem unterstrichenen Adjektiv.

Station 3: Kleinschreibung von Adjektiven bei Superlativ mit „am"

1 Vergleicht die Merkmale und Eigenschaften der drei Kinder miteinander. Verwendet hierfür die Adjektive aus der Tabelle, z. B.: *Luise ist groß. Clemens ist größer. Clara ist am größten.*
(▶ Hilfen im Buch, S. 257)

	Größe (groß)	Alter (jung)	Gewonnen (häufig)	Punktzahl (hoch)	Verlieren können (schlecht)
Luise	134 cm	10	3 x	23	☹
Clemens	146 cm	11	6 x	56	☹☹☹
Clara	150 cm	12	5 x	49	☹☹

2 Für Experten: Entscheidet, wie die Wörter in Großbuchstaben geschrieben werden müssen, und schreibt die Sätze in euer Heft.

Diese Probe hilft: Wenn *am* beim Superlativ steht, kann man es nicht in *an dem* auflösen.

- Am SCHÖNSTEN ist es, gemeinsam mit seinen Freunden zu spielen.
- Am NACHMITTAG haben wir hierfür Zeit.
- Das BESTE ist, wenn jeder mal gewinnt.
- Am CLEVERSTEN ist es, in allen Situationen ein „Pokerface" zu bewahren.
- Am CLEVERSTEN in der Spielrunde sollte man sich ein Beispiel nehmen.

Station 4: Zeichensetzung bei der wörtlichen Rede

- Wiebke sagt zu Thomas: „Du spielst mit Lilli Gitarre."
- Anja sagt zu Pauline und Julius: „Ihr geht nach draußen."
- Johannes sagt zu Elena: „Du gewinnst dieses Spiel."
- Peter sagt zu Mathilda und Carla: „Das räumt ihr wieder auf."

1 Stellt den Redebegleitsatz hinter die wörtliche Rede. Formuliert dann die wörtliche Rede zu einer Aufforderung, danach zu einer Frage um. Achtet auf die richtige Zeichensetzung und verwendet treffende Verben für „sagen" und „fragen" (▶ Hilfen im Buch, S. 271), z. B.:

- *„Du spielst mit Lilli Gitarre", sagt Wiebke zu Thomas. (Redebegleitsatz hinter der wörtlichen Rede)*
- *„Spiel mit Lilli Gitarre!", fordert Wiebke Thomas auf. (wörtliche Rede als Aufforderung)*
- *„Spielst du mit Lilli Gitarre?", fragt Wiebke Thomas. (wörtliche Rede als Frage)*

Astrid Lindgren

Pippi soll ins Kinderheim

A „Ich habe schon einen Platz im Kinderheim", sagte Pippi. „Was sagst du? Ist das schon geregelt?", fragte der eine Polizist. „Wo ist das Kinderheim?" „Hier", sagte Pippi stolz. „Ich bin ein Kind und das hier ist mein Heim. Also ist es ein Kinderheim." „Liebes Kind", sagte der Polizist und lachte, „das verstehst du nicht. Du musst in ein richtiges Kinderheim."

B „Kann man in eurem Kinderheim Pferde haben?", fragte Pippi. „Nein! Natürlich nicht!", sagte der Polizist. „Das habe ich mir gedacht", sagte Pippi düster. „Aber Affen?" „Natürlich nicht! Das musst du doch verstehen." „Ja", sagte Pippi, „dann müsst ihr euch von anderswoher Kinder für euer Kinderheim besorgen."

2 a Sucht euch einen Lernpartner oder eine Lernpartnerin, der/die ebenfalls an der Station 4 trainiert.
b Diktiert euch gegenseitig jeweils einen Abschnitt des Textes (A und B), ohne die Satzzeichen zu nennen. Setzt die Satzzeichen beim Schreiben selbstständig.
c Kontrolliert gegenseitig die Zeichensetzung in euren Texten. Vergleicht dazu eure Diktate mit der Vorlage im Buch. Markiert und berichtigt die Fehler.

3 a Für Experten: Erklärt den Unterschied, der sich durch die Zeichensetzung ergibt:
- „Er hat gepfuscht!", sagte ein Mitspieler, als er vom Tisch aufstand.
- „Er hat gepfuscht", sagte ein Mitspieler, „als er vom Tisch aufstand."

b Gebt den folgenden Sätzen zwei unterschiedliche Bedeutungen, indem ihr unterschiedliche Satzzeichen bei der wörtlichen Rede setzt.
- Die sind gerade gegangen rufen Michael und Hans als die Runde zu Ende war.
- Robin las das Buch sagte Jens sehr langsam.
- Susanne ist die Beste bemerkt Moni die immer gewinnt.

Station 5: Kommasetzung bei Aufzählungen

VORSICHT FEHLER!

Kofferpacken

Ich packe eine Zahnbürste in den Koffer. – Ich packe eine Zahnbürste **1** und eine Taschenlampe in den Koffer. – Ich packe eine Zahnbürste **2**, eine Taschenlampe **3**, und mein Kuscheltier in den Koffer. – Ich packe eine Zahnbürste, eine Taschenlampe **4** mein Kuscheltier und ein Buch in den Koffer. – Ich packe eine Zahnbürste, eine Taschenlampe **5**, ein Kuscheltier, ein Buch **6** sowie einen Schlafanzug **7** oder ein Nachthemd in den Koffer. Ich packe eine Zahnbürste, eine Taschenlampe, mein Kuscheltier in den Koffer **8**, das Buch wieder aus **9** dann noch einen Schlafanzug hinein.

1 Kontrolliert, ob bei den mit Ziffern versehenen Aufzählungen die Kommasetzung stimmt. Ordnet alle Ziffern einem der folgenden Punkte zu (▶ Hilfen im Buch, Seite 272):
- *richtig gesetztes Komma: Nr. ...*
- *falsch gesetztes Komma: Nr. ...*
- *fehlendes Komma: Nr. ...*
- *kein Komma: Nr. ...*

VORSICHT FEHLER!

Gruselzimmer

Das bereiten die Kinder für die Erwachsenen vor:

1 Ihr hängt Lappen oder Decken auf spannt Fäden quer durchs Zimmer verteilt Stolperkissen auf dem Boden haltet Heul- Quietsch- oder Rasselinstrumente sowie genügend Taschenlampen bereit.

2 Nun werden die Erwachsenen in den stockdunklen Raum gelassen machen sich auf den Weg durch das Gruselzimmer werden plötzlich von Gespenstern angeleuchtet und angefasst oder spüren einen nassen Waschlappen im Gesicht. Aber lasst sie wieder heil herauskommen!

2 Schreibt die Sätze 1 und 2 ab und setzt dabei die fehlenden Kommas bei den Aufzählungen.

3 **a** Für Experten: Übertragt die Tabelle in euer Heft und ordnet die Konjunktionen richtig ein.
b Übertragt die beiden Regeln in euer Heft und ergänzt sie.
c Formuliert zu jeder Konjunktion einen Beispielsatz entsprechend den Regeln.

aber • und • entweder ... oder • jedoch • sowie • sondern • sowohl ... als auch • doch • oder

Nebenordnende Konjunktionen	Einschränkende Konjunktionen
und, ... *Regel: In Aufzählungen steht vor nebenordnenden Konjunktionen ... (ein/kein) Komma.*	*...* *Regel: In Aufzählungen steht vor entgegenstellenden Konjunktionen ... (ein/kein) Komma.*

Station 6: Kommasetzung im Satzgefüge

1 Welcher Satz passt zu welchem Satzbauplan? Schreibt das Ergebnis in euer Heft, z. B.: *1* = …
(► Hilfen im Buch, S. 275)

A —— HS ——, —— NS ——.
B —— NS ——, —— HS ——.
C —— HS ——, —— NS ——, — Fortsetzung HS —.
D —— HS ——, —— NS ——, —— NS ——.

1 Weil in der Schule lustige Sachen passieren, gehen Ella und ihre Freunde gerne dorthin.
2 Besonders lustig war es, als ihnen der Lehrer und die Direktorin vormachen wollten, wie Sackhüpfen geht.
3 Die Direktorin hätte gewonnen, wenn da nicht die Gießkanne gewesen wäre.
4 Diese Gießkanne, die ihren Sieg verhinderte, hatte sie selbst auf dem Schulhof abgestellt.

Timo Parvela

Ella – Unser Lehrer als Bestimmer

Unser Lehrer war die ganze Woche gut gelaunt weil er die Direktorin vertreten durfte. Am Montag bestimmte er dass wir ihn „Herr Direktor“ nennen sollten. Am Dienstag bestimmte er dass wir uns vor ihm verbeugen und mit der Stirn die Knie berühren sollten wann immer er an uns vorüberging. Am Mittwoch bestimmte er dass die Köchin ihm sein Essen so auf dem Teller anrichten musste dass die Fischstäbchen und der Kartoffelbrei sich nicht berührten. Am Donnerstag bestimmte er dass der Hausmeister kommen und ihm die Tasche aus dem Klassenzimmer ins Lehrerzimmer tragen musste. Am Freitag hatte er dann den Verdacht dass die anderen Lehrer an der Schule einen Aufstand gegen ihn planten. Der Lehrer hatte uns gerade zu seiner Leibgarde bestimmt als die richtige Direktorin zurückkam. Schnell nahm der Lehrer die Krone aus Goldpapier vom Kopf die er seit dem Morgen trug.

2 a Schreibt den Text ab und setzt dabei die fehlenden Kommas.
b Unterstreicht die Hauptsätze rot und die Nebensätze grün. Umkreist die Konjunktionen und die Relativpronomen, mit denen die Nebensätze eingeleitet werden.

3 a Für Experten: Bestimmt bei jedem Satz, ob es sich um eine Satzreihe oder um ein Satzgefüge handelt, z. B.: *A* = …
b Begründet bei jedem Satz die Kommasetzung.

A Manche Spiele sind sehr alt, sie wurden schon von euren Großeltern gespielt.
B Manche Spiele sind sehr alt, sodass sie schon von euren Großeltern gespielt wurden.
C Manche Spiele sind sehr alt und sie wurden schon von euren Großeltern gespielt.

15 Lernen lernen – Leicht gemacht

1 Auf der Abbildung seht ihr Schüler und Schülerinnen während einer Klassenarbeit. Beschreibt, was in den einzelnen Mädchen und Jungen vorgehen könnte.

2 **a** Berichtet von euren eigenen Gefühlen vor und während einer Klassenarbeit.
b Notiert, was euch bisher bei der Vorbereitung von Klassenarbeiten gut geholfen hat.
c Tauscht eure Ergebnisse aus, zuerst in Partnerarbeit, dann in der Klasse.

In diesem Kapitel ...

- erhaltet ihr Tipps, wie ihr euch erfolgreich auf Klassenarbeiten vorbereiten könnt,
- lernt ihr, in Lexika und im Internet gezielt nach Informationen zu suchen,
- erfahrt ihr, wie ihr eine Buchvorstellung vorbereiten und durchführen könnt.

15.1 Gut geplant ist halb gewonnen – Klassenarbeiten vorbereiten

Die Vorbereitung einer Klassenarbeit organisieren

Clara schreibt in einer Woche eine Deutscharbeit über Fabeln. Obwohl manche ihrer Freunde sagen, für Deutscharbeiten könne man sowieso nichts lernen, hat Clara sich einen Lernplan gemacht.

Tag	Inhalt	Zeit
Mi.	Überlegen, was in der Klassenarbeit vorkommen könnte. Was kann ich schon, was muss ich noch üben?	5 Min.
Do.	Lernmaterial durchsehen, einen Zeitplan erstellen	15 Min.
Fr.	Lernstoff in Portionen aufteilen	10 Min.
Sa./So.	frei	
Mo.	Die im Unterricht behandelten Fabeln noch einmal lesen (Portion 1)	15 Min.
Di.	– Alle Fabelmerkmale lernen und auf die behandelten Fabeln beziehen (Portionen 2 und 3) – Fabeltiere und ihre Eigenschaften wiederholen (Portion 4) – Lehren von Fabeln wiederholen (Portion 5) – Selbst eine Fabel schreiben (Portion 6)	2 Std.
Mi.	1. Stunde: Deutscharbeit	

1 Schaut euch Claras Lernplan genau an. Überlegt, was gelungen ist und was noch verbessert werden sollte. Folgende Fragen helfen euch dabei:
- Sind die Arbeitsschritte grundsätzlich sinnvoll?
- Hat Clara den Lernstoff gleichmäßig auf die zur Verfügung stehenden Tage verteilt?
- Hat sie sinnvolle Pausen eingeplant?
- Überzeugt die Zeitplanung in der rechten Spalte?

2 a Überarbeitet Claras Lernplan.
b Vergleicht eure Ergebnisse und diskutiert unterschiedliche Lösungen.
c Überlegt, in welchen Lernphasen Clara mit einem Lernpartner zusammenarbeiten könnte.

3 Stellt für Clara eine Liste mit Tipps zusammen, die ihr bei der Vorbereitung von Klassenarbeiten helfen können.

Zur Arbeit gehören Pausen

1 a Seht euch das Schaubild genau an.
b Gebt die darin dargestellte Aussage in Worten wieder.

2 a Sprecht darüber, ob ihr die Aussage des Schaubilds aus eigener Erfahrung bestätigen könnt.
b Welche Schlussfolgerungen über das Verhältnis von Lerndauer und gelerntem Stoff könnt ihr aus der Grafik und aus euren eigenen Erfahrungen ziehen?

3 Diskutiert darüber, welche Bedeutung Pausen beim Lernen haben.

Methode **Sich auf eine Klassenarbeit vorbereiten**

Folgende Tipps helfen euch beim Vorbereiten einer Klassenarbeit:

- Lernt kontinuierlich und nicht nur kurz vor einer Klassenarbeit.
- Fangt rechtzeitig mit der gezielten Vorbereitung auf die Klassenarbeit an.
- Informiert euch genau über das Thema der Arbeit und überlegt, was ihr dafür lernen müsst.
- Erstellt einen Lernplan. Seht darin auch Pausen vor.
- Teilt den Lernstoff in übersichtliche Portionen ein.
- Tragt für jeden Tag die zur Verfügung stehende Lernzeit und den Lernstoff ein.
- Schreibt zur Übung zu Hause eine Arbeit unter Bedingungen wie in der Schule: unter Zeitdruck und ohne Hilfen.

Lernen mit Hilfe von „Spickzetteln“

1 **a** Stellt euch vor, dass ihr demnächst eine Klassenarbeit schreibt, in der es unter anderem um adverbiale Bestimmungen geht. Schreibt zur Vorbereitung der Klassenarbeit alles auf, was ihr über adverbiale Bestimmungen wisst.

b Vergleicht eure Ergebnisse mit einem Lernpartner und ergänzt eure eigenen Stichworte.

c Besprecht eure Ergebnisse in der Klasse.

d Erstellt einen Zettel, auf dem ihr nur das Wichtigste zum Thema zusammenfasst.

Adverbiale Bestimmungen
- *Adverbiale Bestimmungen sind Satzglieder.*
- *Man benötigt sie, um ...*
- *Man unterscheidet folgende Formen:*
  - *adverbiale Bestimmung der Zeit (Wann? ...)*
  - *...*

2 Überarbeitet euren „Spickzettel“ noch einmal anhand der Hinweise im Merkkasten.

3 Erstellt einen weiteren „Spickzettel“, auf dem ihr die Unterscheidung von adverbialer Bestimmung und Attribut (► S. 237–240) sowie von adverbialer Bestimmung und Präpositionalobjekt (► S. 233) deutlich macht.

Methode **Lernen mit Hilfe von „Spickzetteln“**

Ein guter „Spickzettel“ enthält die wichtigsten Punkte des Lernstoffs in knapper und übersichtlicher Form.
Obwohl der „Spickzettel“ während der Klassenarbeit nicht verwendet werden darf, ist er eine gute Hilfe bei der Vorbereitung einer Arbeit:
- Indem man das Wichtigste knapp und genau zusammenfasst, klärt man, ob man den Lernstoff wirklich verstanden hat.
- Eine kurze und übersichtliche Zusammenfassung der wichtigsten Punkte ist die ideale Gedächtnisstütze für eine Wiederholung kurz vor der Arbeit.

Erstellen eines „Spickzettels“

1. Schritt: Ihr schreibt den gesamten Lernstoff in Stichworten auf und prägt ihn euch ein.
2. Schritt: Ihr wählt aus euren Stichworten die wichtigsten aus.
3. Schritt: Ihr kürzt euren Spickzettel so, dass er sehr übersichtlich wird und möglichst auf eine Karteikarte passt. Ihr könnt auch Zeichnungen und Symbole verwenden.

Arbeitstechniken zum Rechtschreibtraining

In der Klasse 6e wird bald ein Diktat geschrieben. Benno holt noch einmal sein letztes Übungsdiktat hervor, um sich seine Fehler anzuschauen:

VORSICHT
FEHLER!

Spiele im alten Rom

Die Kinder im alten Rom kannten viele Spiele. Für die meisten davon benötigte man nichts besonderes – ein paar Bohnen, Nüsse oder kleine Steine genügten.

Ein beliebtes Spiel war das „ludus deltae". Dafür wurde ein Dreieck auf den Boden gemalt, dass man mit wagerechten Linien in zehn Felder unterteilte. Das kleinste Feld an der Spitze des Dreiecks erhielt den Wert 10, das unterste, dem Spieler zugewandte Feld den Wert 1. Aus einer Entfernung von zwei bis drei Metern wurden Steine, Nüsse oder andere kleine Gegenstände geworfen. Gespielt wurden fünf Runden. Wer sich beim werfen am Geschicktesten anstellte, erhielt am Schluß die meisten Punkte und gewann das Spiel.

1 a Lest euch Bennos Text genau durch. Übertragt die Fehlerstellen berichtigt in eine Tabelle nach folgendem Muster. Unterstreicht die berichtigten Buchstaben.

Fehlerstelle	Rechtschreibtipp oder -regel
nichts Besonderes	…
…	…

b Ergänzt in der Tabelle zu jeder Fehlerstelle einen Rechtschreibtipp oder eine Rechtschreibregel, die Benno helfen könnte, in Zukunft gleich die richtige Schreibweise zu finden.

2 Bereitet für Benno eine Rückmeldung zu seinem Diktattext vor: Was muss er noch üben und was klappt schon gut?

3 a Lasst euch von einem Lernpartner einen geeigneten Text diktieren.
b Korrigiert eure Texte gegenseitig.
c Formuliert zu euren Fehlerstellen passende Rechtschreibtipps oder -regeln.
d Prüft, wo eure Fehlerschwerpunkte liegen und wo ihr deshalb noch üben müsst.

Die Rechtschreibkartei

1 Ähnlich wie im Fremdsprachenunterricht könnt ihr Wörter, die ihr oft falsch schreibt, mit Hilfe einer Rechtschreibkartei üben. Geht so vor:

a Schreibt das Wort, bei dem ihr häufig Fehler macht, in richtiger Schreibung auf eine Karteikarte. Manchmal müsst ihr die Umgebung des Fehlerworts beachten.

b Markiert die Stelle, an der ihr einen Fehler gemacht habt.

c Überlegt, welche Rechtschreibregel oder welcher Rechtschreibtipp (verwandte Wörter suchen, Wörter verlängern ...) hilft, die richtige Schreibung zu finden. Notiert die Regel oder den Tipp ebenfalls auf der Karteikarte.
Ihr könnt z. B. auch verwandte Wörter aufschreiben oder bei Verben Personalformen notieren.

nichts Besonderes
Substantivierung
Als Substantiv gebrauchte Adjektive oder Verben schreibt man groß.
Signalwörter für Substantivierung sind z. B.: nichts, etwas, viel ...

2 So nutzt ihr die Rechtschreibkartei zum Üben:

a Sortiert alle Karteikarten zunächst in das erste Fach.

b Zum Üben nehmt ihr zehn Karten aus dem ersten Fach.

c Lest das Fehlerwort oder die Fehlerstelle und prägt sie euch in der richtigen Schreibung ein. Schreibt sie dann aus dem Gedächtnis auf.

d Überprüft die Richtigkeit mit Hilfe der Karteikarte. Wenn die Schreibung korrekt ist, legt ihr die Karte in das zweite Fach, andernfalls legt ihr sie noch einmal in das erste Fach.

e Ins dritte Fach kommen alle Karten, bei denen ihr auch beim zweiten Üben alles richtig schreibt.

Partnerarbeit mit der Rechtschreibkartei
Die Rechtschreibkartei eignet sich gut zum gemeinsamen Üben: Ihr könnt euch die Wörter oder lustige Sätze mit diesen Wörtern gegenseitig diktieren.

15.2 Gewusst wo! – Informationen recherchieren

Innerhalb einer Fächer verbindenden Unterrichtseinheit „Ernährung“ (▶ Kapitel 10, S. 171 ff.) hat die Klasse 6 e den Auftrag bekommen, sich darüber zu informieren, was Vegetarier sind. Die Eingabe des Suchbegriffs in eine Internet-Suchmaschine erscheint zunächst praktisch, aber unter über 500 000 Einträgen den geeigneten zu finden, ist nicht einfach.
Das Jugendlexikon bietet eine Alternative.

Leitwort *Stichwort*

V. CHR. 650

Venedig: Der Boots- und Gondelverkehr in der Stadt spielt sich besonders auf dem Canal Grande ab.

v. Chr., Abkürzung für vor Christus (vor Christi Geburt).

Vegetarier [Pl.], Menschen, die sich ausschließlich von pflanzlicher Kost ernähren. Weniger strenge Vegetarier nehmen auch Milch und Eier zu sich.

Vegetation [die], die Gesamtheit der in einem bestimmten Gebiet vorkommenden Pflanzengesellschaften.

■ **Veilchen** [Pl.], eine weltweit verbreitete Gattung der Veilchengewächse. Bei uns heimisch sind *Märzveilchen, Waldveilchen* und *Hundsveilchen.*

Velázquez [vɛ'laθkeθ], Diego Rodriguez de Silva, * 1599, † 1660; spanischer Maler. Velázquez schuf als Hofmaler der spanischen Könige viele Porträts von Mitgliedern der königlichen Familie, malte aber auch Szenen aus dem Leben des Volkes. Bedeutende Werke sind u. a. »Philipp IV. von Spanien«, »Die Hofdamen«, »Die Übergabe von Breda«.

■ **Venedig,** eine Stadt in Italien, an der Adriaküste, 318 000 Einwohner. Venedig liegt auf etwa 120 Inseln, die durch circa 400 Brücken verbunden sind. Die Altstadt ist von zahlreichen Kanälen durchzogen, auf denen Gondeln und Motorboote verkehren. Mittelpunkt der auf Pfählen erbauten Stadt ist der Markusplatz mit dem Markusdom aus dem 9. Jh., dem Dogenpalast und dem 99 m hohen Campanile. Venedig besitzt zahlreiche Kunstdenkmäler. Durch Luft- und Wasserverschmutzungen sowie durch Überflutungen ist die Altstadt stark gefährdet.

Venen [Pl.], Blutadern, die zum Herzen hinführen. Sie stehen unter geringerem Druck als die → Arterien und pulsieren auch nicht. Venen transportieren im Allgemeinen verbrauchtes, mit Kohlendioxid beladenes Blut. Nur die Lungenvenen führen arterielles, sauerstoffreiches Blut.

Venezuela, Staat in Südamerika

1 a Erläutert anhand des oben abgebildeten Ausschnitts den Aufbau der Lexikonseite.
b Erklärt, wo ihr folgende Angaben finden könnt: Artikel des Stichworts, Numerus, Aussprache, Verweis auf ein anderes Stichwort.

2 Oft tauchen in Lexikoneinträgen Abkürzungen auf. Schlagt das Inhaltsverzeichnis eines Lexikons auf und notiert, was die folgenden Abkürzungen bedeuten.

Abk. = *Abkürzung*	ca. = …	s. = …	v. a. = …
allg. = …	Jh. = …	u. a. = …	z. B. = …
bzw. = …	Mio. = …	usw. = …	z. T. = …

3 Vergleicht den Lexikonartikel zum Stichwort „Vegetarier“ auf Seite 293 mit dem folgenden Eintrag aus einem Online-Lexikon.
Beschreibt, wie sich die beiden Texte voneinander unterscheiden.
Achtet neben dem Umfang der Texte auch auf Inhalt, Sprache und Verweise.

Vegetarismus

Als **Vegetarismus** wird eine Ernährungsweise des Menschen bezeichnet, bei der der Verzehr von Fleisch und Fisch bewusst vermieden wird. Einige Formen des Vegetarismus schließen auch Nahrungsmittel aus, die von Tieren produziert werden – beispielsweise Eier, Milchprodukte oder Honig.
Für einen Teil der Vegetarier ist die vegetarische Küche eine ihnen zusagende Ernährungsweise. Andere fassen Vegetarismus als alternative Lebensweise auf, machen daraus ein weltanschauliches Konzept und Programm oder bauen ihn in ein solches ein. Dabei geht es meist um ein gesteigertes Gesundheitsstreben oder um ethische Ideale. Der Anteil der Vegetarier liegt in der westlichen Welt typischerweise im einstelligen Prozentbereich. In Indien schätzt man, dass etwa 40 % der dortigen Bevölkerung vegetarisch leben.

4 Tragt zusammen, welche Vorteile und welche Nachteile das Nachschlagen in einem Jugendlexikon gegenüber der Verwendung eines Online-Lexikons hat.

Im Internet mit Suchmaschinen nach Informationen suchen

1 Einige der hier abgebildeten Logos (► S. 199) und Schriftzüge sind euch wahrscheinlich schon einmal auf dem Bildschirm begegnet. Erläutert, für was sie stehen und welche Funktionen sich hinter ihnen verbergen.

2 Berichtet über eure Erfahrungen bei der Informationsrecherche im Internet: Wie geht ihr vor? Welche Suchmaschinen verwendet ihr?

3 Für Kinder und Jugendliche gibt es spezielle Suchmaschinen, z. B. www.fragfinn.de oder www.blinde-kuh.de. Beschreibt die rechts abgebildete Seite:
- Wie lautet der Suchbegriff?
- Wo wird er eingegeben?
- Wo werden die Treffer angezeigt?

4 Recherchiert im Internet zum Thema „Tafelläden“. Nehmt hierbei die Informationen aus dem Merkkasten unten auf der Seite zu Hilfe. Geht so vor:

a Überlegt, was euch besonders interessiert, und notiert geeignete Suchbegriffe, z. B.:
- *Tafel* und *Name eures Wohnortes*
- *Tafel* und *Idee*

...

b Ruft im Internet eine Suchmaschine auf und gebt in das Eingabefeld eure Suchbegriffe ein.

c Wertet eure Suchergebnisse aus. Welche Seiten liefern brauchbare Informationen?

5 Tauscht euch über eure Erfahrungen bei der Internetrecherche aus. Diskutiert mögliche Gründe, wenn ihr mit dem Suchergebnis nicht zufrieden seid.

6 Sucht eine andere Organisation, die sich mit dem Thema Ernährung auseinandersetzt (z. B. Foodwatch), und recherchiert hierzu im Internet.

Methode **Im Internet recherchieren**

Suchmaschinen verwendet man, um im Internet gezielt nach Informationen zu suchen, z. B.: www.google.de; www.yahoo.de; www.bing.de. Für Jugendliche gibt es spezielle Suchmaschinen, wie z. B. www.blinde-kuh.de; www.fragfinn.de; www.helles-koepfchen.de.

Um tatsächlich fündig zu werden, müsst ihr euch geeignete Suchbegriffe überlegen. Es gibt verschiedene Möglichkeiten:
- Eingabe eines Suchbegriffs, z. B.: *Tafel:* Internetseiten, die dieses Wort enthalten, werden angezeigt.
- Eingabe mehrerer Suchbegriffe, z. B. *Tafel* und *Heidelberg:* Die Suche beschränkt sich auf die Seiten, die beide Begriffe enthalten.
- Eingabe eines Themas oder eines Namens in Anführungszeichen, z. B. *„Brot für die Welt“:* Der genaue Wortlaut oder der vollständige Name werden gesucht.

15.3 Eine Lesekiste gestalten – Bücher anschaulich vorstellen

Eine Buchvorstellung vorbereiten

Bei einem Bibliotheksbesuch haben sich alle Jungen und Mädchen der 6c ein Buch ausgewählt, das sie lesen und der Klasse vorstellen wollen. Dabei dürfen sie auch im Team arbeiten.

1 a Stellt zusammen, welche Möglichkeiten der Buchvorstellung ihr bereits kennt:
- *einen Kurzvortrag über das Buch halten,*
- ...

b Vergleicht die unterschiedlichen Möglichkeiten, die ihr in Aufgabe a genannt habt: Was ist das Besondere der jeweiligen Methode? Denkt dabei auch an die Perspektive des Publikums.

2 Welche Informationen müssen in jeder Buchvorstellung vorkommen?
Übertragt die Checkliste rechts in euer Heft und ergänzt sie.

Checkliste Buchvorstellung
- *Titel, Autor, ...*
- *wichtige Figuren, ...*
- ...
- ...
- *Leseprobe*

3 Yan und Katrin sind begeisterte Leser und haben schon oft Bücher vorgestellt. Dieses Mal wollen sie im Team eine neue Methode ausprobieren: die Buchvorstellung mit der Lesekiste.

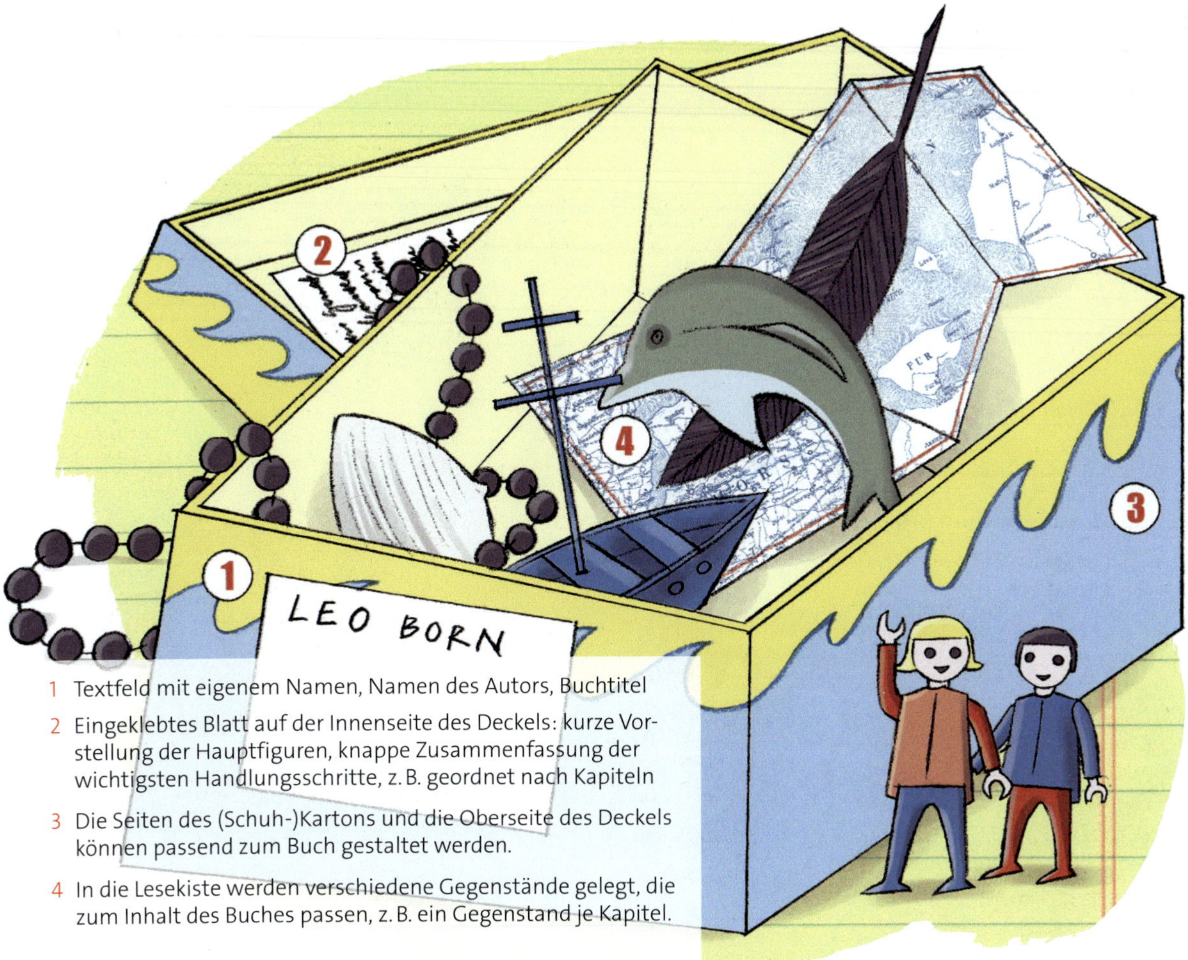

1 Textfeld mit eigenem Namen, Namen des Autors, Buchtitel
2 Eingeklebtes Blatt auf der Innenseite des Deckels: kurze Vorstellung der Hauptfiguren, knappe Zusammenfassung der wichtigsten Handlungsschritte, z. B. geordnet nach Kapiteln
3 Die Seiten des (Schuh-)Kartons und die Oberseite des Deckels können passend zum Buch gestaltet werden.
4 In die Lesekiste werden verschiedene Gegenstände gelegt, die zum Inhalt des Buches passen, z. B. ein Gegenstand je Kapitel.

a Betrachtet die Illustration und erklärt, was eine Lesekiste ist.
b Überlegt, wozu man die abgebildeten Gegenstände aus der Lesekiste bei der Buchvorstellung nutzen kann, z. B.: *Figuren vorstellen, ...*
c Worum könnte es in dem Buch gehen, das Katrin und Yan mit dieser Lesekiste vorstellen?
- Kennt ihr eine Geschichte, die zu den Gegenständen passt? Erzählt sie oder erfindet eine eigene Geschichte zu den Gegenständen. Überlegt euch auch einen Titel.
- Welche weiteren Gegenstände könnten in die Lesekiste passen? Begründet eure Wahl.

4 Sucht euch ein Buch aus, dem ihr viele Leser wünscht, und entwerft dafür eine Lesekiste. Ihr könnt auch zu zweit arbeiten. Geht so vor:
a Stellt eine Liste mit Gegenständen für die Kiste zusammen, z. B. einen pro Kapitel. Überlegt, welche Rolle die Dinge in eurer Buchvorstellung spielen sollen.
b Besorgt euch einen Schuhkarton und gestaltet ihn zu einer Lesekiste aus. Bereitet Karteikarten mit wenigen Stichpunkten als Spickzettel für die Präsentation vor.
c Plant den Ablauf eurer Präsentation. Überprüft, ob ihr an alle wichtigen Informationen zu eurem Buch gedacht habt (► Checkliste auf S. 296, Aufgabe 2 und Merkkasten auf S. 298).

Ein Buch vorstellen

1 Ergänzt das folgende „ABCdarium" einer guten Buchvorstellung um weitere Punkte.

- *Aufrecht stehen*
- *Blickkontakt aufnehmen*
- *„Cool", also ruhig bleiben*
- *Deutlich zum Publikum sprechen*
- *Erklären, worum es geht*
- *Frei sprechen und dabei ...*
- *Gegenstände der Lesekiste als roten Faden nutzen*
- *...*
- *Zeitplan einhalten (z.B. 10 Minuten)*

2 Übt eure Präsentation und lasst euch Rückmeldung geben.

Methode **Ein Buch vorstellen**

Bücher kann man auf ganz unterschiedliche Arten vorstellen. Für alle Methoden gelten einige Grundregeln, die ihr beachten müsst:

- Nennt Autor, Titel und Thema des Buches.
- Stellt die Hauptfiguren vor und erläutert ihre Beziehung zueinander, z. B. mit Hilfe von Gegenständen aus der Lesekiste, anhand eines Plakats oder mit Namenskarten an der Tafel.
- Erklärt den Handlungsverlauf der Geschichte. Verratet nicht zu viel, damit die Zuhörer auf das Buch neugierig werden und es selbst lesen.
- Lest eine Textstelle vor, die ihr für besonders wichtig, spannend oder schön haltet und die für das Buch typisch ist.
- Bewertet das Buch: Was gefällt euch daran? Was gefällt euch weniger? Wem empfehlt ihr das Buch zum Lesen?
- Bittet das Publikum um Fragen zum Buch und beantwortet sie.

Orientierungswissen

Sprechen

Gesprächsregeln

Gespräche, in denen verschiedene Meinungen oder Wortbeiträge ausgetauscht werden, sollten nach bestimmten Regeln ablaufen, damit die Verständigung erleichtert wird.
Die wichtigsten Gesprächsregeln sind:
- Jede/r äußert sich nur zu dem Thema, um das es geht.
- Wir melden uns zu Wort und reden nicht einfach los.
- Wir hören den anderen Gesprächsteilnehmern aufmerksam zu.
- Wir fallen den anderen Gesprächsteilnehmern nicht ins Wort.
- Niemand wird wegen seiner Äußerungen beleidigt, verspottet oder ausgelacht.
- Wir befolgen die Hinweise des Gesprächsleiters oder der Gesprächsleiterin.

Die eigene Meinung überzeugend begründen ► S. 35–41

In einer Diskussion können verschiedene Meinungen aufeinanderprallen. Um andere für seine Interessen zu gewinnen, muss man seine Meinung überzeugend begründen. Das nennt man Argumentieren. Beim Argumentieren stellt man eine Meinung (Behauptung) auf, die man durch Begründungen (Argumente) stützt und durch Beispiele veranschaulicht bzw. erklärt, z. B.:
- **Meinung (Behauptung):** *Unsere Eltern sollten zur Klassenparty eingeladen werden.*
- **Begründung (Argument):** *..., weil sie uns bei dem Fest helfen können.*
- **Beispiel:** *Tobias aus der Parallelklasse hat berichtet, dass sich die Eltern bei ihrer Klassenparty um die Verpflegung gekümmert haben.*

Tipp: Argumente könnt ihr z. B. mit folgenden **Konjunktionen** einleiten: *weil, da, denn.*

Diskutieren ► S. 38–39

In einer Diskussion tauschen sich mehrere Personen zu einer Frage aus. Sie können dabei unterschiedliche Meinungen vertreten. Diskussionsfrage, z. B.: *Sollen wir ein Klassensprecher-Team wählen?*
- **Bildet euch eine Meinung** und drückt sie in einem Satz aus, z. B.: *Ich bin der Meinung, dass wir ein Klassensprecher-Team wählen sollten.*
- **Begründet eure Meinung** durch Argumente, z. B.: *Ich bin für die Wahl eines Klassensprecher-Teams, weil die Schüler dann zwei Ansprechpartner haben.*
- **Veranschaulicht eure Meinung mit Beispielen,** z. B.: *Seitdem in der Klasse meiner Schwester solche Teams gewählt werden, fühlen sich die meisten Schüler besser vertreten.*

Schreiben

Einen Vorschlag schriftlich begründen (Stellung nehmen)

▶ S. 40; 48–49

In einer Stellungnahme äußert ihr euch zu einer Frage oder zu einem Thema (z. B.: *Sollte Ismael am Debattierklub teilnehmen?*).

- Ihr bildet euch eine **Meinung** und formuliert sie in einem vollständigen Satz.
- Dann führt ihr **überzeugende Begründungen** (Argumente) für eure Meinung an und veranschaulicht diese durch **Beispiele.**
- Zum Schluss **fasst** ihr eure **Meinung** oder eure Forderung/Bitte noch einmal **zusammen.**

(▶ mehr zu Meinung, Argument und Beispiel auf S. 299)

Beispiel: Einen Vorschlag schriftlich begründen (in einer E-Mail)

Anrede	Lieber Ismael, / Hallo Ismael,
Einleitung: Anlass des Schreibens	in unserem Gespräch über den Debattierklub habe ich dir gesagt, dass ich dich ... Trotzdem glaube ich, dass du noch nicht richtig überzeugt bist. Deshalb maile ich dir jetzt.
Hauptteil: Meinung Argument 1 Stützendes Beispiel 1 Argument 2 Stützendes Beispiel 2	 Ich bin der Meinung, dass ... Ein wichtiger Grund hierfür ist, dass ... Ich kenne dich schon lange und weiß, wie gut du dich zum Beispiel in der Schulbibliothek ... Außerdem ... Wenn ich zum Beispiel ...
Schluss: Wunsch/Vorschlag	 Ich hoffe, dass ...
Grußformel	Viele Grüße
Name (Unterschrift)	dein Scobie

Formulierungsbausteine für die Argumentation

Meinung: *Wir sind der Meinung/Ansicht, dass ... • Wir finden, dass ...*

Argumente: *Ein Argument/Grund für ... ist, dass ... • Außerdem spielt eine Rolle, dass ... • Ein weiterer Grund ist, dass ... • Besonders wichtig ist, dass ...*

Beispiele: *Das sieht man daran, dass ... • Zum Beispiel ... • Aus eigener Erfahrung weiß ich, ... • In einem Interview sagte ..., dass ... • Die Erfahrung des Heine-Gymnasiums zeigt, dass ...*

Satzverknüpfungen: *weil • denn • da • aus diesem Grund • deshalb • darum*

Einen persönlichen Brief schreiben

Briefe werden an einen oder mehrere Empfänger geschickt. Danach richten sich Inhalt und Wortwahl des Schreibens. Einen Brief an euren Opa könnt ihr anders formulieren als den an eure Lehrerin oder euren Lehrer. Briefe sind nach dem folgenden Muster aufgebaut:

Briefkopf
Ort und Datum

Anrede
Nach der Anrede setzt ihr entweder ein Ausrufezeichen und beginnt danach groß oder ihr setzt ein Komma und schreibt klein weiter. Wenn ihr jemanden siezt, schreibt ihr die Anredepronomen groß, z. B.: *Sie, Ihnen, Ihr* usw. Sonst könnt ihr sie kleinschreiben, z. B.: *dir, dein, euch, euer.*

Brieftext
- Geht auf die Empfängerin/den Empfänger ein: Überlegt, was sie/ihn interessiert.
- Gliedert euren Brief in Einleitung, Hauptteil und Schluss. Trennt die einzelnen Teile durch Absätze.
- Sprecht zu Beginn den Empfänger direkt an. Beantwortet Fragen und stellt selbst welche.
- Schreibt über ein Erlebnis und teilt Neuigkeiten mit.
- Sagt auch etwas über eure Gedanken und Gefühle.
- Baut im Schlussteil Anreize ein, die die Empfängerin/den Empfänger dazu anregen, einen Antwortbrief zu schreiben. Stellt z. B. Fragen. Sendet gute Wünsche.

Grußformel und Unterschrift
Die Grußformel und die Unterschrift stehen jeweils in einer eigenen Zeile. Am Ende setzt man weder Punkt noch Ausrufezeichen.

Beispiel

Ulm, den 1. Oktober 201X

oder: *Ulm, 1. 10. 201X*

Liebe Frau Putz,

*vielleicht wollen **Sie** wissen, wie es mir geht …*

Die letzten Wochen waren …

*Ich hoffe, es geht **Ihnen** gut …*

Herzliche Grüße **oder** *Viele Grüße*
Ihre Jana

Oder:

Hallo Rudi!

Sicher bist du neugierig, wie es bei mir so läuft.

Mir gefällt …

Wie war die erste Woche bei dir? Hast du schon …? Ich hoffe, du meldest dich bald!

Liebe Grüße **oder** *Bis bald*
dein Manuel

Erzählen

Erlebnisse erzählen (Erlebniserzählung)

▶ S. 16–23; 33–34

Beim Erzählen wird ein wirkliches oder ein erdachtes Erlebnis wiedergegeben.
Eine Erzählung hat meist folgenden Aufbau (roten Faden):

- **Einleitung:** Mit der Einleitung führt man in die Handlung ein. Hier informiert man den Leser in der Regel über Ort (Wo?) und Zeit (Wann?) des Geschehens und stellt mindestens eine Hauptfigur (Wer?) vor. (▶ Hinweise, wie ihr die Einleitung gestalten könnt, findet ihr auf Seite 17.)
- **Hauptteil:** Der Hauptteil ist der Kern der Geschichte. Hier wird die Spannung schrittweise bis zum Höhepunkt der Geschichte gesteigert. Die Leser sollen mitfiebern, was nun passieren wird. (▶ Wie ihr im Hauptteil spannend und anschaulich erzählen könnt, erfahrt ihr auf Seite 20.)
- **Schluss:** Der Schluss rundet die Geschichte ab. Man kann erzählen, wie die Handlung ausgeht, absichtlich den Ausgang offenlassen oder einen abschließenden Gedanken äußern.

Die **Überschrift** soll den Leser neugierig machen, aber noch nicht zu viel verraten.
Eine Geschichte wird in der Regel im **Präteritum** (1. Vergangenheit) erzählt, z. B.: *ich schlief, ich hörte.*
Die Ich-Form eignet sich besonders gut zum Erzählen von Erlebnissen.

Spannend und anschaulich erzählen

▶ S. 18–20

1 Versetzt euch in die Figuren hinein:
- Was hören, sehen, fühlen und riechen sie? Zum Beispiel: *Von ferne hörte ich Hundebellen.*
- Was denken und sprechen sie? Zum Beispiel: *Was sollte ich tun?*

2 Beschreibt die Situation (Ort, Figuren, Handlung) genau und anschaulich und baut Spannungsmelder in eure Geschichte ein. Hierzu könnt ihr:
- **Gedanken und Gefühle** der Figuren mitteilen, z. B.: *Mir wurde auf einmal richtig schlecht.*
- **wörtliche Rede benutzen,** z. B.: *„Halt!", schrie ich.*
- **treffende Verben** verwenden, z. B.: *flüstern, wimmern, stolpern, schleichen.*
- **anschauliche Adjektive** finden, z. B.: *panisch, heiß, düster, rasch, hastig, schmal, winzig.*
- **bildhafte Wendungen und Vergleiche** gebrauchen, z. B.: *Mein Herz schlug bis zum Hals.*
- die **„Zeitlupe"** verwenden: spannende Momente sehr detailliert erzählen.

Äußere und innere Handlung

▶ S. 21–22

In einer Geschichte wird nicht nur die äußere Handlung (das, was geschieht; das, was man von außen sehen kann) dargestellt, sondern es wird vor allem erzählt, **was die Figuren in einer Situation denken und fühlen (innere Handlung).** So können sich die Leser besser in die Figuren hineinversetzen und erhalten einen Einblick, was in einer Figur vorgeht, z. B. Angst, Wut, Freude, Verzweiflung.

- Beispiel für äußere Handlung: *Während die halbe Klasse auf dem Gang versammelt war, schrie Klaus aus dem Klassenraum um Hilfe.*
- Beispiel für innere Handlung: *Als ich Klaus' Hilfeschrei hörte, drehte sich mir der Magen um. Wie sollte ich ihm bloß helfen?*

Nach Bildern erzählen

▶ S. 18–20

Auch Bilder können der Ausgangspunkt für eine Erzählung sein. Die vorgegebenen **Bilder** zeigen euch die **wichtigsten Momente der Geschichte.**

- Seht euch jedes Bild genau an und findet heraus, worum es in der Bildergeschichte geht. Achtet dabei auch auf Kleinigkeiten und schaut, welchen Gesichtsausdruck (Mimik) und welche Körpersprache (Gestik) die Figuren haben.
  Tipp: Stellt euch die Geschichte wie einen Film vor. In welchem Bild liegt der Höhepunkt?
- Sammelt Ideen für eine Geschichte. Notiert zu jedem Bild einige Stichworte.
- Plant den Aufbau eurer Geschichte, indem ihr die Erzählschritte in einem Schreibplan festlegt.
- Schreibt zu den Bildern eine spannende und anschauliche Erzählung mit Einleitung, Hauptteil und Schluss. Berücksichtigt dabei die Hinweise zur Erlebniserzählung (▶ S. 302).

Nach Reizwörtern erzählen (Reizwortgeschichte)

Zum Erfinden von Geschichten kann man sich auch durch vorgegebene **Reizwörter** anregen lassen. Beim Schreiben einer Reizwortgeschichte solltet ihr Folgendes beachten:

- Die Reizwörter sollen alle in der Geschichte vorkommen und eine besondere Rolle spielen. Die Reihenfolge der Reizwörter könnt ihr selbst festlegen.
- Sammelt Ideen für eine Geschichte. Plant dann den Aufbau eurer Geschichte, indem ihr die Erzählschritte in einem Schreibplan festlegt.
- Schreibt mit den Reizwörtern eine spannende und anschauliche Erzählung mit Einleitung, Hauptteil und Schluss. Berücksichtigt dabei die Hinweise zur Erlebniserzählung (▶ S. 302).

Eine Nacherzählung schreiben

▶ S. 114–117

1 **Die Textvorlage verstehen:** Wenn ihr eine Geschichte nacherzählt, ist es wichtig, dass ihr die ursprüngliche Geschichte genau verstanden habt. Geht so vor:
- Lest die Geschichte mehrmals und notiert in Stichworten Antworten zu den folgenden Fragen:
  - Wer sind die Hauptfiguren der Geschichte?
  - Wo (Ort) und wann (Zeit) spielt das Geschehen?
  - Was geschieht nacheinander (Handlung) und wo liegt der Höhepunkt der Geschichte?

2 **Die Nacherzählung schreiben:** Versetzt euch beim Nacherzählen in die Ereignisse und die Figuren der Geschichte hinein. Geht beim Schreiben so vor:
- Beachtet **die richtige Reihenfolge der Erzählschritte.** Haltet euch an den Handlungsverlauf der ursprünglichen Geschichte.
- Lasst nichts Wichtiges weg und fügt nichts hinzu.
- Erzählt **mit euren eigenen Worten.**
- Schreibt **anschaulich und lebendig.** Gestaltet den Höhepunkt der Geschichte besonders aus.
- Teilt die **Gedanken** und die **Gefühle der Hauptfiguren** mit und verwendet die **wörtliche Rede.**
- Verwendet die **Zeitform der Textvorlage** (meist das Präteritum).

Berichten

Einen Bericht verfassen

► S. 51–60; 68–70

Ein Bericht **informiert knapp und genau** über ein vergangenes Ereignis, z. B. eine Veranstaltung oder einen Unfall. Er beschränkt sich auf die wesentlichen Informationen und **beantwortet die W-Fragen.**

Aufbau:

- In der **Einleitung** informiert ihr knapp, worum es geht. (Was ist geschehen? Wann geschah es? Wo geschah es? Wer war beteiligt?)
- Im **Hauptteil** stellt ihr den Ablauf des Ereignisses in der richtigen zeitlichen Reihenfolge dar. (Wie lief das Ereignis ab? Warum?)
- Im **Schlussteil** nennt ihr die Folgen des Ereignisses oder gebt einen Ausblick. (Welche Folgen hatte das Ereignis?)
- Findet eine **treffende Überschrift,** die das Ereignis genau benennt.

Sprache:

- Schreibt **sachlich und nüchtern.** Vermeidet erzählende Ausschmückungen, Umgangssprache oder Vermutungen.
- Schreibt in der Zeitform **Präteritum** (z. B.: *eröffnete, begrüßte*). Verwendet das Plusquamperfekt, wenn etwas vorher passiert ist, z. B.: *Nachdem Meike mit dem Torwart zusammengestoßen war, hatte sie starke Schmerzen.*
- Macht die **Reihenfolge der Ereignisse** durch passende Satzanfänge deutlich, z. B.: *Zuerst ... Anschließend ... Später ... Zum Schluss ...*
- Verdeutlicht die Zusammenhänge, indem ihr die Sätze durch **treffende Verknüpfungswörter** (Konjunktionen und Adverbien) verbindet, z. B.: *Weil Meike sich verletzt hatte, wurde der Arzt gerufen.*

Erfahrungsberichte (► S. 61–67) informieren über Ereignisse wie z. B. Veranstaltungen, Ausstellungsbesuche oder Praktika. Anders als bei reinen Berichten werden dabei auch persönliche Eindrücke und Wertungen des/der Berichtenden wiedergegeben.

Beschreiben

Personen beschreiben

- **Einleitung:** Beginnt mit dem Gesamteindruck der Person oder macht allgemeine Angaben zur Person (z. B. Name, Alter).
- **Hauptteil:** Beschreibt das Aussehen der Person in einer geordneten Reihenfolge, z. B. von oben (Kopf, Haare, Gesicht) nach unten (Kleidung, Schuhe).
- **Schluss:** Hier könnt ihr beschreiben, wie die Person auf euch wirkt oder wie sie sich selbst sieht oder verhält.
- Sucht aussagekräftige **Adjektive,** um die Person zu beschreiben, z. B.: *schlank, oval.*
- Verwendet **treffende Verben,** z. B.: *tragen, aussehen, besitzen, aufweisen.*
- Schreibt im **Präsens.**

Einen Gegenstand beschreiben (z. B. Suchmeldung)

▶ S. 80–81; 84–85

Bei einer Gegenstandsbeschreibung wird der Gegenstand (z. B. ein Fahrrad, eine Tasche, eine Jacke) so genau beschrieben, dass sich andere ihn genau vorstellen können.

Aufbau:

- **Einleitung:** In der Einleitung nennt ihr den Anlass der Beschreibung (z. B. Verlustanzeige, Verkaufsanzeige, Vorstellung eines neuen Gegenstandes, z. B. eines neuen Sportgeräts).
- **Hauptteil:** Hier beschreibt ihr den Gegenstand genau. Achtet dabei auf eine Ordnung:
  - Benennt zuerst den Gegenstand (Name/Art des Gegenstandes) und beschreibt den Gesamteindruck, z. B.: *ein Paar dunkelblaue Sneakers.*
  - Beschreibt dann die einzelnen Merkmale des Gegenstandes (z. B. Material, Form, Farbe, besondere Kennzeichen) in einer sinnvollen Reihenfolge, z. B. von oben nach unten, von links nach rechts.
- **Schluss:** Je nach Anlass der Beschreibung formuliert ihr zum Schluss eine Bitte, sich zu melden, wenn der Gegenstand gefunden wird (z. B. bei einer Suchanzeige), oder ihr gebt weiterführende Informationen, z. B. zur Funktion des Gegenstandes.

Sprachliche Mittel:

- Verwendet **passende Adjektive,** mit denen ihr den Gegenstand anschaulich und genau beschreiben könnt, z. B.: *dünn, lang, schmal, schneeweiß, feuerrot.*
- Verwendet anstelle der Wörter „ist", „sind", „hat" und „haben" **treffende Verben,** z. B.: *besitzen, sich befinden, aufweisen.*
- Formuliert eure Beschreibung im **Präsens** (Gegenwartsform).

Einen Vorgang beschreiben

▶ S. 71–78; 86–88

In einer Vorgangsbeschreibung beschreibt ihr einen Vorgang (z. B. eine Übung in einer Sportart, ein Spiel oder einen Zaubertrick) so genau, dass andere ihn leicht verstehen und selbst ausführen können.

Aufbau:

- Formuliert eine treffende **Überschrift,** die sagt, was beschrieben wird, z. B.: *Einen Salto vorwärts ausführen.*
- Nennt in der **Einleitung** die notwendigen **Materialien** und/oder **Vorbereitungen,** z. B.: *eine Turnmatte, ein Trampolin, eine Aufwärmphase für den Körper einplanen.*
- Beschreibt im **Hauptteil Schritt für Schritt den Ablauf des Vorgangs,** z. B.: *Beim Absprung springt man ... Im gleichen Moment ... Danach ...*
- Zum **Schluss** könnt ihr einen weiterführenden **Tipp** oder einen **Hinweis** geben.

Sprachliche Mittel:

- Beschreibt die einzelnen Arbeitsschritte **genau und verständlich.**
- Verwendet durchgängig nur **eine Form der Ansprache:** *Man springt ...* oder *Du springst ...*
- Wählt passende Wörter, die die **Reihenfolge** der einzelnen Schritte **deutlich machen,** z. B.: *zuerst, dann, danach, zum Schluss ...*
- Schreibt im **Präsens** (Gegenwartsform).

Lesen – Umgang mit Texten und Medien

Erzählung

Eine Erzählung ist eine Geschichte, in der von Ereignissen erzählt wird, die tatsächlich passiert sind oder die erfunden sind.

Erzählschritte in einer Geschichte ▶ S. 15–17

Jede Geschichte besteht in der Regel aus mehreren Erzählschritten, die man auch **Handlungsabschnitte** nennt. Ein neuer Erzählschritt beginnt häufig dann, wenn z. B.:

- der Ort der Handlung wechselt, z. B.: *Auf der Insel angekommen ...*
- ein Zeitsprung stattfindet, z. B.: *Am nächsten Morgen ...*
- eine neue Figur auftaucht, z. B.: *Ich lernte Leon kennen, als ...*
- die Handlung eine Wendung erfährt, z. B.: *Auf einmal ...*
- ein Wandel in den Gedanken und Gefühlen der Hauptfigur stattfindet, z. B.: *Ich fühlte mich plötzlich leicht und fröhlich ...*

Die Figuren einer Geschichte ▶ S. 30

Die **Personen,** die **in einer Geschichte** vorkommen bzw. handeln, **nennt man Figuren.** Sie haben ein bestimmtes Aussehen, bestimmte Eigenschaften, Gefühle, Gedanken und Absichten. In vielen Geschichten gibt es eine **Hauptfigur,** über die der Leser besonders viel erfährt. Um eine Geschichte zu verstehen, solltet ihr euch ein klares Bild von den einzelnen Figuren machen.
Auch Tiere können handelnde Figuren in Erzähltexten sein, z. B. in einem Märchen.

Ich-Erzähler oder Er-/Sie-Erzähler ▶ S. 23; 95

- Der **Ich-Erzähler** (oder die Ich-Erzählerin) ist selbst als handelnde Figur in das Geschehen verwickelt. Er/sie schildert die Ereignisse aus seiner/ihrer persönlichen Sicht, z. B.: *An diesem Tag geschah etwas, was ich nie für möglich gehalten hätte. Meine Schwester hatte ...*
- Der **Er-/Sie-Erzähler** ist nicht am Geschehen beteiligt und erzählt von allen Figuren in der Er-Form bzw. in der Sie-Form. *An diesem Tag geschah etwas, das David nie für möglich gehalten hätte. Seine Schwester hatte ...*

Zeitlupe (Zeitdehnung) und Zeitraffer ▶ S. 20

In einer Erzählung kann das Geschehen wie im Film in Zeitlupe oder im Zeitraffer wiedergegeben werden. Bei der **Zeitlupe** (Zeitdehnung) wird ein spannender Moment ganz genau und mit vielen Einzelheiten erzählt. Oft wird dabei auch die innere Handlung (▶ S. 302) sehr genau wiedergegeben, z. B.: *Der Hund war nur noch etwa fünf Meter von Lisa entfernt. Ich konnte den Blick nicht von dem riesigen Maul abwenden, aus dem eine gewaltige, raue, violette Zunge hing. In großen Sätzen näherte er sich meiner Freundin. Ich hörte schon deutlich sein Keuchen. Mein Herz schlug bis zum Hals, panisch hielt ich nach Hilfe Ausschau.*
Im Zeitraffer wird ein längerer Zeitabschnitt knapp zusammengefasst, z. B.: *Lisa und ich spielten seit einer Viertelstunde Ball und waren dabei dem Nachbargrundstück immer näher gekommen. Ein harter Schuss von mir flog über den Zaun.*

Schelmengeschichte (Schwank)

Eine Schelmengeschichte (auch Schwank genannt) ist eine **kurze, lustige Erzählung.** Sie handelt von einem witzigen Ereignis oder von einem Streich, der jemandem gespielt wird.
Die **Helden sind Schelme und Narren,** die ihre Mitmenschen **mit einer List** hereinlegen und ihnen damit **eine Lehre erteilen.**
Wie ein Witz hat auch die Schelmengeschichte **einen lustigen Höhepunkt (Pointe),** der meist darin besteht, dass der Schwächere (z. B. der Schelm, der Knecht) den Stärkeren (z. B. den Gelehrten, den Reichen, den Herrn oder den König) an der Nase herumführt.

Besonders bekannt sind die Streiche von **Till Eulenspiegel,** der seine Aufträge (z. B. die Kerze löschen) oft wörtlich nimmt und damit nicht im gemeinten Sinne ausführt.
In der orientalischen Literatur sind die Schelmengeschichten von **Nasreddin Hodscha** besonders bekannt und beliebt. Mit seinen gewitzten und lebensklugen Handlungen und Bemerkungen zeigt sich Hodscha seinen Gegenspielern oft überlegen.

Märchen

Märchen haben bestimmte Merkmale, an denen man sie gut erkennen kann.
Dabei sind natürlich nicht in jedem Märchen alle diese Merkmale zu finden.

Ort und Zeit
Ort und Zeitpunkt der Handlung sind nicht genau angegeben, z. B.: *Vor langer Zeit, Hinter den sieben Bergen ...*

Figuren
- Es treten typische Märchenfiguren auf, z. B. *König, Königin, Prinz, Prinzessin ...*
- Der Charakter der Figuren wird nicht näher beschrieben, sie sind entweder gut oder böse, arm oder reich, dumm oder klug, schön oder hässlich usw., z. B.: *die gute Fee, die böse Hexe, die schöne Königstochter ...*
- Helfer oder Gegner der Helden stammen häufig aus dem Bereich des Fantastischen, z. B.: *sprechende Tiere, Feen, Hexen, Drachen ...*

Handlung
- Meistens siegt am Ende das Gute und das Böse wird bestraft.
- Der Held/die Heldin muss oft Prüfungen bestehen oder Aufgaben erfüllen (häufig drei).
- Das Wunderbare gilt als selbstverständlich. Oft können Tiere sprechen, es gibt Zauberei und magische Gegenstände, z. B. *einen Wundertisch, ein Zauberkästchen ...*

Erzählweise
- Märchen enthalten häufig feste sprachliche Formeln, z. B.: *Es war einmal ..., ... und wenn sie nicht gestorben sind, dann leben sie noch heute.*
- Die Zahlen Drei, Sieben, Zwölf spielen oft eine besondere Rolle, z. B.: *drei Wünsche, sieben Zwerge, zwölf Gesellen.*
- Oft gibt es Reime oder Zaubersprüche, z. B.: *Ach, wie gut, dass niemand weiß, dass ich Rumpelstilzchen heiß.*

Lügengeschichten

▶ S. 89–104

Schon immer haben sich Menschen für unglaubliche und sensationelle Dinge interessiert. Deshalb sind seit vielen Jahrhunderten Lügengeschichten sehr beliebt. Berühmt sind die Abenteuer- und Reisegeschichten des Barons von Münchhausen.
Im Gegensatz zu den Lügen im Alltag will der Erzähler einer Lügengeschichte seine Zuhörer oder Leser nicht wirklich täuschen, sondern unterhalten. Die Zuhörenden dürfen also merken, dass ihnen nicht die Wahrheit erzählt wird.

- Lügengeschichten enthalten **Ereignisse, die wirklich stattfinden könnten,** und Ereignisse, **die eindeutig erfunden oder übertrieben** sind.
- Meist wird zu Beginn (in der Einleitung) von einer Situation erzählt, die wirklich so geschehen sein könnte. Im Hauptteil wird dann **eine Lüge an die andere gereiht (Lügenkette).** Einer kleinen Lüge folgt die nächstgrößere usw.
- Für die klassische Lügengeschichte ist ein **Ich-Erzähler** typisch, denn so hat das Publikum den Eindruck, dass der Erzähler die Geschichte wirklich selbst erlebt hat.
- Oft spricht der Erzähler sein Publikum direkt an und **betont, die Wahrheit zu sagen,** z. B.: *Das ist wirklich die lautere Wahrheit, so wahr ich Josh McBroom heiße.*
- Um seine Lügen anschaulich und glaubhaft zu machen, beschreibt der Erzähler häufig Einzelheiten (z. B. Ort, Zeit, genaue Umstände usw.) und verwendet **übertreibende Vergleiche,** z. B.: *Diese Präriestechmücken werden hier draußen so groß, dass jedermann Maschendraht als Fliegengitter verwendet.*

Fabeln

▶ S. 123–138

Die Fabel ist ein **kurzer, lehrhafter Text,** in dem meist zwei **Tiere handeln und sprechen.** Dabei haben die Tiere **typische, menschliche Eigenschaften.** Zum Beispiel gilt der Fuchs als schlau, der Esel als dumm, der Löwe als mächtig und der Wolf als gierig. Die **Tiere sind häufig Gegner** (z. B. Fuchs gegen Rabe, Wolf gegen Kranich) und führen ein Streitgespräch, an dessen Ende der Listigere oder der Stärkere siegt.
Aus einer Fabel soll man eine **Lehre für das eigene Verhalten** ziehen. Oft wird die Lehre (Moral) der Fabel am Schluss in einem Satz zusammengefasst (z. B.: *Hüte dich vor Schmeichlern!*). Fabeln können wie Gedichte in Versen oder in Form einer Erzählung geschrieben sein.
Meist haben Fabeln folgenden Aufbau:

1. Ausgangssituation: Die Tiere werden kurz vorgestellt und ein Ereignis oder ein Konflikt wird beschrieben.
2. Konfliktsituation: Die Tiere führen ein Streitgespräch oder das eine Tier fordert das andere heraus. Dieser Teil ist häufig als Dialog zwischen den Tieren gestaltet.
3. Lösung/überraschende Wende: Es kommt zu einer überraschenden Wende (Pointe), indem z. B. ein Tier hereingelegt wird oder das schwächere Tier gewinnt.

Sagen

▶ S. 105–122

Sagen sind Erzählungen, die vom Anfang der Welt, von Göttern und Göttinnen, Helden und ihren Taten handeln. Häufig geht es in ihnen um **Kämpfe und Prüfungen** und um abenteuerliche Reisen, die der Held erlebt. Ob das Abenteuer eines Helden ein gutes oder ein böses Ende nimmt, hängt oft von dem Willen der **Götter** ab, die in die Handlung eingreifen und aus den gleichen Beweggründen wie die Menschen handeln, z. B. aus Eifersucht, Liebe, Rache.

In Sagen steckt **meist ein wahrer Kern:** Sie spielen häufig an Orten, die es wirklich gibt, verweisen manchmal auf Ereignisse, die tatsächlich stattgefunden haben, und erzählen oft von Figuren, die an wirkliche Personen erinnern. **Vieles** an den Sagen **ist aber auch erfunden:** So verfügen Menschen über unermessliche Kräfte und es tauchen Ungeheuer, Zauberinnen, Riesen und andere Fantasiewesen auf.

Sagen wurden **zunächst mündlich weitererzählt,** bevor man sie schriftlich festhielt.

Je nach ihrem Inhalt kann man die Sagen in verschiedene Gruppen einteilen:

- Stehen im Mittelpunkt der Sage die Taten eines Helden, spricht man von **Heldensagen,** z. B.: *Die Abenteuer des Odysseus* (▶ S. 108–116), *Die Siegfried-Sage, Die Herakles-Sage.*
- Erzählen sie von Ereignissen, die an einen bestimmten Ort gebunden sind, spricht man von **Orts- oder Lokalsagen,** z. B.: *Die Weiber von Weinsberg* (▶ S. 120).

Gedichte

▶ S. 139–154

Vers:

Die Zeilen eines Gedichts heißen Verse.

Strophe:

Eine Strophe ist ein Gedichtabschnitt, der aus mehreren Versen besteht.

Die einzelnen Strophen eines Gedichts sind durch eine Leerzeile voneinander getrennt.

Reim:

Oft werden die einzelnen Verse (Gedichtzeilen) durch einen Reim miteinander verbunden.

Zwei Wörter reimen sich, wenn sie vom letzten betonten Vokal an gleich klingen, z. B.:

Haus – Maus, singen – entspringen.

Die regelmäßige Abfolge von Endreimen ergibt verschiedene Reimformen. Für die Beschreibung werden Verse, die sich reimen, mit den gleichen Kleinbuchstaben gekennzeichnet, z. B.:

- **Paarreim:** Wenn sich zwei aufeinanderfolgende Verse reimen, sprechen wir von einem Paarreim (aa bb):

  ... Katertier a
  ... Kavalier a
  ... Garten b
  ... erwarten b

Lyrisches Ich:

Wie es in Erzähltexten einen Erzähler oder eine Erzählerin gibt, so gibt es auch in Gedichten einen **Sprecher oder** eine **Sprecherin,** der/die nicht mit dem Autor oder der Autorin gleichzusetzen ist. Oft stellt sich dieser Sprecher als ein Ich vor – das so genannte lyrische Ich –, das seine Gefühle, Wahrnehmungen und Gedanken mitteilt, z. B.: *Am Waldsaum lieg ich im Stillen / rings tiefe Mittagsruh / nur Lerchen hör ich und Grillen / und summende Käfer dazu.*

- **Kreuzreim:** Reimen sich – über Kreuz – der 1. und der 3. sowie der 2. und der 4. Vers, dann nennt man das Kreuzreim (a b a b).
  ... verschieden a
  ... Bauch b
  ... zufrieden a
  ... auch b
- **umarmender Reim:** Wird ein Paarreim von zwei Versen umschlossen (umarmt), die sich ebenfalls reimen, heißt dies umarmender Reim (a bb a).
  ... springen a
  ... Traum b
  ... Raum b
  ... singen a

Metrum (Versmaß):
In den Versen (Zeilen) eines Gedichts wechseln sich häufig betonte (X́) und unbetonte Silben (X) regelmäßig miteinander ab. Wenn die **Abfolge von betonten und unbetonten Silben** (Hebungen und Senkungen) einem bestimmten Muster folgt, nennt man dies **Metrum** (Versmaß). Die wichtigsten Versmaße sind:

Jambus (X X́): X X́ X X́ X X́ X X́ X
Es regnet Blümchen auf die Felder (Mascha Kaléko)

Trochäus (X́ X): X́ X X́ X X́ X X́ X
Feuerwoge jeder Hügel (Georg Britting)

Daktylus (X́ X X): X́ X X X́ X X X́ X
prasseln und klatschen und platschen

Stilmittel von Gedichten:
In lyrischen Texten werden häufig Bilder durch Sprache entfaltet (z. B. durch Vergleiche, Metaphern oder Personifikationen) oder einzelne Wörter klanglich hervorgehoben (Lautmalerei). Solche sprachlichen Mittel sind besonders geeignet, um Gefühle und Stimmungen auszudrücken oder eine bestimmte Atmosphäre entstehen zu lassen. So werden zur Darstellung von Liebe, Freude, Angst oder Einsamkeit z. B. oft Bilder aus dem Bereich der Natur verwendet.

- **Vergleich:** Bei einem Vergleich werden zwei verschiedene Vorstellungen durch ein „wie“ oder ein „als ob“ miteinander verknüpft, z. B.: *Das Meer glänzte schwarz wie die Nacht. In meinem Zimmer sah es aus, als ob ein Orkan durchgezogen wäre.*
- **Metapher:** Bei einer Metapher wird ein **Wort** nicht wörtlich, sondern **in einer übertragenen (bildlichen) Bedeutung** gebraucht, z. B.: *Nussschale für ein kleines Boot, Suppe für Nebel.* Im Unterschied zum direkten Vergleich fehlt bei der Metapher das Vergleichswort „wie“, z. B.: *Wolken sind (wie) flockige Länder.*
- **Personifikation:** Die Personifikation (Vermenschlichung) ist eine besondere Form der Metapher. Leblose Gegenstände, Begriffe oder die Natur werden vermenschlicht, d. h., ihnen werden menschliche Verhaltensweisen und Eigenschaften zugesprochen, z. B.: *die Natur schläft, das Glück lacht, der Tag verabschiedet sich, das Veilchen träumt.*
- **Lautmalerei:** Mit den Klängen von Wörtern werden Naturlaute oder Geräusche nachgeahmt, z. B.: *klirren, rascheln, zischen.*

Theater

▶ S. 155–170

In einem Theaterstück gibt es Rollen, die von Schauspielerinnen und Schauspielern gespielt werden. Die Handlung wird durch die Gespräche zwischen den Personen auf der Bühne (Dialoge) oder durch das Selbstgespräch (Monolog) einer Figur ausgedrückt. Im Theater sprechen die Schauspieler aber nicht nur ihren Text, sie gebrauchen auch ihre Stimme (Sprechweise und Betonung), ihre Körpersprache (Gestik) und ihren Gesichtsausdruck (Mimik), um Gefühle und Stimmungen auszudrücken.
Wichtige Theaterbegriffe:

- **Rolle:** Rolle nennt man die Figur, die eine Schauspielerin oder ein Schauspieler in einem Theaterstück verkörpert, z. B. die Rolle des Löwen, die Rolle des Ritters usw.
- **Szene:** Eine Szene ist ein kurzer, abgeschlossener Teil eines Theaterstücks. Eine Szene endet, wenn neue Figuren auftreten und/oder Figuren abtreten. Meistens erlischt am Ende einer Szene auch die Bühnenbeleuchtung.
- **Regieanweisungen:** Von der Autorin/vom Autor im Dramentext zusätzlich zu den Rollentexten bereits mitgelieferte Anregungen, wie sich die Figuren bewegen *(steht auf)*, wie sie schauen und sprechen sollten *(schaut Konrad an, seufzt)* und wie die Handlung auf der Bühne dargestellt werden sollte *(Frau Bartolotti entfernt die Kiste, die Riesenkonserve kommt zum Vorschein)*.
- **Dialog:** Gespräch von zwei oder mehreren Figuren. Sein Gegensatz ist der Monolog.
- **Monolog:** Selbstgespräch einer Figur (im Gegensatz zum Dialog)

Sachtexte

▶ S. 171–188

Sachtexte unterscheiden sich von literarischen Texten (z. B. einer Erzählung, einem Märchen oder einem Gedicht) dadurch, dass sie sich vorwiegend mit wirklichen (realen) Ereignissen und Vorgängen beschäftigen und **informieren wollen.**
Es gibt **verschiedene Formen von Sachtexten,** z. B.: Lexikonartikel, Sachbuchtexte, Zeitungs- oder Zeitschriftenartikel, Beschreibungen eines Vorgangs (Gebrauchsanleitungen, Kochrezepte usw.). Häufig findet man in Sachtexten Tabellen oder Grafiken (z. B. eine Landkarte, ein Balkendiagramm), Fotos oder andere Abbildungen.

Einen Sachtext lesen und verstehen (Fünf-Schritt-Lesemethode)

1. **Lest** zunächst nur die **Überschrift** (evtl. auch die Zwischenüberschriften) und die ersten drei bis fünf Zeilen des Textes. **Betrachtet** dann **die Abbildungen.** Überlegt, worum es in dem Text gehen könnte, und ruft euch ins Gedächtnis, was ihr vielleicht schon über das Thema wisst.
2. **Lest dann den gesamten Text zügig durch,** ohne euch an Einzelheiten aufzuhalten, die ihr nicht sofort versteht. Macht euch klar, was das Thema des Textes ist.
3. Lest den Text ein zweites Mal sorgfältig durch. **Klärt** anschließend **unbekannte** oder schwierige **Wörter** aus dem Textzusammenhang, durch Nachdenken (Kennt ihr ein ähnliches Wort?) oder durch das Nachschlagen in einem Wörterbuch.
4. **Markiert die Schlüsselwörter** (Wörter, die für die Aussage des Textes besonders wichtig sind) und **gliedert den Text in Sinnabschnitte.** Gebt jedem Abschnitt eine **treffende Überschrift.** Ein neuer Sinnabschnitt beginnt dort, wo ein neues Unterthema angesprochen wird.
5. **Fasst** die wichtigsten **Informationen** des Textes in wenigen Sätzen **zusammen.** Beantwortet hierbei die W-Fragen (Was ...? Wo ...? Wie ...? usw.).

Grafiken auswerten

► S. 178–179

Beim Entschlüsseln einer Grafik könnt ihr so vorgehen:

1 Stellt fest, worum es in der Grafik geht. Hierbei hilft euch die Überschrift, wenn es eine gibt.
2 Untersucht, was in der Grafik dargestellt wird: Erklärt sie einen Vorgang, den Aufbau oder die Funktion von etwas oder verdeutlicht sie eine Lage, wie z. B. eine Landkarte?
3 Prüft, ob die Grafik Farben, Beschriftungen oder Symbole enthält, die erklärt werden.
4 Schreibt auf, worüber die Grafik informiert.

Fernsehen

Bei Fernsehsendungen unterscheidet man Unterhaltungs- und Informationssendungen. Zu den **Unterhaltungssendungen** gehören z. B. Fernsehserien, die entweder täglich oder wöchentlich gesendet werden, Fernsehshows (z. B. *Wer wird Millionär?*) und Fernsehfilme. Zu den **Informationssendungen** zählen z. B. Nachrichtensendungen (wie die *Tagesschau*) und Dokumentationen (z. B. *Expeditionen ins Tierreich*).

Film: Einstellungsgrößen

► S. 200

Die Art des Ausschnitts, den die Kamera zeigt, nennt man **Einstellungsgröße.** Je nachdem, wie nah die Kamera an das Geschehen heranführt oder wie weit sie entfernt bleibt, entstehen unterschiedliche Wirkungen.

Totale: Die Kamera ist so weit weg, dass man einen guten Überblick über den Handlungsort bekommt. Häufig führt die Totale in eine neue Szene ein.

Halbnah: Die Personen sind etwa vom Knie aufwärts zu sehen. Man hat die Umgebung noch gut im Blick, erkennt aber auch schon die Gestik der Personen.

Nah: Man sieht Kopf und Schultern einer Person und kann gut deren Mimik erkennen, also z. B., ob sie einen fröhlichen oder einen traurigen Gesichtsausdruck hat.

Detail: Nur ein Ausschnitt wird ganz groß dargestellt, z. B. nur ein Teil eines Gegenstands oder eines Gesichts. Diese Einzelheit wird dann besonders intensiv wahrgenommen.

Sprachbewusstsein entwickeln

Wortarten

Das Substantiv (Plural: die Substantive)

▶ S. 206; 254

Die meisten Wörter in unserer Sprache sind Substantive (auch: Hauptwörter, Nomen).
Substantive bezeichnen:
- Lebewesen, z. B.: *Frosch, Baum, Mädchen,*
- Gegenstände, z. B.: *Haus, Schreibtisch, MP3-Player,*
- Begriffe (Gedanken, Gefühle, Zustände ...), z. B.: *Angst, Mut, Freude, Ferien, Freundschaft.*

Substantive werden immer **großgeschrieben.**
Sie werden häufig von **Wörtern begleitet,** an denen wir sie erkennen können, z. B. einem **Artikel** *(der Hase, eine Uhr)* oder einem **Adjektiv** *(blauer Himmel, fröhliche Menschen).*

Genus (grammatisches Geschlecht; Plural: die Genera)

Jedes Substantiv hat ein Genus (ein grammatisches Geschlecht), das man **an** seinem **Artikel erkennen** kann. Ein Substantiv ist entweder
- ein **Maskulinum** (männliches Substantiv), z. B.: *der Stift, der Regen, der Hund,*
- ein **Femininum** (weibliches Substantiv), z. B.: *die Uhr, die Sonne, die Katze,* oder
- ein **Neutrum** (sächliches Substantiv), z. B.: *das Buch, das Eis, das Kind.*

Das **grammatische Geschlecht** eines Substantivs stimmt **nicht immer** mit dem **natürlichen Geschlecht** überein, z. B.: *das Mädchen, das Kind.*

Numerus (Anzahl; Plural: die Numeri)

Substantive haben einen Numerus, d. h. eine Anzahl. Sie stehen entweder im
- **Singular** (Einzahl), z. B.: *der Wald, die Jacke, das Haus,* oder im
- **Plural** (Mehrzahl), z. B.: *die Wälder, die Jacken, die Häuser.*

Der Kasus (Fall; Plural: die Kasus, mit langem u gesprochen)

In Sätzen erscheinen Substantive immer in einem bestimmten Kasus, das heißt in einem grammatischen Fall. **Im Deutschen gibt es vier Kasus.** Nach dem Kasus richten sich die Form des Artikels und die Endung des Substantivs. Man kann den **Kasus** eines Substantivs **durch Fragen ermitteln:**

Kasus	Kasusfrage	Beispiele
1. Fall: **Nominativ**	*Wer oder was ...?*	*Der Junge liest ein Buch.*
2. Fall: **Genitiv**	*Wessen ...?*	*Das Buch des Jungen ist spannend.*
3. Fall: **Dativ**	*Wem ...?*	*Ein Mädchen schaut dem Jungen zu.*
4. Fall: **Akkusativ**	*Wen oder was ...?*	*Sie beobachtet den Jungen genau.*

Meist ist der Kasus am veränderten Artikel des Substantivs erkennbar, manchmal auch an der Endung des Substantivs, z. B.: *des Mannes, des Mädchens, den Kindern.*
Wenn man ein Substantiv in einen Kasus setzt, nennt man das **deklinieren** (beugen).

Der Artikel (Plural: die Artikel)

Das Substantiv wird häufig von einem Artikel begleitet. Man unterscheidet zwischen dem bestimmten Artikel *(der, die, das)* und dem unbestimmten Artikel *(ein, eine, ein)*, z. B.:

	Bestimmter Artikel	**Unbestimmter Artikel**
männlich	*der Stift*	*ein Stift*
weiblich	*die Uhr*	*eine Uhr*
sächlich	*das Buch*	*ein Buch*

Das Pronomen (Fürwort; Plural: die Pronomen)

▶ S. 213–215

Das Pronomen ist ein **Stellvertreter oder Begleiter; es vertritt oder begleitet ein Substantiv.** Es gibt verschiedene Arten von Pronomen:

- **Das Personalpronomen** (persönliches Fürwort)
  Mit **Personalpronomen** *(ich, du, er, sie, es, wir, ihr, sie)* kann man **Substantive ersetzen,** z. B.:
  Paul rennt zum Bus. Er hat verschlafen und weiß, dass der Busfahrer nicht auf ihn wartet.
  Personalpronomen werden wie die Substantive dekliniert (gebeugt):

	Singular			**Plural**		
Kasus	**1. Pers.**	**2. Pers.**	**3. Pers.**	**1. Pers.**	**2. Pers.**	**3. Pers.**
1. Fall: **Nominativ**	*ich*	*du*	*er/sie/es*	*wir*	*ihr*	*sie*
2. Fall: **Genitiv**	*meiner*	*deiner*	*seiner/ihrer/seiner*	*unser*	*euer*	*ihrer*
3. Fall: **Dativ**	*mir*	*dir*	*ihm/ihr/ihm*	*uns*	*euch*	*ihnen*
4. Fall: **Akkusativ**	*mich*	*dich*	*ihn/sie/es*	*uns*	*euch*	*sie*

- **Das Possessivpronomen** (besitzanzeigendes Fürwort)
  Possessivpronomen *(mein/meine – dein/deine – sein/seine – ihr/ihre – unser/unsere – euer/eure – ihr/ihre)* **geben an, zu wem etwas gehört,** z. B.: *mein Buch, deine Tasche, unsere Lehrerin.* Possessivpronomen begleiten meist Substantive und stehen dann in dem gleichen Kasus (Fall) wie das dazugehörige Substantiv, z. B.: *Ich gebe meinen Freunden eine Einladungskarte.* (Wem? → Dativ)
- **Das Demonstrativpronomen** (hinweisendes Fürwort)
  Demonstrativpronomen *(der, die, das/dieser, diese, dieses/jener, jene, jenes/solcher, solche, solches/derselbe, dieselbe, dasselbe)* **weisen besonders deutlich auf eine Person oder Sache hin,** z. B.: *Von allen Jacken gefällt mir diese am besten.* Demonstrativpronomen können als Begleiter oder als Stellvertreter eines Substantivs verwendet werden.
- **Das Relativpronomen** leitet einen Relativsatz (▶ S. 324) ein und bezieht sich meist auf ein Substantiv im Hauptsatz. Relativpronomen sind *der, die, das* und *welcher, welche, welches.*
  Ina trägt heute die Jacke, die sie sich gestern gekauft hat.
- **Das Indefinitpronomen** (unbestimmtes Fürwort)
  Indefinitpronomen sind Wörter, mit denen man **eine ungefähre Menge oder Anzahl** angibt, z. B.: *etwas, manches, alles, nichts, einige, kein, viel, (ein) paar.* Indefinitpronomen **stehen häufig vor substantivierten Adjektiven,** z. B.: *etwas Neues, viel Witziges, alles Gute, nichts Sinnvolles.*

Das Adjektiv (das Eigenschaftswort; Plural: die Adjektive)

► S. 206–207

Adjektive drücken aus, wie etwas ist. Mit Adjektiven können wir die **Eigenschaften** von Lebewesen, Dingen, Vorgängen, Gefühlen und Vorstellungen genauer beschreiben, z. B.:
der starke Wind, der schwache Wind, der eiskalte Wind.
Adjektive werden **kleingeschrieben.** Adjektive, die vor einem Substantiv stehen, haben den gleichen Kasus wie das Substantiv: *der kalte See, die kalten Seen, des kalten Sees.*

- **Steigerung der Adjektive**
  Adjektive kann man steigern (z. B.: *schön – schöner – am schönsten*). So kann man z. B. Dinge und Lebewesen miteinander vergleichen. Es gibt eine Grundform und zwei Steigerungsstufen:

Positiv (Grundform)	**Komparativ (1. Steigerungsstufe)**	**Superlativ (2. Steigerungsstufe)**
Lars ist groß.	*Stefan ist größer.*	*Fabian ist am größten.*

- **Vergleiche mit *wie* und *als*:**
  Vergleiche mit dem Positiv werden mit *wie* gebildet, z. B.: *Tim ist genauso groß wie Yvonne.*
  Vergleiche mit dem Komparativ werden mit dem Vergleichswort *als* gebildet, z. B.: *Meine Schuhe sind kleiner als deine.*

Die Präposition (das Verhältniswort; Plural: die Präpositionen)

► S. 206–207

Präpositionen wie *in, auf, unter* drücken **Verhältnisse und Beziehungen** von Gegenständen, Personen oder anderem aus. Oft beschreiben sie ein **örtliches** Verhältnis *(auf dem Dach)* oder ein **zeitliches** Verhältnis *(bis Mitternacht)*. Sie können aber auch einen **Grund** *(wegen der Hitze)* angeben oder die **Art und Weise** *(mit viel Energie)* bezeichnen.
Beispiele:

■ örtliches Verhältnis	*auf, in, hinter, neben, unter, vor, über, zwischen*
■ zeitliches Verhältnis	*nach, vor, seit, um, während, bis, in*
■ Angabe des Grundes	*wegen, trotz, aufgrund/auf Grund*
■ Angabe der Art und Weise	*ohne, mit*

Präpositionen sind nicht flektierbar (nicht veränderbar). Die Präposition steht in der Regel vor einem Substantiv (mit oder ohne Begleiter) oder Pronomen. Sie bestimmt den Kasus des nachfolgenden Wortes (oder der nachfolgenden Wortgruppe), z. B.: *mit dir, wegen des Regens, bei dem Schnee.*

Die Konjunktion (das Bindewort; Plural: die Konjunktionen)

► S. 217

Konjunktionen **verbinden Satzteile oder Teilsätze** miteinander, z. B.: *Es gab Donner und Blitz. Er konnte nicht an der Wanderung teilnehmen, weil er sich den Fuß verstaucht hatte.*
Die häufigsten Konjunktionen sind: *und, oder, weil, da, nachdem.*

Das Verb (das Tätigkeitswort; Plural: die Verben)

▶ S. 208–212

Mit Verben gibt man an, **was jemand tut** (z. B. *laufen, reden, lachen*), **was geschieht** (z. B. *regnen, brennen*) oder was ist (z. B. *haben, sein, bleiben*). Verben werden kleingeschrieben.

- Der **Infinitiv** (die Grundform) eines Verbs endet auf *-en* oder *-n*, z. B.: *rennen, sagen, antworten, rudern, lächeln*.
- Wenn man ein Verb in einem Satz verwendet, bildet man **die Personalform des Verbs.** Das nennt man **konjugieren (beugen),** z. B.: *such-en* (Infinitiv) → *Ich such-e den Schlüssel* (1. Person Singular). Die Personalform des Verbs wird aus dem Infinitiv des Verbs gebildet. An den Stamm des Verbs wird dabei die passende Personalendung gehängt, z. B.: *sprech-en* (Infinitiv) → *ich sprech-e* (1. Person Singular), *du sprich-st* (2. Person Singular) usw.

Der Imperativ (Befehlsform des Verbs; Plural: die Imperative)

Die Aufforderungsform oder **Befehlsform eines Verbs** nennt man Imperativ. Man kann eine Aufforderung oder einen Befehl an eine Person oder an mehrere Personen richten. Dementsprechend gibt es den Imperativ Singular *(„Bitte komm!", „Lauf weg!")* und den Imperativ Plural *(„Bitte kommt!", „Lauft weg!")*.

- Der **Imperativ Singular** besteht aus dem Stamm des Verbs *(schreiben → schreib!)*, manchmal wird die Endung *-e* angehängt *(reden → rede!)* oder es ändert sich der Stammvokal von *e* zu *i (geben → gib!)*.
- Der **Imperativ Plural** wird in der Regel durch den Stamm des Verbs mit der Endung *-t* oder *-et* gebildet *(schreiben → schreibt!, lesen → lest!, reden → redet!)*.

Die Tempora (Zeitformen) der Verben

▶ S. 208–212

Verben kann man in verschiedenen Zeitformen (Tempora; Sg.: das Tempus) verwenden, z. B. im Präsens, im Präteritum, im Futur. Die Zeitformen der Verben sagen uns, wann etwas passiert, z. B. in der Gegenwart, in der Vergangenheit oder in der Zukunft.

- **Das Präsens** (die Gegenwartsform)
  - Das Präsens wird verwendet, wenn etwas in der **Gegenwart** (in diesem Augenblick) geschieht, z. B.: *Er schreibt gerade einen Brief.* (Es geschieht in diesem Augenblick.)
  - Im Präsens stehen auch **Aussagen, die immer gelten,** z. B.: *Suppe isst man mit dem Löffel.* (Es ist immer gültig.)
  - Man kann das Präsens auch verwenden, **um etwas Zukünftiges auszudrücken.** Meist verwendet man dann eine Zeitangabe, die auf die Zukunft verweist, z. B.: *Morgen gehe ich ins Kino.*

Das Präsens wird gebildet durch den Stamm des Verbs und die entsprechenden Personalendungen, z. B.: *ich schreib-e, du schreib-st ...*

- **Das Futur** (die Zukunftsform)
  - Das Futur wird verwendet, um ein zukünftiges Geschehen auszudrücken, z. B.: *In den Sommerferien werde ich häufig ins Freibad gehen.*
  - Das Futur wird gebildet durch: Personalform von *werden* im Präsens + Infinitiv des Verbs, z. B.: *Ich werde anrufen, du wirst anrufen ...*

- **Das Perfekt**
  Wenn man mündlich von etwas Vergangenem erzählt oder berichtet, verwendet man häufig das Perfekt, z. B.: *Ich habe gerade etwas gegessen. Er ist nach Hause gekommen.*
  Das Perfekt ist eine **zusammengesetzte Vergangenheitsform,** weil es mit einer Form von **„haben"** oder **„sein"** im Präsens (z. B. *hast, sind*) und dem **Partizip II des Verbs** *(gesehen, aufgebrochen)* gebildet wird.
  - Das Partizip II beginnt meist mit *ge-*, z. B.: *lachen → gelacht; gehen → gegangen.*
  - Wenn das Verb schon eine Vorsilbe hat *(ge-, be-* oder *ver-)*, bekommt das Partizip II keine mehr, z. B.: *gelingen → gelungen; beschweren → beschwert; verlieren → verloren.*
- **Das Präteritum**
  Das Präteritum ist eine **einfache Zeitform der Vergangenheit.** Diese Zeitform wird vor allem in schriftlichen Erzählungen (z. B. in Märchen, in Geschichten) und in Berichten verwendet, z. B.: *Sie lief schnell nach Hause, denn es regnete in Strömen.* Man unterscheidet:
  - **regelmäßige (schwache) Verben:** Bei den regelmäßigen Verben ändert sich der Vokal *(a, e, i, o, u)* im Verbstamm nicht, wenn das Verb ins Präteritum gesetzt wird, z. B.: *ich lache* (Präsens) → *ich lachte* (Präteritum),
  - **unregelmäßige (starke) Verben:** Bei den unregelmäßigen Verben ändert sich im Präteritum der Vokal *(a, e, i, o, u)* im Verbstamm, z. B.: *ich singe* (Präsens) → *ich sang* (Präteritum); *ich laufe* (Präsens) → *ich lief* (Präteritum).
- **Das Plusquamperfekt**
  Wenn etwas vor dem passiert, wovon im Präteritum oder im Perfekt erzählt wird, verwendet man das Plusquamperfekt. Das Plusquamperfekt wird deshalb auch **Vorvergangenheit** genannt, z. B.: *Nachdem sie mit dem Fallschirm sicher gelandet war, jubelten die Menschen.*
  Das Plusquamperfekt ist wie das Perfekt eine **zusammengesetzte Vergangenheitsform,** weil es mit einer Form von **„haben"** oder **„sein"** im Präteritum (z. B. *hatte, war*) und dem **Partizip II des Verbs** *(gelesen, aufgebrochen)* gebildet wird, z. B.: *Nachdem wir etwas gegessen hatten, gingen wir in den Zoo. Nachdem wir alle pünktlich angekommen waren, ging es los.*
  Tipp: Die Konjunktion *nachdem* leitet oft einen Satz im Plusquamperfekt ein.

Partizip I und II

Das **Partizip I** (Partizip Präsens) setzt sich aus **Verbstamm + (e)nd** zusammen, z. B.: *gehend, zitternd, singend.*
- Mit Hilfe des Partizips I können **gleichzeitig ablaufende Handlungen** beschrieben werden, z. B.: *Die Frau sitzt lesend im Sessel.*
- Das Partizip I kann vor einem Substantiv wie ein Adjektiv verwendet werden. Es passt sich dann in Genus, Numerus und Kasus an das Substantiv an, das es begleitet, z. B.: *Die lesende Frau sitzt im Sessel. Ein dampfender Tee steht neben ihr auf dem Tisch.*

Das **Partizip II** (Partizip Perfekt) setzt sich zusammen aus **ge + Verbstamm + (e)t oder en,** z. B.: *gezittert, gelaufen.*
- Das Partizip II wird für die **Bildung von zusammengesetzten Zeitformen (Perfekt und Plusquamperfekt)** verwendet, z. B.: *ich habe gelacht* (Perfekt), *ich bin angekommen* (Perfekt); *ich hatte gelacht* (Plusquamperfekt), *ich war angekommen* (Plusquamperfekt).
- Viele Perfektpartizipien können vor einem Substantiv wie ein Adjektiv verwendet werden. Sie passen sich dann in Genus, Numerus und Kasus an das Substantiv an, das sie begleiten, z. B.: *Die verblühten Rosen stehen auf dem Tisch.*

Aktiv und Passiv der Verben

► S. 76–77; 211–212

Das Aktiv und das Passiv sind zwei Verbformen, die man bei der Darstellung von Handlungen und Vorgängen unterscheidet. Man kann aus zwei Perspektiven schauen:

Aktiv: Der Handelnde (Handlungsträger) wird betont, z. B.:
Die Mannschaft wählt den Kapitän.

Passiv: Die Handlung/der Vorgang wird betont, z. B.:
Der Kapitän wird (von der Mannschaft) gewählt.

- Im **Aktiv** ist wichtig, **wer** handelt/etwas tut. Im **Passiv** wird betont, **was** geschieht.
- Im Passivsatz kann der Handelnde ergänzt werden (z. B. *von der Mannschaft*).
- Das Passiv wird meist mit einer Form von **werden** und dem **Partizip Perfekt des Verbs** gebildet, z. B.: *wird gewählt, werden aufgeteilt.*

Der Konjunktiv in der indirekten Rede

Wenn man wiedergeben möchte, was jemand gesagt hat, verwendet man die indirekte Rede.
Das Verb steht im Konjunktiv I, z. B.:

- *Anja sagt: „Ich **muss** mit meinem Hund täglich trainieren." (wörtliche Rede im Indikativ)*
- *Anja sagte, sie **müsse** mit ihrem Hund täglich trainieren. (indirekte Rede im Konjunktiv I)*

Bildung des Konjunktivs

Der Konjunktiv wird durch den Stamm des Verbs (Infinitiv ohne -en) und die entsprechende Personalendung gebildet, z. B.:

Indikativ Präsens	Konjunktiv I
ich komm-e	ich komm-e
du komm-st	du komm-est
er/sie/es komm-t	er/sie/es komm-e
wir komm-en	wir komm-en
ihr komm-t	ihr komm-et
sie komm-en	sie komm-en

Das Adverb (Umstandswort; Plural: die Adverbien)

► S. 216

Adverbien *(dort, oben, hier, jetzt, kürzlich, heute, kaum, sehr, vergebens, gern, leider, deshalb, nämlich)* **machen nähere Angaben zu einem Geschehen.** Sie erklären genauer, **wo, wann, wie und warum** etwas geschieht, z. B.: *Hier sitze ich gern. Dieser Platz gefällt mir nämlich am besten.*

- Adverbien werden **kleingeschrieben.**
- Die Wortart des Adverbs kann man leicht mit dem Adjektiv verwechseln. Das **Adverb** ist aber im Gegensatz zum Adjektiv **nicht veränderbar** (nicht flektierbar).

Wortbildung

Umgang mit Begriffen

▶ S. 79

Ober- und Unterbegriffe

Ein **Oberbegriff** fasst mehrere Gegenstände oder Eigenschaften zusammen, die gemeinsame Merkmale haben, z. B.: **Oberbegriff:** *Stiefel*
Unterbegriffe: *Gummistiefel, Bikerstiefel, Reitstiefel ...*

Wortbildung: Zusammensetzung und Ableitung

▶ S. 220–226

Wortzusammensetzungen

▶ S. 220–221

Die **Wortzusammensetzung** ist in der deutschen Sprache eine wichtige **Methode, um neue Wörter zu bilden.** Mit Hilfe dieser neu gebildeten Wörter kann man Dinge und Sachverhalte genauer und oft auch unkompliziert beschreiben, z. B.:
Kupfer + Kessel = Kupferkessel (Substantiv + Substantiv),
bunt + Specht = Buntspecht (Adjektiv + Substantiv),
Blitz + schnell = blitzschnell (Substantiv + Adjektiv),
tief + rot = tiefrot (Adjektiv + Adjektiv),
schneiden + Brett = Schneidebrett (Verb + Substantiv).
Die Teile einer **Zusammensetzung** heißen **Grundwort** und **Bestimmungswort.** Das Grundwort steht immer an letzter Stelle, z. B.: *Suppenlöffel, Teelöffel, Rührlöffel.* Das Grundwort wird durch das Bestimmungswort näher beschrieben. **Die Wortart** der Zusammensetzung wird durch das **Grundwort bestimmt.**

Ableitungen

▶ S. 222–223

Mit Präfixen (Vorsilben) und **Suffixen** (Nachsilben) kann man aus vorhandenen Wörtern **neue Wörter** ableiten. Diese neuen Wörter haben auch eine **neue Bedeutung** und helfen daher dabei, sich genau auszudrücken.

- **Neue Verben** bildet man z. B. mit den Präfixen *be-, ent-, er-, ge-, miss-, ver-, zer-.*
- **Neue Adjektive** bildet man z. B. mit den Suffixen *-ig, -bar, -lich, -sam, -isch.*
- **Neue Substantive** bildet man z. B. mit den Suffixen *-nis, -heit, -keit, -ung, -schaft, -tum.*

Achtung: Die Suffixe bestimmen die Wortart. Die Groß- und Kleinschreibung kann sich daher ändern.

Wortfamilie

▶ S. 224

Wörter, die den **gleichen Wortstamm** (Grundbaustein) haben, gehören zu einer **Wortfamilie,** z. B.: *fahren, Fahrbahn, befahren, verfahren.*
Wörter einer Wortfamilie werden durch Ableitungen *(befahren, fahrbar)* und Zusammensetzungen *(Fahrbahn)* gebildet.
Der Wortstamm wird in allen verwandten Wörtern gleich oder ähnlich geschrieben, z. B.:
reisen → abgereist, verreisen, die Reise.

Wortbedeutung

Synonyme und Antonyme

► S. 82–83

Synonyme: Wörter mit **(fast) gleicher Bedeutung** bezeichnet man als Synonyme. Mit Hilfe von Synonymen können wir **Wiederholungen** (z. B. in einem Text) **vermeiden,** indem wir ein anderes, ähnliches Wort verwenden, z. B.: statt *sagen: reden, mitteilen, sprechen.*

Antonyme: Wörter, die in ihrer Bedeutung **gegensätzlich** sind, nennt man Antonyme, z. B.: *groß – klein, stark – schwach.*

Wortfeld

► S. 82–83

Wörter oder Wendungen, die eine **ähnliche Bedeutung** haben, bilden ein Wortfeld. Je mehr Wörter eines Wortfeldes man kennt, desto größer ist der eigene Sprachschatz.

Bildlicher Sprachgebrauch

Vergleiche

► S. 147

Bei einem Vergleich werden zwei verschiedene Vorstellungen durch ein „wie" oder ein „als ob" miteinander verknüpft, z. B.: *Das Meer glänzte schwarz wie die Nacht. In meinem Zimmer sah es aus, als ob ein Orkan durchgezogen wäre.*

Metaphern

► S. 146–151

Bei einer Metapher wird ein **Wort** nicht wörtlich, sondern **in einer übertragenen (bildlichen) Bedeutung** gebraucht, z. B.: *Nussschale für ein kleines Boot, Suppe für Nebel.* Im Unterschied zum direkten Vergleich fehlt bei der Metapher das Vergleichswort „wie", z. B.: *Wolken sind (wie) flockige Länder.*

Personifikation

► S. 150

Die Personifikation (Vermenschlichung) ist eine besondere Form der Metapher: Leblose Gegenstände, Begriffe oder die Natur werden vermenschlicht, d. h., ihnen werden menschliche Verhaltensweisen und Eigenschaften zugesprochen, z. B.: *Die Natur schläft. Das Glück lacht. Der Tag verabschiedet sich. Das Veilchen träumt.*

Satzglieder

Satzglieder erkennen: Die Umstellprobe

► S. 229

Ein Satz besteht aus verschiedenen Satzgliedern. Diese Satzglieder können aus einem einzelnen Wort oder aus mehreren Wörtern (einer Wortgruppe) bestehen.
Mit der **Umstellprobe** könnt ihr feststellen, wie viele Satzglieder ein Satz hat. Wörter und Wortgruppen, die bei der Umstellprobe immer zusammenbleiben, bilden ein Satzglied, z. B.:

Gefährliche Vampirmäuse jagen ungern in mondlosen Nächten.
In mondlosen Nächten jagen gefährliche Vampirmäuse ungern.

Das Prädikat (Plural: die Prädikate)

► S. 230–231

Der **Kern des Satzes** ist das Prädikat (Satzaussage). Prädikate werden durch Verben gebildet.
In einem Aussagesatz steht die Personalform des Verbs (der gebeugte Teil) **immer an zweiter Satzgliedstelle,** z. B.: *Die Vampirmaus zeigte Anna ihre Krallen.*
Das Prädikat kann mehrteilig sein, z. B.: *Ein Schrei schreckt Anna auf. Der Schrei hat Anna aufgeweckt.*

Das Subjekt (Plural: die Subjekte)

► S. 230–231

Das Satzglied, das in einem Satz angibt, wer oder was handelt, etwas tut, veranlasst ..., heißt Subjekt (Satzgegenstand), z. B.: *Der Vampir biss seinen Nachbarn.*

- Ihr könnt das Subjekt mit der **Frage „Wer oder was ...?“** ermitteln.
  Der Vampir biss seinen Nachbarn. → Wer oder was biss seinen Nachbarn?
- Das Subjekt eines Satzes kann aus einem oder aus mehreren Wörtern bestehen, z. B.:
  Die scharfen Zähne bohrten sich in die Haut. → Wer oder was bohrte sich in die Haut?
- Das Subjekt eines Satzes **steht immer im Nominativ (1. Fall;** ► S. 313).

Die Objekte

► S. 230–231; 233–236

- **Akkusativobjekt:** Das Objekt, das im Akkusativ steht, heißt Akkusativobjekt. Ihr ermittelt es mit der Frage: **Wen oder was ...?,** z. B.: *Wen oder was schreibt Lisa? → Lisa schreibt eine Vampirgeschichte.*
- **Dativobjekt:** Das Objekt, das im Dativ steht, heißt Dativobjekt. Ihr ermittelt es mit der Frage: **Wem ...?,** z. B.: *Wem hört Helena zu? → Helena hört Lisa zu.*
  Objekte können aus einem oder aus mehreren Wörtern bestehen.

- **Genitivobjekt:** Das Genitivobjekt ist ein Satzglied, das man mit der Frage **Wessen ...?** ermittelt, z. B.: *Er wird des Diebstahls angeklagt.* → *Wessen wird er angeklagt?*
  Das Genitivobjekt wird heute nur noch selten verwendet. Es gibt nur wenige Verben, die ein Genitivobjekt fordern, z. B.: *gedenken (der Toten gedenken), sich rühmen (sich des Sieges rühmen), sich bedienen (sich einer guten Ausdrucksweise bedienen).*
- **Präpositionalobjekt:** Das Präpositionalobjekt steht nach Verben, die fest mit einer Präposition verbunden sind, z. B.: *lachen über, achten auf, denken an, warten auf.*
  Diese Präposition ist auch im Fragewort enthalten, z. B.:
  *Die Einbrecher hoffen **auf** eine reiche Beute.* → *Wor**auf** hoffen die Einbrecher?*
  *Sie fürchten sich **vor** der Polizei.* → *Wo**vor** fürchten sie sich?*
  Nach den Präpositionalobjekten fragt man z. B. mit: Wofür ...? Wonach ...? Womit ...? Wovon ...? Worüber ...? Woran ...?

Das Prädikativ

Das Verb *sein* verlangt neben dem Subjekt ein weiteres Satzglied, das Prädikativ. Das Prädikativ kann ein **Substantiv** oder ein **Adjektiv** sein, z. B.: *Er ist der Klassensprecher. Ich bin sportlich.*
Das Prädikativ ergänzt das Prädikat (Verb) und bezieht sich zugleich auf das Subjekt des Satzes. Weitere Verben, die häufig ein Prädikativ verlangen, sind: *bleiben, werden, heißen.*

Die adverbialen Bestimmungen (auch: Adverbialien)

► S. 232

- Adverbiale Bestimmungen (Umstandsbestimmungen) sind Satzglieder, die man z. B. mit den Fragen **Wann ...? Wo ...? Warum ...? Wie ...?** ermittelt. Sie liefern zusätzliche **Informationen über den Ort** (adverbiale Bestimmung des Ortes), **über die Zeit** (adverbiale Bestimmung der Zeit), **über den Grund** (adverbiale Bestimmung des Grundes) und **über die Art und Weise** (adverbiale Bestimmung der Art und Weise) eines Geschehens oder einer Handlung.
- Adverbiale Bestimmungen können aus einem oder aus mehreren Wörtern bestehen.
- Durch die Frageprobe kann man ermitteln, welche adverbiale Bestimmung vorliegt.

Frageprobe	Satzglied	Beispiel
Wo? Wohin? Woher?	**adverbiale Bestimmung des Ortes**	*Wo versteckt sich die Maus?* *Die Maus versteckt sich im Hauseingang.*
Wann? Wie lange? Seit wann?	**adverbiale Bestimmung der Zeit**	*Wann wurde die Katze gebissen?* *Die Katze wurde in der letzten Nacht gebissen.*
Warum? Weshalb?	**adverbiale Bestimmung des Grundes**	*Warum sind Vampirgeschichten beliebt?* *Wegen der Lust am Gruseln sind Vampirgeschichten beliebt.*
Wie? Auf welche Weise? Womit?	**adverbiale Bestimmung der Art und Weise**	*Wie töten Vampire ihre Opfer?* *Vampire töten ihre Opfer mit einem Biss.*

Die Attribute (Beifügungen)

▶ S. 237–242

Attribute **bestimmen ein Bezugswort** (meist ein Substantiv) **näher.** Sie sind **immer Teil eines Satzglieds** und bleiben bei der Umstellprobe fest mit ihrem Bezugswort verbunden, z. B.:

Der große Mann / stiehlt / die Tasche.

Die Tasche / stiehlt / der große Mann.

Attribut Bezugswort

Attribute stehen **vor oder nach** ihrem **Bezugswort.**
Man kann sie mit **„Was für ...?"** erfragen.

Was für ein Mann? → *ein großer Mann* → *ein Mann mit schwarzen Haaren*

Attribut Bezugswort Bezugswort Attribut

Formen des Attributs

Es gibt verschiedene Formen des Attributs:

- **Adjektivattribut,** z. B.: *die große Tasche*
- **präpositionales Attribut,** z. B.: *das Versteck hinter dem Baum*
- **Genitivattribut,** z. B.: *der Komplize des Erpressers*
- **Apposition** (nachgestelltes Substantiv im gleichen Kasus wie das Bezugswort), z. B.: *Herr Schummel, der Geldfälscher, tauchte unter.*

Proben

- **Umstellprobe: Satzanfänge abwechslungsreich gestalten**
  Durch die Umstellprobe könnt ihr eure Texte abwechslungsreicher gestalten. Ihr stellt z. B. die Satzglieder so um, dass die Satzanfänge nicht immer gleich sind, z. B.:
  Ich habe mir heute eine Überraschung ausgedacht. Ich will eine Schatzsuche veranstalten.
  → *Heute habe ich mir eine Überraschung ausgedacht. Ich will eine Schatzsuche veranstalten.*
- **Ersatzprobe: Wortwiederholungen vermeiden**
  Mit der Ersatzprobe könnt ihr Satzglieder, die sich in eurem Text häufig wiederholen, durch andere Wörter ersetzen, z. B.:
  Ich kenne ein Spiel. ~~Das Spiel~~ (→ Es) kommt aus Indien.
  Zuerst zeichnet man ein Spielbrett. Danach ~~zeichnet~~ (→ erstellt) man die Spielsteine.
- **Weglassprobe: Texte straffen, Wiederholungen vermeiden**
  Mit der Weglassprobe könnt ihr prüfen, welche Wörter in einem Text gestrichen werden sollten, weil sie überflüssig sind oder umständlich klingen, z. B.:
  Als wir den Schatz fanden, jubelten wir vor Freude ~~über den gefundenen Schatz~~.
- **Erweiterungsprobe: Genau und anschaulich schreiben**
  Mit der Erweiterungsprobe könnt ihr prüfen, ob eine Aussage genau genug oder anschaulich genug ist oder ob ihr noch etwas ergänzen solltet, z. B.:
  √ *Ich wünsche mir ein Buch* √. → *Zum Geburtstag wünsche ich mir ein Buch über Piraten.*
  Wann? Worüber?

Sätze

Satzarten

Je nachdem, ob wir etwas aussagen, fragen oder jemanden auffordern wollen, verwenden wir unterschiedliche Satzarten: Aussagesatz, Fragesatz und Aufforderungssatz.
In der gesprochenen Sprache erkennen wir die verschiedenen Satzarten oft an der Stimmführung, in der geschriebenen Sprache an den unterschiedlichen Satzschlusszeichen: Punkt, Fragezeichen und Ausrufezeichen.

- Nach einem **Aussagesatz** steht ein **Punkt,** z. B.: *Ich gehe jetzt ins Schwimmbad.*
- Nach einem **Fragesatz** steht ein **Fragezeichen,** z. B.: *Hast du heute Nachmittag Zeit?*
- Nach einem **Ausrufe- oder Aufforderungssatz** steht meist ein **Ausrufezeichen,** z. B.: *Vergiss die Sonnencreme nicht! Beeilt euch!*

Die Satzreihe: Hauptsatz + Hauptsatz

▶ S. 243

- Ein **Hauptsatz** ist ein selbstständiger Satz. Er enthält mindestens zwei Satzglieder, nämlich Subjekt und Prädikat, z. B.: *Peter schwimmt.*
  Die Personalform des Verbs (das gebeugte Verb) steht im Hauptsatz an zweiter Satzgliedstelle, z. B.: *Peter schwimmt im See.*
- Ein **Satz,** der **aus zwei oder mehr Hauptsätzen** besteht, wird **Satzreihe** genannt. Die einzelnen Hauptsätze einer Satzreihe werden durch ein **Komma** voneinander getrennt, z. B.:
  Peter schwimmt im See, Philipp kauft sich ein Eis.
- Häufig werden die Hauptsätze durch die nebenordnenden **Konjunktionen** (Bindewörter) *und, oder, aber, sondern, denn, doch* verbunden, z. B.: *Peter schwimmt im See, denn es ist sehr heiß.*
  Nur vor den Konjunktionen *und* bzw. *oder* darf das Komma wegfallen, z. B.: *Peter schwimmt im See und Philipp kauft sich ein Eis.*

Satzgefüge: Hauptsatz + Nebensatz

▶ S. 244–250

Einen **Satz,** der **aus** mindestens einem **Hauptsatz und** mindestens einem **Nebensatz** besteht, nennt man **Satzgefüge.** Zwischen Hauptsatz und Nebensatz muss **immer ein Komma** stehen, z. B.:

Weil die Sonne scheint, gehen wir heute ins Schwimmbad.
Nebensatz — Hauptsatz

Der Regen, der seit Stunden fällt, war nach der Hitze nötig.
Hauptsatz — Nebensatz — Hauptsatz (Fortsetzung)

Nebensätze haben folgende Kennzeichen:

- Ein Nebensatz kann **nicht ohne** einen **Hauptsatz** stehen.
- Der Nebensatz **ist dem Hauptsatz untergeordnet.**
- **Nebensätze** werden **durch** eine unterordnende **Konjunktion** (z. B. *weil, da, obwohl, damit, dass, sodass, nachdem, während*) oder ein **Relativpronomen** *(der, die, das, welcher, welche, welches)* **eingeleitet.**
- Nebensätze, die durch ein Relativpronomen eingeleitet werden, nennt man **Relativsätze.**
- Die **Personalform des Verbs** (das gebeugte Verb) steht im Nebensatz immer **an letzter Satzgliedstelle.**

Zeichensetzung

Satzschlusszeichen

- Nach einem **Aussagesatz** steht ein **Punkt,** z. B.: *Ich gehe jetzt ins Schwimmbad.*
- Nach einem **Fragesatz** steht ein **Fragezeichen,** z. B.: *Hast du heute Nachmittag Zeit?*
- Nach einem **Ausrufe- oder Aufforderungssatz** steht meist ein **Ausrufezeichen,** z. B.: *Vergiss die Sonnencreme nicht! Beeilt euch!*

Das Komma zwischen Sätzen

▶ S. 244–250; 274–277; 286

Die einzelnen **Hauptsätze einer Satzreihe** werden durch ein **Komma** voneinander getrennt, z. B.: *Peter schwimmt im See, Philipp kauft sich ein Eis.*
Nur vor den Konjunktionen *und* bzw. *oder* darf das Komma wegfallen, z. B.: *Peter schwimmt im See und Philipp kauft sich ein Eis.*
Zwischen Hauptsatz und Nebensatz (Satzgefüge) muss **immer ein Komma** stehen, z. B.: *Wir gehen heute ins Schwimmbad, weil die Sonne scheint.*

In einem Satzgefüge kann der Nebensatz vor, zwischen oder nach dem Hauptsatz stehen, z. B.:
Tina und Florian möchten am Wochenende eine Kanutour machen, wenn die Sonne scheint.
Tina und Florian möchten am Wochenende, wenn die Sonne scheint, eine Kanutour machen.
Wenn die Sonne scheint, möchten Tina und Florian am Wochenende eine Kanutour machen.

Das Komma bei Aufzählungen

▶ S. 272; 285

Wörter und Wortgruppen in Aufzählungen werden **durch Kommas abgetrennt,** z. B.: *Mit Wolle, Garn, Stoffen, Perlen kann man immer etwas anfangen.*
Dies gilt auch, wenn das Wort oder die Wortgruppe durch eine einschränkende Konjunktion wie *aber, jedoch, sondern, doch, jedoch* eingeleitet wird, z. B.: *Dieses Spiel ist kurz, aber sehr lustig.*
Achtung: Kein Komma steht vor den nebenordnenden Konjunktionen *und, oder, sowie, entweder … oder, sowohl … als auch,* z. B.: *Hier gibt es sowohl Sportkleidung als auch Sportgeräte.*

Zeichensetzung bei der wörtlichen Rede

▶ S. 270–271; 284

Die wörtliche Rede steht in einem Text in Anführungszeichen. Die Satzzeichen ändern sich, je nachdem, ob der Redebegleitsatz vor, nach oder zwischen der wörtlichen Rede steht.

- Der **Redebegleitsatz vor der wörtlichen Rede** wird durch einen Doppelpunkt von der wörtlichen Rede abgetrennt, z. B.: *Tina rief: „O weh!“*
- Der **Redebegleitsatz nach der wörtlichen Rede** wird durch ein Komma von der wörtlichen Rede abgetrennt, z. B.: *„O weh!“, rief Tina.*
- Der **Redebegleitsatz zwischen der wörtlichen Rede** wird durch Kommas von der wörtlichen Rede abgetrennt, z. B.: *„O weh“, rief Tina, „der Papagei!“*

Tipps zum Rechtschreiben

Verwandte Wörter suchen (Ableitungsprobe)

- Wenn ihr unsicher seid, wie ein Wort geschrieben wird, hilft fast immer die Suche nach einem verwandten Wort. Der Wortstamm (= Grundbaustein) wird in allen verwandten Wörtern gleich oder ähnlich geschrieben, z. B.: *reisen: abgereist, verreisen, die Reise.*
- Ihr schreibt ein Wort mit **ä** oder **äu,** wenn es ein verwandtes Wort mit **a** oder **au** gibt, z. B.:
  - **e** oder **ä**? → *Gläser* → *Glas*
  - **eu** oder **äu**? → *Träume* → *Traum*

  Gibt es kein verwandtes Wort mit **a** oder **au,** schreibt man das Wort meist mit **e** oder **eu.**

Wörter verlängern (Verlängerungsprobe)

Am Wortende klingt **b** wie **p** *(das Lob)*, **g** wie **k** *(der Tag)* und **d** wie **t** *(der Hund)*. Wenn ihr die Wörter verlängert, hört ihr, welchen Buchstaben ihr schreiben müsst. So könnt ihr Wörter verlängern:

- Bildet bei Substantiven den Plural, z. B.: *der Tag* → *die Tage*, oder ein Adjektiv, z. B. *der Sand* → *sandig.*
- Steigert die Adjektive oder ergänzt ein Substantiv, z. B.: *wild* → *wilder; ein wildes Tier.*
- Bildet bei Verben den Infinitiv oder die Wir-Form, z. B.: *er lobt* → *loben; wir loben.*

Im Wörterbuch nachschlagen

- Die Wörter sind **nach dem Alphabet sortiert.** Wenn der erste, zweite ... Buchstabe gleich ist, wird die Reihenfolge nach dem zweiten, dritten ... Buchstaben entschieden, z. B.: *Flamme, Fleiß, Floß.*
- Die Wörter sind im Wörterbuch in ihrer **Grundform** verzeichnet.
  - **Verben** findet ihr **im Infinitiv** (Grundform), z. B.: *ich habe gewusst* → *wissen.*
  - **Substantive** findet ihr **im Nominativ Singular** (1. Fall, Einzahl), z. B.: *die Hände* → *Hand.*

Silbentrennung

Mehrsilbige Wörter trennt man nach Sprechsilben, die man beim deutlichen und langsamen Vorlesen hören kann, z. B.: *Spa-zier-gang.* Ein einzelner Vokalbuchstabe wird nicht abgetrennt, z. B.: *Igel* (nicht ~~*I-gel*~~). Beachtet: Einsilbige Wörter kann man nicht trennen, z. B.: *Tisch, blau.*

Partnerdiktat

- Lest zuerst den gesamten Text durch und achtet auf schwierige Wörter.
- Diktiert euch abwechselnd den ganzen Text, am besten in Wortgruppen.
- Jeder überprüft am Ende seinen eigenen Text auf Rechtschreibfehler und verbessert sie.
- Tauscht dann eure Texte und korrigiert sie gegenseitig.
- Verbessert zum Schluss die Fehler in euren Texten.

Rechtschreibregeln

Kurze Vokale – doppelte Konsonanten

▶ S. 259

Nach einem **betonten kurzen Vokal** (Selbstlaut) folgen fast immer **zwei** oder mehr Konsonanten. Beim deutlichen Sprechen könnt ihr sie meist gut unterscheiden, z. B.: *kalt, Pflanze, trinken.* Wenn ihr bei einem Wort mit einem betonten kurzen Vokal nur einen **Konsonanten** hört, dann wird er in der Regel **verdoppelt,** z. B.: *Tasse, Schiff, wissen, treffen, sonnig, satt.*
Beachte: Statt kk schreibt man **ck** und statt zz schreibt man **tz,** z. B.: *verstecken, Decke, Katze, verletzen.*

Lange Vokale (a, e, i, o, u)

▶ S. 260–262

- **Lange Vokale als einfache Vokale**
  In den meisten Wörtern ist der betonte lange Vokal ein einfacher Vokal. Danach folgt meist nur ein Konsonant, z. B.: *die Flöte, die Hose, der Besen, geben, tragen, er kam.*
  Das gilt besonders für einsilbige Wörter: *zu, los, so, wen.*

- **Lange Vokale mit h**
  Das **h** nach einem **langen Vokal** steht besonders häufig vor den Konsonanten **l, m, n, r.** Beispiele: *kahl, nehmen, wohnen, bohren.* Man hört dieses h nicht.

- **h am Silbenanfang**
  Bei manchen Wörtern steht am Anfang der zweiten Silbe ein **h,** z. B.: *ge-hen.* Dieses **h** könnt ihr hören. Das **h** bleibt in verwandten Wörtern erhalten. Verlängert einsilbige Wörter, dann hört ihr dieses **h,** z. B.: *er geht → gehen.*

- **Wörter mit Doppelvokal**
  Es gibt nur wenige Wörter, in denen der lang gesprochene Vokal durch die Verdopplung gekennzeichnet ist. Merkt sie euch gut.
  - **aa:** *der Aal, das Haar, paar, das Paar, der Saal, die Saat, der Staat, die Waage.*
  - **ee:** *die Beere, das Beet, die Fee, das Heer, der Klee, das Meer, der Schnee, der See.*
  - **oo:** *das Boot, doof, das Moor, das Moos, der Zoo.*

  Die Vokale **i** und **u** werden nie verdoppelt.

- **Wörter mit langem i**
  - **Wörter mit ie:** Mehr als drei Viertel aller Wörter mit lang gesprochenem **i** werden mit **ie** geschrieben. Das ist also die häufigste Schreibweise. Beispiele: *das Tier, lieb, siegen, viel, hier.*
  - **Wörter mit i:** Manchmal wird das lang gesprochene **i** durch den Einzelbuchstaben **i** wiedergegeben. Beispiele: *mir, dir, wir, der Igel, das Klima, das Kino, der Liter.*
  - **Wörter mit ih:** Nur in den folgenden Wörtern wird der lange **i**-Laut als **ih** geschrieben: *ihr, ihm, ihn, ihnen, ihre* usw.

Das stimmhafte s und das stimmlose s

▶ S. 263–264

- **Das stimmhafte s (= weicher, gesummter s-Laut):** Manchmal spricht man das **s** weich und summend wie in *Sonne, tausend* oder *seltsam*. Dann nennt man das **s** stimmhaft.
- **Das stimmlose s (= harter, gezischter s-Laut):** Manchmal spricht man das **s** hart und zischend wie in *Gras* oder *küssen* oder *schließen*. Dann nennt man das **s** stimmlos.

Die Schreibung des s-Lautes: s, ss oder ß?

▶ S. 263–264

- Das **stimmhafte s wird immer mit einfachem s** geschrieben, z. B. *eisig, Riese, Sonne.*
- Das **stimmlose s** wird **mit einfachem s** geschrieben, **wenn sich beim Verlängern** des Wortes **ein stimmhaftes s ergibt,** z. B.: *das Gras → die Gräser; uns → unser.*
  Für einige Wörter mit einfachem **s** am Wortende gibt es keine Verlängerungsmöglichkeit.
  Es sind also Merkwörter: *als, aus, bis, es, was, etwas, niemals, alles, anders, morgens.*
- **Doppel-s nach kurzem Vokal**
  Der stimmlose s-Laut wird **nach einem kurzen betonten Vokal** mit **ss** geschrieben, z. B.: *essen, die Klasse, wissen.*
- **ß nach langem Vokal oder Diphthong**
  Der stimmlose s-Laut wird **nach einem langen Vokal oder Diphthong** (ei, ai, au, äu, eu) mit **ß** geschrieben, wenn er bei der Verlängerungsprobe stimmlos bleibt, z. B.: *heiß → heißer; der Kloß → die Klöße.*

Großschreibung

▶ S. 254–258; 281–283

Großgeschrieben werden

- alle Satzanfänge, z. B.: ***E**r tanzt gern.*
- alle Substantive und substantivierten Wörter, z. B.: *die **L**iebe, der **B**uchhändler, das **S**chwimmbad, etwas **N**eues, gutes **Z**uhören ...*
- die Höflichkeitsanrede (z. B. in einem Brief) ***S**ie, **I**hnen* usw.

Substantive und Substantivmerkmale

▶ S. 254; 281–282

- **Substantive** werden **großgeschrieben.** Wörter, die auf *-heit, -keit, -nis, -schaft, -tum, -in, -ung* enden, sind Substantive, z. B.: *Gesundheit, Tapferkeit, Ereignis, Verwandtschaft, Irrtum, Sängerin, Handlung.*
- **Substantive kann man meist an ihren Begleitwörtern (Substantivsignalen) erkennen,** die den Substantiven vorausgehen. Begleitwörter sind:
  - **Artikel** (bestimmter/unbestimmter), z. B.: *der Hund, ein Hund.*
  - **Pronomen,** z. B.: *unser Hund, dieser Hund.*
  - **Präpositionen,** die mit einem Artikel verschmolzen sein können, z. B.: *bei Nacht, am (= an dem) Fluss.*
  - **Adjektive,** z. B.: *große Hunde.*
  - **Zahlwörter,** z. B.: *zwei Tage, drei Stunden.*

Substantivierungen: Großschreibung von Verben und Adjektiven

▶ S. 255–258; 282–283

Verben und Adjektive schreibt man **groß,** wenn sie im Satz **als Substantive gebraucht** werden, z. B.: *das Spielen* (Verb), *das Neue* (Adjektiv). Diesen Vorgang nennt man **Substantivierung.** Ihr könnt solche Substantivierungen genau wie alle anderen Substantive meist an ihren **Begleitwörtern** erkennen, z. B.:

- ein **Artikel,** z. B.: *das Spielen, ein Gutes.*
- ein **Adjektiv,** z. B.: *fröhliches Lachen.*
- eine **Präposition,** die mit einem Artikel verschmolzen sein kann, z. B.: *vor Lachen, bei Rot, beim (bei dem) Spielen, im (in dem) Großen und Ganzen.*
- ein **Pronomen,** z. B.: *dieses Laufen* (Demonstrativpronomen), *unser Bestes* (Possessivpronomen), *etwas Neues, alles Gute* (Indefinitpronomen).

Weil Verbindungen von Indefinitpronomen und substantivierten Adjektiven häufig vorkommen (z. B.: *etwas Neues, alles Gute*), lernt ihr diese Pronomen am besten als Substantivsignale auswendig, z. B.: *etwas, manches, alles, nichts, einige, kein, viel, (ein) paar.*

Tipp: Nicht immer wird ein substantiviertes Wort durch einen Substantivbegleiter angekündigt. Macht die Probe: Wenn ihr einen Substantivbegleiter (z. B. einen Artikel) ergänzen könnt, schreibt ihr groß, z. B.: *Nicht nur (das) Rätseln ist ein schöner Zeitvertreib.*

Kleinschreibung

Klein schreibt man

- alle **Verben,** z. B.: *malen, tanzen, gehen.*
- alle **Adjektive,** z. B.: *freundlich, sonderbar, rostig.*
  Viele Adjektive kann man an typischen Adjektivendungen erkennen: *-bar, -sam, -isch, -ig, -lich, -haft.*
- alle **Pronomen,** z. B.:
  - **Personalpronomen** (persönliche Fürwörter), z. B.: *ich, du, er/sie/es, wir, ihr, sie, mich, dich.*
  - **Possessivpronomen** (besitzanzeigende Fürwörter), z. B.: *mein, dein, sein, ihr, euer.*
  - **Demonstrativpronomen** (hinweisende Fürwörter), z. B.: *der, die, das/dieser, diese, dieses/jener, jene, jenes/solcher, solche, solches/derselbe, dieselbe, dasselbe.*
  - **Indefinitpronomen** (unbestimmte Fürwörter), z. B.: *etwas, manches, alles, nichts, einige, kein, viel, (ein) paar.*
- alle **Präpositionen,** z. B.: *in, auf, unter, ohne, zwischen, mit.*

Tipp: Eine Sonderregelung gibt es bei den **Anredepronomen in Briefen und Mails:**

- Wenn ihr jemanden siezt, schreibt ihr die Anredepronomen groß, z. B.: *Sie, Ihnen, Ihr.*
- Die vertraute Anrede „du" kann man kleinschreiben, z. B.: *dir, dein, euch, euer.*

Arbeitstechniken und Methoden

Informationen beschaffen und auswerten

► S. 181

Wenn ihr Informationen über ein bestimmtes Thema sucht oder etwas nachschlagen wollt, stehen euch verschiedene Möglichkeiten der Information zur Verfügung. Die wichtigsten **Informationsquellen** sind **Bücher** (Lexika, Sach- oder Fachbücher), **Zeitschriften** und das **Internet.**

- **Bücher und Zeitschriften** findet ihr **in der Bibliothek** (Bücherei), z. B. in der Schul-, der Stadt- oder der Gemeindebibliothek. Wie ihr in einer Bibliothek mit dem Computer nach Büchern und anderen Medien suchen könnt, erfahrt ihr unten auf dieser Seite.
- Um im **Internet** gezielt nach Informationen zu suchen, verwendet man so genannte **Suchmaschinen**. Gute Suchmaschinen für Kinder und Jugendliche sind z. B. www.blinde-kuh.de; www.helles-koepfchen.de; www.fragfinn.de; www.loopilino.de.
  Gibt man einen **Suchbegriff** in eine Suchmaschine ein (z. B. *Orang-Utan*), durchsucht diese das Internet nach dem Begriff und zeigt euch Internetseiten an, die den Suchbegriff enthalten. Gebt ihr zwei Suchbegriffe ein (z. B. *Orang-Utan* und *Lebensraum*), beschränkt sich die Suche auf Seiten, die beide Begriffe enthalten.

Informationen auswerten

- Lest die Texte und verschafft euch einen Überblick über ihre Inhalte.
- Sucht die Abschnitte heraus, die wichtige Informationen zu eurem Thema enthalten.
- Schreibt die wichtigsten Informationen in Stichworten auf.
- Prüft, welche Fragen zu eurem Thema in diesen Texten nicht beantwortet werden, und sucht zu euren offenen Fragen weitere Informationen.

Mit dem Computer Medien in einer Bibliothek suchen

► S. 181

1. **Schritt:** Ruft die Startseite für die Online-Bestellung in einer nahe gelegenen Bibliothek auf.
2. **Schritt:** Gebt in das entsprechende Feld der Suchmaske einen Suchbegriff ein, z. B. den Namen des Autors/der Autorin, den Titel des Buches, einen Sachbegriff/ein Schlagwort (z. B. Dinosaurier, Abenteuerbuch). Verfeinert, wenn möglich, die Suche, indem ihr eine bestimmte Medienart (z. B. Buch, CD, DVD) auswählt.
3. **Schritt:** Startet die Suche, indem ihr die Enter-Taste des Computers drückt oder mit einem Mausklick das Feld für die Suche anklickt.
4. **Schritt:** Ihr erhaltet nun Angaben zu dem gesuchten Titel oder eine Liste mit Suchergebnissen. Klickt den Titel an, zu dem ihr genauere Informationen haben wollt, z. B. eine Kurzbeschreibung des Inhalts, Angaben darüber, ob das Buch vorhanden oder ausgeliehen ist.
5. **Schritt:** Wenn ihr den gesuchten Titel gefunden habt, müsst ihr euch die Signatur aufschreiben, z. B.: *Ab 24 Tw.* Sie gibt euch den Standort des Buches, der CD etc. in der Bibliothek an.
6. **Schritt:** Orientiert euch in der Bibliothek, in welchem Regal ihr euer Buch, die CD etc. findet, z. B.: *Ab 24 Tw* (Ab = Abenteuer; 24 = Regalstellplatz; Tw = Autor, hier Mark Twain).

Einen Kurzvortrag halten

▶ S. 182

1 Den Kurzvortrag vorbereiten

Ein gelungener Vortrag muss gut vorbereitet werden:

- Ordnet die Informationen für euren Kurzvortrag, z. B. nach Unterthemen, und bringt sie in eine sinnvolle Reihenfolge.
- Notiert zu jedem Unterthema wichtige Stichworte, z. B. auf Karteikarten.
- Nummeriert die Karteikarten in der entsprechenden Reihenfolge.
- Überlegt, zu welchen Informationen eures Vortrags ihr welches Anschauungsmaterial zeigen könnt, und sucht nach geeignetem Material, z. B.: Informationsplakat (siehe unten), Bilder, Fotos, Landkarten, Grafiken, Gegenstände, Anschauungsobjekte.

2 Den Kurzvortrag gliedern

1. Einleitung:
Die Einleitung eines Kurzvortrags soll das Interesse eurer Zuhörerinnen und Zuhörer wecken und in das Thema einführen. Es gibt verschiedene Einstiegsmöglichkeiten, z. B. ein Bild zum Thema, ein passendes Zitat, ein interessantes Ereignis.

2. Hauptteil:
Im Hauptteil werden die Informationen in einer sinnvollen Reihenfolge wiedergegeben. Beantwortet hierbei die W-Fragen (Was? Wo? Wie? Warum? ...).

3. Schluss:
Der Schluss rundet den Vortrag ab. Ihr könnt wichtige Informationen zusammenfassen oder eine persönliche Meinung zum Thema formulieren.

3 Tipps für den Vortrag

- Sprecht langsam und deutlich, sonst können euch eure Zuhörer/-innen nicht folgen.
- Versucht, möglichst frei vorzutragen. Lest wenig ab, schaut euer Publikum an und gebt ihm Gelegenheit, Fragen zu stellen.

Ein Informationsplakat gestalten

▶ S. 182; 195

- Sucht zu eurem Thema Informationstexte, Bilder und evtl. Grafiken (▶ Informationen beschaffen, S. 330).
- Lest euer Informationsmaterial und wertet es aus (▶ S. 330).
- Ordnet die Informationen, die ihr den Texten entnommen habt, z. B. nach Unterthemen.
- Schreibt zu jedem Unterthema einen kleinen Informationstext. Schreibt die Texte auf einzelne Blätter, die ihr hinterher auf das Plakat aufkleben könnt. Achtet darauf, dass die Texte nicht zu lang sind, und verwendet eigene Formulierungen. Schreibt nicht zu klein.
- Überlegt, welche Abbildungen (Fotos, Bilder, Grafiken, Zeichnungen) ihr verwenden wollt.
- Schiebt die Texte und Abbildungen auf dem Plakat hin und her, bevor ihr sie aufklebt. Probiert aus, wie es am übersichtlichsten aussieht.
- Gebt eurem Plakat einen Titel und gestaltet ihn in einer gut lesbaren Schrift und in einer auffälligen Farbe.

Ideen sammeln: Der Cluster

► S. 14; 102; 107; 196

Der Cluster (engl. = Traube, Schwarm) hilft euch, Ideen zu einem bestimmten Thema zu finden.

- Schreibt das Thema in die Mitte eines Blattes.
- Notiert dann Stichpunkte (Gedanken, Ideen, Angaben, Merkmale) zu dem Thema und verbindet sie mit Linien mit dem Thema (Ausgangskreis). Zu jedem Stichpunkt könnt ihr wiederum weitere Einfälle notieren.

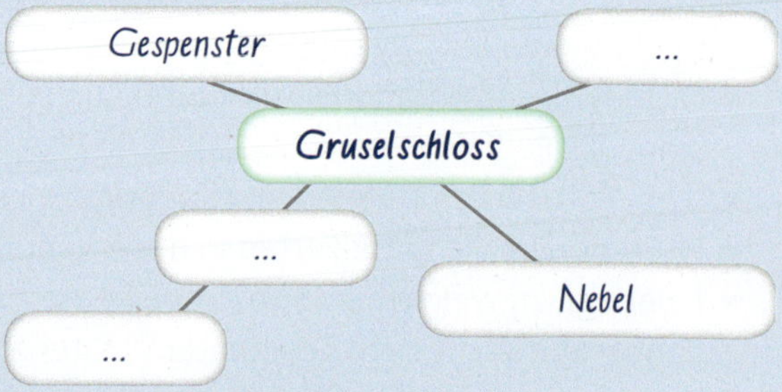

Ideen sammeln und ordnen: Die Mind-Map

► S. 56; 177

Die Mind-Map (engl. = Gedankenlandkarte) ist im Gegensatz zum Cluster (oben) dazu geeignet, die Ideen zu ordnen.

- Schreibt in die Mitte eines Blattes das Thema.
- Ergänzt dann um das Thema Oberpunkte (Hauptthemen).
- Erweitert diese Oberpunkte um Unterpunkte (Unterthemen).

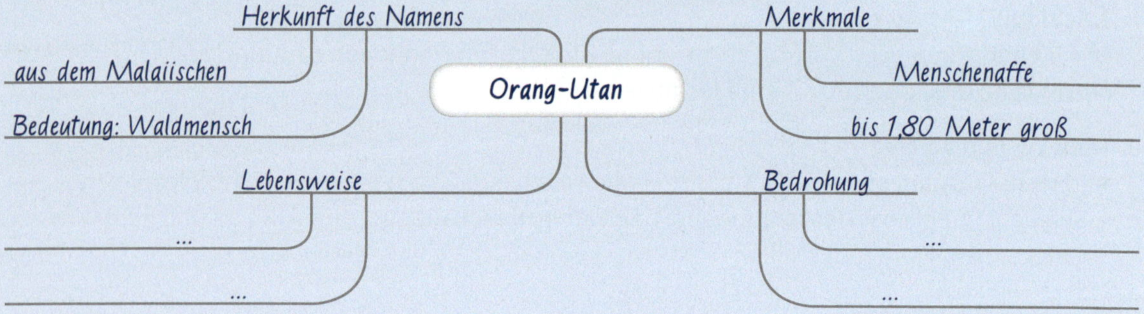

Ein Standbild bauen

► S. 125

In einem Standbild kann man verdeutlichen, wie die Figuren in einem literarischen Text (einer Erzählung, einem Theaterstück ...) zueinander stehen und in welcher Situation sie sich befinden.

- **Klärt die Textstelle,** die ihr als Standbild darstellen wollt, ganz genau: Um welche Situation geht es? Welche Figuren sind beteiligt?
- Entscheidet, **wer welche Figur** darstellt, und bestimmt eine **Regisseurin**/einen **Regisseur.**
- Die Regisseurin oder der Regisseur stellt die Figuren auf: Er oder sie **macht deutlich, wie die Figuren zueinander stehen.** Dafür müssen auch die Körperhaltung und die Mimik festgelegt werden.
- Die Darstellerinnen und Darsteller bleiben nun starr stehen – wie unbewegliche **Statuen.**
- **Die anderen prüfen,** ob **Haltung** und **Gesichtsausdruck** genau zu den Figuren und zu der dargestellten Situation passen. Die Darstellerinnen und Darsteller verändern, wenn nötig, Haltung und Gesichtsausdruck noch etwas.
- **Einzelne** von euch treten neben die erstarrten Figuren und **sagen** in der Ich-Form, **was** diese mit ihrer **Körpersprache und Mimik ausdrücken.**
- Abschließend können die **Darsteller/-innen berichten, wie sie sich als Figur gefühlt haben.**

Texte überarbeiten: Die Textlupe

1 Übertragt die Tabelle rechts auf ein Extra-Blatt.

2 Setzt euch in kleinen Gruppen (maximal vier Mitglieder) zusammen.

3 Schreibt eure Kommentare zum Text des Mitschülers/der Mitschülerin in die Tabelle. Unterschreibt euren Eintrag. Gebt das Blatt im Uhrzeigersinn weiter und tragt eure Kommentare ein, bis das Blatt wieder beim Verfasser angekommen ist.

Name des Verfassers/der Verfasserin: ...

	Das finde ich gelungen	Hier habe ich Fragen oder etwas stört mich	Meine Vorschläge
Kommentar 1: ...	...	...	...
Name: ...	...	...	...
Kommentar 2: ...	...	...	...
Name: ...	...	...	...
...	...	...	...

4 Der Verfasser/die Verfasserin markiert auf dem Kommentarblatt alle Hinweise, die er/sie richtig findet, und überarbeitet den eigenen Text mit Hilfe dieser Kommentare. Überprüft auch die Rechtschreibung und Zeichensetzung. Verwendet in Zweifelsfällen ein Rechtschreibwörterbuch. Zuletzt wird der Text noch einmal ordentlich abgeschrieben.

Sinngestaltendes Vorlesen

► S. 92; 144

Sinngestaltendes Vorlesen bedeutet, dass ihr einen Text ausdrucksvoll vortragt und eure Stimme dem erzählten Geschehen anpasst. Zum Beispiel könnt ihr lauter sprechen, wenn eine Figur mit ihren Taten angibt, oder leiser sprechen, wenn eine Figur Angst hat.

Betonungszeichen

Bereitet das Vorlesen vor, indem ihr den Text mit Betonungszeichen kennzeichnet:

- Betonungen bei Wörtern, die lauter gelesen werden sollen: ________
- kurze Pause: |, längere Pause: ||
- Heben der Stimme, z. B. bei einer Frage: ↗
- Senken der Stimme, z. B. am Satzende: ↘
- schneller sprechen: ——→
- langsamer sprechen: 〰→

Eine Figurenskizze erstellen

► S. 30

Die Beziehung zwischen Figuren (z. B. Abneigung, Freundschaft, Abhängigkeiten usw.) könnt ihr in einer Figurenskizze darstellen:

- Zeichnet für jede Figur/Figurengruppe einen Kasten. Schreibt in jeden Figurenkasten den Namen und evtl. auch die Eigenschaften der jeweiligen Figur.
- Bestimmt die Beziehungen der Figuren, indem ihr die Kästen durch Pfeile verbindet und diese mit einem aussagefähigen Wort beschriftet (z. B. *verliebt, fremd, gleichgültig, befreundet, verfeindet*).

Mit dem Schreibprogramm des Computers umgehen

Eine Datei anlegen

Wenn man einen Text am Computer schreiben möchte, muss man zunächst eine Datei anlegen, und das geht so:

- Computer starten, Textprogramm (z. B. „Word") auswählen,
- in der Menüleiste auf **Datei** und **Neu** klicken,
- Text schreiben und die Datei unter einem Namen speichern (in der Menüleiste **Datei** anklicken und **Speichern unter** auswählen).

Einen Text am Computer gestalten

In der Menüleiste eures Computers findet ihr die folgenden Befehle, mit denen ihr einen Text gestalten könnt:

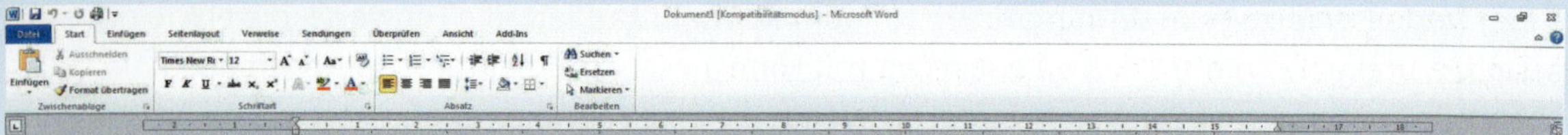

Ausschneiden und einfügen: Text mit der Maus markieren, auf die Schaltfläche Ausschneiden klicken und an anderer Stelle wieder einfügen (Symbol „Einfügen").

Kopieren: Text markieren, auf die Schaltfläche Kopieren klicken und an anderer Stelle wieder einfügen (Symbol „Einfügen").

Schriftart verändern: Text/Textstelle markieren, auf den Pfeil neben dem Auswahlfeld für Schriftarten klicken und Schriftart durch Anklicken auswählen.

Schriftgröße verändern: Text/Textstelle markieren, auf den Pfeil neben dem Auswahlfeld für Schriftgröße klicken und Schriftgröße durch Anklicken auswählen.

Fett, *kursiv* schreiben und unterstreichen: Text/Textstelle markieren, dann auf die Schaltfläche für fette, kursive oder unterstrichene Schrift klicken.

Textausrichtung festlegen: Text markieren, dann auf die Schaltfläche für linksbündige, zentrierte oder rechtsbündige Textausrichtung klicken oder Blocksatz auswählen.

Schriftfarbe festlegen: Text markieren, dann auf die Schaltfläche für die Schriftfarbe klicken und die Farbe durch Anklicken auswählen.

Die Rechtschreibprüfung am Computer nutzen

► S. 266–267

Das Textverarbeitungsprogramm „Word" hilft euch auch, bei einem Text falsch geschriebene Wörter zu finden und zu korrigieren:

- Aktiviert das Rechtschreib- und Grammatikprogramm des Computers. Wählt hierzu im Menü Überprüfen das Werkzeug Rechtschreibung und Grammatik aus. Das Programm markiert nun mögliche Rechtschreibfehler rot und mögliche Grammatikfehler grün.
- Überprüft bei den rot und grün markierten Wörtern, ob diese tatsächlich falsch geschrieben wurden. Wählt dann aus dem Fenster Vorschläge das richtige Wort aus und klickt auf Ändern. Das Wort wird korrigiert und „Word" springt dann automatisch zum nächsten falsch geschriebenen Wort.

BEACHTET: Das Programm kann nicht alle Fehler finden und ist nicht immer zuverlässig. Zeichensetzungsfehler sind z. B. mit dem Programm nicht aufzuspüren und auch „das/dass-Fehler" werden nicht gefunden.
Umgekehrt kann es vorkommen, dass korrekt geschriebene Wörter (z. B. Eigennamen) als Fehler markiert werden. Schlagt in Zweifelsfällen in einem Wörterbuch nach.

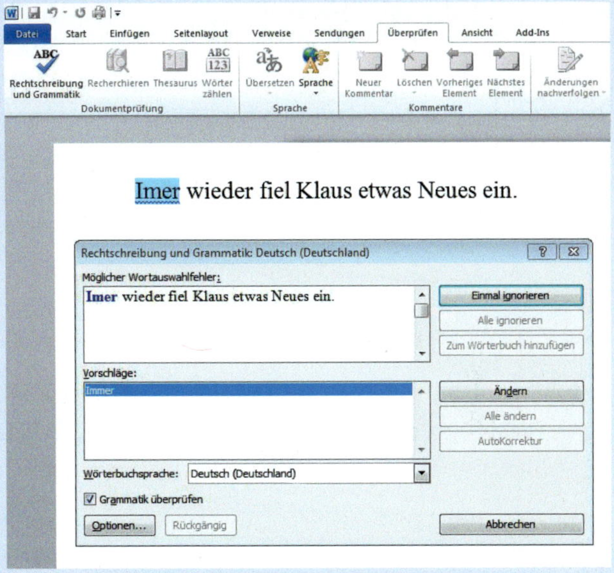

Den Thesaurus am Computer nutzen

► S. 82–83

Der „Thesaurus" (griech. = Wortschatz) ist eine Art Wörterbuch sinnverwandter Wörter, mit dessen Hilfe man häufig benutzte Wörter wie „sagen" durch sinnverwandte Wörter ersetzen kann:

- Markiert das Wort, zu dem ihr bedeutungsähnliche Wörter ermitteln wollt. Aktiviert dann den Thesaurus, ihr findet ihn im Menü Überprüfen → Thesaurus.
- Um das markierte Wort zu ersetzen, klickt ihr mit der rechten Maustaste auf ein Wort, das das Programm vorschlägt, und wählt dann „Einfügen".

BEACHTET: Nur manche Wörter, die das Programm vorschlägt, entsprechen dem Wort, das ihr ersetzen wollt. Überprüft genau, ob das Wort wirklich passt.

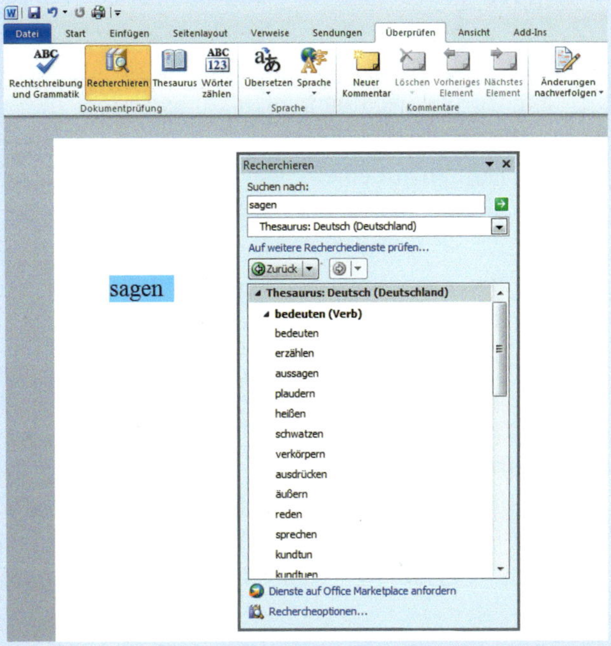

Lösungen zu einzelnen Aufgaben

Seite 145

1 Das Reimwort in Vers 3 heißt „kann".
Das Reimwort in Vers 5 heißt „Macht".

2 Richtig ist die folgende Aussage:
Das Gedicht beschreibt einen Sturm, der ein Segelschiff in Seenot bringt.

3 zum Beispiel: peitscht (Vers 3), heulen (Vers 4), brausen (Vers 4), tosen (Vers 4)

4 Kreuzreim

5 Jambus

Seite 260

1 **Wortsalat**
Lose – Dame – Regel – Lade – ragen – Schokolade – Salatbar

Geheimsprache
Kohl – Wahl – mehr – verzehren – Lohn – Ohr – Kuhle – Zahn

Seite 268–269

Rosa Felder: Groß- und Kleinschreibung

B1: Der Neue lädt alle Neugierigen zum Spielen ein.
B2: Das Fangen des Balls hat etwas Beglückendes.
G1: richtig
G2: richtig
L1: falsch; nicht immer wird ein substantiviertes Wort durch einen Substantivbegleiter angekündigt (► mehr hierzu auf Seite 255).
L2: richtig
Q1: Das Hüpfen auf einem Bein ist etwas ziemlich Schwieriges.
Q2: Am besten rechnet man beim Zählen der Punkte noch einmal nach.

Blaue Felder: Kurze Vokale

D1: zum Beispiel: verstecken, wecken, erblicken, die Decke, die Jacke, der Bäcker, lecker
D2: zum Beispiel: setzen, putzen, verletzen, die Hitze, der Witz, schmutzig, spitz
I1: zum Beispiel: matt, glatt, das Blatt
I2: zum Beispiel: spinnen, beginnen, gewinnen
N1: Himmel und Hölle ist ein spannendes Wettrennspiel.
N2: Bestimmte Brettspiele sind in aller Welt bekannt und beliebt.
S1: richtig, z. B.: die Pizza, die Skizze, die Razzia
S2: falsch, z. B.: der Mokka, der Akku, der Akkord, das Sakko

Gelbe Felder: Lange Vokale

F1: richtig
F2: falsch
K1: zum Beispiel: das Spiel, das Sieb, lieb, er rieb
K2: zum Beispiel: lahm, die Zahl, die Wahl, das Mehl
P1: Der lehmige Boden klebte an der Schuhsohle.
P2: Die kühne Dame wurde für ihren Mut gerühmt.
U1: zum Beispiel: der Samen, sie kamen
U2: zum Beispiel: die Sohlen, die Kohlen

Grüne Felder: s-Laut

C1: zum Beispiel: messen, vergessen
C2: zum Beispiel: heiß, ich weiß
M1: Apfelmus muss man heiß essen.
M2: Aus der Gießkanne floss Wasser.
T1: falsch (▶ mehr hierzu auf Seite 264)
T2: richtig (▶ mehr hierzu auf Seite 264)
X1: zum Beispiel: heiß, der Fleiß, der Gruß
X2: zum Beispiel: fassen, lassen, die Kasse

Seite 278

3 Hier findet ihr die Texte „Langeweile (1)“ und „Langeweile (2)“ in der richtigen Schreibweise.

Langeweile (1)

1 Manche Tage sind einfach zum Langweilen gemacht.
2 Zum Beispiel Regentage verbringt man am besten im Warmen und wartet, bis es etwas Gutes zu essen gibt.
3 An Sonntagen ohne Ausflug ins Grüne hilft nur konsequentes Liegenbleiben im Bett.
4 Ferientage, an denen alle Freunde im Urlaub sind, bieten sich bei gutem Wetter zum Dösen in der Sonne an.
5 Gerade an solchen Tagen kommt meistens auch nichts Sehenswertes im Fernsehen.
6 Es besteht dann noch die Hoffnung, dass sich etwas Lesenswertes im Regal findet.
7 Am glücklichsten ist man aber, wenn doch noch jemand zum Quatschen oder Spielen auftaucht.

Langeweile (2)

1 „Mir ist so langweilig“, jammert Clara.
2 „Was soll ich machen?“, fragt sie.
3 „Ich hab gar keine Lust zu spielen“, seufzt Clara.
4 Papa antwortet: „Schau mal in dein Zimmer, da gibt es Bücher, Puzzles, Malsachen, CDs und tausend andere Sachen.“
5 „Aber auf die Sachen, die es da gibt, habe ich keine Lust.“
6 „Dann triff dich mit deinen Freundinnen, wenn sie Zeit haben.“
7 „Ich weiß genau, dass sie heute alle etwas anderes vorhaben.“
8 „Du kannst mir beim Aufräumen, Putzen und Kochen helfen.“
9 „Gerade fällt mir ein, dass ich doch total viel Lust zum Puzzeln habe.“

Textartenverzeichnis

Autoren- und Quellenverzeichnis

LINDGREN, ASTRID (1907–2002)
275 Pippi Langstrumpf (1)
284 Pippi soll ins Kinderheim (2)
aus: Pippi Langstrumpf. Friedrich Oetinger Verlag, Hamburg 1986, S. 50 f. (1), S. 47 f. (2)

LUTHER, MARTIN (1483–1546)
124 Vom Raben und Fuchs (1)
131 Von dem Löwen, Fuchs und Esel (2)
aus: Martin Luthers Lieder und Fabeln. Mit Einleitung und hrsg. von Georg Buchenwald. Reclam Verlag, Leipzig 1925, S. 103 f. (1)
Rheinhard Dithmar (Hrsg.): Luthers Fabeln und Sprichwörter. Mit zahlreichen Abbildungen. Insel Verlag, Frankfurt am Main 1989, S. 42 (2)

MÖRIKE, EDUARD (1804–1875)
153 Septembermorgen
aus: Göpfert, Herbert G. (Hrsg.): Sämtliche Werke. Carl Hanser Verlag, München 1954, S. 94

MOSER, ERWIN (*1954)
144 Gewitter
aus: Hans-Joachim Gelberg (Hrsg.): Überall und neben dir. Gedichte für Kinder. Beltz & Gelberg Verlag, Weinheim/Basel 1986, S. 260

NÖSTLINGER, CHRISTINE (*1936)
42 Zwei Wochen im Mai (1)
156 Konrad oder Das Kind aus der Konservenbüchse, Szene 1 (2)
159 Konrad oder Das Kind aus der Konservenbüchse, Szene 2 (3)
164 Konrad oder Das Kind aus der Konservenbüchse, Szene 5 (4)
166 Konrad oder Das Kind aus der Konservenbüchse, Szene 12 (5)
aus: Zwei Wochen im Mai. Beltz Verlag, Weinheim/Basel 1988, S. 16–18 (1)
aus: Konrad oder Das Kind aus der Konservenbüchse. Verlag für Kindertheater, Hamburg 1975 (2–5)

PARVELA, TIMO (*1964)
276 Im Bus auf Klassenfahrt (1)
277 Das Krippenspiel (2)
286 Ella – Unser Lehrer als Bestimmer (3)
aus: Ella in der Schule. Übersetzt aus dem Finnischen von Anu und Nina Stohner. Hanser Verlag, München 2007, nach S. 97–98 (1), S. 84–86 (2)
aus: Ella in der zweiten Klasse. Übersetzt aus dem Finnischen von Anu und Nina Stohner. Hanser Verlag, München 2008, S. 30 f. (3)

REIDER, KATJA (*1960)
27 Ferienfreunde
aus: Ich schenk dir eine Geschichte. cbj Verlag, München 2010
www.katja.reider.de

RUDELIUS, WOLFGANG (*1974)
24 Auch eine Liebesgeschichte
aus: Neue Zeitung junior, Heft 43, 26. 10. 2007, S. 4

SCHEFFLER, URSEL (*1938)
96 Der Lügenbeutel
© Ursel Scheffler, aus: Geschichten von der Maus für die Katz, Herder Verlag 2008, S. 140–144

SCHWITTERS, KURT (1887–1948)
143 Regen
aus: Karl Otto Conrady: Das Buch der Gedichte, Deutsche Lyrik von den Anfängen bis zur Gegenwart. Cornelsen, Berlin 1987, S. 365

SHIPTON, PAUL (*1963)
118 Schwein gehabt, Zeus!
aus: Schwein gehabt, Zeus! Nagel & Kimche im Carl Hanser Verlag, München/Wien 2004, S. 48–50

STEINHÖFEL, ANDREAS (*1962)
266 Rico, Oskar und die Tieferschatten (1)
267 Rico, Oskar und die Tieferschatten (2)
aus: Rico, Oskar und die Tieferschatten. © Carlsen Verlag, Hamburg 2008, S. 51–54 (1), S. 137 (2)

STORM, THEODOR (1817–1888)
153 August
aus: Max Kruse (Hrsg.): Die schönsten Kindergedichte. Aufbau Verlag, Berlin 2003, S. 47

TOLSTOI, LEW (1828–1910)
126 Die Mücke und der Löwe
bearbeitet nach: Käthe Recheis (Bearb.): Das große Fabelbuch. Mit vielen Bildern von Janusz Grabianski. Verlag Carl Ueberreuter, Wien/Heidelberg 1965, S. 43

WÖLFEL, URSULA (*1922)
152 Oktober
aus: Wunderwelt, 3. Schuljahr. Schwann Verlag, Düsseldorf 1968

Unbekannte/ungenannte Autorinnen und Autoren
58 Skorpion krabbelte aus Karottenkraut
aus: Rhein-Neckar-Zeitung, 27. 06. 2011
60 Wälder sind jetzt Welterbe
aus: Rhein-Neckar-Zeitung, 27. 06. 2011
106 Die Äpfel der Hesperiden
Aus: Carstensen, Richard (Hrsg.): Sagen der Griechen und Römer, bearbeitet von Richard Carstensen. Ensslin & Laiblin Verlag, Reutlingen 1959, S. 119–120
120 Die Weiber von Weinsberg
aus: Bockemühl, Erich (Hrsg.): Deutsche Sagen. Nach den Brüdern Grimm und anderen in Anlehnung an Franz Lichtenberger, neu erzählt von Erich Bockemühl. Carl Marold Verlagsbuchhandlung, Berlin 1961, S. 32–34
180 Brezel, Brezn und Pretzel – Ein Stück schwäbisch-bayerische Esskultur
nach: Krauss, Irene: Seelen, Brezeln, Hungerbrote. Brotgeschichte(n) aus Baden und Württemberg. Thorbecke Verlag, Ostfildern 2007, S. 41–44
265 Diktattexte
aus: Buri, Peter; Uebel, Katharina: Römische Spiele. So spielten die alten Römer. Regionalia Verlag, Euskirchen 2010, S. 72, S. 69
272 Erste Hilfe bei Langeweile
aus: Wißkirchen, Christa; Pricken, Stephan: Mein lustiges Spielebuch. Coppenrath Verlag, Münster 2007, S. 118 f.
293 Vegetarier
aus: Gudemann, Wolf-Eckhard (Hrsg.): Bertelsmann Jugendlexikon in Farbe. Bertelsmann Lexikon Verlag, Gütersloh, 1995, S. 650
294 Vegetarismus
aus: Wikipedia, URL: http://de.wikipedia.org/wiki/Vegetarismus (Stand: 19. 11. 2012)

Bildquellenverzeichnis

S. 13: Getty Images/Adrian Green
S. 14 links: Getty Images/Photodisc
S. 14 rechts: Getty Images/Zigy Kaluzny
S. 58: digitalicus – fotolia.com
S. 60: Friedberg – fotolia.com
S. 61: www.girls-day.de, www.boys-day.de
S. 71, 72: © David Ulrich, Berlin
S. 73: © Axel Schelbert
S. 78: © www.roggenthin.de
S. 79: TwilightArtPictures, Yury Stepanov, Lucky Dragon, wolfelarry, PRILL Mediendesign, IrisArt, sirikornt, Florian Biber, M. R. Swadzba, Sebalos, pixs4u, cristi180884, -- a n k i --, MP2, xiquence, Reflekcija, by-studio – Fotolia.com
S. 80: scenicphoto – Fotolia.com
S. 84: steamroller_blues/shutterstock
S. 86: oriba/istockphoto.com
S. 99 links: Zoonar/Luckypix
S. 111: Volkhard Binder, Berlin
S. 127: picture-alliance/Mary Evans Picture Library
S. 128: bpk
S. 139, 140, 152, 253: akg-images
S. 144: akg-images/André Held
S. 145: akg-images/Erich Lessing
S. 146: Successió Miró/VG Bild-Kunst, Bonn 2013
S. 155, 156, 157, 159, 160, 161, 164, 167: Niederrhein-Theater, Brüggen
S. 171, 183, 185, 186: Peter Menzel/Agentur Focus
S. 178 oben: www.ernaehrung.de
S. 178 unten: Focus Money 45/2009
S. 179: www.welthungerhilfe.de
S. 187: foodwatch/Die Tafeln/Brot für die Welt
S. 190: duckycards/istockphoto.com, Sergio Martinez – fotolia.com
S. 192: Franz Pfluegl – fotolia.com (TV), Jan Zappner/imagetrust (Fußballer)
S. 194 oben: KidsVA 2008/ehapa Egmont
S. 194 unten: AFP/Agence France-Presse GmbH, Berlin
S. 195: Kultursekretariat NRW Gütersloh
S. 200: Inklusionskampagne, Motiv „Josia Topf", Kreativagentur Red Rabbit
S. 213: © Cecilie Dressler Verlag GmbH, Verlag Friedrich Oetinger GmbH, Hamburg 2003
S. 222: © Deutscher Taschenbuch Verlag GmbH & Co. KG, München
S. 255: picture-alliance/Zoonar
S. 289: © Klippert, Heinz (2000): Methodentraining. Übungsbausteine für den Unterricht. Beltz Verlag, Weinheim/Basel, S. 219

Nicht in allen Fällen war es möglich, die Rechteinhaber der Abbildungen ausfindig zu machen. Berechtigte Ansprüche werden im Rahmen der üblichen Vereinbarungen abgegolten.

Sachregister

Die Grundlage dieses Buches wurde erarbeitet von Gerd Brenner, Ulrich Campe, Dietrich Erlach, Ute Fenske, Heinz Gierlich, Cordula Grunow, Alexander Joist, Markus Langner, Angela Mielke, Deborah Mohr, Norbert Pabelick, Christoph Schappert, Bernd Schurf, Klaus Tetling, Andrea Wagener und Heike Wehren-Zessin.

Zu diesem Buch gibt es ein passendes Arbeitsheft:
– mit Übungssoftware ISBN 978-3-06-062650-2,
– ohne Übungssoftware ISBN 978-3-06-062644-1.

Redaktion: Stefan Windte
Bildrecherche: Sabine Kaehne

Illustrationen:
Uta Bettzieche, Leipzig: S. 168, 170, 205–212, 214–220, 222 unten, 224, 225
Maja Bohn, Berlin: S. 89–103
Nils Fliegner, Hamburg: Vorsätze, S. 35–48, 107 unten, 116, 121, 229–251
Klaus Ensikat, Berlin: S. 105, 106, 107 oben, 108–110, 112–114, 118–120
Christiane Grauert, Milwaukee (USA): S. 74–86, 142–143, 147–149, 153, 287–298
Sylvia Graupner, Annaberg: S. 15–33
Katharina Knebel, Berlin: S. 172–177, 180–182
Bianca Schaalburg, Berlin: S. 254–286
Barbara Schumann, Berlin: S. 51–69, 123–126, 128 oben, 131–137, 196, 203
Martin Zak, Köln: S. 189

Umschlagfoto: Tom Chance © Westend 61/Photoshot
Gesamtgestaltung und technische Umsetzung: werkstatt für gebrauchsgrafik, Berlin

www.cornelsen.de

1. Auflage, 1. Druck 2013

Alle Drucke dieser Auflage sind inhaltlich unverändert
und können im Unterricht nebeneinander verwendet werden.

Druck: Mohn Media Mohndruck, Gütersloh

ISBN 978-3-06-062638-0

Inhalt gedruckt auf säurefreiem Papier aus nachhaltiger Forstwirtschaft.

Kniffelige Verben im Überblick

Infinitiv	Präsens	Präteritum	Perfekt
befehlen	du befiehlst	er befahl	er hat befohlen
beginnen	du beginnst	sie begann	sie hat begonnen
beißen	du beißt	er biss	er hat gebissen
bieten	du bietest	er bot	er hat geboten
bitten	du bittest	sie bat	sie hat gebeten
blasen	du bläst	er blies	er hat geblasen
bleiben	du bleibst	sie blieb	sie ist geblieben
brechen	du brichst	sie brach	sie hat gebrochen
brennen	du brennst	es brannte	es hat gebrannt
bringen	du bringst	sie brachte	sie hat gebracht
dürfen	du darfst	er durfte	er hat gedurft
einladen	du lädst ein	sie lud ein	sie hat eingeladen
erschrecken	du erschrickst	er erschrak	er ist erschrocken
essen	du isst	er aß	er hat gegessen
fahren	du fährst	sie fuhr	sie ist gefahren
fallen	du fällst	er fiel	er ist gefallen
fangen	du fängst	sie fing	sie hat gefangen
fliehen	du fliehst	er floh	er ist geflohen
fließen	du fließt	es floss	es ist geflossen
frieren	du frierst	er fror	er hat gefroren
gelingen	es gelingt	es gelang	es ist gelungen
genießen	du genießt	sie genoss	sie hat genossen
geschehen	es geschieht	es geschah	es ist geschehen
greifen	du greifst	sie griff	sie hat gegriffen
halten	du hältst	sie hielt	sie hat gehalten
heben	du hebst	er hob	er hat gehoben
heißen	du heißt	sie hieß	sie hat geheißen
helfen	du hilfst	er half	er hat geholfen
kennen	du kennst	sie kannte	sie hat gekannt
können	du kannst	er konnte	er hat gekonnt
kommen	du kommst	sie kam	sie ist gekommen
lassen	du lässt	sie ließ	sie hat gelassen
laufen	du läufst	er lief	er ist gelaufen
leiden	du leidest	sie litt	sie hat gelitten
lesen	du liest	er las	er hat gelesen